欧亚历史文化文库

总策划 张余胜

兰州大学出版社

16—18世纪中亚历史地理文献

丛书主编 余太山

〔乌兹别克斯坦〕Б. А. Ахмедов 著

陈远光 译

图书在版编目(CIP)数据

16～18世纪中亚历史地理文献/(乌兹)艾哈迈多夫
著;陈远光译.—修订本.—兰州:兰州大学出版社,
2012.1

(欧亚历史文化文库/余太山主编)

ISBN 978-7-311-03843-4

Ⅰ.①1… Ⅱ.①艾… ②陈… Ⅲ.①历史地理—古籍—
研究—中亚—16世纪～18世纪 Ⅳ.①K936.06

中国版本图书馆 CIP 数据核字(2012)第 004786 号

总 策 划	张余胜	
书　　名	16—18世纪中亚历史地理文献	
丛书主编	余太山	
作　　者	〔乌〕Б.А.艾哈迈多夫　著	
	陈远光　译	
出版发行	兰州大学出版社　(地址:兰州市天水南路222号　730000)	
电　　话	0931-8912613(总编办公室)　　0931-8617156(营销中心)	
	0931-8914298(读者服务部)	
网　　址	http://www.onbook.com.cn	
电子信箱	press@lzu.edu.cn	
印　　刷	兰州人民印刷厂	
开　　本	710 mm×1020 mm　1/16	
印　　张	28.25	
字　　数	390 千	
版　　次	2012 年 1 月第 1 版	
印　　次	2012 年 1 月第 1 次印刷	
书　　号	ISBN 978-7-311-03843-4	
定　　价	85.00 元	

出版说明

　　随着 20 世纪以来联系地、整体地看待世界和事物的系统科学理念的深入人心，人文社会学科也出现了整合的趋势，熔东北亚、北亚、中亚和中、东欧历史文化研究于一炉的内陆欧亚学于是应运而生。时至今日，内陆欧亚学研究取得的成果已成为人类不可多得的宝贵财富。

　　当下，日益高涨的全球化和区域化呼声，既要求世界范围内的广泛合作，也强调区域内的协调发展。我国作为内陆欧亚的大国之一，加之 20 世纪末欧亚大陆桥再度开通，深入开展内陆欧亚历史文化的研究已是责无旁贷；而为改革开放的深入和中国特色社会主义建设创造有利周边环境的需要，亦使得内陆欧亚历史文化研究的现实意义更为突出和迫切。因此，将针对古代活动于内陆欧亚这一广泛区域的诸民族的历史文化研究成果呈现给广大的读者，不仅是实现当今该地区各国共赢的历史基础，也是这一地区各族人民共同进步与发展的需求。

　　甘肃作为古代西北丝绸之路的必经之地与重要组

成部分,历史上曾经是草原文明与农耕文明交汇的锋面,是多民族历史文化交融的历史舞台,世界几大文明(希腊—罗马文明、阿拉伯—波斯文明、印度文明和中华文明)在此交汇、碰撞,域内多民族文化在此融合。同时,甘肃也是现代欧亚大陆桥的必经之地与重要组成部分,是现代内陆欧亚商贸流通、文化交流的主要通道。

基于上述考虑,甘肃省新闻出版局将这套《欧亚历史文化文库》确定为2009—2012年重点出版项目,依此展开甘版图书的品牌建设,确实是既有眼光,亦有气魄的。

丛书主编余太山先生出于对自己耕耘了大半辈子的学科的热爱与执著,联络、组织这个领域国内外的知名专家和学者,把他们的研究成果呈现给了各位读者,其兢兢业业、如临如履的工作态度,令人感动。谨在此表示我们的谢意。

出版《欧亚历史文化文库》这样一套书,对于我们这样一个立足学术与教育出版的出版社来说,既是机遇,也是挑战。我们本着重点图书重点做的原则,严格于每一个环节和过程,力争不负作者、对得起读者。

我们更希望通过这套丛书的出版,使我们的学术出版在这个领域里与学界的发展相偕相伴,这是我们的理想,是我们的不懈追求。当然,我们最根本的目的,是向读者提交一份出色的答卷。

我们期待着读者的回声。

总序

　　本文库所称"欧亚"(Eurasia)是指内陆欧亚,这是一个地理概念。其范围大致东起黑龙江、松花江流域,西抵多瑙河、伏尔加河流域,具体而言除中欧和东欧外,主要包括我国东三省、内蒙古自治区、新疆维吾尔自治区,以及蒙古高原、西伯利亚、哈萨克斯坦、乌兹别克斯坦、吉尔吉斯斯坦、土库曼斯坦、塔吉克斯坦、阿富汗斯坦、巴基斯坦和西北印度。其核心地带即所谓欧亚草原(Eurasian Steppes)。

　　内陆欧亚历史文化研究的对象主要是历史上活动于欧亚草原及其周邻地区(我国甘肃、宁夏、青海、西藏,以及小亚、伊朗、阿拉伯、印度、日本、朝鲜乃至西欧、北非等地)的诸民族本身,及其与世界其他地区在经济、政治、文化各方面的交流和交涉。由于内陆欧亚自然地理环境的特殊性,其历史文化呈现出鲜明的特色。

　　内陆欧亚历史文化研究是世界历史文化研究中不可或缺的组成部分,东亚、西亚、南亚以及欧洲、美洲历史文化上的许多疑难问题,都必须通过加强内陆欧亚历史文化的研究,特别是将内陆欧亚历史文化视做一个整体加以研究,才能获得确解。

中国作为内陆欧亚的大国,其历史进程从一开始就和内陆欧亚有千丝万缕的联系。我们只要注意到历代王朝的创建者中有一半以上有内陆欧亚渊源就不难理解这一点了。可以说,今后中国史研究要有大的突破,在很大程度上有待于内陆欧亚史研究的进展。

古代内陆欧亚对于古代中外关系史的发展具有不同寻常的意义。古代中国与位于它东北、西北和北方,乃至西北次大陆的国家和地区的关系,无疑是古代中外关系史最主要的篇章,而只有通过研究内陆欧亚史,才能真正把握之。

内陆欧亚历史文化研究既饶有学术趣味,也是加深睦邻关系,为改革开放和建设有中国特色的社会主义创造有利周边环境的需要,因而亦具有重要的现实政治意义。由此可见,我国深入开展内陆欧亚历史文化的研究责无旁贷。

为了联合全国内陆欧亚学的研究力量,更好地建设和发展内陆欧亚学这一新学科,繁荣社会主义文化,适应打造学术精品的战略要求,在深思熟虑和广泛征求意见后,我们决定编辑出版这套《欧亚历史文化文库》。

本文库所收大别为三类:一,研究专著;二,译著;三,知识性丛书。其中,研究专著旨在收辑有关诸课题的各种研究成果;译著旨在介绍国外学术界高质量的研究专著;知识性丛书收辑有关的通俗读物。不言而喻,这三类著作对于一个学科的发展都是不可或缺的。

构建和发展中国的内陆欧亚学,任重道远。衷心希望全国各族学者共同努力,一起推进内陆欧亚研究的发展。愿本文库有蓬勃的生命力,拥有越来越多的作者和读者。

最后,甘肃省新闻出版局支持这一文库编辑出版,确实需要眼光和魄力,特此致敬、致谢。

余太山

2010 年 6 月 30 日

2

目录

1

下编　回忆录、自传和旅行记

译者的话

这是一部史料学专著。凡治史者莫不重视史料,所谓"无史料即无历史"之说固然有失偏颇,但史料在历史研究中的重要作用是显而易见的。为说明社会发展过程中的某一阶段或某一问题,不通过史料的研究是不可能的。"因为很明显,在这里只说空话是无济于事的,只有靠大量的、批判地审查过的、充分地掌握了的历史资料,才能解决这样的任务。"本书作者艾哈迈多夫先生在前言中特别引证了恩格斯的这一论述,并指出:"中世纪史史料学以及任何其他史料性研究之基本和直接的任务,首先在于对历史文献进行挖掘、整理和批判性的研究,而批判性研究的前提是要对史料区别对待,善于从中汲取最全面、最重要的科学研究的资料。"

具体而言,本书全面系统地介绍了中世纪晚期中亚的历史地理文献。所谓"中世纪晚期"就是本书书名所指的 16—18 世纪。本书所介绍的历史地理文献大体上产生于这一时期,只有个别文献,如《沙哈鲁编年史》超出了这个时段。这些文献大体上也是反映这一时期的历史情况,但有的也不完全局限于这一时期,如一些通史性著作(《历史精粹》、《传记之友》、《艾布·海尔汗史》、《史记精选》等)从远古讲起,主要是从穆斯林王朝"创世"讲起。但一般来说,所有这些关于 16 世纪前穆斯林王朝历史的追述,只是编撰,甚至是照搬阿拉伯史学家的著作,既不是这些文献的最重要的内容,也不是史料价值之所在。

本书分上下编。上编介绍本土历史、地理文献 37 种,下编介绍回忆录和外国旅行记 13 种。在介绍每一文献时,大体包括有书名、作者、写作时间、体裁、基本内容、特点、史料价值、抄本情况及具体编号、对抄本的研究和版本情况等内容。作者在介绍这些文献时,对其中的有关问题做了考证、勘误,与同类文献进行了比较,对其价值给出了自己的评估,显示了作者非凡的功力和学识。

正如艾哈迈多夫先生在前言中所指出的,本书没有囊括中亚这一历史时期的全部抄本。作者所遵循的原则是有批判地选择,即只汲取那些最全面、最有价值的著作。

文献作者大都是那个时代的文人学者,其身份多是宫廷文人、汗王幕僚、达官亲信。此外还有几类人:一是作者本人是汗王、贵族、重臣。如《突厥人世系》的作者是希瓦汗国著名汗王,《拉失德史》的作者米尔扎·海达尔是朵豁剌惕部的显贵,叶尔羌汗国的重臣。而他的姨表兄,著有《巴布尔回忆录》的巴布尔,是帖木儿王朝的王子,也是在北印度延续数百年的莫卧尔王朝的开国君主。正因为这类作者的特殊身份,他们本人就是当时重大事件的决策者或积极参与者,所以无论他们怎样描述和评价这些事件,都具有极大的研究价值。二是小官吏。如《纳迪尔济世史》、《汗的礼品》的作者,前者是军械库的管理员,后者是汗王图书馆的管理员。他们地位低下,不处在政权的上层,观察问题的视角有其自身的特点。三是外国旅行者和使节。他们中有英国商务代理兼外交官安东尼·詹金森,俄国外交官霍赫洛夫、帕祖欣兄弟、别涅维尼,还有一位新帕特拉都主教赫里桑夫。这些西方人的报告在内容、视角、风格,特别是在写作目的上完全有异于本土文献。

本书作者艾哈迈多夫先生对所介绍的文献的作者只要有资料可查都有详细介绍,从其家庭出身、个人经历到著述情况都有介绍。这不仅有助于我们深入了解文献内容,而且能从作者个人的经历当中窥视当时的社会情况。

在文献作者的考证上,艾哈迈多夫先生的态度是非常严谨的。如开篇介绍的第一部文献《史选,胜利记》,他对该书内容以内证的方式排除了列尔赫、穆克米诺娃、谢苗诺夫、尤金、阿克拉莫夫等学者的意见,谨慎地提出"该书是昔班尼汗身边的一位学者遵照其旨意写的"。

在所介绍的本土文献中,政治史、编年史占有较大比重。如《史选,胜利记》为王朝史,《穆克木汗史》、《克普恰克汗史》、《汗的礼品》为汗国史,《列王世系》为国家关系史,《胜利颂》为韵文体编年史。其次是传记,如《昔班尼传》是由昔班尼"钦定"的汗王传,《完美精神集》是伊斯兰纳格什班迪耶教团大毛拉马哈杜姆·阿扎姆的生平传记,《天堂花园和侍从之林》是伊斯兰朱伊巴尔系霍加们的合传,著名的《巴布尔回忆录》既是回忆录,又是著者的自传。此外还有天文、地理、百科类文献,如《七气候带》、《奇迹集锦》、《土地等级奇迹》、《珍奇之地》,伦理类,如《王诫》,文选类,如《友人纪要》、《穆特里比文选》。在这些文献中,有的是洋洋数十万言的鸿篇巨制,如《巴布尔回忆录》、《拉失德史》;有的则是残篇断简,如《乌兹别克九十二部名》、《乌兹别克人世系》。特别是后者,仅残存两页纸,却是记录乌兹别克诸部的珍贵资料。

本书所介绍文献的内容极其丰富多彩,有历史、地理、政治、军事、经济、民族、文学艺术、昔班尼王朝和阿斯特拉罕王朝对外关系等方面的各种资料。从这些资料中我们可以看出,封建上层为扩大自己的领地不断对外征伐,封建集团内部争权夺利的内讧愈演愈烈,封建大地主所拥有的财产令人惊异,他们对广大劳动群众的压迫剥削不择手段,而劳动人民的处境是如此悲惨,一旦遇上天灾人祸,其处境则更是雪上加霜。如在介绍《乌兹别克诸王录》时,艾哈迈多夫先生引证道:"饥荒到了这种程度,以至于人肉成了人们'唯一的'食物。死了的人不埋,都被吃掉了。"对人民群众反抗剥削压迫的起义和统治者对起义的残酷镇压,本书也介绍了一些文献中的有关报导。如在介绍《史选,胜利记》时,艾哈迈多夫先生就特别提到了卡拉库尔地区居民的起义和昔班尼军队对起义的残酷镇压。

艾哈迈多夫先生介绍的文献中,大都含有民族构成方面的宝贵资料,艾哈迈多夫先生在书中都一一做了详细介绍。艾哈迈多夫先生在本书前言中明确指出:"我们尽力从我们研究的每一部著作中汲取后来形成乌兹别克族、土库曼族、吉尔吉斯族、哈萨克族和中亚其他民族的突厥语诸部族的最全面的资料。我们深信,这些资料对研究民族起源和乌兹别克族、土库曼族、吉尔吉斯族、哈萨克族的形成历史是极其有用的。"《乌兹别克九十二部名》和《乌兹别克人世系》虽然篇幅很短,

·欧·亚·历·史·文·化·文·库·

但是是探讨乌兹别克族源和部落演变的重要资料,艾哈迈多夫先生把它们收在自己的这一书中,并逐一列出了92部的具体名称。在介绍《沙荣耀录》和《兀拜杜拉汗传》时,艾哈迈多夫先生引述了突厥—蒙古部族的具体名称,它们的分布及其在国家社会政治生活中的作用,是研究者研究乌兹别克民族和中亚其他突厥语民族族源和形成的必不可少的资料。在介绍《列王世系》时,艾哈迈多夫先生特别提到该文献中第一次提及了布鲁特部,这是我们在吉尔吉斯民族构成中常遇到的一个部族。在介绍《天堂幸福园》时,提到了文献中有关土库曼诸部的重要资料。

16—18世纪是伊斯兰教在中亚大发展的时期,其时教派林立,大毛拉、大依禅辈出,伊斯兰神学学派蜂起,本书介绍本土文献时也十分注意这方面的丰富资料。同时,艾哈迈多夫先生也注意到文献中有关中亚民族中仍然存在异教残余的报导,尤其在哈萨克人中更为突出。在介绍《布哈拉宾客纪事》时,艾哈迈多夫先生指出,该书中有许多有关15—16世纪哈萨克人生活和习俗的实际资料。如书中说哈萨克人虽然是穆斯林,但他们保留的异教残余很多,如崇拜太阳,崇拜一种萨纳米偶像,使用一种叫亚达的魔石,把穆斯林俘虏当奴隶出卖。此外,在乌兹别克人中也有这些残余,也有多神教徒,在军队驻扎下来时,昔班尼汗用芦苇和草席为他们修建临时神庙。因此,艾哈迈多夫先生认为,说哈萨克人中存在异教残余并指责他们叛教,其实是昔班尼汗和河中地封建贵族对他们进行掠夺性征伐的借口。

从事中世纪中亚社会经济史研究的学者会从本书介绍的文献中了解到他们感兴趣的丰富资料。如在介绍《穆特里比文选》时,艾哈迈多夫先生列举了分散在该文献中的各种职业匠人,如铜匠、压花匠、厨师、指甲花染料匠、鞋匠、马具匠、织布匠、打猎手套缝制匠、制针匠、雕刻匠、镶金匠、首饰匠、皮革匠、制帽匠、裁缝、造锅匠、织毯匠等等。其种类之繁多,分工之精细可见一斑。在介绍《沙荣耀录》这一文献时,艾哈迈多夫先生认为该文献有极其重要的证明16世纪手工业发展情况,特别是中亚布哈拉、撒马尔罕、塔什干和巴里黑等大城市手工业发展情况的资料。这些城市的手工业匠人生产各种各样的丝绸和棉布、家庭生活用具、金银首饰、武器(各色盾牌以及能发射二三曼重炮弹的炮和弓箭)等。中亚匠人的制品不仅在国内,而且在邻国市场上的销路都很好。

在艾哈迈多夫先生介绍的文献中,有大量有关中亚诸汗国国家制度的重要资料。在介绍《布哈拉宾客纪事》时,艾哈迈多夫先生详细引述了文献中昔班尼汗将土地分封其亲属的情况:"把撒马尔罕及撒马尔罕省给了其子默罕默德·帖木儿速檀,把突厥斯坦给了他叔叔忽春速檀,把塔什干省给了他另一个叔叔苏云奇霍加汗,把希萨尔沙德曼给了哈姆扎速檀和马赫迪速檀,把费尔干纳给了贾尼别克速檀,把布哈拉及其所辖地区给了兀拜杜拉速檀,把花剌子模给了默罕默德·帖木儿速檀的儿子普拉德速檀。"在介绍《沙荣耀录》时,艾哈迈多夫先生详细列举了文献中的官品名称,如阿塔雷克、纳吉布、维齐尔、维齐尔阿扎姆、迪万别克、穆什里夫、哈季纳奇、什加乌勒、伊什卡、巴什帕尔瓦纳奇、萨德尔、米拉胡尔、丘赫拉阿加瑟、塔瓦吉、贾尔奇、蒙什、图格别克、库尔奇巴什、巴卡乌勒、法拉什等。艾哈迈多夫先生认为,仔细研究这些资料使研究者不仅能确定这些术语的含义,而且能搞清这些官员的权力、职责和他们在国家社会政治生活中的地位。艾哈迈多夫先生还指出,在这一文献中有许多证明穆斯林宗教神职人员在国家社会政治生活中作用和地位的实际资料。从这些资料可以看出,封建统治上层在其一切活动中都要依靠宗教人士,而宗教人士则千方百计支持他们的扩张意图,协助他们对劳动人民的剥削和统治。在介绍《天堂幸福园》这一文献时,艾哈迈多夫先生引述了文献中艾布·哈兹汗将所有乌兹别克人分成四部,称为四土佩的情况,这对研究希瓦汗国的国家制度是很重要的。

军事史学者一定会对艾哈迈多夫先生介绍的文献中有关军队组织,作战队形,战术,兵器(除长矛、弓箭、马刀外,还有圆锤,石弩,喷火器,云梯,火绳炮,铣铁炮等),战利品的分配及其在国家生活中的重要作用等情况感兴趣。如在介绍《布哈拉宾客纪事》这一文献时,艾哈迈多夫先生明确指出,根据该文献中的资料,游牧的乌兹别克人的军队由步兵和骑兵组成,也有完全由乌兹别克人组成的专门部队。除由从伊奇克部和丘赫尔部中挑选出来的人组成,担任保卫任务,称为汗军的军队外,其他军队都是非正规军,而这些称作汗军的军队其军饷主要由分给汗的战利品支付。在中世纪,甚至在整个封建社会,战利品在封建贵族和普通士兵的生活中占有重要地位。封建贵族只拥护那些能征善战,能保证他们获得大量战利品的最高统治者。艾哈迈多夫先生指出,在《布哈拉宾客纪事》中就有胜者把败者全家人俘虏后作奴隶的情况,在《沙荣耀录》中也有这样的例子。从这一文献中还可以看出,从16世纪下半叶起,他们在军队中开始使用火器——火绳枪和铣铁炮。游牧的乌兹别克人的军队的作战队形虽然陈旧,但出现了一种新的战术——图尔加玛,即从一侧绕到敌军后方,突袭其中心或一个侧翼。在介绍《汗的礼品》时,艾哈迈多夫先生指出,从该文献的材料看,曼格特王朝时军队的结构与蒙古人、帖木儿、帖木儿王朝和昔班尼王朝时是一样的,但是,这一时期军队的组成有了某些变化,这一过程从16世纪下半叶就已开始,即除在军事征伐时由本部落首领召集的部落民团外,已经有装备火器的常规步兵。炮也有一定改进,除弩炮和一般都是放在骆驼背上或装在车上的所谓喷火炮和引火线炮外,还有榴弹炮、鹰炮。

艾哈迈多夫先生在本书中介绍的一些文献,既是历史文献,也是地理文献,其中包含那个时代山川、河流、矿产、城市情况的珍贵资料。其中在《突厥人世系》中记述的阿姆河改道的资料是最有价值的,艾哈迈多夫先生详细引述了这一文献中的报导。

中世纪也是中亚文学艺术大发展的时期,艾哈迈多夫先生介绍的一些文献中也有这方面的宝贵资料。《友人纪要》中有关于16世纪上半叶中亚261位波斯语和突厥语诗人的珍贵资料。在该文献所介绍的诗人中,既有昔班尼王朝和帖木儿王朝的统治者,也有商人、手工业者、医生、书法家、画家、学者、建筑师等职业的诗人。艾哈迈多夫先生对穆特里比的文选进行了详细介绍。穆特里比本人就是16世纪下半叶至17世纪头25年杰出的诗人、文艺学家和音乐学家。在穆特里比的《诗人传记》中,有16世纪最后25年至17世纪初中亚各民族文学、科学和文化状况的丰富的实际资料。当时的诗歌发扬了前人的传统,除原有的基本体裁略西达、嘎则啦、鲁巴伊、哈吉夫、梅斯涅维等以外,还有基萨(故事),拉蒂法(笑话、俏皮话),穆兹希卡(娱乐、戏言)等类型的诗歌。当时在中亚(主要是在撒马尔罕、布哈拉、巴里黑、塔什干等城)有300多位诗人,其中很多人有自己的诗集。在艾哈迈多夫先生对《友人备忘录》的介绍中,我们看到当时还有说书这样一种文学形式。该文献作者在介绍毛拉巴克的生平时,说他经常坐在布哈拉的广场上给听众说各种各样的故事。

艾哈迈多夫先生在本书前言中指出:"介绍时我们把重点放在揭示史料内容方面,说明我们认为对当今科研工作有价值的新东西,特别是能够消除中世纪晚期中亚诸民族历史研究中的漏洞、不准确和不清楚的东西。"在读完本书后我们能深刻体会到,艾哈迈多夫先生非常出色地完成了自己的这一任务。在这方面一个突出的例子是昔班尼王朝和阿斯特拉罕王朝更替的时间。在仔细研究了《地理》、《阿拔斯盛世史》、《曼格特、乌兹别克和阿斯特拉罕王朝诸王史》以及《列王世系》等文献中的资料后,艾哈迈多夫先生认为"昔班尼王朝被阿斯特拉罕王朝取代的时间不应该是1006/1598年,而应是1009/1601年"。

以上列举的只是艾哈迈多夫先生书中展示的丰富内容的东鳞西爪。艾哈迈多夫先生奉献给学术界的这本书,堪称是这一时期史料之海的高度浓缩,相信从事有关研究的学者无论从哪个角度去阅读,都能有所收获。

治史者都以为治中亚史难,首先就难在史料这一关。中亚是古代几大文明连接的中间地带,因此外界对它知之不多。相比之下,我们中国人研究中世纪以前的中亚史有自己的便利条件,这就是我们还拥有相对丰富、准确的汉文资料。汉、唐、元时期,中国的中央政权在中亚有广泛影响。因此自司马迁著《史记·大宛列传》到其后诸正史中的"西域传",以及使者、僧人的旅行记,如玄奘的《大唐西域记》便是中亚古代历史、地理、民族资料中的珍奇。但是,本书所论及的16—18世纪,

7

即我国的明清之际,正是中国的中央政权对中亚影响最薄弱的时期。明初永乐年间,陈诚数次出使西域,最远达帖木儿朝哈烈(今阿富汗赫拉特),所著《西域行程记》、《西域番国志》,是研究那个时代中亚史的珍贵资料。但是,自陈诚以后至清乾隆中期300多年间,中国中央王朝的使臣再没有步入帕米尔以西的中亚地区。因此汉文文献中缺少这一时期中亚方面的准确信息。乾隆三十七年(1772年)成书的《西域闻见录》,始有关于中亚地区的广泛论述。但清代著名史家魏源认真阅读后,得出的结论是:"此录于葱岭以西各国,道听途说,十伪六七,不可依据。"(《圣武记》卷4)

中世纪以前中亚本土文字资料本来就十分匮乏,所使用的文字如粟特文、吐火罗文、佉卢文、古突厥文,都已成为几乎无人识读的死文字。然而,随着阿拉伯的扩张和伊斯兰教的传入,用阿拉伯文、波斯文、突厥文(察合台文)撰写的"穆斯林文献"开始大量涌现,16—18世纪正是这类历史文献鼎盛时期。毫无疑问,这类史料成为研究这一段历史的最基本史料。本书作者艾哈迈多夫先生这样规定自己工作的宗旨:"在本书中,我们力求科学地运用16—18世纪我们认为最为珍贵的记述性史料,通过16—19世纪初在中亚和中亚以外的伊朗、阿富汗、北印度所写的波斯文和突厥文著作,展示这些史料中丰富多彩的部分。"这一时期,包括俄国人在内的西方人也开始进入中亚探险、考察,因此作者在精选大量"穆斯林文献"的同时,也收录了一些西方旅行者的笔记、回忆资料。

艾哈迈多夫先生在本书中介绍到的《拉失德史》,在20世纪80年代初由新疆社会科学院原民族研究所组织翻译,新疆人民出版社出版,引起我国学者的浓厚兴趣,且在自己的研究中频繁引用。近年王治来先生又将《巴布尔回忆录》译出,1997年由商务印书馆出版。但迄今为止,也只有这两部重要著作被译成汉文。从这一点来看,艾哈迈多夫先生的这部专著应该可以成为有志于研究这段历史的学人搜集基本史料的向导,也是从事中亚和新疆历史研究的学者的案头必备工具书。

本书作者布里拜·艾哈迈多夫维奇·艾哈迈多夫是乌兹别克斯坦

共和国科学院院士、历史学博士、教授,是一位在乌兹别克民族历史研究领域卓有成就的学者。艾哈迈多夫先生在收到译者希望出版他这一著作的信后,非常高兴,无条件同意出版,而且还应译者的请求为中译本写了序,一一订正了书中的印刷错误。回信是艾哈迈多夫先生通过邮局寄给译者的。不久译者收到了先生托朋友带来的一封信,其内容与邮寄来的信完全相同。过了一段时间后,译者收到了乌兹别克斯坦共和国驻我国大使馆的信件,译者感到诧异,读信后才知道是艾哈迈多夫先生又通过使馆将内容与前两封一样的信转寄给了译者。很明显,艾哈迈多夫先生之所以要这样做,是担心信到不了译者手里。对于一位有声望的学者来说,希望自己的书在中国出版,只是为了让更多的研究者了解这部书,在自己的研究工作中利用这部书。

2002 年 5 月,艾哈迈多夫先生这部书的中文译本由云南人民出版社出版。译者收到书后,立即给先生邮寄了两本,希望先生能尽快见到这本书,然而得到的却是先生与世长辞的噩耗。先生生前未能看到他如此关心的书,每想到此,译者心里就非常难过……

本书在翻译和出版过程中,得到了不少同志的帮助与支持。中亚史专家潘志平同志审阅过全书,与译者一同撰写了"译者的话",扎米尔·赛都拉、哈斯木·霍加、白川同志翻译了部分波斯语和阿拉伯语书名。在此,译者对上述同志以及给予过其他帮助的同志表示衷心的感谢!这次出版,虽然译者对原书做了很多修改,但由于水平所限,书中仍会有不少错误和不妥之处,望专家、学者和广大读者批评指正。

中文版序

  本书在塔什干用俄文出版,至今已有十几年了。这本书是我多年对昔班尼王朝(1500—1601)和阿斯特拉罕王朝(1601—1758)统治时期,有关中亚民族历史、文化的波斯语和突厥语史籍研究的结晶。它受到美国、蒙古、阿富汗、捷克斯洛伐克、阿塞拜疆、格鲁吉亚、俄罗斯、哈萨克斯坦、土库曼斯坦、吉尔吉斯斯坦和其他国家学者的好评。

  现在我高兴地获悉,在伟大的中国也知道有《16—18世纪中亚历史地理文献》,并将由陈远光先生翻译后用中文出版。

  我完全赞同本书译者陈远光先生的看法,在中国用中文出版本书将有助于中国读者更深入地了解中亚的历史,有助于加深中国人民和乌兹别克斯坦人民之间的友谊。而众所周知,中乌之间的友谊源远流长。

Б. А. 艾哈迈多夫
1995 年 11 月 8 日

前　　言

　　苏联历史编纂学在中亚诸民族古代史和中世纪史的研究方面取得了很大成绩。迄今为止,对中世纪晚期的研究也做了不少工作[1] 这一时期的特点是封建关系进一步加深,大封建地主在政治和经济上的独立性加强,从而导致了分立和封建割据的发展,以及国家中央权力机构权力的削弱。但是缺乏研究和研究得不深入的问题还不少。这些问题涉及社会经济关系、人民运动的特点和实质、这一时期的意识形态、民族过程等。其原因是对分散在苏联和其他国家许多抄本库中的大量历史文献的研究和刊布工作还很落后。没有这些文献以及这些文献中丰富的实际资料,未必能指望对上述问题以及其他历史问题做出科学的解答。恩格斯在《卡尔·马克思〈政治经济学批判〉》一文中写道:"因为很明显,在这里只说空话是无济于事的,只有靠大量的、批判地审查过的、充分地掌握了的历史资料,才能解决这样的任务。"[2] 因此,不一定有必要去专门讨论历史文献对研究许多世纪前的国家和民族历史的意义。我要指出的仅仅是,如果说原始社会、奴隶社会以及封建社会初期保存下来的文字资料很少,考古发现、碑文和其他文物对这些时期历史的研究具有极其重要的地位和作用的话,那么对研究中世纪的历史来说,历史文献具有最重要的意义,它们最充分地反映出了远离我们几百年,但在世界历史进程中占有重要地位的封建社会的生活。由此可见,中世纪史史料学以及任何其他史料性研究基本和直接的任务,首先在于对历史文献进行挖掘、整理和批判性的研究,而批判性研究的

---

　　[1]请参见本书的《参考书目索引》。
　　[2]恩格斯:《卡尔·马克思〈政治经济学批判〉》,《马克思恩格斯全集》,中文版第13卷,第527页。

3 前提是要对史料区别对待,善于从中汲取最全面、最重要的科学研究的资料。

至今仍然没有制定出一个对历史文献,首先是对叙述性(该词来源于拉丁语词"HAPPATИO",意为"叙述"、"讲述")史料分类的统一的分类法。如果按其内容(按社会经济史、政治史、文化史等)对其分类,实际上是不可能的。按形式和种类进行分类目前仍是通行的,我们认为这是最切实可靠的原则。如果遵循这一原则,那么历史文献可以分为以下基本类型:

(1)文件性史料(最高统治者和领主的法令、公文,政府及其下属机构的文书,私人证书,官史、显赫的政治活动人士和宗教人士的信函)。

(2)记述性史料(编年史,即逐年对重要事件的简要记述;历史性演义作品;回忆录;自传和伦理警世文章)。

文件性史料大部分无疑都是最可信的(有时也会碰到伪造的),因为这些史料直接记录了封建社会各方面的社会生活。但是,对它们也需要用特别的方法进行探究和考订,众所周知,这一任务是由专门的历史辅助学科古文书学(来源于希腊文"ДИПЛОМА",意为"〔对折的〕纸"、"文献")来执行的。

在本书中,我们力求对我们认为最为珍贵的 16—18 世纪上半叶中亚历史记述性史料进行科学介绍,通过 16—19 世纪初在中亚和中亚以外的伊朗、阿富汗、北印度所写的波斯文和突厥文著作,展示这些史料丰富多彩的内容。

迄今我们还没有研究中亚古代史和中世纪史史籍的专著,更不用说历史编纂学专著了。在苏联历史史料学的专门教学参考书中,在史料学和历史编纂学论文集中,确实有专门的章节论述了 16—19 世纪中亚民族历史知识的发展问题。但是,这些书中引用的资料太少,很不完全,难以满足对史料学和历史编纂学著作的高要求。例如,在由 M. H. 季霍米罗夫负责并参加编写,已出版过两次的苏联历史史料学教学参考书中，[1]对 9—17 世纪中亚史历史文献介绍仅占了 8 页（只提到了泰伯里、纳尔沙希、伊德列西、内谢菲、比鲁尼、加尔迪季、哈姆杜拉·卡兹维尼、沙米、也兹迪、米尔洪德、洪德米尔、比纳伊、哈菲兹·塔内什·布哈里、哈桑别克·鲁姆卢、艾布·哈兹等人），[2]而在《苏联历史史料学》一书中，[3]10—17 世纪的中亚史料只有 5 页（主要提到了比鲁尼、加尔迪季、拜哈基、卡兹维尼、伊本·阿西尔、志费尼、拉施特·丁、沙米、吉亚斯·丁·阿里、阿卜杜·拉扎克·撒马尔坎迪、米尔洪德、比纳伊、巴布尔）。论文集的情况也与此相似，只极简单地介绍了从远古至 19 世纪中亚和哈萨克斯坦各民族的历史知识状况。这本大部头的论文集（作者为 А. А. 谢苗诺夫、Я. Г. 古利亚莫夫、Р. Н. 纳比耶夫、С. А. 维亚济金、阿加－卡里耶夫和 В. Х. 沙赫马托夫），这方面的介绍只占了大约两个印张。[4]

　　本书评介了 16—19 世纪初内容涉及历史、地理、回忆录、自传的50 多部珍贵的东方抄本，这些抄本中有 16—18 世纪上半叶中亚历史的丰富多彩的资料，另外还介绍了 16—18 世纪俄国和外国使节写的报告和旅行笔记。介绍时我们把重点放在揭示史料内容，说明我们认为对当今科研工作有价值的新东西，特别是能够消除中世纪晚期中亚诸民族历史研究中的漏洞、不准确和不清楚的东西。我们力求最充分地反映有关劳动群众状况（赋税和徭役、封建上层镇压劳动群众的事实、封建上层及其近臣贪污受贿、人民运动），封建成规（伊克塔、苏尤尔加勒、坦哈赫），大规模可耕地，中亚诸汗国的国家制度（主要是关于官

　　〔1〕Тихомиров М Н.《Источниковедение истории СССР. С древнейшего времени до конца XVIII века》(《苏联历史史料学：从远古至 18 世纪末》), Выпуск первый. М., 1940; То же, изд. Второе. М., 1962.

　　〔2〕Тихомиров М Н. 《Источниковедение истории СССР. С древнейшего времени до конца XVIII века》(《苏联历史史料学：从远古至 18 世纪末》), Выпуск первый. Изд - е. второе, c. 139 – 142, 380 – 383.

　　〔3〕《Источниковедение истории СССР》(《苏联历史史料学》), Под ред. И. Д. Ковальченко. М., 1973, с. 164 – 166, 179 – 180.

　　〔4〕《Очерки истории исторической науки》(《史学史论文集》), Выпуск первый. Под ред. М Н, Тихомирова М А, Алпатова А Л. Сидорова. М., 1935, с. 41 – 47, 153 – 168, 267 – 270, 643 – 651.

品、称号及享有这些官品、称号的人的社会地位），水利情况，中亚城市状况，年表和世系，中亚诸汗国与伊朗、印度、俄国、新疆的政治和贸易关系，最后是 16—18 世纪上半叶中亚各民族部族构成等方面的材料。我们尽力从我们研究的每一部著作中汲取后来形成乌兹别克族、土库曼族、吉尔吉斯族、哈萨克族和中亚其他民族的突厥语诸部族的最全面的资料。我们深信，这些资料对研究民族起源和乌兹别克族、土库曼族、吉尔吉斯族和哈萨克族的形成历史是极其有用的。

对于中世纪作者的传记作品（诗人和作家的文选、最重要宗教人士的传记），在前不久还有不太正确的看法。例如，许多研究者把文选看成是特殊的文学史史料，而把所谓的"神父"的传记看成是神学书籍，理由是这些传记一般都记述了重要的谢赫和欧莱玛的生平活动。确实是这样。在这些传记中，宣扬宗教意识与讲述历史生活是交织在一起的。但是，认真的研究表明，其中也有极其珍贵的有关劳动人民状况（如不堪重负的赋税和徭役、汗和官吏们的贪污受贿），封建土地所有制度，粮食和其他食品的价格，水利，宗教封建主的大量财产及其管理办法，城市生活等方面的实际资料等，这是记述性史料中所缺乏的。在这些著作中（如巴德尔·丁·克什米里的《天堂花园和侍从之林》）收进了法律和其他方面的大量文书（谕旨、公文、信函），为研究者提供了研究中世纪晚期中亚社会经济史和政治史许多问题的珍贵的实际资料。为引起研究者对这类史料的注意，本书中我们对一些文选和"传记"做了概述。

本书下编收进了俄国和外国使节写的几篇 16—18 世纪上半叶中亚情况的概述，即安东尼·詹金森、И. Д. 霍赫洛夫、帕祖欣兄弟、弗洛里奥·别涅维尼和新帕特拉都主教赫里桑夫的旅行笔记，其中有中亚历史，特别是 16—18 世纪中亚汗国，即希瓦、布哈拉、巴里黑与俄国政治和经济关系不可多得的实际资料。他们是所记述的事件的见证人，这就使他们的笔记成了研究中亚历史，特别是研究中亚与对当时来说还是遥远的俄国之间外交和贸易关系的第一流史料。此外，将其与穆斯林史料进行对比，以核实某些资料，从这个意义上来说，这些笔记也是极其有用的。

这些著作的作者是封建主统治阶级的代表人物或是为他们效力的人,因此这些著作自始至终都反映了这一阶级的思想,是为授意写这些书的人歌功颂德的。马克思和恩格斯指出:"一个阶级是社会上占统治地位的物质力量,同时也是社会上占统治地位的精神力量。"[1]但是,仅仅根据这一点就把这些著作束之高阁是不应该的。因为,第一,虽然这些书散发着对主子奴颜媚骨之气,但是只有通过它们我们才能了解久远时代的事情;第二,书中有那个遥远时代和我们祖先生活、活动的各种各样的资料。总之,没有这些书,没有这些书中丰富的实际资料,就难以通过其他途径研究过去。说到这里,重温恩格斯下面这句话并不多余。恩格斯说:"……不论在自然科学或历史科学的领域中,都必须从既有的事实出发"[2],而有关中世纪的事实主要存在于古文献中。

在选择中亚社会经济史和政治史的事实时,我们没有给自己提出将一史籍的资料与另一史籍比较对照的任务,因为这样的工作属于特殊研究的范畴。我们尽力做的主要是揭示我们认为能大大减少研究者去查找原始资料的那些事实和事件。众所周知,这一工作是很费气力和很重要的,因为在研究史料时,对史料要区别对待,从中汲取所需要的资料时,要采取批判地进行选择的方法。为此首先必须研究所记述事件以前的著作,同时不能忘记在编纂性的书中,事实有时是被歪曲的。我们在读拉法格的《回忆马克思》时,可以看到他这样证实道:"马克思永远是非常认真慎重地工作。他所引证的任何一件事实或任何一个数字都是得到最有威信的权威人士证实的。他从不满足于间接得来的材料,总是找原著寻根究底,不管这样做有多麻烦。即令是为了证实一个不重要的事实,他也要特意到大英博物馆去一趟。"[3]列宁对待资料的态度也是极其严肃认真的。他利用的资料首先必须是全面详细

6

〔1〕马克思、恩格斯:《德意志意识形态》,见《马克思恩格斯全集》,中文版第3卷,第52页。
〔2〕恩格斯:《自然辩证法》,见《马克思恩格斯全集》,中文版第20卷,第387页。
〔3〕Поль Лафарг.《Воспоминания о Марксе》(《回忆马克思》),М.,1958,с.14.

的,当然也是客观的。列宁写道:"既然地方自治局农村户口调查资料包括了较大的地区,提供了相当详细的关于分化的最主要标志的资料,并且(特别重要的是)这些资料是经过整理的,可以按农民的经济富裕程度划分各类农户,所以我们在研究农民划分时就只利用了这些资料。"[1]

批判地进行选择的另一个办法是对事实进行对比和仔细核实。研究者在论证自己的论点和结论时,在任何情况下都不应仅局限于一两部文献中的实际资料。应该对从大量著作中提取的事实仔细对比和核实。列宁教导说:"在社会现象方面,没有比胡乱抽出**一些个别**事实和玩弄实例更普遍更站不住脚的方法了。罗列一般例子是毫不费劲的,但这是没有任何意义的或者完全起相反的作用,因为在具体的历史情况下,一切事情都有它个别的情况。如果从事实的全部**总和**、从事实的联系去掌握事实,那么,事实不仅是'胜于雄辩的东西',而且是证据确凿的东西。如果不是从全部总和、不是从**联系**中去掌握事实,而是片面地和随便挑出来的,那么事实就只能是一种儿戏,或者甚至连儿戏也不如……应该设法根据正确的和不容争辩的事实来建立一个可靠的基础,来和一切……恣意滥用'一般的'或'大致的'论断比拟。要这个基础成为真正的基础,就必须**毫无例外**地掌握与所研究的问题有关的事实的**全部总和**,而不是抽取个别的事实,否则就必然会发生怀疑,怀疑那些事实是随便挑选出来的,怀疑可能是为了替卑鄙的勾当作辩护而以'主观'臆造的东西来代替全部历史现象的客观联系和相互依存关系,这种怀疑是完全合理的。要知道,这样的事情是很常见……而且比我们想象的要多得多。"[2]

为了向研究者提供这样的可能性,我们将同时期的一些著作在本书中做了概述,例如,15世纪末至16世纪头25年的《史选,胜利记》、《胜利颂》、《昔班尼传》、《布哈拉宾客纪事》、《历史精粹》、《奇事录》,研究16世纪下半叶中亚史的珍贵史料《沙荣耀录》、《阿克巴纪事》、

---

〔1〕列宁:《俄国资本主义的发展》,见《列宁全集》,中文版第3卷,第98页。
〔2〕列宁:《统计学和社会学》,见《列宁全集》,中文版第23卷,第279-280页。

《番国征服者》、《阿拔斯盛世史》、《奇迹集锦》、《友人纪要》、《完美精神集》等。《乌兹别克人世系》、《乌兹别克九十二部名》、《乌兹别克诸王录》的内容相似，篇幅都不长，但都包含乌兹别克民族历史的许多实际资料，因而有极重要的价值。这些著作也存在差别，因此只有通过对书中事实的对比、考究，才能弄清真相。

　　最后一点需要说明的是，本书收进了一些已经出版、因而在一定程度上已成为学术界广泛运用的文献：《史选，胜利记》、《布哈拉宾客纪事》、《王诫》、《穆克木汗史》、《兀拜杜拉汗传》和《艾布·法伊兹汗史》。《史选，胜利记》是用真迹复制的方法出版的，因此现在广大研究者，特别是不懂阿拉伯文的研究者，还不能享用。《王诫》是研究17世纪头25年中亚历史，尤其是布哈拉和希瓦关系的重要史料。最后三部著作在时间顺序上是相互联系的，后一部正好应该是前一部的续编。正如《布哈拉宾客纪事》的一位研究者所正确指出的，该书主要是"记述昔班尼汗1508—1509年冬对哈萨克速檀巴兰杜克汗（1480—1511）和贾尼什速檀的征伐，其结果是哈萨克人的家园被洗劫一空"[1]。没有这一著作，就难以清楚16世纪初中亚与哈萨克斯坦的相互关系。此外，《布哈拉宾客纪事》还是研究15世纪末至16世纪初乌兹别克和哈萨克民族史的最珍贵史料。研究这些著作，就能较充分地了解16—18世纪上半叶中亚的全部历史。

　　本书没有囊括中亚这一历史时期的全部抄本。我们所遵循的原则是有批判地选择，即只取那些最全面、最有价值的著作。由于这一原因，许多重要著作也没有入选，如穆罕默德·阿明·布哈里的《全史》（《Мухит ат-таварх》）、阿拉穆拉德·阿纳比奥格雷的《乌古思、阿兰库娃和昔班尼传》（《Огуз, Аланкува ва Шейбани-наме》）、苏海尔的《伊玛姆库里传》（《Имамкули-наме》）、阿拉·杜拉·卡兹维尼的《贤士壮举》（《Нафа'исал-маасир》）、胡赛因库里汗·阿济姆巴迪的《爱之刀》（《Ништар-иишк》）、胡赛因·谢拉赫西的《萨德霍加传》（《Ca'

8

---

　　〔1〕法兹拉拉·伊本·鲁兹别罕·伊斯法哈尼：《布哈拉宾客纪事》，Р.П.贾莉诺娃翻译、撰写前言和注释，莫斯科，1976年，第34页。

дийа》)、多斯特穆罕默德·布哈里的《神秘的大河》(《Джуйбарал-аср ар》)、塔希尔依禅的《霍加传》(《Тазкира-йи ходжаган》)等等。

如果对中亚其他历史时期,如阿拉伯人统治时期(8—9世纪)、封建主义鼎盛时期(10—15世纪)、近代和现代时期(19—20世纪头25年),也进行这样的研究,那是对科学的重要贡献,会促进保存在苏联和外国抄本库中的珍贵文献最快地得到学术界的广泛利用。

本书所依据的是以下抄本(和版本):

(1)《史选,胜利记》,А.М.阿克拉莫夫考证、校勘,附有简介目录和综合目录表,塔什干,1967年。

(2)《胜利颂》,乌兹别克共和国科学院东方学研究所藏抄本,编号5369。

(3)卡迈勒·丁·比纳伊:《昔班尼传》,乌兹别克共和国科学院东方学研究所藏抄本,编号844。

(4)穆罕默德·萨里赫:《昔班尼传》,纳斯努拉·达吾然刊布,塔什干,1961年。

(5)《布哈拉宾客纪事》,Р.П.贾莉洛娃刊布;Р.П.贾莉洛娃翻译、撰写前言和注释,莫斯科,1976年。

(6)《历史精粹》,乌兹别克共和国科学院东方学研究所藏抄本,编号608;苏联科学院东方学研究所列宁格勒分所藏抄本,编号Д-104。

(7)《传记之友》,米尔扎·穆罕默德·阿里·什拉吉刊布。

(8)《艾布·海尔汗史》,乌兹别克共和国科学院东方学研究所藏抄本,编号9989。

(9)《拉失德史》,列宁格勒国立大学藏抄本,编号272。

(10)《史记精选》,Ч.Н.塞登刊布(波斯文),巴罗达,1931年。

(11)《沙荣耀录》,乌兹别克共和国科学院东方学研究所藏抄本,编号2207;苏联科学院东方学研究所列宁格勒分所藏抄本,编号Д-88。

(12)《阿克巴纪事》,乌兹别克共和国科学院东方学研究所藏抄本,编号1345(第1卷),841(第2卷),1721(第3卷)。

（13）《番国征服者》，乌兹别克共和国科学院东方学研究所藏抄本，编号505；苏联科学院东方学研究所列宁格勒分所藏抄本，编号С－465。

（14）《阿拔斯盛世史》，德黑兰版，1314/1896—1897年。

（15）《贤者高风奥秘》，乌兹别克共和国科学院东方学研究所藏抄本，编号1375、1385、7418；大英帝国印度事务部图书馆藏抄本，编号575。

（16）《突厥人世系》，乌兹别克共和国科学院东方学研究所藏抄本，编号1110。

（17）《王诫》，最早抄本真迹复制；М.А.萨拉赫丁诺娃从波斯文翻译本，有前言、注释和索引，莫斯科，1971年。

（18）《穆克木汗史》，А.А.谢苗诺夫刊布；А.А.谢苗诺夫从塔吉克文翻译本，有前言、注释和索引，塔什干，1956年。

（19）《兀拜杜拉汗传》，А.А.谢苗诺夫刊布；А.А.谢苗诺夫从塔吉克文翻译本，有注释，塔什干，1957年。

（20）《艾布·法伊兹汗史》，А.А.谢苗诺夫刊布；А.А.谢苗诺夫从塔吉克文翻译本，有前言、注释和索引，塔什干，1959年。

（21）《克普恰克汗史》，乌兹别克共和国科学院东方学研究所藏抄本，编号4468/Ⅱ。

（22）《列王世系》，博德莱安图书馆（英国）藏抄本，编号269。

（23）《纳迪尔济世史》，Н.Д.米克卢霍－马克莱刊布，第1卷，有前言，莫斯科，1960年；第2卷，莫斯科，1965年；第3卷，莫斯科，1966年。

（24）《汗的礼品》，乌兹别克共和国科学院东方学研究所藏抄本，编号2604。

（25）《天堂幸福园》，乌兹别克共和国科学院东方学研究所藏抄本，编号5071。

（26）《史记选》，乌兹别克共和国科学院东方学研究所藏抄本，编号592。

（27）《沙哈鲁编年史》，乌兹别克共和国科学院东方学研究所藏抄本，编号1787。

（28）《昔班尼世系》，И.Н.别列津刊布；И.Н.别列津从察合台文翻译的俄文译本，有注释和附录，喀山，1849年。

（29）《乌兹别克人世系》，乌兹别克共和国科学院东方学研究所藏抄本，编号3386/ⅩⅩⅣ。

（30）《乌兹别克九十二部名》，乌兹别克共和国科学院东方学研究所藏抄本，编号4300/Ⅳ。

（31）《赛义德·拉克木表年诗》，乌兹别克共和国科学院东方学研究所藏抄本，编号5623。

（32）《乌兹别克诸王录》，乌兹别克共和国科学院东方学研究所藏抄本，编号4468/Ⅱ。

（33）《曼格特、乌兹别克和阿斯特拉罕王朝诸王史》，乌兹别克共和国科学院东方学研究所藏抄本，编号112/Ⅰ。

（34）《七气候带》，乌兹别克共和国科学院东方学研究所藏抄本，编号617。

（35）《土地等级奇迹》，乌兹别克共和国科学院东方学研究所藏抄本，编号4483。

（36）《贤者高风奥秘》（地理部分），乌兹别克共和国科学院东方学研究所藏抄本，编号2372。

（37）《珍奇之地》，乌兹别克共和国科学院东方学研究所藏抄本，编号1335。

（38）《巴布尔回忆录》，М.А.萨利耶译，塔什干，1958年。

（39）《奇事录》，А.Н.博尔德列夫校勘，有前言和索引，1—2卷，莫斯科，1961年。

（40）《友人纪要》，乌兹别克共和国科学院东方学研究所藏抄本，编号56。

（41）穆特里比：《诗人传记》，乌兹别克共和国科学院东方学研究所藏抄本，编号2252。

（42）《贾汗季精选集》，A. M. 米尔佐耶夫刊布，卡拉奇，1976 年。

（43）《穆特里比回忆录》，A. M. 米尔佐耶夫刊布，卡拉奇，1977 年。

（44）《友人备忘录》，乌兹别克共和国科学院东方学研究所藏抄本，编号 2727、4270、58/Ⅰ。

（45）《完美精神集》，乌兹别克共和国科学院东方学研究所藏抄本，编号 7638。

（46）《天堂花园和侍从之林》，乌兹别克共和国科学院东方学研究所藏抄本，编号 2094。

（47）《真理探寻者之追求》，乌兹别克共和国科学院东方学研究所藏抄本，编号 80。

（48）《［安东尼·詹金森］中亚旅行记》，载《16 世纪英国旅行者在莫斯科国家》一书，列宁格勒，1937 年，第 167 - 192 页。

（49）《贵族霍赫洛夫使团出使布哈拉资料》，载《希尔科夫公爵文集》一书，圣彼得堡，1879 年，第 388 - 485 页。

（50）《帕祖欣兄弟使团出使布哈拉、巴里黑和乌尔根奇资料》，1669 年，载《俄罗斯历史文库》第 15 卷，圣彼得堡，1894 年，第 1 - 91 页。

（51）《［弗洛里奥·别涅维尼］来自布哈拉的报告》，载 A. H. 波波夫《彼得大帝时期俄罗斯与希瓦、布哈拉的关系》，《帝俄地理学会会刊》，第 9 卷，圣彼得堡，1853 年，第 270 - 424 页。

（52）《新帕特拉都主教赫里桑夫关于他 1780 年访问过的中亚诸国》，B. B. 格里戈里耶夫刊布，有前言和注释，见《莫斯科大学俄罗斯历史和古代文物协会论丛》第 1 卷，莫斯科，1861 年，第 1 - 4 页。

* * * *

У. И. 卡里莫夫、Б. В. 卢宁、Р. Г. 穆克米诺娃、К. М. 穆尼罗夫、Т. Н. 尼格马托夫、А. У. 乌伦巴耶夫、Х. 希克马图拉耶夫、М. Ю. 尤尔达舍夫对本书手稿提出过宝贵意见，对此本人表示衷心感谢。由于是初次写这种书,错误和缺点在所难免。因此我们期待专家们的批评和建议,这对以后撰写严整的中亚史史料学方面的学术著作是有益的。

上编　历史和地理著作

1 史选,胜利记

(Таварих-и гузиде，нусрат-наме)

这是一部王朝史,在其简短的引言(第 11 - 15 页)之后,记述了传说中突厥人和蒙古人的祖先乌古思汗以及突厥—蒙古诸部在乌古思汗和其后代时的历史(第一编,第 13 - 31 页),记述了统治过蒙古本部、钦察草原、中亚和伊朗的成吉思汗及其后代的历史(第二编,第 31 - 262 页),记述了昔班尼汗从出生、在撒马尔罕即位以及在 909/1503 ~ 1504 年[1]前征服河中地的历史(第三编,第 263 - 342 页)。

如该书引言(第 11 页)所述,该书在 908 年 5 月/1502 年 11 月开始写,于 910/1505 年前完成(书中记述的最后一次事件是昔班尼汗 909 年 11 月/1504 年 4—5 月占领安集延)。

对谁是该书作者以及书名问题早有争论。П. И. 列尔赫认为,该书作者是颇为有名的贾拉尔·丁·鲁米的儿子速檀·瓦拉德[2]。当然,这种说法是不正确的。因为众所周知,速檀·瓦拉德生活的年代大约是 13—14 世纪(1226—1312),也就是说差不多要比《胜利记》中所记述的事件早 300 年。Р. Г. 穆克米诺娃、А. А. 谢苗诺夫和 В. П. 尤金认为,该书是昔班尼汗自己或者是在他的积极参与下写的[3]。照 А.

---

〔1〕关于纪年,本书采用了希吉来历(伊斯兰教历或回历)纪年和公历纪年两种纪年法。例如:909/1503 ~ 1504,前者 909 为希吉来历,后者 1503 ~ 1504 为相对应的公历纪年。——编者注

〔2〕Лерх П. 《Археологическая поездка в Туркестанский край в 1867 г.》(《1867 年突厥斯坦考古旅行》),Спб. ,1870,с. 11.

〔3〕Мукминова Р Г. 《О некоторых источниках по истории Узбекистана начала XVI в.》(《关于 16 世纪初乌兹别克斯坦的一些史籍》),с. 126;Мукминова Р Г.《К истории аграрных отношений в Узбекистане XVI в. По материалам〈Вакф-наме〉》(《16 世纪乌兹别克斯坦土地关系史——据〈瓦克夫书〉材料》),Ташкент ,1966,с. 62;Семенов А А.《Первые Шебаниды и борьба за Мавераннахр》(《昔班尼王朝初期及对河中地的争夺》),с. 113;《史选,胜利记》,В. П. 尤金译,载《Материалы по истории казахских ханств XV – XVIII》,Алма-Ата,1969,с. 10 - 12.

3

M. 阿克拉莫夫的意见（第 18 - 19 页），《胜利记》的作者是穆罕默德·萨里赫，著名的韵文体编年史《昔班尼传》就出自他之手（见后文）。仔细研究这本书后，有理由认为这些说法都是不能令人信服的。在这本书中，不知名的作者称自己是个"可怜的"、"微不足道的"和"孱弱的"人，他这样解释写该书的原因："为了便于［领会］，一个可怜的、微不足道的［和］孱弱的探问者受命，让［他］翻译和整理写蒙哥汗·伊本·拖雷汗的《世界征服者史》（《Тарих-иджаханкушай》），写合赞汗在伊斯兰教的避难地所生女儿的《史选》，署名为兀鲁伯米尔扎的《沙简史》（《Мунтахаб-и таварих-и шахи》），蒙古巴赫希用蒙古文写的书以及用波斯文写的［书］。这本书取名为《史选，胜利记》，完成于回历 908 年 5 月。"（第 10 - 11 页）从上面引用的这段话可以看出：①该书是昔班尼汗身边的一位学者遵照其旨意写的；②该书，首先是该书的第一编和第二编，是以志费尼（623/1226—681/1282 ~ 1283）、拉施特·丁（约 645/1247—718/1318）、哈姆杜拉·卡兹维尼（679/1280—750/1349 ~ 1350）的著作，成吉思汗及其后代时期蒙古文官方编年史，署名为兀鲁伯米尔扎的历史著作《沙简史》，以及许多波斯文历史著作为基础写的；③该书由《史选》和《胜利记》两个独立的部分组成。第一部分记述了昔班尼汗即位前的历史，而第二部分是写昔班尼汗争夺钦察草原东部、花剌子模、中亚的战争及其在中亚建立最高统治权。

《史选，胜利记》，尤其是其结尾部分（第 263 - 354 页），结构与卡迈勒·丁·比纳伊和穆罕默德·萨里赫（对他们的介绍见后）的《昔班尼传》相同。但是在《胜利记》中，有许多与其内容相同的书中所没有的新的、独特的事实和资料。例如，书中说昔班尼汗第一次攻入花剌子模是 891/1486 年（第 280 页），他于 905 年 11 月 1 日/1500 年 5 月 29 日在达布西亚城堡附近击溃巴基塔尔汗的军队（第 302 页），昔班尼汗的军队在 908 年 9 月/1503 年 3 月夺取苦盏（第 324 页），同年昔班尼汗的 2000 多兵士由马哈茂德速檀和阿克·穆罕默德速檀带领，对恰加尼安和胡齐斯坦进行了掠夺式的袭击（第 334 页），等等。

在《胜利记》中列举了一些新的部族的名称，如：马扎尔（第 276、

325 页),萨卢尔卡赞(第 276 页),伊奇克拜里(第 285、287 页),朱尔金(第 287 页),巴什基尔(第 288 页),等等。这些部族在 15—16 世纪之交成为游牧的乌兹别克人的组成部分,这样就补充了比纳伊、穆罕默德·萨里赫以及其他关于昔班尼汗的史书中所列举的部族。这类资料对研究乌兹别克、哈萨克和其他操突厥语民族的族源和形成很重要。《胜利记》中关于自艾布·海尔汗时期起,库什奇和乃蛮部在国家社会政治生活中起主要作用的资料也很珍贵(第 172、173、276、284、288 页等)。书中对 16 世纪初许多政治事件的记述比其他史料要详细得多。这些事件是:卡拉库尔居民的起义以及昔班尼军队对起义的残酷镇压(306 - 308 页),贾尼别克速檀和马哈茂德速檀(907 年冬/1502 年 1—2 月)对乌拉捷佩、苦盏周围的村庄及对奇尔奇克河沿岸地区掠夺性的征伐(第 319 页),贾尼别克速檀侵占费尔干纳(第 319、323、339 页),908 年 10 月/1503 年 4 月昔班尼王朝速檀对希萨尔、恰加尼安毁灭性的侵袭,抢劫财物,抓走几千普通老百姓(第 321、322 页),等等。

《胜利记》中关于在进攻和防御战中游牧的乌兹别克人的军队队形和战术的资料有一定意义(第 279、280、374 页等)。《胜利记》的作者关于重要的军政术语"科什"(кош)和官品"科什别克"(кошбеги)的报导也很重要。M. A. 阿卜杜拉伊莫夫根据阿斯特拉罕王朝时期(1601—1757)的法律文书和记述性史料写道:"不应当把库什别克(кушбеги,相当于封建俄国时宫廷的狩猎官)和科什别克(кошбеги,汗军队大本营长官)相混淆,虽然 куш(鸟)和 кош(大本营)这两个字的字形看起来相似。"[1]

《胜利记》作者在记述昔班尼汗"游浪"年代和他进攻艾布·海尔家族宿敌阿合马汗的斡耳朵时写道:"他们把 150 人留在大本营(кош),用 100 名骑兵[捣毁了]阿合马汗的斡耳朵。"(第 172 - 173 页)由此可见,"科什"(кош)这一术语的意思就是军队大本营,通常

〔1〕Абдураимов М А.《Очерки аграрных отношений в Бухарском ханстве XVIпервой половины XIX века》(《16—19 世纪上半叶布哈拉汗国土地关系概论》),Т. I, Ташкент, 1966, с. 75.

汗、速檀、其他达官显贵及其家小连同辎重都在大本营里,而大本营由称为"科什别克"的长官负责保卫,他指挥一支加强部队。这部史籍中关于"亚萨乌勒"(йасаул——来源于蒙古语词 йаса,意为规范、决定、命令、常规、法规)这一官品的资料也是不无意义的。那时亚萨乌勒的职责包括保卫汗的大本营(第 286 页)和把所有战利品护送到指定地点(第 322 页)。这一史料中还有关于军政官职,如:库克尔塔什(кукельташ)、迪万别克(диван беги)、达鲁花(даруга)、贾尔奇(джарчи);社会经济术语,如:阿什雷格(ашлыг)、萨武林(савурин)、皮什克什(пишкеш)、恰普贡(чапгун)、库勒达达克(кул дадак)等资料。《胜利记》中有关昔班尼汗时期通行的仪式的资料也是有价值的(第 342 – 346 页)。

《史选,胜利记》仅有两种抄本:苏联科学院东方学研究所列宁格勒分所藏抄本(В-745,147 张)和英国博物馆藏抄本(ОR. 32226,148 张)。这两个抄本的状况都不太让人满意——有脱漏和删节[1] А.М. 阿克拉莫夫的刊本[2]依据的是这两个抄本和其他史料:《乌古思、阿兰库娃和昔班尼传》(《Огуз,Аланкува ва Шейбани- наме》),《成吉思汗传》(《Тарих-и Чингиз хан》),《乌古思传》(《Огуз -наме》),《艾布·海尔汗及其后裔纪》(《Абу-л-Хайрхоннинг байани ва авлодининг шархи》)等,[3]在很大程度上克服了上述不足。但书中有些页码的顺序弄错了,有时同一些事件前后重复。

《胜利记》完整科学的现代文译本迄今还没有,仅有 С. К. 易卜拉欣莫夫和 В. П. 尤金对有关古代哈萨克人和哈萨克斯坦历史部分的翻译。[4]

14　　В. В. 巴托尔德、А. А. 谢苗诺夫、С. К. 易卜拉欣莫夫、Р. Г. 穆克米

---

〔1〕关于抄本的详细情况,请参阅:《Описание тюркских рукописей Института народов Азии》(《亚洲民族研究所突厥文抄本目录》),Т. I,ч. 1, М. ,1965,с 87 – 88;Rieu.《Catalogue of the turkish manuscripts in the British Museum》(《大英博物馆突厥文抄本目录》),London,1888, p. 276 –280;《史选,胜利记》,第 27 – 50 页及以下各页。

〔2〕请参见本书《参考书目索引》。

〔3〕《史选,胜利记》,第 51 – 69 页。

〔4〕请参见本书《参考书目索引》。

诺娃、C.A.阿齐姆贾诺娃、К.И.彼得罗夫在自己的学术著作中利用了《胜利记》的一些材料,我自己和 A.M.阿克拉莫夫也利用过。

对这一史籍的研究必须继续。确定其科学的校勘本并翻译成俄文,这是东方学家最重要的任务之一。

·欧·亚·历·史·文·化·文·库·

2 胜利颂
（Фатх-наме）

颂扬昔班尼汗执政历史和战功的韵文体编年史（史诗），由一个名叫毛拉沙迪[1]的人完成，写作的年代与《史选，胜利记》以及比纳伊和昔班尼王朝宫廷诗人穆罕默德·萨里赫的同名著作相同。

有关《胜利颂》作者情况的资料很少。从这部史诗中的资料来看，毛拉沙迪在昔班尼汗兄弟马哈茂德速檀处供职，秉承其旨意写了这部史诗，其时55岁（第20a、221a张）。

《胜利颂》按时间先后包括了昔班尼汗完全征服撒马尔罕（906年12月/1501年6—7月）以前，描写在钦察草原、河中地和花剌子模时生平活动中重要的政治事件。该书内容和《史选，胜利记》以及比纳伊的《昔班尼传》相同。据 B. B. 巴托尔德推测，与写昔班尼汗的其他史书一样，这些书也是根据官方编年史写的[2]，关于这一点在后面介绍《历史精粹》时还要谈。毛拉沙迪自己说，在写这部史诗时，他利用了从昔班尼汗那里得到的名为《胜利颂》（《Фатх-наме》）中的材料（第20a张）。

学术界得知毛拉沙迪的《胜利颂》是在本世纪初，由 B. B. 巴托尔德首先提到它的。有一次（1902年夏），B. B. 巴托尔德去中亚时去了撒马尔罕，他参观了 В. Л. 维亚特金（1869—1932）的在当时算得上是收藏丰富的东方抄本时，发现了这本书。那时候 B. B. 巴托尔德的主要兴趣是在突厥斯坦的灌溉史上，因此他在自己的报告中只是极简要地

---

〔1〕他在这部史诗中有两处提到了自己的名字，确切地说是笔名。（《胜利颂》，乌兹别克共和国科学院东方学研究所藏抄本，编号5369，第86、20a张。）

〔2〕Бартольд В В.《Отчет о командировке в Туркестан（летом 1902 г.）》（《1902年夏突厥斯坦出差报告》），с. 127.

8

提到了《胜利颂》的作者,该书的抄写情况和内容,只是在谈花剌子模的阿达克城堡及其周围地区时,才较为详细。[1] 专家们(Г. А.普加琴科娃、Р. Г.穆克米诺娃、С. К.易卜拉欣莫夫、О. Ф.阿基穆什金、В. П.尤金等人)曾不止一次地着手进行过这一史诗的出版工作,但是除有关哈萨克斯坦历史的那部分由 О. Ф.阿基穆什金译成了现代俄语出版外,[2]还没有完整地出版过这部著作。

15

沙迪的史诗有很多种抄本保存下来。仅苏联抄本库中就收藏有它的 5 种抄本,其中两种收藏在列宁格勒国立大学科学图书馆东方部(编号 925、962),[3]一种收藏在乌兹别克共和国科学院东方学研究所(编号 5369),[4]其余两种收藏在杜尚别塔吉克共和国科学院东方学研究所(编号 935、1469)。[5]

我们利用的史诗的这种抄本(乌兹别克共和国科学院东方学研究所藏抄本,编号 5369)是质量上乘的赫拉特抄本,根据古文字资料可以确定是在 16 世纪抄写的。[6] 该抄本中有赫拉特—撒马尔罕流派画师的 9 幅精美插图:14a 张上的是马哈茂德速檀被俘逃离后躲在卡拉塔格山洞里,196 张上的是昔班尼汗端坐在帐篷里的宝座上,446 张上的是向曼格特兀鲁思首领穆萨米尔扎的女儿递交昔班尼汗的婚约,546 张上的是在穆萨米尔扎女儿的帐篷里为昔班尼汗举行华宴,1466 张上

〔1〕Бартольд В В.《Отчет о командировке в Туркестан(летом 1902 г.)》(《1902 年夏突厥斯坦出差报告》),с. 127 – 130.

〔2〕《Материалы по истории казахских ханств》(《哈萨克诸汗国历史资料》),с. 53 – 90.

〔3〕Залеман К, и Розен В.《Список персидских ,турецко-татарских и арабских рукописей Библиотеки Спб. униветситета》(《圣彼得堡大学图书馆波斯文、土耳其 – 鞑靼文和阿拉伯文抄本目录》)– ЗВОРАО, Т. II, с. 251;Ромаскевич А А.《Список персидских, турецко-татарских и арабских рукописей Библиотеки Петроградского униветситета》(《彼得格勒大学图书馆波斯文、土耳其 – 鞑靼文和阿拉伯文抄本目录》)– ЗКВ, Т. I, с. 363.

〔4〕关于这一抄本的简要介绍,请参见:《Собрание восточных рукописей АН УзССР》(《乌兹别克共和国科学院东方抄本汇编》),Т. VIII ,с. 35 – 36.

〔5〕《Каталог восточных рукописей АН Таджикской ССР》(《塔吉克共和国科学院东方抄本目录》),Т. I, с. 68 – 70.《Каталог восточных рукописей АН Таджикской ССР》(《塔吉克共和国科学院东方抄本目录》),Т. I, с. 68 – 70.

〔6〕关于这一抄本的简要介绍,请参见:《Собрание восточных рукописей АН УзССР》(《乌兹别克共和国科学院东方抄本汇编》),Т. VIII, с. 35 – 36.

的是把在亚瑟城下俘虏的穆罕默德·马吉德塔尔汗押进昔班尼汗的帐篷,207a 张上的是昔班尼汗军队和巴布尔军队在撒马尔罕城下激战,213b-214a 张上的是昔班尼汗军队攻打撒马尔罕城,[1]220b 张上的是乌兹别克人的军队和帖木儿王朝军队在霍加卡尔德赞激战。

这一史诗中有珍贵的历史资料。例如,对艾布·海尔汗死后(873/1468~1469)游牧的乌兹别克人国家发生的政治事件的叙述,比《胜利记》详细得多。这些资料表明,艾布·海尔汗死后,昔班系阿剌白沙的后代亚地喀耳汗夺取了王位(第 60b-62a 张)。[2] 在亚地喀耳汗执政期间发生的事件中,史诗详细描述了游牧的乌兹别克人和以羽奴思汗为首的蒙兀儿在锡尔河岸卡拉图地区的鏖战,穆罕默德·海达尔认为这件事发生在 877 年冬/1472—1473 年(第 63a-65a 张)。[3] 关于艾布·海尔的儿子和继承人沙伊赫·海达尔汗,该书说他在亚地喀耳汗之后才继承了其父的王位(第 65b 张)。

该书中有 15—16 世纪花剌子模地区地名,特别是关于瓦济尔和阿达克城堡及周围地区状况的极其珍贵的材料(第 88a-101a 张),B.B.巴托尔德当时对这些材料给予了高度评价。[4]

16　该书也注意到了 15 和 16 世纪之交时蒙兀儿和帖木儿王朝的关系(塔什干蒙兀儿执政者速檀马哈茂德汗和撒马尔罕帖木儿王朝的相互关系,第 148a-152b 张)。

书中有昔班尼汗王朝军队镇压卡拉库尔居民暴动,野蛮残杀居民的资料(第 188a-191b 张)。

该书描述了劳动群众的艰难处境和征服者——昔班尼汗军队对突

---

〔1〕详见 Пугаченкова Г А.《Миниатюры〈Фатх-наме〉》(《〈胜利颂〉中的插图》),с. 121-130.

〔2〕据《荣耀家族》(《Му'изз ал-ансаб》)的材料,其家族世系应是:昔班—巴哈都儿—哲齐卜儿—巴达库尔—孟古帖木儿—富剌德—秃黑鲁黑火者—帖木儿赛克—亚地喀尔汗。(В. Г. 蒂森豪森:《金帐汗国历史资料集》,第 2 卷,莫斯科—列宁格勒,1941 年,第 54-55 页。)

〔3〕《Тарих-и Рашиди》(《拉失德史》),рук. ЛГУ, инв. №272, л. 40б; Ахмедов Б А.《Государство кочевых узбеков》(《游牧的乌兹别克人的国家》),с. 68-69.

〔4〕Бартольд В В.《Отчет о командировке в Туркестан (летом 1902 г.)》(《1902 年夏突厥斯坦出差报告》),с. 127-130.

厥斯坦、安集延、布哈拉、达布西亚、卡尔希以及河中地其他城市居民的暴行(第 1446、1586、159a、1596、179a－1796、189a、1926－193a、200a、201a 张等)。

这些以及其他资料无疑使毛拉萨迪的《胜利颂》成为研究 15 世纪下半叶和 16 世纪初中亚和哈萨克斯坦历史的第一手珍贵资料。

3 昔班尼传

(Шейбани-наме)

有两部独立的,但是选题和内容相近的历史著作用的都是这一名称。其中一部出自负有盛名的诗人和史学家卡迈勒·丁·比纳伊之手。

比纳伊(全名是阿里·伊本·穆罕默德·哈拉维)857/1453年出生在赫拉特一个名叫穆罕默德·萨布兹的建筑师家里。比纳伊的童年和成年后的整个一生都是在王朝之间的纷争、宫廷内部的倾轧和不断的封建内讧中度过的。我们知道,黑羊王朝国家最高统治者贾汉沙(841/1437—873/1468~1469年在位)乘帖木儿朝在沙哈鲁死后(853/1447年)出现的纷争,同自己的长子、统治法尔斯的皮尔·布达格速檀于862/1458年进入呼罗珊,占领了赫拉特,但是在速檀艾布·赛义德军队的猛攻下,不得不与其媾和并从这一地区撤走。据比纳伊证实[1],他带走了100家手艺高超的工匠、诗人和学者,其中有比纳伊的父亲和他5岁的儿子卡迈勒·丁。比纳伊在设拉子住了3年,于856/1460~1461年回到了赫拉特。此后到他900/1495年来到撒马尔罕前的情况,其中包括他上学的情况,就一点也不知道了。据比纳伊的同时代人纳沃伊、巴布尔和洪德米尔说,在当时来说他是一个受过全面教育的人。他们称他是天才的诗人、神学家、修辞大师、音乐家和史学家。[2] 但是,要了解修辞、音乐、诗歌、历史的奥秘,在这些领域写出独树一帜的作品,单凭天才是不够的。为此必须要有专门的学校教育和

---

〔1〕Мирзоев А.《Бинои》(《比纳伊》),Сталинобад, 1957, с.104.

〔2〕Новои А.《Маджалис ан-нафаӣс》(《名人之谈》),Соч. В 15 - ти т. Т.12. Ташкент, 1966, с.74(третий маджалис);《Бабур-наме》(《巴布尔回忆录》), изд-е М. А. Салье. Ташкент, 1958, с.103,212;《Хабиб ас-сияр》(《传记之友》),т.Ⅲ, ч.3,с.343.

良师的指导,父亲无疑是为自己的儿子创造了这些条件。比纳伊还能从事建筑师的职业,这一点不仅为诗人的绰号是比纳伊(建筑师)所证实,而且为文字史料所证实。例如,17 世纪的巴里黑学者穆罕默德·塔西尔在叙述巴里黑的古迹时,详细介绍了于 885/1480 年在巴里黑城东二法尔萨赫的霍加海兰村找到的白色石碑。石碑上刻的题词说这里安葬着正统的第四世哈里发阿里·伊本·艾布·塔里卜。他还介绍了886/1481 年在此建造的宏伟陵墓的建筑物。穆罕默德·塔西尔说:"886 年毛拉比纳伊先生同其父一起参加了修建神圣的陵墓的工作,他是总建筑师,是一个很有学问的人,在建筑方面尤其是这样。虽然过去170 年了,但陵墓建筑物却完好无损。"[1]

17

不久,比纳伊离开了呼罗珊,到了大不里士,在白羊王朝速檀·雅库布(883/1478—896/1491 年在位)的宫廷里找了一个安身之处,在那里大约住到897/1492 年,然后回到了赫拉特。但是过了三年之后,在900/1494～1495 年,比纳伊又不得不离开那里。这次他是去河中地。洪德米尔,后来又有阿明·艾哈迈德·拉齐,说他离开赫拉特的原因是与异密尼扎姆·丁·阿里舍尔·纳沃伊不睦。[2] 比纳伊自己认为这是有些学者的嫉妒心和不友好态度造成的。他写道:"事情是这样发生的。由于学者们的嫉妒心和不友好的态度,使这个软弱的人再不能忍受,[因此,]在900 年他只得去真主保佑的撒马尔罕。"[3]在撒马尔罕,他供职于颇有名气的霍加兀拜杜拉·阿赫拉尔的儿子霍加库特布·丁·亚赫亚处,而在901 年10 月/1496 年6、7 月与穆罕默德·萨里赫(关于他的介绍见后)到了当时住在撒马尔罕郊外的巴布尔那里。巴布尔写道:"……以后很长时间他在我这里做事。"[4]要准确确定他在巴布尔那里干了多长时间是不可能的。巴布尔和洪德米尔记述了这方面的一些情况,据这些记述,昔班尼汗在906 年初/1500 年7 月夺取

---

〔1〕《土地等级奇迹》,乌兹别克共和国科学院东方学研究所藏抄本,编号4483,第686 张。

〔2〕《传记之友》,第3 卷,第3 册,第343 页;《七气候带》,乌兹别克共和国科学院东方学研究所藏抄本,编号617,第238a 张。

〔3〕《汗圣行记》,阿塞拜疆共和国科学院抄本库藏本,编号446,第9a 张。

〔4〕《巴布尔回忆录》,第51 页。

·欧·亚·历·史·文·化·文·库·

撒马尔罕后,同主力一起留在城外的巴格迈丹,贾恩·瓦法米尔扎被委任管治撒马尔罕。巴布尔利用了昔班尼汗和贾恩·瓦法米尔扎的粗心大意,在906年初/1500年7月的一天深夜,从游牧的乌兹别克人手里夺回了撒马尔罕。为昔班尼汗效力的比纳伊又回到了巴布尔那里。《巴布尔回忆录》中关于这一情况是这样写的:"昔班尼汗在占领撒马尔罕以后,把毛拉比纳伊当成自己的心腹,他呆在昔班尼汗身边。在我们夺取撒马尔罕几天以后,毛拉比纳伊来到了撒马尔罕。哈斯木别克对[比纳伊]存有戒心,把他打发到沙赫里萨布兹去了。因为他是一个有才能的人,而且也没有什么过错,不久我们就下令把他送到撒马尔罕来。他一直在写喀西达诗和嘎扎勒诗;他按照纳瓦的格式写了一首阿玛尔,是献给我的,并在我面前朗诵了这首诗。"[1]洪德米尔也讲过这些情况。[2] 由此可以断定,在903年7月/1498年2—3月巴布尔离开撒马尔罕以后(控制该城一百天以后),比纳伊留在城里,在游牧的乌兹别克人得到该城以后,他就帮昔班尼汗做事。在巴布尔完全失去撒马尔罕地区以后(在907年初/1501年7月中旬),比纳伊又回到了昔班尼汗那里,直到去世。比纳伊自己说,他是一名史官,他从昔班尼汗那里得到的专门使命是撰写昔班尼汗执政的历史和显赫的战功。[3]在913年初/1507年5月,比纳伊和他的兄弟[4]跟随昔班尼汗征伐呼罗珊(913年1月初/1507年5月)。比纳伊在自己的故乡城市里一直住到916年/1510年。昔班尼汗战死在梅尔夫(916年9月9日/1510年12月10日)以后,由于克孜尔巴什军队离赫拉特越来越近,比纳伊就和已故汗的全家离开了赫拉特,在卡尔希住了下来。918年/1512年比纳伊死于克孜尔巴什军队在纳吉姆·萨尼和巴布尔率领下攻入该城后对居民的大屠杀中。据17世纪上半叶的史学家马哈茂德·伊本·

18

---

[1]《巴布尔回忆录》,第103页。

[2]《传记之友》,第3卷,第3册,第307页。

[3]《汗圣行记》,阿塞拜疆共和国科学院抄本库藏抄本,编号446,第126-13a张。

[4]当昔班尼汗到达乌兰格卡赫迪斯坦村后,于913年1月9日/1507年5月21日给谢赫伊斯兰和卡迪赫季亚迪·丁写了一封信,要求他不要抵抗,把城交出来。信就是比纳伊的兄弟送的,说明他在乌兹别克汗宫廷中地位很高。

瓦里说,比纳伊埋葬在卡尔希城大清真寺的墓地。[1]

卡迈勒·丁·比伊纳是他那个时代受过良好教育、有广博知识的学者。流传至今,现保存在巴黎国家图书馆(编号1769,76张)和印度奥德王图书馆(编号162,65张)的他的诗集,分散在各种集子中(乌兹别克共和国科学院东方学研究所藏抄本,编号4596;格鲁吉亚共和国科学院藏抄本,编号4569;塔吉克共和国科学院东方学研究所藏抄本,编号1207)以及《昔班尼传》中,尤其是《昔班尼传》的内容更广泛的异本《汗战功记》(这一抄本下面还要讲)中的大量诗篇,《巴布尔回忆录》提供的证据,[2]献给白羊王朝速檀雅库布的二行诗《比赫鲁兹和巴赫拉姆》,都说明他是他那个时代的杰出诗人。[3] 此外,他的同时代人还把他看成是有才气的音乐学家和音乐家。例如,在《巴布尔回忆录》中有这样的话:"在音乐方面,比纳伊写出了许多好作品。这些作品中有名为努赫兰格的纳克什,9首兰格的结尾和纳克什的曲调听起来与拉斯特[很合拍]。"[4]但是对史学家来说,比纳伊最重要的著作是他的历史著作《昔班尼传》。

昔班尼汗钦定史书《昔班尼传》,记述了从昔班尼汗出生到他与游牧的乌兹别克人夺取河中地和花剌子模前(906/1500~1501—911/1505),发生在钦察草原和河中地的一系列政治事件。该书的具体写作时间不详,但是,根据书中叙述的事件止于昔班尼汗911/1505年对花剌子模都城乌尔根奇的围攻,[5]可以推断该书完成于911/1505—913/1507年之间。

这一著作对研究15世纪最后25年至16世纪初中亚和哈萨克斯坦的政治史有重要价值。书中有许多地理方面的资料,涉及那个时代

19

---

[1]马哈茂德·伊本·瓦里:《贤者高风奥秘》,Б.A.艾哈迈多夫翻译、撰写前言、加注释和索引,塔什干,1977年,第79页。

[2]《巴布尔回忆录》,第103页。

[3]关于比纳伊的文学创作,详见A.M.米尔佐耶夫:《比纳伊》,第159-185及其后各页。

[4]《巴布尔回忆录》,第208页。

[5]但是书中一点也没有提完全夺取该城的事。叙述的事件止于昔班尼汗的亲信胡赛因·阿里的死和得知游牧的乌兹别克人开始强攻要塞。(《昔班尼传》,乌兹别克共和国科学院东方学研究所藏抄本,编号844,第406张。)

锡尔河沿岸的大城市绍兰、瑟格纳克、阿尔库克、奥特拉尔、乌兹根德和阿克库尔干,花剌子模的瓦济尔、阿达克、布尔杜姆萨兹等城(第56、66、7a、86、106、136、146等张);有民族方面的资料,例如,提到了库什奇、乃蛮、畏兀儿、古儿剌兀惕、吉赖里、乞颜、孔格勒、唐兀惕、伊奇克、杜尔曼、亚巴古、契丹、钦拜、顺卡尔里、沙德巴克雷、伊占、考钦、曼格特、杭勒、朱尔金、明格、巴什基尔、阿斯等部族(第16、2a、3a、4a、56、13a、136等张),它们是后来形成的乌兹别克、哈萨克、巴什基尔和其他操突厥语民族的组成部分;也有供史学家、考古学家、民族学家研究利用的最丰富的实际资料。书中有分散的有关封建统治集团和昔班尼汗军队暴行的实际例子。在叙述昔班尼汗军队为补充食品经常闯进本族人和外族人的帐篷抢劫,对成千上万反抗外来征服者、争取独立的普通城市居民的杀戮,为抢夺财物对邻近地区和国家一次次的侵袭和没收对征服者不满的人的财产时,都列举了这方面的例子(第17a、206、216、236、246、27a、276、286、33a、376、386等张)。有关16世纪初游牧的乌兹别克人的社会和国家制度的许多资料都具有重要价值。

《昔班尼传》早就引起了专家的高度关注(Э. Г. 布朗、К. Г. 扎列曼、А. Н. 萨莫伊洛维奇、М. А. 萨利耶、А. А. 谢苗诺夫、А. Н. 博尔德列夫、Р. Г. 穆克米诺娃、А. М. 米尔佐耶夫、С. К. 易卜拉欣莫夫、Б. А. 艾哈迈多夫等),但是这一珍贵著作除有一部分由 С. К. 易卜拉欣莫夫和 К. А. 皮休莉娜翻译成俄文以外,[1]没有出版过。乌兹别克共和国科学院东方学研究所收藏有这一著作的大部分抄本(编号是844、1632、1633、843、1235、3331、3422)。编号844和编号3422的抄本最完整,因此也最珍贵。前一个抄本是作者在世时的抄本,由昔班尼汗的书记米尔扎穆明蒙什抄写,有些地方(第3a、24a、31a张等)甚至是汗亲手抄的。后一抄本是花剌子模著名史学家穆罕默德·优素福·巴亚尼(卒于1341/1923年)的乌兹别克文译本,他是遵照希瓦倒数第二个汗阿斯

---

〔1〕《Материалы по истории казахских ханств》(《哈萨克诸汗国历史资料》),c. 91 – 227, 507 – 511.

凡迪亚尔(1328/1910—1336/1918)的旨意于 1333/1914～1915 年完成 20
的。[1]

　　和比伊纳的名字相联系的还有另一历史著作——《汗战功记》
(《Футухат-и хани》),讲述的也是关于昔班尼汗及其征服中亚的事。
这一著作有 3 种抄本保存下来:乌兹别克共和国科学院东方学研究所
藏抄本(编号 14/Ⅰ,第 70 张,18 世纪)。这是一个残本——前言从一
开始就缺 11—12 行,结尾部分也不全。该抄本的记述止于昔班尼汗对
哈萨克汗贾尼别克汗之子哈斯木速檀的征伐。另外两种抄本收在名为
《汗圣行记》(《Шараф-наме-йишахи》),又名《阿卜杜拉传》
(《Абдаллах-наме》)的书中。该书现藏于巴库(阿塞拜疆共和国科学
院共和国抄本库,编号 446,第 16-1046 张)和杜尚别(塔吉克共和国
科学院东方学研究所,编号 778,第 16-104a 张)。这两种抄本完全相
同,是穆罕默德·米尔扎·加尼[2]在上个世纪抄的。把《汗战功记》编
入《阿卜杜拉传》看来是抄写者的主意,他显然是想把昔班尼王朝的历
史从艾布·海尔汗开始至该王朝倒数第二个代表人物阿卜杜勒·穆敏
为止全部连在一起。对这三个抄本进行比较研究,并与《昔班尼传》
(乌兹别克共和国科学院东方学研究所藏抄本,编号 844)对比,我们发
现《昔班尼传》和《汗战功记》这两部书内容相同。后者的篇幅较长,主
要是增加了一些诗句(共有 2894 米斯拉)和《古兰经》中的一些章节,
词藻也华丽。[3] 书中叙述的事件到 906/1500～1501 年,即到昔班尼
汗夺取撒马尔罕和推翻帖木儿王朝的速檀·阿里米尔扎前为止。这使
我们有理由认为《汗战功记》是《昔班尼传》早先的本子。看来,《汗战
功记》雕琢华丽的词藻使游牧的乌兹别克人的首领和他的亲信不满
意,因此他叫比纳伊简化叙述的方式,使它通俗一些。此外,昔班尼汗

　　〔1〕《Собрание восточных рукописей АН УзССР》(《乌兹别克共和国科学院东方抄本汇
编》),Т. Ⅶ,с.25.
　　〔2〕他是布哈拉卡迪米尔·巴德尔·丁毛拉的书记,卒于 1324/1906 年(米尔扎·阿卜杜
勒·阿济姆·萨米:《Тарих-исалатин-имангитийа》),Л. М.叶皮凡诺娃译自塔吉克文,并撰写前
言和注释,莫斯科,1962 年,第 126 页。
　　〔3〕请详见我的拙文:《Неизвестная версия〈Шейбани-намме〉Бинаи》(《比纳伊〈昔班尼传〉
鲜为人知的一种抄本》)-ОНУ,1965,№2,с.51-55.

推翻帖木儿王朝确立王位后,在他的国家生活中发生了一些重要事件:在 908/1502～1503 年修筑扎拉夫尚桥,他于 911/1505 年夺取了花剌子模。昔班尼汗也许想让这些事情也写进他的官方编年史中。

《汗战功记》,尤其是它的篇幅很长的前言[1],对我们有一定的价值。前言中作者在通常的颂词以后,说明了他来撒马尔罕的原因,指出了写书的时间,列举了撒马尔罕的名胜。他对兀鲁伯天文台的记述特别值得注意。据比纳伊证实,那时这座天文台是完整的,雄伟地矗立在阿布拉赫马特附近的库哈克山山麓。[2] 那时候巴布尔看到的这座天文台也是这个样子。他在记述 903/1497～1498 年的事件时写道:"米尔扎兀鲁伯建造的另一座建筑物是库哈克山下的天文台,里面有绘制星象图的工具。"[3] 在当时来说,这显然是一座宏伟的建筑物,里面的天文观察工具保存至 16 世纪初。在一些历史著作和其他著作中,尤其是文学作品中所说的在兀鲁伯惨死(853 年 9 月 8 日/1449 年 10 月 25 日)后,天文台就被劫被毁的情况是不符合实际的。

比纳伊的《昔班尼传》从 20 世纪最初开始,就被研究者们广泛利用,但是迄今为止还没有全文出版过,发表在《哈萨克诸汗国历史资料》中的只是它的一部分。[4]

另一部《昔班尼传》的作者是穆罕默德·萨里赫。有关他生平的资料流传下来的很少。史料只是记述说他是突厥比尔库特部异密沙·马力克的孙子。沙·马力克先是帖木儿,后来是沙哈鲁和兀鲁伯很重要的异密之一。穆罕默德·萨里赫的父亲异密努尔·赛义德别克也在兀鲁伯手下效力,兀鲁伯惨死后,他和很多察合台别克一样,既拒绝服从弑父者阿卜杜勒·拉吉夫,也拒绝服从帖木儿王朝后王速檀艾布·赛义德(855/1451—873/1468～1469)。他住在离撒马尔罕努尔村不远的山上,经常下山袭击布哈拉和撒马尔罕附近地区。速檀艾布·赛义

---

[1]乌兹别克共和国科学院东方学研究所藏抄本,编号 14/Ⅰ,16－296 张;巴库抄本,编号 446,16－176 张。

[2]《汗圣行记》,阿塞拜疆共和国科学院抄本库藏抄本,编号 446,第 10a 张。

[3]《巴布尔回忆录》,第 61 页。

[4]《Материалы по истории казахских ханств》(《哈萨克诸汗国历史资料》),c.96－127.

德想通过和平手段使他降伏,但是没有成功。B.B.巴托尔德写道(他的说法根据的是阿卜杜·拉扎克·撒马尔坎迪的材料):"造反者既不听艾布·赛义德派来的人的劝说,也不听上山来找他的霍加阿赫拉尔的劝说,在这以后他就被撒马尔罕的军队赶出了努尔,逃到草原上去了。"[1]但还是这个阿卜杜·拉扎克·撒马尔坎迪的材料,说在过了一段时间以后,努尔·赛义德别克到速檀艾布·赛义德那里请罪,得到宽恕,被封为万夫长。在846年10月/1460年7月20日至8月17日,他被派和他的属民一起抗击经花剌子模入侵呼罗珊的速檀·胡赛因·拜卡拉。但是在去萨布泽瓦尔的路上,他转向了去河中地的方向,在离沙赫鲁希亚不远的地方与穆罕默德·朱克会合了。穆罕默德·朱克是兀鲁伯的孙子,他举兵反对艾布·赛义德,在游牧的乌兹别克人的帮助下,占领了突厥斯坦、赛兰、塔什干和沙赫鲁希亚。1462年秋以前,努尔·赛义德和穆罕默德·朱克在一起,参加了他用武力反对艾布·赛义德的斗争。艾布·赛义德围攻沙赫鲁希亚达一年之久,在霍加阿赫拉尔的帮助下,才把以穆罕默德·朱克为首的反叛平息下去。867年1月9日/1462年10月5日,穆罕默德·朱克及其异密们在艾布·赛义德发誓宽恕所有守卫城堡的人以后,才放下武器,打开城门。后来穆罕默德·朱克被送到赫拉特,囚禁在伊赫齐亚尔丁城堡,后被害死在那里。而异密努尔·赛义德别克被派管治花剌子模。他管治其父的这一 22 领地只有4年多的时间。871/1466~1467年,速檀胡赛因从钦察草原侵入花剌子模,把这一地区洗劫一空。由于努尔·赛义德胆小无能被罢职,召回赫拉特后被处死[2]

　　在我们所知的史料中,都没有有关穆罕默德·萨里赫在其父被处

　　〔1〕Бартольд В В.《Улугбек и его время》(《兀鲁伯与他的时代》),Соч.,т.II,ч.2,M.,с.171.

　　〔2〕详见 Бартольд В В.《Улугбек и его время》(《兀鲁伯与他的时代》),Соч.,т.II,ч.2,M.,с.170. Бартольд В В. Мир Али-Шир и политическая жизнь(《米尔·阿里·舍尔及其政治生涯》),там же,с.220;Ахмедов Б А.《Из истории взаимоотношений кочевых узбеков с Тимуридами》(《游牧的乌兹别克人与帖木儿王朝关系史料》)- Ученые записки ЛГУ,№304,вып.II,с.88-92.据穆罕默德·萨里赫说《昔班尼传》第17页),努尔·赛义德别克在梅尔夫住了一段时间,后奉速檀·胡赛因之命被处死在那里。

死以后命运的材料。《东方百科辞典》(《Камус ал-'алам》)的编纂者沙姆斯·丁·萨米说穆罕默德·萨里赫的童年和学生时代是在赫拉特度过的,但没有指出所据史料。更为重要的是,沙姆斯认为萨里赫是阿卜杜·拉赫曼·贾米的学生。[1] 巴布尔和纳沃伊谈到过萨里赫的一些情况,有助于确定他去撒马尔罕前的活动及其先在"土皇帝"穆罕默德·马吉德塔尔汗那里供职,后来在昔班尼汗那里供职的时间。例如,巴布尔在记述在速檀·胡赛因米尔扎宫中生活和进行写作活动的维齐、显贵和诗人时,在一些重要的诗人中,他提到了穆罕默德·萨里赫。巴布尔说的下面这些话很重要,他说:"为了表示对昔班尼汗的崇敬,穆罕默德·萨里赫按短六音步格律,即按照[贾米的长诗]《念珠》的格律,写了一首突厥文二行诗。"[2] 纳沃伊说他是一个知识渊博的人,是一个卓越的诗人。据纳沃伊说,穆罕默德·萨里赫在速檀·胡赛因的宫中供职过一段时间,后来在他"愚蠢的"朋友的影响下,对速檀表示不尊,并且中伤他。[3] 根据上述材料,可以得出这样的结论:穆罕默德·萨里赫至少在 15 世纪 90 年代以前在赫拉特,供职于速檀·胡赛因的宫廷。

如果说我们得到的有关穆罕默德·萨里赫在赫拉特生活时期的资料很少的话,那么在巴布尔和比纳伊的著作中,有关他在河中地生活的资料就稍多一些。至于穆罕默德·萨里赫是什么时间以及在什么情况下到撒马尔罕的,史料中都没有讲(只有穆罕默德·萨里赫在自己的书中提到去河中地的事,但是没有讲去的时间及怎样从呼罗珊去的,第17 页)。提到穆罕默德·萨里赫在撒马尔罕生活的较早时间大约是901 年 10 月底/1496 年 7 月 11 日。那时巴布尔和他的军队在撒马尔罕的苏古德土绵。巴布尔写道:"当时我见到了毛拉比纳伊和穆罕默德·萨里赫,他们在霍加亚赫亚那里供职。穆罕默德·萨里赫我就只

---

〔1〕《Камус ал-'алам》(《东方百科辞典》), т. IV, Истамбул, 1311/1893~1894, c. 2928.

〔2〕《巴布尔回忆录》,第 210 页。

〔3〕Новои А.《Маджалис ан-нафаис》(《名人之谈》), Соч. В 15 – ти т. Т. 12. Ташкент, 1966, c. 150. (пятый меджлис).

见到过那一次,而毛拉比纳伊后来很长时间都在我这里供职。"[1]我们已确定比纳伊到撒马尔罕的确切年代是900/1494～1495年。901/1496年以前比纳伊和穆罕默德·萨里赫在一起,都在有名的霍加兀拜杜拉·阿赫拉尔的儿子和继承人穆罕默德·亚赫亚手下干事。据此可以推断,穆罕默德·萨里赫就是在900/1494～1495年与比纳伊一起离开呼罗珊的。据巴布尔随后的记述以及比纳伊证实,穆罕默德·萨里赫900/1494～1495年以前就在撒马尔罕了,在帖木儿王朝的达官达尔维什·穆罕默德塔尔汗那里供职。[2] 达尔维什·穆罕默德从撒马尔罕逃跑(905/1499～1500)以后,在去布哈拉路上的塔特肯特(哈特尔奇和卡塔库尔干之间的村子),穆罕默德·萨里赫离开了他的靠山,转回到了当时被昔班尼汗军队包围的撒马尔罕,在贾恩·瓦法米尔扎和昔班尼汗的萨德尔毛拉纳阿卜杜·拉希姆·土尔克斯坦尼的协助下,见到了那些日子一直在恰尔拉哈大门的游牧的乌兹别克人的首领(第20－21页)。这位诗人和学者后来的命运,一直到他944/1534～1535年去世,都和昔班尼汗和昔班尼王朝(马哈茂德速檀、兀拜杜拉汗)联系在一起。在夺取布哈拉(905年11月底/1500年5月29日)以后,昔班尼汗任命他为布哈拉的达鲁花(даруга)。他担任这一职务的时间很短,不到一个月,布哈拉市民就起来反对新政权,把穆罕默德·萨里赫从城里赶走了。当时昔班尼汗正在去撒马尔罕的路上。他在塔特肯特得知发生的事以后,不得不暂时停止去撒马尔罕的行程,带领军队赶往布哈拉。昔班尼汗在残酷镇压了布哈拉人以后,把布哈拉城和布哈拉省交给了其弟马哈茂德速檀(第29页),[3]而把穆罕默德·萨里赫留在自己身边。穆罕默德·萨里赫除了短时间管治过查尔朱外(910/1504),一直在昔班尼汗身边,显然是他的书记,参加了他对卡拉库尔(906/1501)、昆都士(910/1504～1505)(第181、191－193、197页)的征伐,在昔班尼汗的弟弟马哈茂德速檀去世(911/1505)以后,穆罕默

---

〔1〕《巴布尔回忆录》,第51页。

〔2〕《巴布尔回忆录》,第92页;比纳伊:《昔班尼传》,乌兹别克共和国科学院东方学研究所藏抄本,编号846,第26a张。

〔3〕参见比纳伊:《昔班尼传》,第27a、29a张。

德·萨里赫开始为马哈茂德的儿子和继承人兀拜杜拉汗效力,据霍加哈桑·尼萨里证实,他管治过涅萨省。[1] 穆罕默德·萨里赫的余生是在布哈拉度过的。他于 941/1534～1535 年去世。

穆罕默德·萨里赫的韵文体编年史,[2]无论是从写作的主要目的看还是从内容上看,都和上面提到的卡迈勒·丁·比纳伊的著作相同,但相比之下仍有许多长处——它对昔班尼汗军队争夺撒马尔罕期间及夺取以后,河中地及其附近地区,包括呼罗珊、费尔干纳、塔什干及其当时所属地区,以及沙赫鲁希亚、苦盏、乌拉捷佩和阿姆河以南省份整个政治形势的记述要详细得多。

穆罕默德·萨里赫的这一著作和比纳伊的《昔班尼传》相比,有以下一些新内容:

(1)发生在卡拉库尔、卡尔希和胡扎尔的反昔班尼汗的行动(第20 –23 章,第 34 –43 页)。

(2)沙赫鲁希亚、乌拉捷佩、苦盏和费尔干纳并入昔班尼王朝国家(第 42 – 44、49 – 57、59 章,第 85 – 88、88 – 92、116 – 155、162 – 171 页)。

(3)游牧的乌兹别克人对希萨尔、捷尔梅兹和阿姆河左岸地区的征伐,他们夺取昆都士、塔里坎、巴达赫尚和巴里黑(第 57 – 58、61 章,第 174 – 178 页)。

(4)909/1503 年马哈茂德速檀统领的昔班尼王朝军队对花剌子模的第一次征伐(第 45 – 46 章,第 93 – 96 页)。

(5)速檀·胡赛因试图劝阻昔班尼汗远征花剌子模。帖木儿王朝军队征伐昆都士和查尔朱(第 71 章,第 205 – 211 页)。

另外,穆罕默德·萨里赫详细叙述了昔班尼汗对花剌子模最后一次决定性的征伐,经过 10 个月围困之后攻下(911 年 3 月 21 日/1505 年 8 月 22 日)其都城的情况,这些情况在比纳伊的《昔班尼传》中是没

---

〔1〕《友人纪要》,乌兹别克共和国科学院东方学研究所藏抄本,编号 56,第 856 张。

〔2〕没有关于写作时间的准确资料。看来穆罕默德·萨里赫开始这一工作是在 911/1505 年以后。

有的。

　　穆罕默德·萨里赫编年史的长处不仅限于上述几点。书中有大量证明游牧的乌兹别克封建主和昔班尼王朝军队暴行,被昔班尼汗征服地区劳动群众悲惨景况的实际材料(第26、32、40、41、42、43、47、61、87、90、95、96、112、113、120、154、182、219、223 页)。有有关社会经济方面的资料(第24、27、58、66、90、124、125、127、157、176、181、195、197、198 页等),有游牧的乌兹别克人国家制度方面的资料(第21、32、38、67、85、86、94、96、137、138、157、201、203、216 页等),有游牧的乌兹别克人军队结构和军队状况的资料(第21、23、38、41、42、45、46、55、56、57、58、61、68、86、89、105、120、209、216、220 页)。穆罕默德·萨里赫提供的珍贵的民族方面的资料也很重要(第26、32、33、42、57、85、86、87、94、95、101、113、117、123、137、138、139、176、197、199、211 页等),这些资料有助于我们判断16世纪初以昔班尼汗为首进入河中地,后来成为乌兹别克和哈萨克民族组成成分的突厥—蒙古诸部的构成情况。

　　穆罕默德·萨里赫《昔班尼传》的抄本流传下来的很少。迄今为止据我们所知仅有两种抄本,一种保存在维也纳图书馆,[1]一种保存在列宁格勒国立大学科学图书馆东方部。[2]还有根据这些抄本刊布的两种版本,一种由 Г. 范贝里于1885年完成,[3]一种由 П. М. 梅利奥兰斯基于1908年完成。[4]现在穆罕默德·萨里赫的《昔班尼传》已在塔什干用现代乌兹别克文出版,这是由诗人和语文学家 Н. 达吾然根据 25 П. М. 梅利奥兰斯基的版本完成的。[5]

[1]Dr. G. Flugel.《Die arabischen, persischen und türkischen Handschriften der Kaiserlich》(《维也纳图书馆阿拉伯文、波斯文和土耳其文抄本目录》),Bd. II, p.323, Wien, 1865—1867.

[2]Ромаскевич А А.《Список персидских, турецко - татарских и арабских рукописей Библиотеки Петроградского университета》(《彼得格勒大学波斯文、土耳其 - 鞑靼文和阿拉伯文抄本目录》)- ЗКВ, т. I. Л. ,1925,с.364、353 - 371.

[3]穆罕默德·萨里赫:《昔班尼传》,范贝里刊布,维也纳—布达佩斯,1885年。

[4]穆罕默德·萨里赫:《昔班尼传》,察合台文。П. М. 梅利奥兰斯基身后出版,圣彼得堡,1908年。

[5]穆罕默德·萨里赫:《昔班尼传》,纳斯鲁拉·达吾然刊布,塔什干,1961年。

4 布哈拉宾客纪事
（Михман-наме-йи Бухара）

这是一部回忆录性质的著作，记述了昔班尼汗及其军队914/1509年冬（从914年10月8日/1509年2月2日至914年12月28日/1509年5月2日）第三次出兵哈萨克斯坦，征伐巴兰杜克汗（885/1480—917/1511）、贾尼什速檀和塔内什速檀的经过，为此次征伐的参加者、昔班尼汗心腹鲁兹别罕所写。

关于鲁兹别罕（全名为法兹拉拉·阿明·伊本·鲁兹别罕·洪吉·希拉济·伊斯法哈尼，又名霍加毛拉）的生平和学术活动，有关学术著作中已有全面介绍，其中有 И. 戈尔德齐耶尔、В. Ф. 米诺尔斯基、М. А. 萨利耶、С. К. 易卜拉欣莫夫、Б. А. 艾哈迈多夫、Р. П. 贾莉洛娃、赛义德·纳菲西、伊拉季·阿夫沙尔、穆罕默德·阿明·洪吉和艾哈迈德·伊克季达里等人的著作。[1] 因此，仅对其中最主要的东西加以介绍。根据这些著作中的资料，鲁兹别罕862/1457～1458年出生在法尔斯省拉里斯坦的洪吉村一个名叫贾迈勒·丁·鲁兹别罕的大神学家和达官的家里。由于其父显赫的地位和家产，使他在伊斯法罕接受了全面教育，后在阿拉伯继续深造，他第二次去阿拉伯是在887/1482年（第一次是879/1474～1475年）。在阿拉伯他师从著名的谢赫贾迈勒·丁·阿尔迪斯塔尼（按里扎库利汗·希达亚特所说，他卒于879/1474～1475年）和杰出的埃及史学家和语文学家沙姆斯·丁·穆罕默德·萨卡维（830/1427—902/1496～1497）。[2]

由于鲁兹别罕受过全面教育，在神学、哲学、历史、东方文学等方面

---

〔1〕请参见本书《参考书目索引》。
〔2〕Р. П. 贾莉洛娃为《法兹拉拉·鲁兹别罕·伊斯法哈尼〈布哈拉宾客纪事〉》撰写的前言，第19页。

有广博知识,使他在许多统治者的宫廷里有很高的地位,如在白羊王朝速檀·雅库布·巴扬杜里、速檀·胡赛因·拜卡拉、昔班尼汗和兀拜杜拉汗(909/1503～1504—946/1539 为布哈拉领主)的宫廷里。鲁兹别罕 927 年 5 月 5 日/1521 年 4 月 13 日在布哈拉去世。[1]

鲁兹别罕写了宗教神学、哲学、伦理教育、文学和历史等方面的著作:《解决抽象问题》(《Халл-и таджрид》)、《奇事释疑》(《Т'аликат бар мухалат》)、《海伊·伊本·亚克赞纪事新释》(《Бади 'аз-Заман фи киссати Хайй ибн Йакзан》)、《阿米尼征服世界史》(《Тарих-и 'аламара-йи Амини》)、《择善而行与鄙视无用发现》(《Ибтал нахдж ал-батил ва ихмал кашф ал-'атил》)、《论农人》(《Рисала-йи харисийа》)、《王者行为规范》(《Сулук ал-мулук》)、《布西里〈斗篷诗〉注释》(《Шарх-и〈Касида-йи бурда〉ал-Бусири》)以及《布哈拉宾客纪事》。

《布哈拉宾客纪事》是在一年之内完成的(从 914 年 10 月/1509 年 1—2 月在布哈拉开始写,915 年 5 月 23 日/1509 年 9 月 9 日在赫拉特完成),记述了 16 世纪初中亚和哈萨克斯坦的历史。

在介绍《布哈拉宾客纪事》的内容以前,应该指出的是,鲁兹别罕是虔诚的逊尼派教徒,因此,《布哈拉宾客纪事》也和他写的其他著作一样,对逊尼派过分赞扬,而对什叶派和什叶派思想表现出一种藐视态度。而且作者认为,任何偏离逊尼派规定的言行都是"错误的启示",是"严重的过错"。[2] 因此,他千方百计为昔班尼王朝对自己同族人——乌兹别克—哈萨克人的掠夺性征伐辩解。此外,作者还为汗最高权力的神圣和不容置疑提供根据,实际上是为昔班尼汗最高权力的神圣和不容置疑提供根据(第 66、78、95－96 页等),鼓吹私有制的基础不可动摇(第 153－157 页等)。总之,《布哈拉宾客纪事》是按照封建统治阶级的思想写的,是为了维护昔班尼汗及其亲信的利益的。尽管如此,鲁兹别罕的这一著作还是揭示了当时中亚和哈萨克斯坦诸民

---

[1]另有材料说他卒于 937/1530 年。

[2]他在布哈拉和在征伐哈萨克人的途中与人辩论时,常常引用的都是圣训中的话,第 62－66、70、105－106、108 页等。

族各方面的社会政治生活。

《布哈拉宾客纪事》是一部资料翔实的著作,它是根据作者亲身经历的事件以及昔班尼汗及其亲信提供的材料写成的。只是在叙述昔班尼汗和哈萨克汗的系谱时,有几处(第41、42、148、149 页)[1]引用过的唯一史料是《世系》(《Насаб-наме》或《Шаджара》)。看来我们也得利用在《历史精粹》、《胜利记》和毛拉沙迪的史诗《胜利颂》中提到过的这一史料。

鲁兹别罕的这一著作由引言、简短的结尾和 34 章组成。有关中亚和哈萨克斯坦诸民族中世纪史的珍贵资料包含在以下各章中:

引言(第 55 – 58 页)[2]:叙述了昔班尼王朝的分封制度,确切地说是把土地分封给汗后裔的办法。例如,引言中说昔班尼汗把撒马尔罕城及撒马尔罕省给了他的儿子穆罕默德·帖木儿速檀,把突厥斯坦给了他的叔叔忽春速檀,把塔什干城及塔什干省给了他另一个叔叔苏云奇霍加汗,把希萨尔沙德曼给了哈姆扎速檀和马赫迪速檀,把费尔干纳给了贾尼别克速檀,把布哈拉及其所辖地区给了兀拜杜拉速檀,而把花剌子模给了穆罕默德·帖木儿速檀的儿子普拉德速檀(第 3 – 5 页)。

第 4 章:《对哈萨克人圣战情况的记述》(第 61 – 64 页)。这一章中有值得注意的关于乌兹别克人和哈萨克人起源、构成及其分布的资料,有北临北冰洋、南接突厥斯坦、西达杰尔宾特、西南达花剌子模和阿斯特拉巴德的乌兹别克人兀鲁思疆界的资料(第 62 页)。还有有关当时这些相互敌视、处于交战状态,甚至把俘虏的同族人当奴隶出卖的民族风俗习惯的资料也很有价值(第 62 页)。

第 21 章:《突厥斯坦诸地和哈萨克人兀鲁思的分布》(第 92 – 94 页)。这章中有关于钦察草原(更确切地说是其东部地区)的资料。其西部边界达伊季尔河(伏尔加河),东部沿巴尔喀什湖通过。鲁兹别罕用昔班尼的话(昔班尼对这一地区非常熟悉)记述说,钦察草原(其东

---

〔1〕各章内容请见 Ахмедов Б А.《Государство кочевых узбеков》(《游牧的乌兹别克人的国家》),с. 155 – 160.

〔2〕引自米努切赫尔·赛图代刊布的《布哈拉宾客纪事》,德黑兰,1341/1962 年。

部是乌兹别克人和哈萨克人放牧和过冬的地方)有600法尔萨赫宽,水草丰茂,树木很多,尤其是可以做大车、帐篷骨架、家具和箭的银白杨很多(第93页)。鲁兹别罕关于在乌兹别克人兀鲁思中存在汗和速檀所有土地的记述也值得注意(第94页)。

第23章:《巴兰杜克汗与真主的代理人[昔班尼汗]陛下纷争的原因》[1](第96—102页)。在这一章中,鲁兹别罕根据昔班尼王朝官方编年史,记述了在游牧的乌兹别克人国家的奠基人艾布·海尔汗死后即开始,一直持续到16世纪初的这一封建国家中的内讧。这里最值得注意的是史学家关于钦察草原上的牧民经常侵袭河中地定居地区原因的资料。据鲁兹别罕证实,这在很大程度上是由于河中地执政者的过错,即昔班尼汗的过错造成的。因为游牧民迫切需要中亚生产的服装、裹尸白布和其他商品时,昔班尼汗却禁止河中地和花剌子模商人与钦察草原居民进行任何贸易(第101页)。

第25章:《关于哈萨克人的宗教信仰和行为及宣布与其开战的决定》(第104—108页)。这一章中有许多有关15—16世纪哈萨克人生活和习俗的实际资料。据鲁兹别罕说,虽然哈萨克人也是穆斯林,也念《古兰经》,但他们保留的异教的残余很多:崇拜太阳,崇拜一种叫萨纳米(санами)的偶像,使用一种叫亚达(йада)的魔石,把穆斯林俘虏当奴隶出卖(第105、106、108页)。显然,昔班尼汗时的乌兹别克人中也有这些残余(如使用亚达石)。此外,在乌兹别克诸部的政治联盟中,也有多神教徒,军队驻扎下来时,昔班尼汗用芦苇和草席为他们修临时神庙(第190页)。因此,说哈萨克人中存在异教残余并指责他们叛教,是昔班尼汗和河中地封建贵族进行掠夺性征伐的借口。

第29章:《真主的全权代理人陛下来到哈萨克人所在地的中心,来到卡拉·阿卜杜勒的帐篷,派速檀袭击贾尼什速檀的省》(第120—122页)。在这一章中,我们可以找到许多关于哈萨克人生活的资料:他们过冬地点的分布(第205—210页),迁徙的方法以及氏族制度等。作者关于他们安置在车轮上的住处的资料很有意义(第213、222、238

28

〔1〕此处及以后所引均据 Р. П. 贾莉洛娃的译本。

页等),这章中列举的战利品在封建社会作用的种种事实也很重要。

该书中有关昔班尼汗军队组成、粮草供应方法的资料也是重要的(第91-92、122-123、216-217页)。根据这些资料判断,游牧的乌兹别克人的军队由步兵和骑兵组成。也有完全由乌兹别克人组成的专门部队(第89页)。除由从伊奇克部和丘赫尔部挑选出来的人组成,担任保卫任务,称为汗军(асакир-и хассэ)的军队外,其他都是非正规军,而汗军军队的军饷主要由分给汗的战利品和礼品支付。

《布哈拉宾客纪事》中有关锡尔河中游诸城堡,即阿尔库克(第76-79、88-90页),乌兹根德(第81、111、175页),瑟格纳克(第116-118页),离瑟格纳克不远的乌兹别克诸汗的墓地科克卡沙纳(第118页),亚瑟(突厥斯坦),锡尔河的不同名称(阿布苦盏、锡尔)和阿姆河的不同名称(阿布阿姆亚、纳赫尔巴里黑)(第73-74、102、111、162页)等资料都有重要价值。书中对位于布哈拉和阿尔库克之间的丘勒纳马克萨尔(第242-271页),布尔达雷克草原(第162-163页),昔班尼汗时期在亚瑟、瑟格纳克、撒马尔罕、卡尔希和图斯城修建的建筑物也有记述(第201、260-261、283-294、318-321、351-352、391-393页)。

书中对昔班尼汗在坎吉尔举行的庆祝对哈萨克人征伐结束的盛大宴会的记述,在研究乌兹别克汗宫廷仪式方面有不小的意义(第153-154页)。

《布哈拉宾客纪事》中上述以及其他的资料,对研究中亚和哈萨克斯坦诸民族的历史,尤其是研究16世纪初河中地游牧民族和定居民族之间的经济和政治关系,有重要意义。

《布哈拉宾客纪事》仅有两种抄本,一种保存在乌兹别克共和国科学院东方学研究所(编号1414,手稿);一种保存在土耳其的努里·奥斯曼图书馆(编号3431,为前一种的复制本)。伊朗东方学家米努切赫尔·赛图代根据努里·奥斯曼图书馆抄本于1341/1962年校勘出版了这一文献,并附有索引。[1] Р. П. 贾莉洛娃完成了对这一文献的俄文

────────────

〔1〕请参见本书《参考书目索引》。

摘译工作(根据乌兹别克共和国科学院东方学研究所抄本),于1976年出版,有详尽的前言、注释和索引。

5　历史精粹

（Зубдат ал-асар）

这是一部用古乌兹别克文写的通史,包括穆斯林诸国从"创世"到931/1525年的历史,是受昔班尼王朝苏云奇霍加汗之子、塔什干领主速檀·穆罕默德(又名克利迪·穆罕默德,卒于931年10月2日/1525年7月23日)之命,在931/1525年以后写成的。

此书作者是阿卜杜拉·伊本·穆罕默德·伊本·阿里·纳斯拉拉,其生平我们知道得很少。从作者这一著作中的材料看,他是巴里黑最有学问的人之一,15世纪90年代供职于帖木儿后裔、帖木儿王朝巴里黑领主巴迪·扎曼米尔扎处。911年春/1505年6—7月昔班尼汗率领军队向巴里黑进发并渡过阿姆河的时候,巴迪·扎曼在巴里黑的代理人速檀·库林贾克(当时巴迪·扎曼在穆尔加布忙于招募军队准备抗击游牧的乌兹别克人)派他去赫拉特的速檀·胡赛因那里,通报敌军入侵的消息并请求紧急援助。作者在记述自己赫拉特之行的经过、结果以及随后发生的与抗击昔班尼汗进攻有关的事件时,这样写道:"巴里黑领主派这个可怜和最卑微的人——此书作者,去速檀·胡赛因米尔扎那里通报沙巴赫特汗进攻巴里黑和城里[粮草和武器]储备短缺的消息。这个卑微的人用了4天时间就赶到了赫拉特,向[速檀]禀报了沙巴赫特汗进攻巴里黑的消息。[速檀]的[回答]是这样的:'我已不久于人世,但还是要去巴里黑会一会昔班尼汗;命中注定的事情是躲避不了的。'[速檀]确定了到巴里黑的21个驻跸地,[向各省]派了塔瓦吉[1]招募军队,立即就向巴里黑开拔。经过7天的行军,到达巴巴阿拉希[这个地方]时,他的龙体得了重病,过了16天以后,他

---

〔1〕塔瓦吉——军队的一种官职,其职责包括招募军队。

灵魂之鸟就飞离了身体的鸟笼,向天园飞去了。在他大本营中的巴迪·扎曼米尔扎、穆扎法尔·[胡赛因]米尔扎同别克们一起,把[速檀·]胡赛因米尔扎的遗体护送回赫拉特后,便开始忙于[国家]事务。无论这个可怜卑微的人怎样提醒他们巴里黑的[困难]形势,他们却无动于衷,对他的话一点也不放在心上。更有甚者,他们不让这个奴仆回去。那时候,沙巴赫特汗已围困了巴里黑。4个月后,巴里黑居民的处境已极其困难。该城长官去找[穆罕默德·]帖木儿速檀,[从他那里]得到汗答应宽恕的保证以后,便交出了城堡。"(第208b-209a张)

从上面的引文可以看出,阿卜杜拉·纳斯拉拉在昔班尼汗夺取赫拉特(913年1月11日/1507年5月23日)前住在巴迪·扎曼的大本营里。据洪德米尔证实,帖木儿王朝的官吏,就是那些在游牧的乌兹别克人接近赫拉特时逃到附近山上去的人,在都城沦陷以后又出现在城里,陆续为昔班尼汗效力。[1] 显然,在这些人当中,也有我们的作者。《历史精粹》详细地记述了游牧的乌兹别克人首领的生活(从913/1507年至916/1510年),包括其与自己的亲属忽春汗、兀拜杜拉速檀、哈姆扎速檀和马赫迪速檀的关系,以及克孜尔巴什军对梅尔夫的围困(第215a-216b张),从这里可以看出这些年他一直在昔班尼汗的大本营里。昔班尼死后,他同穆罕默德·帖木儿速檀一起到了撒马尔罕,在巴布尔和克孜尔巴什军队进入河中地(917/1511年)以后,与昔班尼王朝的速檀们一起去突厥斯坦,在塔什干留在苏云奇霍加那里。作者后来的命运我们很清楚:他在苏云奇霍加的小儿子速檀·穆罕默德那里效力。速檀·穆罕默德在其父在世时管治沙赫鲁希亚省(卒于940/1533年),写这部书就是受命于他(第33a,116a、b,208b-209b,231b张)。

阿卜杜拉·纳斯拉拉的这部著作是按照通史的形式写的,叙述简要,除第11册的最后一章外,全书具有编纂的性质。

《历史精粹》的抄本很少,而且都是残本。例如,苏联科学院东方学研究所列宁格勒分所藏抄本(编号 Д.104,132张)只有这部书的第10和11册:叙述了从突厥人具有传奇色彩的始祖亚法斯·伊本·努

---

[1]《传记之友》,第3卷,第3册,第359页。

哈,到察合台兀鲁思名义上的统治者苏云尔加特梅什和速檀·马哈茂德,突厥—蒙古民族的历史(第 10 册);记述了帖木儿及其继承人在昔班尼汗和游牧的乌兹别克人占领河中地和呼罗珊以前在该地区的统治,对昔班尼王朝初期至 1525 年前在河中地和呼罗珊所发生的政治事件的记述比较详细(第 11 册)。[1] 与乌兹别克共和国科学院东方学研究所的抄本相比,列宁格勒抄本有一个很大的优点,就是对以下事件的记述要详细一些:巴布尔(与克孜尔巴什军联盟)和昔班尼王朝(兀拜杜拉汗、苏云奇霍加汗、忽春汗、贾尼别克速檀、帖木儿速檀等)对河中地和塔什干的争夺(917/1511—918/1512);苏云奇霍加汗和速檀·赛义德汗对费尔干纳的争夺(918/1512—920/1514)以及游牧的乌兹别克人夺取费尔干纳;昔班尼王朝对呼罗珊的 3 次征伐(920/1514—931/1524～1525);游牧的乌兹别克人夺取巴里黑及其周围地区(926/1520);昔班尼王朝和哈萨克速檀(哈斯木汗)919/1513 年及随后一些年对锡尔河沿岸城市的争夺[2]。抄本中的资料很准确,说明作者对那时发生的事情很了解。与该抄本相比,乌兹别克共和国科学院东方学研究所藏抄本要全一些,有第 8、9、10 和 11 册。作者在穆卡达西(946—约 1000)、泰伯里(838—923)、志费尼(1226—1283)、拉施特·丁(1247—1318)、哈姆杜拉·卡兹维尼(约生于 1281 年)、沙拉夫·丁·阿里·亚兹迪(卒于 1454 年)、阿卜杜·拉扎克·撒马尔坎迪(1413—1482)、米尔洪德(1433—1498)等人著作的基础上,记述了阿拔斯王朝的历史(第 8 册,第 1a－326 张);阿拔斯王朝时期及其以后时期统治过伊朗和中亚的诸地方王朝的历史(第 9 册,第 326－84a 张);从亚法斯·伊本·努哈起到统治蒙古、钦察草原、伊朗和中亚的成吉思汗后裔止,这一时期突厥—蒙古民族的历史(第 10 册,第 84a－115a

---

〔1〕Дмитриева Л В, Мугинова А М, Муратов С Н.《Описание тюрских рукописей Института народов Азии》(《亚洲民族研究所突厥文抄本目录》),т. I, с. 25－26., М.,1965. 米诺尔斯基(英国人)在 1966 年 1 月 1 日的来信中说,在伦敦还有一种保存很好的这一著作的抄本,该抄本的缩微胶卷他已寄给了乌兹别克共和国科学院东方学研究所。遗憾的是我们没有找到这一胶卷。

〔2〕苏联科学院东方学研究所列宁格勒分所藏抄本,编号 д. 104,95a－99a 等张。

张);帖木儿、帖木儿王朝以及取而代之的昔班尼王朝的历史(第11册,第115a－2176张)。但是记述只到918/1512年巴布尔和克孜尔巴什军在吉日杜万被昔班尼王朝的联军打败为止。另外,抄本有些页码的秩序不对,给使用造成不便。

总之,阿卜杜拉·纳斯拉拉在他著作的最后一册,以同时代人或部分事件参加者的身份所记述的16世纪头25年发生的事件,[1]其资料是珍贵和独特的。

《历史精粹》的作者所谈到的另一件事对研究者也很重要:在他利用过的史料中,这位史学家有3处提到迄今我们还不清楚的一本名为《汗史》(《Тарих и хани》)的书,在叙述成吉思汗及其后继者、帖木儿及其王朝的历史时,他利用了该书。在叙述的开头,他就写道:"《史集》一书中说,《汗史》对成吉思汗的记述是从畏兀儿文翻译过来的,该书作者被冠以兀鲁伯米尔扎的名字。"(第86a张)我们看到,这里第一次提到了兀鲁伯的这一历史著作。同时,《史选,胜利记》的佚名作者也利用过《汗史》,他的以下叙述值得注意:"曾向这个可怜的微不足道的询问者下令,叫[他]把写拖雷汗之子蒙哥汗的《世界征服者史》、写穆斯林的帕的沙合赞汗女儿的《史选》、署名为兀鲁伯米尔扎的《史记选》翻译成突厥文并[适当]整理。"[2]这里说的是不是兀鲁伯的著名历史著作《四兀鲁思史》(《Тарих и арба улус》)或《成吉思汗四兀鲁思》(《Улус арба йи Чингизи》)?[3]从《历史精粹》作者另外两处的叙述中,除可看出《汗史》的内容和主旨外,更重要的是还可知道其中一位作者的名字。现把这两处转引如下:"在他(指合赞汗——艾哈迈多夫注)那个时候受伊朗迪万达尔(维齐尔——艾哈迈多夫注)推崇的《汗史》于701/1301～1302发现(第1066张)。在它们当中(《历史精

〔1〕Бартольд В В.《Отчет о командировке в Туркестан(летом 1902 г.)》(《1902年夏突厥斯坦出差报告》),c.134.

〔2〕《史选,胜利记》,А. М.阿克拉莫夫刊布,正文第11页,前言第21页。

〔3〕关于这一著作,请详见 Ахмедов Б А.《Улугбек и его исторический труд〈Тарих-и арба улус〉》.(《兀鲁伯与他的历史著作〈Тарих-и арба' улус〉》)-В сб.《Из истории науки эпохи Улугбека》. Ташкент, 1979, с.29－36.

粹》作者利用的史料中——艾哈迈多夫注）有畏兀儿人用畏兀儿字体
和畏兀儿语言写的《汗史》。［这是］一部反映人们不满情绪（对战
争——艾哈迈多夫注）的著作，是受过良好教育、知识渊博的谢赫马哈
茂德·赞吉·阿贾姆写的。"（第106a张）可以肯定地说，我们这里所
说的这本书是记述成吉思汗当政时期所发生的各种事件的王朝正史。
学者们对过去时代许多历史著作的看法都是以文献为基础，不是没有
根据的。[1]

　　《历史精粹》需要进一步研究。除发表在《15—18世纪哈萨克诸汗
国历史资料》中的部分俄文译文外，《历史精粹》迄今没有全文出版过。

---

〔1〕Бартольд В В.《Отчето о командировке в Туркестан（летом 1902 г.）》（《1902 年夏突
厥斯坦出差报告》），с. 188；Якубовский А Ю.《Тимур（Опыт краткой политической
характеристики）》（《试论帖木儿的政治特点》）- Вопросы истории，1942，№8 - 9，с. 42；
Петрушевский И П.《Рашид ад-Дин и его исторический труд》（《拉施特·丁及其历史著作》），
В кн. Рашид ад-Дин.《Сборник летописей.》. Т. Ⅰ. ，кн. 1. М. - Л. ，1952，с. 25 - 26.

6 传记之友

（Хабиб ас-сияр）

　　这是一部穆斯林世界的通史著作。作者是吉亚斯·丁·穆罕默德·伊本·霍加贾拉尔·丁·穆罕默德·伊本·霍加布尔罕·丁,由于他博学多识、有修养,绰号叫洪德米尔。他约于 880/1475 ~ 1476 年出生在赫拉特。其父霍加胡马姆·丁曾是帖木儿后裔速檀·艾布·赛义德儿子速檀·马哈茂德米尔扎的维齐尔。速檀·马哈茂德是包括恰加尼安、希萨尔、胡塔兰、昆都士、巴格兰和巴达赫尚在内广大封建领地的领主。洪德米尔是和阿里舍尔·纳沃伊同时代的著名史学家米尔洪德(837/1433 ~ 1434—903/1497 ~ 1498)的外孙。

　　从流传至今的洪德米尔的大量珍贵著作来看[1],他是当时一位才华横溢、学识渊博的人。他在文学、修辞学、历史学方面的成就尤为突出。对这位学者个人成长和他硕果累累的学术活动,文学、艺术家的保护者维齐尔阿里舍尔·纳沃伊的影响很大。洪德米尔有关东方民族历史的巨著,是在他的保护下完成的。很难确定到底是在哪一年洪德米尔开始为纳沃伊效力的,但是纳沃伊本人在《名人之谈》(《Маджалис ан-нафа'ис》)中提到的有关洪德米尔的资料值得注意。纳沃伊说:"毛拉纳洪德米尔是米尔洪德的后代,是一位有才华的青年,他史学方面的才能非常突出。他用'纳基'这个绰号写下了下面这首诗谜。"[2]我们知道,《名人之谈》写于 869/1490 ~ 1491 年,由此可以看出,在 15 世纪 90 年代初以前,洪德米尔就早已在纳沃伊那里效力了。从洪德米尔的自述材料中,可以断定他在很年轻的时候就在纳沃伊那里了,开始是在

〔1〕关于这些著作,请详见 Ахмедов Б А.《Хондамир》(《洪德米尔》),Тошкент, 1965.
〔2〕Новои А.《Маджалис ан-нафа'ис》(《名人之谈》),Соч. т. 12, с. 125 – 126 (4-й меджлис).

他藏书丰富的图书馆管理图书,从 904/1498～1499 年起负责该图书馆。[1]

纳沃伊去世(906 年 6 月 12 日/1510 年 1 月 3 日)以后,由于封建内讧和宫廷倾轧的加剧,洪德米尔离开赫拉特去了巴里黑。他在巴里黑为巴迪·扎曼效力,是他的私人书记,为他完成了重要的外交使命。例如,他带着巴迪·扎曼关于联合起来共同对付昔班尼汗的建议,于 909/1503～1504 年衔命去昆都士,拜见了小有名气的霍斯罗沙和速檀·胡赛因,912/1506～1507 年去坎大哈见了舒贾别克阿尔贡(第 3 卷,第 3 册,第 317、356、358 页)。

在昔班尼汗夺取了赫拉特,巴迪·扎曼和穆扎法尔·胡赛因米尔扎逃跑以后,随着以后事件的发展(如巴布尔在萨菲王朝的军事援助下争夺河中地),洪德米尔开始为巴布尔效力。在《传记之友》中有两处提到了这一点。一处说,巴布尔在普勒桑金打败昔班尼王朝的哈姆扎速檀和马赫迪速檀(917/1511),占领希萨尔后,派他,即洪德米尔,带着信从希萨尔出发,去见沙伊斯玛仪。信中请求他再增加争夺河中地的支援,作为交换条件,答应在读呼图白时提到他,并铸造带有他名字的钱币(第 3 卷,第 3 册,第 66 页)。从另一处的讲述中我们看到,巴布尔在撒马尔罕建立政权以后,洪德米尔同巴布尔都在那里。巴布尔与昔班尼王朝速檀在库勒马里克进行的有名的大战(918 年初/1512 年 3 月)中失败后,洪德米尔与巴布尔一起逃到了希萨尔沙德曼(第 3 卷,第 4 册,第 66－67 页)。显然,他又有几个月的时间同巴布尔在一起,至少到游牧的乌兹别克人在吉日杜万附近打败纳吉姆·萨尼和巴布尔(918 年 9 月 3 日/1512 年 11 月 12 日)。巴布尔彻底从河中地逃出以后,洪德米尔到了加尔奇斯坦的帕什特村,在那里做自己的研究工作,直到 920/1514 年见到巴迪·扎曼的儿子穆罕默德·扎曼。

920/1514—923/1517 年,洪德米尔和穆罕默德·扎曼在一起,是他的书记。穆罕默德·扎曼在加尔奇斯坦、杰列格兹和古尔吉万等地

〔1〕《Хуласат ал ахбар》,乌兹别克共和国科学院东方学研究所藏抄本,编号 2209,第 2 6 张。请比较《Макарим ал ахлак》,塔什干,1967 年,第 62 页。

游牧和半游牧部族(土尔克奇、赛坎奇、甘奇、艾马克等)的支持下,拼命争夺巴里黑领地的最高权力(第 3 卷,第 3 册,第 369、374 页)。在穆罕默德·扎曼被萨非王朝呼罗珊总督阿米尔汗卢拉巴什派来加尔奇斯坦、由易卜拉欣速檀·莫苏里和艾哈迈德速檀阿夫舍尔率领的克孜尔巴什军打败以后,洪德米尔离开了穆罕默德·扎曼,留在加尔奇斯坦,继续自己的研究工作(第 3 卷,第 3 册,第 373 页)。

我们不确切地知道他在加尔奇斯坦又住了多久。但是在撤换了阿米尔汗,任命萨姆米尔扎和杜尔米什汗为呼罗珊总督(927 年 7 月/1521 年 6 月)以后,洪德米尔到了赫拉特,在维齐尔哈比卜拉·萨韦吉的保护下一直住到 933/1527 年,在那里继续从事《传记之友》的写作。他的这部主要历史著作就是献给他的。

沙伊斯玛仪·萨非维去世后(930/1524),他 10 岁的儿子塔赫马斯普一世继位(930/1524—984/1576),但他是相互仇视的游牧的克孜尔巴什显贵手中的玩物。这时候鲁姆卢和乌斯塔吉卢两部族之间爆发了争权斗争,伊朗一些省的地方显贵也起来造反。在这种情况下,洪德米尔于 933 年 10 月/1527 年 7 月永远离开了赫拉特;934/1527—1528 年冬他是在坎大哈度过的,935 年 1 月 3 日/1528 年 9 月 17 日,到了印度巴布尔那里,为他效力。巴布尔去世后,他留在胡马雍(937/1530—947/1540 年,第二次 962/1555—963/1556 年)身边,参加了他对布尔汉布尔(古吉拉特)的征伐(看来是作为他的书记参加的)。洪德米尔于 941/1534 ~ 1535 年去世,根据他的遗嘱,埋葬在德里的尼扎姆·丁·奥利亚麻札,与著名诗人霍斯罗·盖赫列维葬在一起。

洪德米尔是一位著述很多的学者,他身后留下了约 10 部有关中亚、近东和中东各民族历史、文化生活的著作。他的《传记之友》对于研究 15 世纪末至 16 世纪头 25 年中亚的历史有重要价值。这部书是他 927/1521—930/1524 年完成的(在以后的一些年,这位学者仍在进行该书的写作,935/1529 年在印度才完全写完)。[1]

---

〔1〕详见 Миклухо-Маклай Н Д.《Хандамир и〈Записки Бабура〉》(《洪德米尔与〈巴布尔札记〉》),c.237 - 238.

《传记之友》从结构上看属通史性著作,由序、跋和 3 卷组成,每卷又分 4 册。头两卷和第 3 卷的头两册写的是突厥斯坦诸汗的历史、成吉思汗及其后裔、埃及的马木留克兵、基尔曼的卡拉契丹人、穆扎法尔王朝、拉里斯坦的艾塔别克、鲁斯塔姆达尔和马赞达兰的领主,以及呼罗珊的谢尔别达和卡尔特王朝的君主,这部分是编纂的,没有独立写作的意义。

《传记之友》第 3 卷的第 3 册和第 4 册是原著(记述的事件止于 930 年 3 月/1524 年 1 月)。在这一部分,作者根据大量的实际材料详细全面地记述了河中地和呼罗珊从 15 世纪 90 年代开始加剧的封建领主之间的斗争及帖木儿王朝的内讧,由此造成的帖木儿王朝的衰落,以昔班尼汗为首的游牧的乌兹别克人以及以谢赫伊斯玛仪·萨非维为首的历史上以"克孜尔巴什"著称的突厥部族夺取了这一地区(第 3 卷,第 3 册,第 192 – 373 页;第 4 册,第 54 – 98 页)。

由于作者所处的地位和阶级局限性,他没有专门记述在封建主残酷压迫下劳动群众的境况。但是书中也有值得注意的说明人民群众悲惨地位的资料。除了受封建剥削以外,封建主之间的战争和内讧的全部重担也压在他们肩上。作者详细记述了 903/1498 年和 906/1500 ~ 1501 年昔班尼汗围困撒马尔罕时,被抢夺一空的市民只得吃猫肉和狗肉的情况(第 3 卷,第 3 册,第 309 – 310 页);详细记述了 918/1512 年克孜尔巴什军队对胡扎尔和卡尔希居民的烧杀抢掠,919/1513—920/1514 年呼罗珊的大饥荒(第 3 卷,第 4 册,第 69、81 – 82 页)。

除历史资料以外,洪德米尔这一著作中还有丰富的民族方面的资料,包括阿儿浑、八鲁剌思、克普恰克、贾拉伊尔、孔格勒、哈扎拉尼库达里、艾马克、土尔克奇、赛坎奇等部族的分布,以及他们在该地区社会政治生活中的作用和地位;社会经济方面的资料,塔尔汗和苏尤尔加勒土地主在社会生活中的作用和地位,捐税和无数的封建徭役;帖木儿帝国国家制度方面的资料,有国家中央机构的设置,官品和称号等。作者在《传记之友》第 3 卷第 3 册末尾记述的 15 世纪最后 25 年至 16 世纪初呼罗珊文化生活方面的资料也有重要意义(第 3 卷,第 3 册,第 334 –

351 页）。这些资料以及作者在另一历史著作的跋中记述的学者、诗人、音乐家、书法家等生平活动的其他资料，对历史学者、文学研究学者、语言学者和艺术理论学者是有用的。[1]

总之，洪德米尔的这一著作为研究者提供了有关 15 世纪末至 16 世纪上半叶中亚及与其相邻的东方国家社会政治状况以及部分经济状况的最丰富的实际资料。

《传记之友》的抄本很多，世界各大型抄本库几乎都有收藏。[2]

洪德米尔的这一著作对事件的记述全面详细，各种实际资料极其丰富，这就使它能够成为中世纪穆斯林历史文献中一流的著作。它从 36 上个世纪最初开始就引起了全世界东方学家的注意，但是现在还没有全部译成任何一种欧洲文字，只有法文、英文、俄文和古乌兹别克文的摘译本。[3] 我们利用的这一著作的是以下两种刊本：米尔扎·穆罕默德·阿里·希拉吉的刊本（孟买，1273/1857 年）和贾迈勒·丁·胡马伊的刊本（德黑兰，1333/1954 年），但这两种刊本尚很不完善，不符合现代校勘学的要求，因此看来不能把它们看成是科学校勘的刊本。

〔1〕《Хуласат ал-ахбар》，乌兹别克共和国科学院东方学研究所藏抄本，编号 2209，第 4796 – 4996 张。

〔2〕关于这些抄本，请详见 Стори Ч А.《Персидская литература》（《波斯文文献》），ч.1，с. 384 – 389.

〔3〕Стори Ч А.《Персидская литература》（《波斯文文献》），с. 389 – 393.

7 艾布·海尔汗史

（Тарих-и Абу-л-Хайр-хани）

这是一部通史性著作,极其简要地叙述了从远古至 15 世纪 60 年代末东方,主要是哈里发国家东部的历史。[1] 它大部分写的是伊斯兰教以前的先知(第 7a – 136 张),先知穆罕默德(第 136 – 18a 张),正统的哈里发(第 18a – 296 张),倭马亚王朝(第 296 – 306 张),阿拔斯王朝(第 31a – 416 张),统治过伊朗和中亚的萨法尔王朝、萨曼王朝、伽色尼王朝(第 92a – 1036 张),塞尔柱王朝(第 1036 – 1306 张),成吉思汗及其后裔(第 1316 – 178a 张),哲拉伊尔王朝(第 178a – 182a 张),术赤王朝(第 184a – 1856 张),蒙古合罕(第 1856 – 198a 张),察合台及其后裔(第 188a – 192a 张),帖木儿及速檀·胡赛因前的帖木儿王朝(192a – 2096 张)的活动。这一部分是编纂的,主要依据的是术兹扎尼、贝纳克吉、志费尼、沙拉夫·丁·阿里·亚兹迪等史家的著作。全书只有最后一部分(第 209a – 240a 张)是作者自己写的,这部分详细记述了游牧的乌兹别克人——艾布·海尔汗(生于 816/1413 年,卒于 873/1468 ~ 1469 年)及其在原昔班的兀鲁思建立的、后来将自己的统治扩展到钦察草原东部的国家的历史。这是作者根据现已失传的昔班尼王朝的编年史和艾布·海尔汗活动的见证人和战友的讲述,首先是艾布·海尔汗之子苏云奇霍加的讲述写的,苏云奇霍加详细介绍了自己父亲当政及征伐的历史。[2] 该书结尾部分有统治过撒马尔罕、突厥斯坦和呼罗珊的艾布·海尔汗后裔(穆罕默德·昔班尼、苏云奇霍加、

---

〔1〕我们利用的是保存完好的乌兹别克共和国科学院东方学研究所编号为 9989 的抄本,有 34 幅小型彩画,关于这一抄本的简介请参见《乌兹别克共和国科学院东方抄本汇编》,第 5 卷,第 36 – 41 页。列宁格勒国立大学编号为 272 的抄本(关于这一抄本,请见 A. T. 塔吉尔贾诺夫:《列宁格勒国立大学图书馆塔吉克文和波斯文抄本目录》,第 1 卷,第 134 页)。

〔2〕请参见关于 835/1431 ~ 1432 年夺取花剌子模后分发官产的记述(第 2176 张)。

忽春汗、艾布·赛义德、阿卜杜勒·拉吉夫和阿卜杜拉一世）的简要资料，记述了艾布·海尔汗的世系，列举了他最重要的异密的名字。作者在结尾写道："在这以后，这支会两种语文的笔在真主的保佑下，将开始写当今世界的帕迪沙穆罕默德·昔班尼汗的情况和活动。"（第240a 37张）但是，他没有能实现自己的想法，看来是剩下的余生没有使他来得及的缘故。

《艾布·海尔汗史》是上面提到的苏云奇霍加、撒马尔罕总督（947/1540—959/1552）之子阿卜杜勒·拉吉夫执政之初授意马苏德·伊本·奥斯曼·胡齐斯塔尼写的（第5a张）。除了马苏德·伊本·奥斯曼·胡齐斯坦尼在他自己的这一著作中提供的零星资料外，我们没有他生平活动的详细资料。他在记述艾布·海尔汗和游牧的乌兹别克人于835/1431～1432年占领花剌子模及其都城乌尔根奇时（第2176张），说到自己是艾布·海尔儿子苏云奇霍加的书记，苏云奇霍加931年10月/1525年7—8月去世后，在苏云奇霍加儿子阿卜杜勒·拉吉夫的宫廷里供职。我们所知道的有关他的情况就只有这些。

《艾布·海尔汗史》的抄本很多[1]书中词藻华丽，诗句很多。该书自始至终贯穿着处于统治地位的游牧封建贵族的思想意识。作者赞颂艾布·海尔汗的远见卓识、慷慨大方和勇敢无畏，记述了他身边人的生活。尽管如此，书中有关于游牧民生活、游牧的乌兹别克人国家的特点和给劳动群众带来沉重负担的封建主之间争斗的珍贵的实际资料。马苏德·伊本·奥斯曼·胡齐斯坦尼的这一著作通过对15世纪钦察草原东部地区和中亚历史的详细记述，展示了昔班尼王朝国家建立以前的历史，是研究乌兹别克、哈萨克和中亚、中央亚细亚其他突厥语民族构成的极其重要的史料。

对马苏德·伊本·奥斯曼·胡齐斯坦尼这一著作的研究很少，也没有刊本。B. B. 巴托尔德、П. П. 伊万诺夫、A. A. 谢苗诺夫、C. K. 易卜

---

[1]关于这一著作抄本的简介，请参见 Стори Ч A.《Персидская литература》（《波斯文文献》），ч. I., с. 397 - 398；Ахмедов Б A.《〈Тарих-и Абу-л-Хайр-хани〉как источник по истории кочевых узбеков》（《游牧的乌兹别克人的历史史料〈艾布·海尔汗史〉》），с. 144；Он же.《Государство кочевых узбеков》（《游牧的乌兹别克人的国家》），с. 28.

拉欣莫夫、Б. А. 艾哈迈多夫等学者在自己的著作中部分利用过书中的资料。[1]

《艾布·海尔汗史》中以下资料最有价值:15世纪中期游牧的乌兹别克人和帖木儿王朝的相互关系,即游牧的乌兹别克人对帖木儿王朝速檀艾布·赛义德、穆罕默德·朱克、速檀·胡赛因等人之间内讧斗争的武力干涉(第 216a – 218a、220б – 221a、221a – 231a、234a – 239a 等张),[2]这也是游牧的乌兹别克人随后在 16 世纪初夺取河中地和呼罗珊的前提;游牧于钦察草原东部、后来成为乌兹别克民族重要组成部分之一的突厥—蒙古部族的资料(这些资料分散在全书中)。

在对《艾布·海尔汗史》进行仔细研究的过程中,我们得以确定在15世纪形成游牧的乌兹别克人政治联盟的大约30个部族的名称,它们是:布尔库特、贾特、杜尔曼、伊占、扬加贾尔、坎拜雷、葛逻禄、克涅格斯、乞颜、孔格勒、科什奇、库达盖、古儿剌兀惕、曼格特、梅西特、穆卢季、乃蛮、努库斯、泰马斯、唐兀惕、秃八、图曼明格、畏兀儿、卫逊、乌塔尔奇、钦拜等。

我们认为,作者在《艾布·海尔汗史》中提供的有关游牧的乌兹别克人军队结构,其中包括左翼军和右翼军的资料,有重要意义。根据这些资料,左翼军主要由布尔库特、杜尔曼、伊占、克涅格斯、乞颜、孔格勒、科什奇、古儿剌惕、梅西特、秃八、卫逊部的人组成,而右翼军主要由坎拜雷、库达盖、曼格特、穆卢季、乃蛮、畏兀儿和钦拜部人组成(第215б、225a 张)。

─────────────

〔1〕请参见本书《参考书目索引》。

〔2〕请详见 Ахмедов Б А. 《Из истории взаимоотношений кочевых узбеков с Тимуридами》(《游牧的乌兹别克人与帖木儿王朝关系史》),c. 79 – 93;Ахмедов Б А. 《Государство кочевых узбеков》(《游牧的乌兹别克人的国家》),c. 109 – 148

8　拉失德史
（Тарих-и Рашиди）

　　这是 16 世纪中亚历史文献中最有价值的文献,有正史和回忆录的特点。书中有许多重要的有关东突厥斯坦(喀什噶尔)、中亚、哈萨克斯坦历史的资料,此外也有关于阿富汗和北印度这两个邻国 14 世纪中叶至 16 世纪 40 年代初的历史资料。该书 948/1541 ~ 1542—952/1545 年完成于克什米尔。

　　该书作者米尔扎·穆罕默德·海达尔出身于朵豁刺惕(蒙语中该词意为"跛子")这一已突厥化的蒙古部。该部有为官的传统,他的先祖兀儿秃不、孛罗赤、胡带答德、赛义德·艾哈迈德、赛义德·阿里、桑西兹米尔扎和祖父穆罕默德·海达尔在蒙兀儿斯坦和喀什噶尔都占有显赫地位(兀鲁思别克、喀什噶尔长官)。[1] 该部族的一些人在帖木儿处和帖木儿王朝里供过职。例如,当时和帖木儿结亲的异密达乌德(他娶了帖木儿的妹妹库特努格·秃儿康阿合为妻),是撒马尔罕的达鲁花;蒙兀儿斯坦(1368—1390)小有名气的宠臣卡马尔·丁的兄弟、异密库特布·丁(他们都是异密孛罗赤的亲兄弟)也在帖木儿那里供职,参加了帖木儿对美索不达米亚的远征和对捷克里特要塞的围困(1393—1394);孛罗赤(约卒于 1360—1362)之子、著名异密胡带答德于 828/1425 年在纳伦(谢米列奇耶)附近带着自己的队伍倒向了兀鲁伯一边,并在他那里供职了一段时间。[2] 史学家的祖父(穆罕默德·海达尔)869/1465—885/1480 年管治过喀什噶尔,后被察合台系桑西兹米尔扎的儿子艾布巴克尔(885/1480—920/1514)赶走。他逃到阿克苏,后来发动了反羽奴思汗(866/1462—892/1487)的暴动,但两人很快

---

　　〔1〕请详见 Бартольд В В.《Дуглат》(《朵豁刺惕》), Соч. В 9-ти т. Т. V. М. 1968, с.529 - 532;《Материалы по истории казахских ханств》(《哈萨克诸汗国历史资料》), с. 185 - 186.
　　〔2〕Бартольд В В.《Дуглат》(《朵豁刺惕》), Соч. В 9 - ти т. V, с. 529 - 530.

就媾和了,1483 年或 1484 年,羽奴思汗任命他为奥什长官。但不久他就被欧麦尔·谢赫撵走,穆罕默德·海达尔前往喀什噶尔时,被艾布巴克尔抓获,押解到巴达赫尚。他从巴达赫尚到了撒马尔罕,在速檀·艾哈迈德米尔扎那里效力。892/1487 年他到了塔什干,在羽奴思汗那里当太医。至于我们作者的父亲穆罕默德·胡赛因,他在其父(穆罕默德·海达尔)离开奥什时才 12 岁;他在安集延欧麦尔·谢赫那里住过两年,后来到了塔什干速檀·马哈茂德汗那里,900/1495 年速檀·马哈茂德汗任命他为乌拉捷佩的达鲁花。908/1502 ~ 1503 年乌兹别克人在阿赫西附近打败速檀·马哈茂德汗以后,穆罕默德·胡赛因把领地交给了昔班尼汗,到了卡拉捷金,又从那里到了昆都士,供职于昔班尼的兄弟速檀·马哈茂德汗处。909/1503 ~ 1504 年速檀·马哈茂德汗去世,随后他去了赫拉特速檀·胡赛因米尔扎那里,在那里住了不长一段时间,又投奔了喀布尔的巴布尔。912/1506 ~ 1507 年,有人揭发他合谋反对巴布尔后,他便逃走了。914/1508 年穆罕默德·胡赛因在赫拉特被杀。[1] 穆罕默德·海达尔于 905/1499 ~ 1500 年出生在塔什干。他是后来成为喀什噶尔汗(920/1514—939/1533)的速檀·赛义德汗和帖木儿后裔巴布尔的姨表兄弟。9 岁的穆罕默德·海达尔在其父被杀以后,先是被忠于他父亲的人藏在布哈拉,后来在他父亲的仆人毛拉纳穆罕默德的护送下去了巴达赫尚,在那里他暂住在速檀·乌瓦伊斯米尔扎家里。随后于 915/1509 年到了喀布尔的巴布尔那里,在那里一直住到 918/1512 年,即以昔班尼王朝为一方,以巴布尔和其盟军克孜尔巴什军为另一方,在吉日杜万进行历史性大血战,巴布尔和克孜尔巴什军被彻底打败才离开。1512 年秋,他到安集延找速檀·赛义德汗,和他一起去了喀什噶尔。在喀什噶尔他们打败了艾布巴克尔米尔扎,因此喀什噶尔和叶尔羌统治权就完全落到了速檀·赛义德手里。穆罕默德·海达尔在速檀·赛义德那里地位显赫:起先是他家的西席,教他儿子阿卜杜·拉失德汗,后来指挥联军。穆罕默德·海达尔积极

〔1〕Бартольд В В.《Дуглат》(《朵豁剌惕》),Соч. В 9 - ти т. Т. V. ,с. 532;《Материалы по истории казахских ханств》(《哈萨克诸汗国历史资料》),с. 186.

参加了速檀·赛义德对巴达赫尚、拉达克、卡菲里斯坦和退摆特的征伐。939/1532~1533年速檀·赛义德去世后,其继承人阿卜杜·拉失德汗(939/1533—967/1560)开始迫害朵豁剌惕部中身居要职的人——处死了穆罕默德·海达尔的叔叔赛义德·穆罕默德米尔扎和其他一些亲属。在这种情况下,穆罕默德·海达尔就不能(从退摆特)返回叶尔羌。他逃到巴达赫尚,后又经过长时间的颠沛流离,到了喀布尔的卡姆兰那里,过了不久又去了阿格拉的胡马雍那里。948/1541年他在胡马雍军队的帮助下,夺取了克什米尔,并在那里建立了一个独立小国,一直统治到958/1551年。穆罕默德·海达尔958/1551年死于一次与山地部落的武装冲突中。[1]

穆罕默德·海达尔是当时一位学识渊博的人,心灵手巧,会做的事很多,也是一位杰出的军事将领。巴布尔证实道:“无论是书法、绘画、造箭杆、箭镞和拉弓用的套环,他样样都精通。他也有写诗的才能。他向我递交过一次呈文,文笔相当不错。”[2]另一个例证是我们这里介绍的他的这部历史巨著和他用古乌兹别克文写的神话长诗。[3]

40

《拉失德史》由两卷组成。第一卷写于951/1544—952/1545年,记述了从秃黑鲁黑·帖木儿(748/1347—764/1363)开始至上面讲到的阿卜杜·拉失德即位蒙兀儿斯坦诸汗(察合台后裔)的历史。该卷在一定程度上是编纂的,主要依据的是蒙古人的口头传说和一些历史、地理著作:亚库特的《诸国志》(《Муджам ал-Булдан》)、志费尼的《世界征服者史》、拉施特·丁的《史集》、哈姆杜拉·卡兹维尼的《史选》、贾迈勒·卡尔希的《疏漏补遗》(《Мулхакат ас-сурах》)、米尔扎·兀鲁伯的《四兀鲁思史》(《Тарих-и арба улус》)、沙拉夫·丁·阿里·亚兹迪的《武功记》(《Зафар-наме》)、阿卜杜·拉扎克·撒马尔坎迪的《吉星升起的地方》(《Матла ас-садайн》)等。尽管如此,该卷全面汇集了有关

─────────────

〔1〕Бартольд В В.《Хайдар Мирза》(《海达尔 о 米尔扎》),c. 598;《Материалы по истории казахских ханств》(《哈萨克诸汗国历史资料》),c. 186 – 188.

〔2〕《巴布尔回忆录》,第21页。

〔3〕这一神话诗名为《贾罕传》(《Джахан-наме》),迄今唯一一个抄本保存在柏林市图书馆的抄本。

14—16世纪察合台东部兀鲁思的史料,因而显得非常珍贵,对研究中世纪喀什噶尔、吉尔吉斯和哈萨克斯坦的历史也是很重要的。第2卷是作者的回忆录,对研究中亚、喀什噶尔、阿富汗和北印度16世纪上半叶的历史有极其重要的意义,是对洪德米尔的《传记之友》、扎希尔·丁·巴布尔的《巴布尔回忆录》、哈菲兹·塔内什·布哈里的《沙荣耀录》(《阿卜杜拉汗史》)这些巨著的重要补充。除纯粹的历史资料外,这一卷里还有民族(突厥—蒙古部落)、地理(对喀什噶尔、退摆特、巴达赫尚、卡菲里斯坦、克什米尔以及古老的塔拉兹、巴尔斯罕、八剌沙衮、卡亚雷克等地区有详细记述)和传记(速檀·胡赛因·拜卡拉时期的学者、诗人和艺术家)等方面的资料。

《拉失德史》第2卷有关昔班尼汗军队争夺锡尔河沿岸的苦盏、乌拉捷佩、阿赫西等城,争夺阿姆河两岸的希萨尔沙德曼、库拉布、昆都士等地区,以及中亚和巴达赫尚政治状况的部分,对搞清楚16世纪头25年中亚的历史有无可置疑的意义。

米尔扎·穆罕默德·海达尔的这一著作从上世纪中叶开始就引起了研究者的注意,被全部或部分翻译成维吾尔文、乌兹别克文、俄文和西欧文字就足以证明这一点。现保存有穆罕默德·尼亚兹·伊本·阿卜杜勒·加富尔、穆罕默德·萨德克·喀什噶里等人翻译的这一著作的抄本,[1]有 H.伊莱亚斯的英文译本,[2]有现今保存在不列颠博物馆、编号为АДД26612的B.厄斯金的摘译本。B.B.韦利亚米诺夫—焦尔诺夫、H.H.明古洛夫、K.Г.扎列曼、卡特勒梅厄、埃利奥特、道森和阿诺德以原文或译文出版了这一著作的简本。[3]乌兹别克共和国科学院东方学研究所现已完成了穆罕默德·海达尔这一著作的俄文翻译工作。

苏联和外国的许多抄本库中都保存有《拉失德史》的抄本。[4]

41

〔1〕请详见《Собрание восточных рукописей АН УзССР》(《乌兹别克共和国科学院东方抄本汇编》),т. VII, с. 25 - 29,《Краткие сообщения Института народов Азии АН СССР》(《苏联科学院亚洲民族研究所简报》),т. I, с. 97 - 108.

〔2〕请参见本书《参考书目索引》。

〔3〕请参见本书《参考书目索引》。

〔4〕请详见 Стори Ч А.《Персидская литература》(《波斯文文献》),ч. II, с. 1202 - 1203, 1205 - 1206.

9 史记精选

(Ахсан ат-таварих)

这是一部 12 长卷的通史,但流传至今的只有最后两卷。这两卷严格按年代顺序记述了 807/1404~1405—985/1577 年伊朗的历史,同时也涉及这一时期中亚、印度、土耳其、阿塞拜疆和格鲁吉亚这些与伊朗相邻的国家和地区的历史。第 12 卷是原作[1],该卷中有萨非王朝时伊朗发生的重要事件,主要是对外事件的资料,也有一些 900/1494~1495—985/1577 年中亚历史和与伊朗相邻的其他国家的简短补论(主要是传记性的)。该卷是 980/1572—985/1577 年期间写成的。

这一著作的作者是鲁姆卢部的哈桑别克(937/1530~1531 年出生在库姆,去世时间不详)。他在萨非王朝塔赫马斯普一世(930/1524—984/1576)和穆罕默德·胡达班德(985/1577~1578—995/1587)那里供过职。[2]

尽管哈桑别克·鲁姆卢的这一著作的偏见性和明显地亲萨非王朝,但对研究中亚布哈拉汗国和希瓦汗国与伊朗在上述时期的政治关系史仍然有重要价值。由于这一著作所记述的事件是准确地按事件发生的前后顺序进行的,又比其他一些著作记述详细具体,这样就可以按年代来研究这些关系。

作者没有指出写作最后一卷,特别是写沙伊斯玛仪一世·萨非维(907/1502—930/1524)统治时那一部分的史料来源。但是根据内容判断,作者或多或少利用了以下著作中的资料:洪德米尔的《传记之友》、卡迪艾哈迈德·加法里的《精美集》(《Нусах-и джаханара》)(成书于 972/1564~1565 年),看来也利用了比希什吉·马什库克的《列王纪》

---

[1]这一卷的原文和 Ч. Н. 塞登的英文摘译本已出版。
[2]关于作者生平,请详见 Savory R M.《Hasan-i Rumlu》(《哈桑·鲁姆卢》),p.253.

（《Шах-наме》），这是记述土耳其速檀·穆拉德三世（982/1574—1003/1595）与穆罕默德·胡达班德等人之间战争的二行诗。该卷中有发生在伊朗和伊朗以外的各种不同的，但是极重要的事件的简要情况以及重要人物（统治者、诗人、学者）的资料。这些人在写《史记精选》时已不在人世，作者有关他们的情况依据的是各种编年史和文选。《史记精选》的主要部分，即记述塔赫玛斯普一世和穆罕默德·胡达班德执政时的部分是原著，是根据官方文书、目击者的讲述和作者自己的观察写成的，作者有时在书中直接指出了这一点（第286、316、500页等）。

42

《史记精选》中以下资料最有意义。

中亚编年史中有关于巴布尔与萨非王朝军事、政治联盟，其中包括与沙伊斯玛仪一世在916/1510年以后建立联盟的无可争辩的事实。巴布尔是在这样一种苛刻的条件下与伊斯玛仪一世联盟的：在取得河中地的统治权以后，巴布尔承认自己对萨非王朝的附属依赖地位，这一点在哈桑别克·鲁姆卢的著作中也得到了证实。我们知道，917/1511年巴布尔起兵进攻当时占据希萨尔沙德曼、昆都士和巴格兰的昔班尼王朝的哈姆扎速檀和马赫迪速檀。正如《史记精选》所说，在这之前巴布尔就得到了伊斯玛仪·萨非维同意军事援助的允诺，他曾派艾哈迈德别克·苏菲奥格雷和沙哈鲁别克率领的克孜尔巴什军援助过巴布尔。巴布尔通过"能言善辩的使臣"带去的信中说："如蒙陛下再次派圣战勇士前来相助，一旦撒马尔罕和布哈拉省落入［陛下］这位朋友之手，念呼图白时定要提及、钱币上定要铸上这位君主的名字。"（第127页）从后来发生的事可以看出，巴布尔履行了自己的诺言。哈桑别克·鲁姆卢接着写道："巴布尔帕迪沙在友善的圣战勇士们的帮助下登上撒马尔罕王位以后，在念呼图白时提到了如伊斯坎达尔一样的国王的名字，钱币上铸了12位伊玛目的名字……汗米尔扎奉国王（伊斯玛仪·萨非维——艾哈迈多夫注）之命前去管治巴达赫尚。"（第127页）

918/1512年在巴布尔的请求下，沙伊斯玛仪给他派了由纳吉姆·

萨尼率领的一支 12 万人的军队。哈桑别克·鲁姆卢详细记述了巴布尔和克孜尔巴什联军征伐河中地的情形以及他们在胡扎尔、卡尔希和这一地区其他城市、农村的暴行。例如，克孜尔巴什军在攻陷卡尔希后屠杀了 1.5 万人，儿童、老人和妇女也不能幸免。据《史记精选》作者说，当时该省的赛义德和他们的家人都藏在大清真寺里，他们派人去找与纳吉姆·萨尼关系密切的异密穆罕默德·优素福，请他为他们这些阿里的后代求情。哈桑别克写道："这个无耻的忘恩负义的［人］回答异密穆罕默德说：'当圣战勇士用武力占领［任何一个］地方时，都要把这个地方的居民斩草除根，［这样做时］是不分什么赛义德不赛义德的。'克孜尔巴什军兵士听了这些狂妄的无耻之言后，冲进清真寺，把赛义德们的头一个一个割了下来。"（第 132 页）

《史记精选》全面详尽地记述了 16 世纪昔班尼王朝和萨非王朝对呼罗珊的武力争夺，比这一时期中亚其他史书的记载都要详细。从书中所记述的事实中可以看出，争夺是极其残酷的，结果无论是河中地还是呼罗珊地区，生灵涂炭、田地荒芜。呼罗珊地区的赫拉特、麦什德、你沙不儿、图斯、比斯塔姆、伊斯法拉英等城的损失最为惨重。例如，赫拉特从 918/1512—974/1566～1567 年 7 次（927/1521 年、930/1524 年、933/1527 年、935/1528 ～1529 年、938/1531～1532 年、942/1535～1536 年和 957/1550 年）被昔班尼王朝军队围困和占领（第 171、184－187、205－207、209－220、240－244、269－272、343－344 页）。麦什德、图斯、比斯塔姆、菲鲁兹库赫、扎韦等城的命运也与此相同（第 196、201、207－208、220－222、238、243－245、263、266－269 页等）。哈桑别克·鲁姆卢记述了这种状况给普通百姓造成的严重灾难，他们不仅要遭受昔班尼王朝军队，而且也要遭受克孜尔巴什军队的抢劫和暴行。我们仅举两个例子。938 年 9 月 29 日/1532 年 5 月 3 日，昔班尼王朝的兀拜杜拉汗率领大批人马来到赫拉特城下，把该城围了个水泄不通。到 939 年 3 月 14 日/1532 年 10 月 14 日为止，该城已被围达 6 个月之久。最遭殃的是城里那些贫困无援的老百姓，按该城萨非王朝长官哈兹汗的命令，在乌兹别克军队来到该城以前他们被统统赶出城里，而家产则被抢劫一空。哈桑别克·鲁姆卢写道:"凶狠残暴的突厥人[甚至]把居民的破被子和枕头撕开,想从里面找到钱和珠宝。"(第204页)在另一处(942/1535～1536年的事件),哈桑别克谈到了在苛捐杂税的重压下,赫拉特居民的悲惨处境。当地显贵利用人民的不满,在赫拉特的海兰达尔穆希卜·米卡勒的组织下,制订了反对萨非王朝地方长官苏富扬·哈里法·鲁姆卢及其维齐尔努尔·丁·穆罕默德·伊斯法哈尼的计划。苏富扬·哈里法·鲁姆卢不在城里(他当时去麦什德征伐兀拜杜拉汗去了),而该维齐尔被杀了头。他是在浴室里被抓后被这帮阴谋份子弄死的(第267-269页)。

在这一著作中,有许多关于昔班尼王朝巴里黑地方官(吉斯金卡拉速檀、皮尔穆罕默德汗和拜拉姆奥格兰)在941/1534～1535年、955/1548年和971/1563～1564年(第264-265、337、421页)和昔班尼王朝花剌子模长官(阿里速檀、察合台巴哈杜尔等人)在932/1525～1526年、939/1532～1533年、955/1548年和967/1559～1560年(第197、243-244、336、413页)参加袭击呼罗珊和阿斯特拉巴德的详细资料。

书中援引了一些16世纪上半叶中亚昔班尼王朝和伊朗萨非王朝之间往来的一些信件,这些信件中充满了相互责难和侮辱之词。它们是916/1510年昔班尼汗给沙伊斯玛仪的信,930/1524年忽春汗给赫拉特长官杜尔米什汗的信和杜尔米什汗给忽春汗的回信,936/1529～1530年兀拜杜拉汗给沙塔赫马斯普一世的信和塔赫马斯普一世的回信等(第112-114、186-187、226-232页)。这些信件对研究16世纪布哈拉汗国和萨非王朝时的伊朗这两个封建国家的对外政策有重要价值。

这一著作也为研究者提供了研究16世纪上半叶花剌子模历史的重要资料。这一时期是很重要的一个时期,但又是研究得很不够的时期。其中主要有以下资料。

如果说中亚和巴里黑昔班尼王朝的统治者经常侵袭呼罗珊地区的话,那么花剌子模统治者则经常对阿斯特拉巴德进行侵袭。例如,哈桑别克·努姆卢记述了在阿里速檀率领下花剌子模乌兹别克人939/

1532～1533 年入侵比斯塔姆,955/1548 年入侵戈尔干;记述了 967/1559～1560 年花刺子模骑兵出现在你沙不儿郊区等情况(第 45－46、59－60、62、71－72 页)。

哈桑别克·鲁姆卢有关花刺子模封建领主间争斗和王朝内部纷争,从而到 944/1537～1538 年时国家彻底衰败的资料很重要。《史记精选》作者写道:"每一个头儿都有登上王位的欲望,每一个角落都伸着压迫的手,所有穷光蛋都想成为维齐尔,卑鄙小人要做热依斯。老百姓的处境严重恶化了。"(第 290－291 页)从哈桑别克后面的叙述中可以看出,局势恶化的原因是苏富扬汗的儿子优素福速檀、阿里速檀、伊什速檀、帕拉万库里速檀和阿克什速檀杀死了花刺子模的帕迪沙乌迈尔哈兹汗,夺取了最高权力。乌迈尔哈兹汗的儿子速檀哈兹逃到塔什干他堂兄纳乌鲁孜·艾哈迈德·巴拉克汗那里请求帮助。纳乌鲁孜·艾哈迈德·巴拉克汗同兀拜杜拉汗和阿卜杜勒·拉吉夫汗一起兵伐花刺子模。优素福速檀逃往呼罗珊。纳乌鲁孜·艾哈迈德和兀拜杜拉汗兵不血刃就占领了花刺子模。但是优素福速檀很快又领兵杀回花刺子模,看来这些军队是在呼罗珊在克孜尔巴什人的帮助下招募的。他与自己的兄弟汇合后一起向乌尔根奇进发。他们同纳乌鲁孜·艾哈迈德和兀拜杜拉汗军队之间的激战在阿姆河边展开,结果优素福兄弟大败。兀拜杜拉汗让阿卜杜勒·阿齐兹速檀留守乌尔根奇,自己回了布哈拉。阿卜杜勒·拉吉夫汗也回了撒马尔罕。这时候代表沙塔赫马斯普一世管治阿比韦尔德和涅萨的乌鲁什汗之子丁穆罕默德速檀前来援助优素福速檀,他们包围了乌尔根奇。与此同时他们放出谣言,说沙本人正率军队向花刺子模进发。阿卜杜勒·阿齐兹派信使去布哈拉,向他父亲报告发生的情况。兀拜杜拉汗立即动身赶往花刺子模。但当他渡过阿姆河后,丁穆罕默德速檀和优素福速檀撤消包围走了。兀拜杜拉汗顺便夺取了瓦济尔城,派自己的一个异密守城后,自己赶回布哈拉。但当他快到哈扎拉斯普时,有消息说丁穆罕默德进攻希瓦克。兀拜杜拉汗派出大部分部队由达尔维什比科什奇指挥抗击丁穆罕默德。丁穆罕默德联合了土库曼人和阿利艾利部的民团出希瓦克攻击达尔维什比。他

·欧·亚·历·史·文·化·文·库·

们之间的厮杀在离哈扎拉斯普四法尔萨赫的一条小河边进行。张皇失措的土库曼人举着丁穆罕默德的大旗从战场上逃跑,被阿克什速檀赶了回来。优素福速檀也及时赶来援助丁穆罕默德,他们齐心协力打败了达尔维什比科什奇。兀拜杜拉汗得知自己的大部分军队被打败,拉季夫·米拉克、谢赫·纳扎尔比、塔吉巴哈杜尔·塔瓦吉巴什、卡拉恰巴哈杜尔和哈菲兹孔格勒等异密被俘的消息后,便从哈扎拉斯普回了布哈拉。哈桑别克·鲁姆卢认为,丁穆罕默德和花剌子模速檀们的这一胜利的"取得是由于福星高照的帕迪沙的强大"(第291－292页)。

书中有关在该书写作前早已谢世的一些著名人物的简要资料很有意义。这里说的是像阿卜杜拉·马尔瓦里德、法兹拉拉·鲁兹别罕、哈季费和希拉里这样的学者和诗人。例如,关于阿卜杜拉·马尔瓦里德,书中这样写道:"毛拉纳阿卜杜拉·马尔瓦里德青年时代就在速檀·胡赛因米尔扎那里供职,[职位]升到萨德尔,后为大吉尔加,代替米尔·阿里舍尔掌管[文书]大印。速檀·胡赛因米尔扎去世后,他决定隐居,就在这一年(927/1521年——艾哈迈多夫注)他离开了人世。他有以下著作:《喀西达和嘎扎勒诗集》(《Диван касыд и газелей》)、《列王史》(《Тарих-и шахи》)、《文集》(《Муншаат》)、《诗体史》(《Тарих-и манзум》)、《霍斯罗和希林》(《Хосров и Ширин》)。"(第163－164页)关于哈季费,他是这样写的:"毛拉纳阿卜杜拉·哈季费是毛拉纳贾米的孙子,在这一年的穆哈兰月(1521年12月——艾哈迈多夫注)去了冥府。他的著作有《霍斯罗和希林》(《Хосров и Ширин》)、《莱伊里和麦吉侬》(《Лейли и Меджнун》)、《七景观》(《Хафт манзар》)、《帖木儿传》(《Тимур-наме》)和《沙伊斯玛仪陛下之列王纪》(《Шах-наме его величества шаха Исма'ила》)。"(第174页)哈桑别克·鲁姆卢关于多难诗人希拉里的资料很有意义,他写道:"毛拉纳希拉里是[当]时的著名诗人,是那个时代能言善辩的人。他喀西达诗、嘎扎勒诗和二行诗都写得很好。这一年(935/1528～1529——艾哈迈多夫注)一些忌妒他的人……向兀拜杜拉汗告发,说他写了一首讽刺[汗的]诗,最后一节是这样的:

掠夺、抢劫穆斯林的财物，

如果你[仍然]自认为是穆斯林，那我就是一个异教徒。

……汗非常恨[他]，下令把诗人投入监狱。在受尽折磨以后，这位稀世之才死在赫拉特的恰尔苏。"（第224－225页）

作者记述了由于昔班尼王朝和萨非王朝之间连绵不断的战争造成了席卷呼罗珊，特别是都城赫拉特的严重的饥荒（918/1512、920/1514和938/1531～1532年）。哈桑别克证实说，当时人们吃猫狗肉，甚至"人吃人"（即吃死人）（第134、150、242页），记述了956/1549年卡因省的大地震，这次地震造成3000人死亡（第342页），981/1573年大不里士的瘟疫，它夺去了3万人的生命（第458页）。

《史记精选》中《死亡》、《杂记》等章中的有关资料，对研究中亚历史也有一定意义。

与中亚其他编年史不同，哈桑别克·鲁姆卢较为详细地记述了昔班尼王朝在花剌子模统治地位的建立过程。据哈桑别克说，916/1510年以后，伊利巴斯汗自己没有去花剌子模，而只派军队去了，在占领花剌子模以后，派克帕克比科什奇为那里的达鲁花。但克帕克比科什奇在那里不久就被希兹尔艾里部的酋长沙里夫苏菲赶走，这以后伊利巴斯才亲自到那里去，在那里建立了统治权（第123页）。这里记述的与花剌子模历史有关的另一件事是花剌子模与伊朗萨非王朝的相互关系，证实了花剌子模对萨非王朝的从属地位。书中还特别提到983/1575年，统治花剌子模的哈吉姆汗把自己的儿子穆罕默德库里速檀送往伊朗，看来是为作人质送去的（第463页）。

《史记精选》中有许多有意义和值得重视的资料（关于纳乌鲁孜·艾哈迈德·巴拉克汗执政最后几天的资料），是其他中亚史籍，如哈菲兹·塔内什·布哈里的《沙荣耀录》、穆罕默德亚尔·伊本·阿拉布的《番国征服者》中所没有的。书中还谈到苏云恰克汗之子巴拉克汗从艾布·赛义德汗后裔那里夺得了撒马尔罕，从兀拜杜拉汗之孙布尔罕速檀那里夺得除布哈拉城以外的布哈拉省，从贾尼别克速檀后裔那里夺得米扬卡勒，从普拉德速檀后裔那里夺得沙赫里萨布兹和卡尔希以

46

后,"决定修一条取流经塔什干和撒马尔罕之间的沙赫鲁希亚河水的大渠,把水引到撒马尔罕那边牧草丰茂的辽阔草原,以便从他的兀鲁思迁移2万人到这个[冬天]大雪封路的地方来定居。"(第397页)

还没有这一著作的校勘本和完全的俄译本。只有它的一些部分被译成德文、俄文、格鲁吉亚文收在一些文集中。[1]

在苏联(列宁格勒)以及英国、土耳其和伊朗的抄本库中保存有《史记精选》的抄本。[2]

---

〔1〕请参见本书《参考书目索引》。

〔2〕请详见:Стори Ч А.《Персидская литература》(《波斯文文献》),ч. II, с. 860 – 861.

10　沙荣耀录

(Шараф-наме-йи шахи)

这是一部很重要的历史著作,另一书名是《阿卜杜拉汗传》[1]。该书详细记述了16世纪中亚、哈萨克斯坦及其东方邻国(伊朗、阿富汗)的政治史。写于992/1584—998/1590年之间。[2]

这一史料丰富的著作的作者哈菲兹·塔内什·伊本·米尔·穆罕默德·布哈里,是中世纪布哈拉的一位很有才能的史学家和诗人。关于他的生平活动,我们掌握的资料很有限,仅限于这一著作本身和其他一些东方文献中的资料。根据这些资料,他像其父毛拉纳米尔·穆罕默德[3]一样,是昔班尼王朝最高统治者宫廷中的近臣,从991/1583年起是阿卜杜拉汗二世(991/1583—1006/1598)的御史官。我们只能根据一些间接的资料来确定这位学者的生卒时间。他在详细说明自己写该书计划的引言中,谈到了阿卜杜拉汗正式即位,谈到了他如何被汗的同族人和心腹库勒巴巴·库克尔塔什(1006/1598年被杀)推荐给

47

---

〔1〕其他书名还有:《Зафар-наме-йи Абдаллах-хан》(杜尚别 А. А. 谢苗诺夫纪念馆藏抄本,编号126,第238a张),《Футухат-и хани(Дарвиш Али Чанги Бухари. Тухфат ас-сурур)》(塔吉克共和国科学院东方学研究所藏抄本,编号164,第1656张)和《Сахифа-йи шахи》。

〔2〕Миклухо-Маклай Н Д.《Описание таджикских и персидских рукописей Института востоковедения АН СССР》(《苏联科学院东方学研究所塔吉克文和波斯文抄本目录》),вып. 3,с. 295 – 296.

〔3〕据中亚大谢赫霍加艾哈迈德·伊本·贾拉尔·丁·卡萨尼(卒于948年1月21日/1541年5月18日)之孙、传记作家艾布·巴卡的资料,他是昔班尼后裔兀拜杜拉汗(940/1533～1534—946/1539～1540)的亲信;16世纪50年代初,他去喀什噶尔,两年后死在那里(《Джами ал-макамат》,乌兹别克共和国科学院东方学研究所藏抄本,编号7638,第116a张)。

汗。[1] 他接着写道:"当这个卑微的人 36 岁时,[2] 又产生了写书的念头;这支生花的笔像鸟儿展翅,飞翔在思想原野的上空,这个想法如一位纯洁的女儿对着镜子仔细审视自己,温馨的话语驱散了似月亮一样皎洁的脸上的愁容,[让我]去写[这本]书,把[阿卜杜拉汗]陛下诞生和执政时期发生的一些事都写进去。"[3] 他又说,汗同意他的想法,书名定为《沙荣耀录》。[4] 书名所用字母转换成数字是 992,即指出了开始写这一著作的时间是 992/1584 年。由此可以看出,汗接见哈菲兹·塔内什·布哈里是 992/1584 年,即正式即位的第二年(他称汗是 991 年 6 月/1583 年 6 月底至 7 月。[5])我们知道,他进宫时是 36 岁。[6] 因此,他出生的时间应是 956/1549 年[7],遗憾的是不能够确定他去世的确切时间。И. И·乌姆尼亚科夫认为,这位学者是在乌兹别克人夺得赫拉特那年,即 997/1589 年的一次不幸事件中去世的。[8] 其根据显然是流传至今的《沙荣耀录》的所有抄本,记述的都是止于阿卜杜拉汗军队包围并攻下赫拉特[9]的时间。哈菲兹·塔内什的同时代人穆特里比的说法值得注意。在他于 1013/1604 年完成的流传很广的史选中,谈到了已经去世的哈菲兹·塔内什,也谈到了其弟指责其夫人对其

---

〔1〕《沙荣耀录》,乌兹别克共和国科学院东方学研究所藏抄本,编号 2207,第 7a – 8a 张;乌兹别克文版第 1 卷,塔什干,1966 年,第 77 页。

〔2〕据另外的资料(《乌兹别克共和国科学院东方抄本汇编》,第 1 卷,第 65 页;Н. Д. 米克卢霍 – 马克莱:《苏联科学院东方学研究所塔吉克文和波斯文抄本目录》,第 3 卷,第 296 页)讲是 30 岁和 33 岁,我们认为是不对的。

〔3〕乌兹别克共和国科学院东方学研究所藏抄本,编号 2207,第 46 张。

〔4〕乌兹别克共和国科学院东方学研究所藏抄本,第 86 张;乌兹别克文本第 1 卷,第 54 – 55 页。

〔5〕《番国征服者》,乌兹别克共和国科学院东方学研究所藏抄本,编号 1505,第 84a 张。在《乌兹别克共和国科学院东方抄本汇编》(第 1 卷,第 80 页)中,这一著作被错误地称为《昔班尼史》(《Тарих-и Шейбани》)(关于这一著作请详见后)。

〔6〕《沙荣耀录》,乌兹别克共和国科学院东方学研究所藏抄本,编号 2207,第 46 张。

〔7〕他和汗相识始于 987/1579 年,汗征伐巴巴速檀(请见后),990 年 11 月/1582 年 11—12 月在查尔朱围猎和同年征伐巴达赫尚,他都与汗在一起(《沙荣耀录》,乌兹别克共和国科学院东方学研究所抄本,编号 2207,第 239a – 2696 张;苏联科学院东方学研究所列宁格勒分所藏抄本,编号 Д 88,第 4056 – 427a 等张)。

〔8〕Умняков И И. 《〈Абдулла-наме〉Хафиз-и Таныша и ее исследователи》(《哈菲兹·塔内什的〈阿卜杜拉汗传〉及其研究者》),с. 313.

〔9〕苏联科学院东方学研究所列宁格勒分所藏抄本,编号 Д 88,第 460a – 495a 张。

死负有责任。接着他又更为肯定地指出,哈菲兹·塔内什在阿卜杜拉汗在世时就去世了,阿卜杜拉汗把完成《沙荣耀录》的工作交给了卡迪帕扬达·扎阿米尼(卒于 1010/1601～1602 年),他是当时最有学问的人之一[1] 由此可以得出哈菲兹·塔内什是死于非命,是在 997/1588—998/1589 年以后去世的。

48

B.B.韦利亚米诺夫 - 焦尔诺夫(1830—1904)、B．B．巴托尔德(1869—1930)的学生之一 Л. A.济明(1918 年去世)、C.米尔扎耶夫(1885—1961)、M．A．萨拉赫丁诺娃、H.赛菲耶夫和我都对《沙荣耀录》进行过研究。

下面简要讲一讲《沙荣耀录》的内容。据作者在前言中谈到的计划,该书应由以下几部分组成:

前言:对阿卜杜拉汗进行了例行的赞美和颂扬,写了科学尤其是历史在人生中的作用,该书的写作原因,直到努哈和雅伏希的阿卜杜拉汗的世系,中央亚细亚突厥—蒙古部,成吉思汗及其后裔,阿卜杜拉汗的宗教老师霍加穆罕默德·伊斯拉姆。

第 1 章:记述了从阿卜杜拉汗出生(940/1533～1534)到他正式宣布为布哈拉最高汗(991 年 6 月/1583 年 6 月底至 7 月初)中亚所发生的政治事件。

第 2 章:记述了从阿卜杜拉汗正式即位后,中亚、哈萨克斯坦及其东方邻国所发生的事件,他与纳乌鲁孜·艾哈迈德(巴拉克汗)后裔争夺钦察草原和与其同族人争夺巴达赫尚和库拉布的战争。

结尾:记述了阿卜杜拉汗的品格,介绍了阿卜杜拉汗时期的谢赫、维齐尔、异密、诗人和学者,还介绍了当时修建的宗教和民用建筑物。[2]

遗憾的是第 2 章没有写完(只写到 997/1588～1589 年),而结尾根

---

[1]穆特里比:《诗人传记》,乌兹别克共和国科学院东方学研究所藏抄本,编号 2252,第 1786、2006 张;请比较 H.赛菲耶夫:《哈菲兹·塔内什及其〈沙荣耀录〉》(塔吉克文),第 16 - 27 页。

[2]《沙荣耀录》,乌兹别克共和国科学院东方学研究所藏抄本,编号 2207,第 86 - 9a 张;乌兹别克文版,第 1 卷,第 54 - 55 页。

本没有按计划写。其原因看来是发生在 997/1588 ～ 1589 年后的作者的横死。关于这一点,在《沙荣耀录》的研究者中有以下看法。И. И. 乌姆尼亚科夫认为,后来作者修改了该书的写作计划,997/1588 ～ 1589 年前的事件放在第 1 章,而第 2 章也像结尾一样没有写。[1] H. 赛菲耶夫根据哈菲兹·塔内什的这一著作,认为第 2 章写完了,而结尾很短,放在该书的第 1 章和第 2 章。[2] 在这方面,Н. Д. 米克卢霍 - 马克莱的意见值得注意。他在分析了保存在苏联科学院东方学研究所列宁格勒分所的《沙荣耀录》的两种抄本(编号 Д 88 和 В 685)以后,得出了这样一个结论:后一抄本(编号 В 685)是该著作的第一稿本,其中清楚地标明了第 1 章和第 2 章(后来第 2 章被收进了第 1 章)。至于另一抄本(编号 Д 88)以及流传至今的《沙荣耀录》的其他抄本,都是该书的第二稿本。他是这样解释作者改变原计划的:"在该书按前言所述计划完成(很可能是草稿)以后,就做了这些改动,显然只剩下结尾部分没有按前言所说的篇幅完成。"[3] 看来 Н. Д. 米克卢霍 - 马克莱的看法完全正确。H. 赛菲耶夫也是正确的。

在前言中,对汗进行了例行的赞扬以后,列出了阿卜杜拉汗家族的世系,介绍了中央亚细亚和中亚的突厥—蒙古部,成吉思汗及其统治蒙古、钦察草原、河中地的后裔,记述了帖木儿王朝,包括速檀艾布·赛义德的儿子们,即以管治撒马尔罕的速檀·艾哈迈德(873/1468 ～ 1469—899/1494)为一方,以管治费尔干纳的欧麦尔·谢赫(867/1462 ～ 1463—899/1494)和管治塔什干的速檀·马哈茂德汗(892/1487—907/1501 ～ 1502)为另一方的纷争(这件事发生在 899/1494 年)。这一部分不是原著,是根据志费尼的《世界征服者史》、拉施特·丁的《史集》、米尔洪德的《幸福天堂》(《Раузат ас-сафа》)、沙拉夫·丁·阿里·亚

〔1〕Умняков И И. 《〈Абдулла-наме〉Хафиз-и Таныша и ее исследователи》(《哈菲兹·塔内什的〈阿卜杜拉汗传〉及其研究者》),с. 313 и след.

〔2〕Сайфиев Н. 《Хофизи Таниш ва〈Шарафномаи шохи-и〉》(《哈菲兹·塔内什及其〈沙荣耀录〉》),с. 25 – 26.

〔3〕Миклухо-Маклай Н Д. 《Описание таджикских и персидских рукописей Института востоковедения АН СССР》(《苏联科学院东方学研究所塔吉克文和波斯文抄本目录》),вып. 3,с. 297.

兹迪的《武功记》(《Мукадима-йи зафар-наме》)、米尔扎·穆罕默德·海达尔的《拉失德史》和卡迈勒·丁·比纳伊的《昔班尼传》写成的。许多事件以及书中对河中地范围、巴里黑、撒马尔罕、布哈拉等地的介绍(乌兹别克共和国科学院东方学研究所藏抄本,编号2207,第906—926张,乌兹别克文版,第1卷,第271—276页),是根据以前的史料:纳尔沙希的《布哈拉史》(《Тарих-и Бухара》)、谢赫伊斯兰萨菲·丁·艾布别克尔·巴里黑的《巴里黑学者》(《Фазаил-и Балх》)、伊斯塔里的《诸国之路》(《Масалик ал-мамалик》)、纳吉姆·丁·艾布·哈夫斯·撒马尔坎迪的《撒马尔罕史》(《Китаб ал-канд фи тарих-и Самаркaнд》)等写成的。

作者常常引用《古兰经》和其他宗教书籍中的词句。此外,在《沙荣耀录》中还有很多诗,有喀西达诗、二行诗、基塔诗、塔里希诗、鲁巴伊诗、贝特二行诗、法尔德诗等,这些诗有的是作者自己写的,有的是引自菲尔多西的《列王纪》(《Шах-наме》)以及鲁达基、穆什菲基、阿米尔·巴德尔·丁·马哈茂德·伊本·阿明、卡迈勒·丁·比纳伊等人的诗。[1] 在记述16世纪30—60年代的事件时,他显然利用了宫廷史料和给他提供消息的事件目击者的讲述。关于这一点,他这样承认道:"从参与这些事件的人那里听到的"(阿卜杜拉汗与纳乌鲁孜·艾哈迈德汗955/1548年卡桑之战),"听了大家的讲述","作者从毛拉克利迪什那里听来的,他曾是陛下的一名老兵"(关于阿卜杜拉汗与速檀·赛义德汗、多斯图姆速檀961/1554年法拉布之战),"这件事是一些讲得娓娓动听的人讲的","作者是从陛下那里听到的"(阿卜杜拉汗——艾哈迈多夫注),等等。作者在记述16世纪70—80年代的事件时,是作为这些事件的目击者和参加者来记述的。然而,不仅仅是这些年代的事件,而且16世纪下半叶中亚所有的政治事件,他记述得都很详细、全面,使《沙荣耀录》成为研究这一时期该地区历史内容最充实的一流史料之一。

50

---

[1]请详见 Сайфиев Н. 《Хофизи Таниш ва〈Шарафномаи шохи-и〉》(《哈菲兹·塔内什及其〈沙荣耀录〉》),c. 35—41.

该书反映的是当时封建统治阶级的思想意识。但是当我们仔细看完全书以后,可以发现许多说明劳动群众悲惨处境,以及在阿卜杜拉汗占领地区群众暴动的资料(如 991/1583 年迈马纳、加尔奇斯坦和 993/1585 年巴达赫尚的暴动;997/1588 ~ 1589—998/1590 年布哈拉的物价腾贵和饥馑等)。

这一著作以押韵的散文写成,文体庄重,语言精美。

在《沙荣耀录》中,除了记述政治事件以外,还有许多有关 16 世纪中亚社会经济和文化生活,昔班尼王朝国家与伊朗、印度、土耳其、喀什噶尔、俄罗斯等国家和地区政治经济关系的极珍贵资料。

在社会经济方面的资料中,当时这样一些封建制度,如伊克塔[1]、坦哈赫、苏尤尔加勒、贾吉尔,值得注意。研究这些制度,不仅能使研究者搞清楚它们的特点和实质,而且能搞清楚它们的演变(这些资料分散在全书中)。有关采邑制度及其在该地区社会政治生活中的地位,向劳动群众课收的各种苛捐杂税(哈拉吉或马尔、伊赫拉贾特、塔加尔、乌鲁法、库纳尔加、别加尔、马达迪马阿什、巴吉、塔姆加、图赫法或坦苏卡特、苏加特、塔尔吉克、哈达亚等)的资料也值得注意。众所周知,当时,甚至在整个封建社会,战利品在军事封建贵族和普通兵士的生活中占有重要地位。封建贵族只拥护那些能征善战,能保证他们获得大量战利品的最高统治者。在《布哈拉宾客纪事》中,我们就已经看到了胜者把败者全家人俘房后作为奴隶的情况,在《沙荣耀录》中也有这样的例子。哈菲兹·塔内什·布哈里有关为汗室和大封建主(宗教的和非宗教的)开荒(在现今的吉扎克州、卡尔希、阿姆河左岸的哈兹拉特伊玛姆和中亚其他地区)而调动几万农民的资料有重要意义。

51　　在哈菲兹·塔内什·布哈里的这一著作中,有极其重要的证明 16 世纪手工业发展情况,特别是中亚布哈拉、撒马尔罕、塔什干和巴里黑等大城市手工业发展情况的资料。这些城市的手工业匠人生产各种各

〔1〕请参见 Ахмедов Б А.《Икта в Средней Азии в XVI-начале XVII в.》(《16 至 17 世纪初中亚的伊克塔》),载《Формы феодальной собственности и владения на Ближнем и Среднем Востоке》, М.,1979,c.15 - 24.

样丝绸和棉布、家庭用具、金银首饰、武器(各色盾牌以及能发射二三曼重炮弹的炮和弓箭等)等[1] 中亚匠人的制品不仅在国内,而且在邻国市场上的销路都很好。[2]

在《沙荣耀录》中还有许多有关昔班尼王朝国家制度的珍贵资料,如国家中央机构[3]以及官品(阿塔雷克、纳吉布、维齐尔、维齐尔阿扎姆、迪万别克、穆什里夫、哈季纳奇、什加乌勒、伊什卡加巴什、帕尔瓦纳奇、萨德尔、米拉胡尔、丘赫拉阿加瑟、塔瓦吉、贾尔奇、蒙什、图格别克、库尔奇巴什、巴卡乌勒、法拉什等)的资料。仔细研究这些资料使研究者不仅能确定这些术语的含义,而且能搞清这些官员的权力、职责和他们在国家社会政治生活中的地位。

在哈菲兹·塔内什·布哈里的这一著作中,也有关于昔班尼王朝军队及其作战队形和战术的资料。军队由骑兵和步兵组成,主要武器有弓箭、长矛、马刀、圆锤、石弩、喷火器和云梯。从16世纪下半叶起,在军队中开始使用火器——火绳枪和铣铁炮(看来是从土耳其和俄国传来的)。游牧的乌兹别克人的作战队形虽然依旧,但出现了一种新的战术——图尔加玛(从一侧绕到敌军后方,突袭其中心或一个侧翼)。

在《沙荣耀录》中,有丰富的有关16世纪中亚文化生活的实际资料,其中包括城市建设、文艺和科学发展方面的资料。这一时期昔班尼王朝都城布哈拉的文化生活空前繁荣。当时城市扩大了,离城有一法尔萨赫的苏米坦村(又名朱伊巴尔村)也包括了进去,因此西南面的城墙重修了;在该村的艾布·巴克尔·赛义德(他是很有权势的朱伊巴尔谢赫的先人)墓地附近修建了宗教学校、清真寺和德尔维什修道院;

---

〔1〕苏联科学院东方学研究所列宁格勒分所藏抄本,编号 Д 88,第 4276、4506、4516、469a、482a 等张。

〔2〕请详见《Материалы по истории таджиков и узбеков в Средней Азии》(《中亚塔吉克人和乌兹别克人历史资料》),ч. 1. М. – Л. 1932, с. 7 – 109;Чулошников А П.《Торговля Московского государства со Средней Азией в XVI – XVII вв.》(《16—17 世纪莫斯科国家与中亚的贸易》),Там же, с. 61 – 88.

〔3〕书中有事实证明,在16世纪下半叶,国家中央机构有了一定程度的加强(《沙荣耀录》,苏联科学院东方学研究所列宁格勒分所藏抄本,编号 Д 88,第 4476、455a、459a 等张)。

在这些建筑物周围修了一座漂亮的园林;从苏米坦到城里修了一条宽阔美丽的林荫道。据哈菲兹·塔内什证实,完善城市建设的工作进行了 10 年(966/1559—976/1568)。[1] 此外,在这一世纪中,仅在一座都城里就修建了位于希亚班的汗宫浴室对面的阿卜杜拉汗宗教学校、豪卡尚宗教学校、法特胡拉库什别克宗教学校、米拉坎宗教学校、霍加穆罕默德·帕尔萨宗教学校、新恰尔苏宗教学校(建于 997/1569～1570 年),还在克尔米涅修了扎拉夫尚大桥(建于 990/1582 年)。在该国的其他一些城市,如撒马尔罕、塔什干、巴里黑,修了一些慈善性建筑物(清真寺、宗教学校、德尔维什修道院),修了商队客栈。在大小商道上修了桥、水塘、渠道和水库(如历史上有名的卡马尔山村的班迪·阿卜杜拉汗水库)。[2]

这一时期除《沙荣耀录》以外,还有《番国征服者》(详见后)、阿明·艾哈迈德·拉齐的《七气候带》(详见后)、穆特里比的《诗人传记》等珍贵著作,说明科学和文学的进一步繁荣。中亚的书法和细密画艺术的发展也达到了很高的水平,杰出的代表人物有速檀·阿里·马什哈迪、马哈茂德·伊本·伊斯哈克·希哈比、达尔维什·穆罕默德·布哈里、毛拉纳马哈茂德·穆扎希卜、贾拉尔·丁·优素福、穆罕默德·穆拉德·撒马尔坎迪等。在《沙荣耀录》中,还列举了 16 世纪一些著名诗人和神学家的名字:穆什菲基、尼扎姆·穆阿麦伊、穆罕默德·达尔维什阿訇、卡迪帕扬达·扎阿米尼、毛拉阿米尔、穆罕默德·阿明·扎希德、郎中毛拉纳阿卜杜勒·哈基姆等。[3]

16 世纪昔班尼王朝与其他国家和地区(俄罗斯、土耳其、伊朗、印度、喀什噶尔)仍有外交、贸易和其他方面的关系。例如,哈菲兹·塔内什记述了 980/1572～1573 年、985/1577 年、986/1578 年、994/1586

〔1〕乌兹别克共和国科学院东方学研究所藏抄本,编号 2207,第 946－95a 张;乌兹别克文本,第 1 卷,第 279－280 页。

〔2〕请详见 Мухаммаджонов А.《Абдуллахон бандини текширганда.－Фан ва турмуш》(《阿卜杜拉汗考》)－Фан ва турмуш,1963,№3,с.23.

〔3〕乌兹别克共和国科学院东方学研究所藏抄本,编号 2207,第 886、90a、906、107a、111a、143a、158a、159a、179a、237a、2376 张等;乌兹别克文版第 1 卷,第 264、311、317－319、320 页,第 2 卷,第 87、174 页等。

年印度和布哈拉汗国互派使节,991/1583 年布哈拉使节从莫斯科回国,992/1584 年突厥斯坦、蒙兀儿斯坦、花剌子模和伊朗使节到达布哈拉,在昔班尼王朝军队里有土耳其步兵,在布哈拉有印度商人区等情况。[1] 这些资料和其他资料,对史学家研究久远过去上述国家的经济、文化和政治关系,无疑大有帮助。[2]

在《沙荣耀录》中,有许多证明穆斯林宗教神职人员(如中亚的朱伊巴尔谢赫霍加穆罕默德·伊斯拉姆及他儿子和继承人霍加赛义德,巴达赫尚的谢赫哈里拉拉等人)在国家社会政治生活中作用和地位的实际资料。从这些资料(分散在全书中)可以看出,封建统治上层在其一切活动中都要依靠宗教人士,而宗教人士则千方百计支持他们的扩张意图,协助他们对劳动人民的剥削和统治。该书中有中亚布哈拉、撒马尔罕、塔什干、捷尔梅兹、库拉布、赫拉特、巴里黑等城市地形和城防建筑方面的宝贵资料。[3]

哈菲兹·塔内什的这一著作中民族方面的资料也很丰富。其中有关那一时期仍存在于中亚民族中的血族复仇的陈规,[4]给达官显贵送礼(按 9 种情况)的风气,遗留的伊斯兰教前的习俗(如祈雨驱雹),突厥—蒙古部族的名称(贾拉伊尔、乃蛮、葛逻禄、克普恰克、卡塔甘、乌塔尔奇、别什玉兹、沙卡库、库兰[阿亚尼]、克烈惕、阿尔钦、明格、巴阿邻、畏兀儿、杭勒、孔格勒、杜尔曼、库什奇、马扎尔、卫逊、恰什米阿布鲁、布拉奇、阿尔浑、亚布、克涅格斯、曼格特、秃八、努库斯、乞颜、巴什基尔等),这些部族的分布及其在国家社会政治生活中的作用,是研究者研究乌兹别克族和中亚其他突厥语民族族源和形成必不可少的资

53

〔1〕乌兹别克共和国科学院东方学研究所藏抄本,编号 2207,第 66a、866、1966 张;乌兹别克文版第 1 卷,第 207、259 - 260 页,第 2 卷,第 217 - 218 页;苏联科学院东方学研究所列宁格勒分所藏抄本,编号 д88,第 3356、437a、451a、457a - 4576、458a、4586 张等。

〔2〕参见 Низомиддинов И.《Урта Осиёнинг чет эл шарки билан муносабатлари》(《中亚与东方邻国的关系》),Тошкент, 1961.

〔3〕乌兹别克共和国科学院东方学研究所藏抄本,编号 2207,第 1456 - 146a、190a、1956、196a 张;乌兹别克文版第 2 卷,第 92 - 93、201 - 203、215 - 216、217 页等。

〔4〕乌兹别克共和国科学院东方学研究所藏抄本,编号 2207,第 180a 张;乌兹别克文版第 2 卷,第 177 页。

料。

《沙荣耀录》的抄本很多,大英帝国印度事务部图书馆、不列颠博物馆、拉合尔旁遮普大学图书馆和德黑兰大学中心图书馆保存有其全本或简本。[1] 保存在苏联列宁格勒、塔什干、巴库、喀山和杜尚别抄本库中的其抄本有 15 种以上。[2]

目前尚没有出版《沙荣耀录》的全本(校勘本或欧洲文字译本)。只是出版过 B. B. 韦利亚米诺夫—焦尔诺夫或摘译或转述其主要内容的俄文译本。由 C. 米尔扎耶夫和 Б. А. 艾哈迈多夫翻译的乌兹别克文译本出版了头两卷,由 M. A. 萨拉赫丁诺娃翻译的俄文译本出版了第 1卷,[3]他们还在准备出版其余各卷。

---

〔1〕请详见这些抄本库的有关目录。

〔2〕Миклухо-Маклай Н Д. 《Описание таджикских и персидских рукописей Института востоковедения АН СССР》(《苏联科学院东方学研究所塔吉克文和波斯文抄本目录》), вып. 3, с. 296 – 300; Костыгова Г И. 《Персидские и таджикские рукописи 〈Новой серии〉 ГПБ. 》(《国立公共图书馆新一批波斯文和塔吉克文抄本目录》), Л. 1973, с. 144; Брегель Ю Э. 《Восточные рукописи в Казани》(《喀山的东方抄本》), с. 373; 《Каталог восточных рукописей АН Таджикской ССР》(《塔吉克共和国科学院东方抄本目录》), т. I, с. 75 – 78; 《Собрание восточных рукописей АН УзССР》(《乌兹别克共和国科学院东方抄本汇编》), т. I, с. 65 – 66, т. V, с. 41, т. VIII, с. 36 – 38, т. X, с. 24 – 25; Стори Ч А. 《Персидская литература》(《波斯文文献》), ч. II, с. 1131.

〔3〕请参见本书《参考书目索引》。

11　阿克巴纪事

（Акбар-наме）

这是一部有关 16 世纪印度历史,一定程度上也是这一时期流传很广的关于阿富汗历史的重要著作,受巴布尔后裔阿克巴一世(963/1566—1014/1605)之命,由他的维齐尔和挚友艾布·法兹勒·阿拉米 54 于 997/1589—1010/1601 年完成。它另外的书名为《阿克巴沙史》(《Тарих-и Акбар-шахи》)和《阿克巴史》(《Тарих-и Акбари》)。艾布·法兹勒·阿拉米(艾布·法兹勒·穆巴拉克)是 16 世纪下半叶的一位大学者和国务活动家,958 年 1 月 6 日/1551 年 1 月 14 日出生在巴布尔王朝都城阿格拉一位有名的苏菲 – 麦赫迪教徒谢赫穆巴拉克家,[1]其父是苏菲 – 麦赫迪派中的温和派[2]。艾布·法兹勒·阿拉米在 982/1574 年后成为阿克巴的主要大臣,一直到他 1011 年 3 月 4 日/1602 年 8 月 22 日被害[3]都在国家任职,在阿克巴国家的生活中起过重要作用。无论阿克巴在对内还是对外政策方面采取的重要措施,都和他有关系。他有很大权力,能够出入国家的各重要机构,查阅御史官的记录和其他正式文书,这反映在他的这一重要著作中,使该书成为

---

〔1〕在马列哈《友人备忘录》(乌兹别克共和国科学院东方学研究所藏抄本,编号 58)的页边上(第 306a – 3066 张),关于艾布·法兹勒·阿拉米父亲和兄弟写了如下值得注意的情况:其父谢赫穆巴拉克·伊本·希兹尔住在阿格拉,在当地的宗教学校任教。阿克巴执政之初,谢赫的仇人控告他宣扬异教,他只得从城里逃走。过了一段时间,他恢复名誉,回城继续任教。他是《Нафа'ис ал-уййун зу халаф ас-сиддик》和《Манахидж ал-ахбаб фи байан фаза'ил раби' ал-асхаб》等书的作者。艾布·法兹勒·阿拉米的哥哥谢赫艾布·法伊兹(卒于 1004/1596 年)是杰出的诗人和学者。他的著作有按《Лейли и Меджнун》的诗格写的《Нал и Даман》,按《Мазхан ал-асрар》的诗格写的《Марказ-и даввар》,按《Хосров и Ширин》的诗格写的《Сулейман и Файлакус》,按《Хафт пайкар》的诗格写的《Хафт кишвар》等。

〔2〕这是米尔·赛义德·穆罕默德(1443—1505)创立的一个宗教派别,15 世纪在印度流传很广。马赫迪派否定正统的宗教和建立在正统宗教基础上的封建秩序。

〔3〕他是从德干返回时,被王位继承人贾罕季(1014/1604—1037/1628)秘密派人杀害。

一部有根有据、实际资料丰富的著作。

《阿克巴纪事》由3卷组成。[1]

在第1卷里,作者写了阿克巴的出生,介绍了他的世系,记述了巴布尔(932/1526—937/1530)和胡马雍(937/1530—963/1556)时期阿富汗和北印度的政治状况,以及阿克巴一世执政头17年,即963/1556—980/1572年所发生的事件。

第2卷记述了981/1573—1010/1601～1602年印度的历史,一定程度上也记述了这一时期北阿富汗的历史。

第3卷里有关于阿克巴一世个人和他宫迁、巴布尔王朝国家制度、行政区划、税收及其他收入、印度人宗教信仰和世界观等方面的资料。这一卷也可看做是一部单独的著作,名为《阿克巴法规》(《Айин-и Акбари》),这一书名为很多人所知晓。

由于艾布·法兹勒·阿拉米的死,随后几年阿克巴执政期间的史事,即1010/1602—1013/1604年间的历史没有记述。后来这部分得以补充(其结构与《阿克巴纪事》一样,仍按年代记述),名为《〈阿克巴纪事〉续》。[2] 续编的作者究竟是何人,我们不能准确确定。有一种说法说是一个名叫伊纳亚塔拉·伊本·穆希卜·阿里的人写的,他是拉合尔的作家和史学家(卒于1082年5月19日/1671年9月23日,有资料说其卒于1088/1677年)。另一种说法认为是沙·贾汗(1037/1628—1068/1658)时著名史学家穆罕默德·萨里赫·坎博写的,他是《沙·贾汗传》(《Шах-Джахан-наме》)的作者(成书于1070/1659～1660年)。还有一种说法说是阿卜杜·赛买德·伊本·阿弗扎尔·穆罕默德写的,他是艾布·法兹勒的侄子和艾布·法兹勒书信集的编纂者,书

---

〔1〕我们利用的是保存在乌兹别克共和国科学院东方学研究所的该著作的完好抄本,编号为1345(第1卷),841(第2卷),1721(第3卷)。

〔2〕简要介绍请参见 Миклухо-Маклай Н Д.《Описание таджикских и персидских рукописей Института востоковедения АН СССР》(《苏联科学院东方学研究所塔吉克文和波斯文抄本目录》),вып.3, с.369－370.

名为《阿拉米书信集》(《Макатибат-и'Аллами》)。[1]

艾布·法兹勒·阿拉米的这一著作流传下来的抄本很多(60多个),它们分别保存在苏联、英国、法国、印度以及其他国家的抄本库中[2] 另外还有上个世纪印度的石印本[3] 该著作有英文译本,译者是 X.贝弗里奇、埃利奥特和道森(第1-2卷),以及格拉德温、布洛奇曼和贾勒特(第3卷)。第3卷多次出版过。[4]

《阿克巴纪事》中的事件是严格按年代记述的,这样该书使用起来就很方便。该书的另一个重要特点是,作者利用的主要资料是官方文书,事件目击者、参加者的记载和回忆。因此该书无疑成为研究这个曾经地域辽阔国家的历史的可靠、珍贵和不可取代的史料。

下面简要地谈一谈该书中能够进一步阐明16世纪中亚历史的主要资料。

16世纪中亚史学家(哈菲兹·塔内什·布哈里、穆罕默德亚尔·伊本·阿拉布卡塔干、速檀·穆罕默德·巴里黑等)证明,在整个这一百年里(一直到992/1584年),以帖木儿系的苏莱曼沙及其后裔、巴布尔王朝(胡马雍、卡姆兰等)为一方,以昔班尼王朝(皮尔穆罕默德汗、阿卜杜拉汗二世、阿卜杜勒·穆敏)为一方,一直进行着争夺巴达赫尚和胡塔兰的激烈斗争。胡塔兰从16世纪初开始又称库拉布,北与卡拉

---

〔1〕Миклухо-Маклай Н Д.《Описание таджикских и персидских рукописей Института востоковедения АН СССР》(《苏联科学院东方学研究所塔吉克文和波斯文抄本目录》),вып.3,c.369 - 370;关于《阿拉米书信集》(《Макатибат-и'Аллами》)的简要情况,请参见《乌兹别克共和国科学院东方抄本汇编》(《Собрание восточных рукописей АН УзССР》),т..I,c.155.

〔2〕关于《阿克巴纪事》的抄本情况,请参见《Собрание восточных рукописей АН УзССР》(《乌兹别克共和国科学院东方抄本汇编》),т.I,c.100 - 101,т.V,c.53 - 56;Миклухо-Маклай Н Д.《Описание таджикских и персидских рукописей Института востоковедения АН СССР》(《苏联科学院东方学研究所塔吉克文和波斯文抄本目录》),вып.3,c.369 - 370;Ch. Rieu.《Catalogue of the Persian manuscripts in the British Museum》(《大英博物馆波斯文抄本目录》),v. III,p.929,1031;H Ethe.《Catalogue of the Persian manuscripts in the Library of the India Office》(《印度事务部图书馆波斯文抄本目录》),v.I,№200,208,260,261;Ivanov W.《Concise descriptive catalogue of the Persian manuscripts in the Curzon Collection》(《柯曾收藏室波斯文抄本目录简介》),Calcutta, 1926,№122,etc.

〔3〕请参见本书《参考书目索引》。

〔4〕请参见本书《参考书目索引》。

捷金为邻,南面是阿姆河,西接恰加尼安,东至帕米尔。艾布·法兹
勒·阿拉米不仅肯定了中亚史学家们所提供的资料,而且又补充了大
量新的事实,证明上述竞争者不止一次地(941/1534～1535—953/
1546)争夺这些地方(第1卷,第90a-906、97a、98a-996、100a、101a、
102a-105a张等),北印度统治者在军事上帮助苏莱曼沙及其后裔与
昔班尼王朝的斗争(第2卷,第2046、2096、245a、273a、2746、2756张
等)。阿克巴由于忙于在印度的争夺和国内的重建,不能亲自参加这
一争夺,最后只得放弃这些地方。从992/1584年起,昔班尼王朝就完
全控制了这些地方。此后,阿克巴所关注的是使乌兹别克人的势力范
围局限于兴都库什山,不使他们侵入喀布尔地区。然而,阿卜杜拉汗没
有力量,阿卜杜勒·穆敏更没有力量去争夺喀布尔。阿卜杜拉汗这些
年(992/1584—1006/1598)都完全忙于同统治塔什干和突厥斯坦的纳
乌鲁孜·艾哈迈德·巴拉克汗后裔的争斗,而阿卜杜勒·穆敏则忙于
同萨非王朝赫拉特和麦什德地方官的争斗。因此,昔班尼王朝最关心
的是巴里黑地区的安全。在这种情况下,两国都力求建立友善关系,建
立反对伊朗萨非王朝向巴里黑和坎大哈扩张的统一的联盟。布哈拉以
米尔·库赖什为首的使节前往同阿克巴会商,哈基姆·胡玛姆对布哈
拉和巴里黑的回访(993/1585年和994/1586年),艾哈迈德·阿里阿
塔雷克访问印度(997/1589)就可以说明这一点。艾布·法兹勒非常
详细地谈到了这些情况(第2卷,第231a、238a、2686张等)。书中还全
文引用了阿克巴994/1586年给阿卜杜拉汗的信,该信是经过哈基姆·
胡玛姆和萨德尔·贾罕转交的(第2卷,第235a-238a张)。这封信对
揭示那时两国的政治关系无疑有重要意义。

　　艾布·法兹勒证实昔班尼后裔希萨尔领主乌兹别克速檀与苏莱曼
沙及其孙霍斯罗结盟这一点很重要。他在记述992/1584年所发生的
事件时,谈到了当昔班尼王朝和帖木儿王朝争夺巴达赫尚和库拉布的
斗争白热化时,帖木儿王朝设法使乌兹别克速檀站到了自己这一边,他
们992/1584年在阿姆河上的一个小岛上会面时,订立了盟约(第2卷,
第205a-2056张)。根据这一盟约,乌兹别克速檀从希萨尔派了军队

援助苏莱曼沙(第2卷,第2056张)。

总之,《阿克巴纪事》为中亚史研究者提供了大量实际资料,大大丰富了中亚史料。

12   番国征服者

（Мусаххир ал-билад）

这是一部不太出名,但是是研究 16 世纪至 17 世纪初中亚历史的非常珍贵的著作。书中有大量参考资料和其他资料,是对流传至今的记述性史籍,包括前面提到的哈菲兹·塔内什·布哈里《沙荣耀录》中资料的补充和具体化。

这一著作的成书时间不详,但是根据书中最后记述的事件发生在1014/1605 年,可以推测不会在 1015/1605—1019/1610 年以前。

《番国征服者》在不久前,确切地说在 M. A. 萨拉赫丁诺娃简要介绍[1]以前,尚不为世人所知。确实,K. Г. 扎列曼和 Ч. A. 斯托里当时都注意过这一著作,但是无论是其确切的书名还是内容,他们都没有搞清楚。K. Г. 扎列曼称它是哈菲兹·塔内什·布哈里《沙荣耀录》的简本,[2]而 Ч. A. 斯托里则认为它是一本名为《昔班尼史》的独立著作。[3] 它在《乌兹别克共和国科学院东方抄本汇编》中也是这一书名。[4]

关于《番国征服者》的作者,我们对他的了解仅限于他本人书中的资料。根据这些资料,他的真名叫穆罕默德亚尔·伊本·阿拉布卡塔干,是在昔班尼王朝阿卜杜拉汗二世执政时出生、成长并取得显赫社会地位的(苏联科学院东方学研究所列宁格勒分所藏抄本,编号 C 465,第 3a、4a 张)。看来,他也利用了阿斯特拉罕王朝巴基·穆罕默德汗

---

〔1〕请参见本书《参考书目索引》。

〔2〕请详见 Умняков И И.《〈Абдулла-наме〉Хафиз-и Таныша и ее исследователи》(《哈菲兹·塔内什的〈阿卜杜拉汗传〉及其研究者》),c. 322.

〔3〕Стори Ч А.《Персидская литература》(《波斯文文献》),ч. II, c. 1127.

〔4〕《Собрание восточных рукописей АН УзССР》(《乌兹别克共和国科学院东方抄本汇编》),т. I, c. 80.

（1012/1603—1014/1605～1606）的庇护。他是这样颂扬这位汗的："像贾姆希德那样高尚，像伊斯坎达尔那样强大的国王陛下艾布·哈兹·巴基·穆罕默德·巴哈杜尔汗"，"万民之上的帕迪沙艾布·哈兹·巴基·穆罕默德汗"，"具有国王天赋的帕迪沙艾布·曼苏尔·巴基·穆罕默德汗"等等[1]。穆罕默德亚尔·伊本·阿拉布卡塔干去世的时间不详。

按照作者在前言中指出的结构，该著作应由前言和以下6章组成。

第1章：沙·布达格速檀（游牧的乌兹别克人国家的奠基者艾布·海尔汗之子）及其后裔（昔班尼汗、马哈茂德速檀及其后裔）。

第2章：忽春汗及其管治撒马尔罕的后裔。

第3章：苏云奇霍加汗及其管治塔什干和突厥斯坦的后裔。

第4章：霍加·穆罕默德汗及其直到阿卜杜拉汗二世的管治河中地的后裔。

第5章：阿卜杜勒·穆敏汗即位及其短暂执政。

第6章：布哈拉名胜及与作者同期在该城的谢赫、诗人和学者。[2]

遗憾的是，由于该书的两种抄本都是残本（请见后），因此很难断定最后两章是否写完。《番国征服者》的抄本很少，迄今只知仅有两个。一个保存在苏联科学院东方学研究所列宁格勒分所抄本库，编号为 C 465，另一个保存在乌兹别克共和国科学院东方学研究所（编号为1505）。

列宁格勒本比塔什干本要全得多（共224张）。它有前言和前4章，但有些残缺——第4章中记述的事件止于阿卜杜拉汗夺取巴达赫尚（992/1584）。[3] 在这一著作的最后（第224b－225a张）有这样的题词："该本《番国征服者》记述国家的治理情况和对臣民福祉的关心……"这样就有理由认为最后两章根本就没有写，作者仅限于《沙荣耀录》所记述的时间范围，虽然在记述昔班尼王朝某些速檀，即某些封地

58

---

〔1〕乌兹别克共和国科学院东方学研究所藏抄本，编号1505，第64b、69a、70a张。
〔2〕苏联科学院东方学研究所列宁格勒分所藏抄本，编号 C 465，第4a－46张。
〔3〕苏联科学院东方学研究所列宁格勒分所藏抄本，编号 C 465，第214a－224a张。

领主时,对所发生的事件的记述非常详细,大大超出哈菲兹·塔内什·布哈里的记述。

至于保存在乌兹别克共和国科学院东方学研究所的抄本,是一个不完整的抄本,从这一点看它远不如列宁格勒本。这一抄本(共89张)的前言,第1章的一半(记述始于昔班尼汗和游牧的乌兹别克人进入河中地,即从904/1498~1499年开始),第4章大部分(记述止于1006/1598年在巴里黑称汗的伊卜杜拉速檀之子阿卜杜勒·阿敏汗执政时)以及第5章和第6章都没有。在46a-526张的页边上,有从法兹拉拉·鲁兹别罕的《王者行为规范》中摘录的词句。该抄本还有一个缺陷:第96-10a6、11a6(做了修补)张上的文字有脱漏,第15a6、35a6、36a6张有霉变。第786张的边上注明了该抄本的抄写时间是1131年4月21日/1719年3月12日。

下面谈谈该书的主要内容和发现的书中的新资料。

前言部分(第26-8a张)[1]在通常的颂词之后,作者指出了自己的名字(第3a张)和该书书名(第4a张),简要谈了该书的结构和艾布·海尔汗当政时期乌兹别克兀鲁思的历史(第4a-8a张)。

第1章(第8a-54a张)记述了乌兹别克兀鲁思,即钦察草原东部和河中地15世纪80—90年代起至916/1510年的政治状况。这一章不属原著,虽然没有直接根据来证明这一点,但可以看出完全是根据洪德米尔的《传记之友》、扎希尔·丁·巴布尔的《巴布尔回忆录》、卡迈勒·丁·比纳伊的《昔班尼传》、《史选,胜利记》以及其他著作中的资料改写的。但是这一章中的有些记述还是有一定意义,特别是下面这些。

907/1501~1502年秋抗击昔班尼汗军队围困巴里黑之战(第136-156张);913年初/1507年5—6月昔班尼汗的币制改革(25a张);昔班尼汗将争夺来的地方作为领地分封其后代(第306、38a-386张);916/1510年游牧的乌兹别克人与克孜尔巴什军在梅尔夫城郊马哈茂德巴德村激战的情况(第366-41a);巴布尔同萨非王朝结盟(以

---

[1]据乌兹别克共和国科学院东方学研究所藏抄本。

铸造有沙伊斯玛仪名字的钱币,念呼图白时提什叶派的 12 个伊玛目和沙伊斯玛仪的名字,以及在河中地、希萨尔沙德曼、胡塔兰、昆都士、巴格兰和其他地方接受什叶派宗教为正式宗教为条件)(第 436 - 446 张);昔班尼汗后裔,河中地一些省、巴里黑和花剌子模的领主(穆罕默德·帖木儿速檀、富拉德速檀、库克布里速檀、胡拉姆沙速檀、苏云奇·穆罕默德速檀等)后来的情况(45a - 466 张);916/1510—929/1523 年昔班尼王朝(兀拜杜拉汗、贾尼别克速檀等)和与巴布尔结盟的萨非王朝对河中地、巴里黑和呼罗珊的争夺(第 456 - 53a 张)。还有以前在其他著作中未曾提及的甘奇这一突厥—蒙古部(当时游牧于卡鲁赫和巴德格斯周围地区)和加尔奇斯坦的克普恰克人的珍贵资料(第 516 张),以及阿卜杜勒·阿齐兹汗(951/1544—957/1550 在布哈拉执政)、兀拜杜拉汗之孙布尔罕速檀(961/1544—964 年 8 月 7 日/1557 年 6 月 6 日在布哈拉执政)等人的一些情况。例如,关于布尔罕速檀,书中说他是一个凶残险恶的执政者,其臣民稍有过错就被处死,他还杀害了与他在布哈拉的共同执政者穆罕默德亚尔、许多王太子和重要异密(哈克纳扎尔奥格兰、马迈比乃蛮、哈勒克·阿曼比杜尔曼、库米什比等人),一些克孜尔阿亚克人、弓箭手和其他"造孽的人"不离其左右,他欺压百姓,最后被以沙伊希姆比库什奇的儿子米尔扎·阿卡比为首的一伙阴谋者所杀(第 536 - 54a 张)。

第 2 章(第 54a - 61a 张)写忽春汗及其后裔(艾布·赛义德汗、速檀·赛义德速檀、朱万马尔德·阿里汗及 916/1510—997/1589 年撒马尔罕城和省的其他领主)。这一章记述了昔班尼汗与其亲属(忽春汗、苏云奇霍加、贾尼别克速檀等领主)不和的原因。据《番国征服者》作者说,这是因为这些速檀对保卫昔班尼汗王朝领地免受哈萨克速檀的侵袭无动于衷,漠不关心。例如,913/1507—914/1508 年昔班尼汗不在撒马尔罕时(在呼罗珊与帖木儿系的速檀·胡赛因米尔扎的后裔打仗),哈萨克的贾尼什速檀之子艾哈迈德速檀不断侵犯河中地,到包括米扬卡勒和撒马尔罕地区在内的定居地区抢劫,使河中地居民遭受巨大损失。915/1509 年哈萨克速檀又来抢劫兀鲁思,我们在前面介绍

·欧·亚·历·史·文·化·文·库·

《布哈拉宾客纪事》时讲到了这一点,随后昔班尼汗对忽春汗、苏云奇霍加、贾尼别克等人进行了处罚:从忽春汗手里收回了突厥斯坦城和省,从苏云奇霍加手里收回了塔什干,收回了贾尼别克速檀在费尔干纳的权力,把他派往米扬卡勒。另外还处罚了其他一些速檀(第54a-546张)。被处罚的速檀对昔班尼汗的这些做法不满,当昔班尼汗被克孜尔巴什军围困在梅尔夫时(916/1510年),派人到各领地要求救援(要求苏云奇霍加及其子纳乌鲁孜·艾哈迈德和克利迪·穆罕默德从塔什干、阿赫西和安集延出兵,忽春汗同艾布·赛义德速檀、阿卜杜拉速檀、阿卜杜勒·拉吉夫从突厥斯坦出兵,苏云奇·穆罕默德率领克什和胡扎尔的军队,穆罕默德·帖木儿率领撒马尔罕的军队,贾尼别克率领米扬卡勒的军队支援,等等),但送信的人返回时却一无所获,只有兀拜杜拉汗率兵从布哈拉赶到了梅尔夫,而且是仗快打完时才赶到(38a-386张)。但是,这还不是他们不和的主要原因。速檀们在自己领地上自由自在,关心自己的独立地位和安乐胜过对中央政府利益的关心。

60

在第3章《苏云奇霍加汗及位尊的帕迪沙的子女和后代的状况》(第61a-68a张)中,有以下资料:16世纪最后25年塔什干、突厥斯坦、赛兰、安集延、阿赫西肯特和米扬卡勒的政治状况(第626-666张等);昔班尼王朝的两个支系,即霍加穆罕默德汗和苏云奇霍加两家之间贯穿于整个16世纪的内讧斗争(这些资料分散在全书);16世纪末至17世纪初乌兹别克人和哈萨克人的相互关系(第646、65a、656、666张等)。

《番国征服者》第4章写的是霍加穆罕默德汗后裔,包括他儿子贾尼别克及其子女,这一章中有大量实际资料(68a-896张)。该章记述了16世纪40—50年代和90年代河中地和巴里黑的政治情况,这种情况由于阿卜杜拉汗二世与他儿子巴里黑领主阿卜杜勒·穆敏(990/1582—1006/1598)之间不和而复杂化了。他们之间的矛盾像兀鲁伯与其子阿卜杜勒·拉吉夫(也是巴里黑领主)的矛盾在853/1449年秋发展成公开的军事对抗一样。《番国征服者》中记述说,从1597年秋开始,阿卜杜勒·穆敏率领巴里黑和巴达赫尚的军队就在阿姆河边扎营,而阿卜杜拉汗把主力布置在涅谢夫(卡尔希),自己住在撒马尔罕。阿卜杜拉汗还让一些领主带自己的军队参加行动。例如,阿赫西和安集延领主乌兹别克速檀当时安排驻扎在撒马尔罕的土绵阿里阿巴德。虽然经过布哈拉和巴里黑谢赫、欧莱玛的调解,父子停止了敌对,取得了一定程度的和解,但对立双方的军队仍驻扎在原来的地方,这种状况一直持续到1006年7月2日/1598年2月8日阿卜杜拉汗在撒马尔罕去世(这是第一次指出了他去世的地点)。[1] 与其他记述性史籍相比,这里对1006/1598—1009/1601年河中地和巴里黑政治状况的记述也要详细。[2]

该书中有一些揭示980/1572—990/1582年河中地政治史的资料,是对《沙荣耀录》中资料的补充(第59a—61a张)。

61

书中一些社会经济方面的资料有一定的学术意义,这些资料是:关于分封制度;关于苏尤尔加勒、塔尔汗等封建制度;关于赋税和徭役,如马勒、马卢吉哈特、塔加尔、乌卢法、皮什克什、萨武林等;关于部族,如八鲁剌思、阿儿浑、比尔库特、贾拉伊尔、杜尔曼、卡尔马克、孔格勒、库什奇、克普恰克、阿尔拉特、卫逊、曼格特、布尔库特、克烈惕、卡塔甘、甘奇、克孜尔阿亚克等(这些资料分散在全书中)。

书中还有一些有关地理位置和一些有军事、政治意义的地方的资料,如达尔布阿哈宁(关于这一通向伊兰乌季的有名的"大门",书中还有另一个名称——坦格恰克恰克)、卡兰古塔格(在喀什噶尔)、拉巴特霍加(在撒马尔罕省)、马哈茂德巴德园林(916/1510年昔班尼汗阵亡之地)、库勒马里克(在布哈拉省)、纳乌卡(撒马尔罕省的一防御堡垒)、穆里克特(在锡尔河边)、乌奇捷佩(在撒马尔罕城郊)、普勒马尔扎(卡尔希城郊)等(这些资料分散在全书中)。

该书中有关锡尔河沿岸卡拉卡尔帕克人在昔班尼王朝和阿斯特拉罕王朝塔什干领地政治生活中作用的资料很有意义。据作者记述,他

---

〔1〕乌兹别克共和国科学院东方学研究所藏抄本,编号1505,第766—77a、776、78a张等。
〔2〕乌兹别克共和国科学院东方学研究所藏抄本,编号1505,第766—77a、776、78a等张。

们和哈萨克的速檀(伊什姆速檀、巴哈迪尔速檀等)结盟,乘阿卜拉汗二世不在布哈拉或利用该王朝内部政治局势的不稳定,便宣布本民族某人为汗,并用昔班尼王朝早已去世的速檀的名字来称呼。例如,986/1578年宣布假沙伊希姆速檀为汗、990/1582年宣布假巴拉克汗为汗、1013/1604年在阿斯特拉罕王朝巴基·穆罕默德汗执政时,宣布假阿卜杜勒·加法尔汗为汗。

有关昔班尼王朝诸封地上速檀的资料也值得注意,对他们的研究能使研究者更深入了解那时塔什干和突厥斯坦、巴里黑和库拉布、乌拉捷佩和费尔干纳的政治状况。在《番国征服者》中还有许多关于16世纪中亚和伊朗以及乌兹别克和哈萨克相互关系的珍贵资料。

13   阿拔斯盛世史
（Тарих-и 'аламара-йи Аббаси）

　　这是一部有关萨非王朝沙阿拔斯一世（996/1588—1038/1628～1629）执政时期及其继承人沙萨非一世（1038/1629—1052/1642）执政头 5 年（1038/1629—1043/1633～1634）伊朗历史的一部最详尽和非常有名的书。[1] 该书是根据正式文书和宫廷编年史,事件目击者和参加者的讲述以及作者亲眼所见写成的。像艾布·法兹勒·阿拉米的《阿克巴纪事》一样,该书记事也严格按时间顺序逐年记述。该书由传统的导言（第 1－5 页）、3 卷和简短的总跋（第 747－748 页）组成。

　　第 1 卷（第 5－274 页）是在利用早先著作的基础上写的,包括洪德米尔的《传记之友》（确切地说是利用了该书第 3 卷的第 4 册）、米尔·亚赫亚·卡兹维尼（1481—1555）的《历史精华》（《Лу66 ат-таварих》）、佚名作者的《沙伊斯玛仪·萨非维史》（《Тарих-и шах Исма'ил-и Сафави》）和《沙塔赫马斯普传》（《Тазкира-йи шах Тахмасп》）,[2] 以及哈桑别克·鲁姆卢的《史记精选》等。该卷大部分是编纂而成,因此不是原著。在这一卷中列有阿拔斯一世的世系,介绍了其先祖谢赫萨非·丁·阿尔则比里（1252—1334）、萨德尔·丁·穆萨（1334—1393）、速檀·阿里（1393—1429）、易卜拉欣·谢赫沙（1429—1447）、谢赫朱奈德（1447—1460）以及谢赫贾法尔（1460—1469）和萨非王朝（907/1501～1502—1145/1732～1733）奠基人沙伊斯

62

---

　　〔1〕这一时期的伊朗历史,在《〈阿拔斯盛世史〉补记》中有记述,它也是出自伊斯坎达尔蒙什之笔,请详见 Миклухо-Маклай Н Д.《Описание таджикских и персидских рукописей Института востоковедения АН СССР》（《苏联科学院东方学研究所塔吉克文和波斯文抄本目录》）,вып.3, с. 189－193.

　　〔2〕请参见 Стори Ч А.《Персидская литература》（《波斯文文献》）,ч.Ⅱ, с. 853－854, 857－858.

77

玛仪一世的父亲谢赫海达尔(1469—1488)的生平,还介绍了这一王朝的代表人物伊斯玛仪一世(907/1501～1502—930/1524)、塔赫马斯普一世(930/1524—984/1576)、伊斯玛仪二世(984/1576—985/1577)和速檀·穆罕默德·胡达班德(985/1577—996/1588)执政时的历史。

《阿拔斯盛世史》的第2卷和第3卷是原著。

第2卷(第274－445页)记述了沙阿拔斯一世执政头30年(996/1588—1025/1616)伊朗的历史。

第3卷(第446－747页)记述了沙阿拔斯一世执政最后12年(1026/1617—1038/1628～1629)该国的历史。这卷中还有一些著名人物(维齐尔、学者、诗人、书法家等)的简要资料。这些人有的是阿拔斯一世同时代的人,有的是他的前人。

H.Д.米克卢霍－马克莱确认,《阿拔斯盛世史》的头两卷完成于1025/1616年,而第3卷是在1038/1628～1629年以后完成的。[1] 该著作的抄本很多,苏联和外国均有收藏。[2]

这一著作也出版过,有石印本(德黑兰,1313～1314/1896～1897)和铅印本(德黑兰,1334/1956)。Б.多恩刊布过该著作的一部分(波斯文),B.B.韦利亚米诺夫－焦尔诺夫也出版过该著作的一部分(波斯文原文和俄文转述)。[3] 该著作的有关部分也翻译成俄文在一些文集中出版过,[4]还有奉大维齐尔易卜拉欣帕沙(1130/1718—1143/1730～1731)之命,由穆达里斯穆罕默德·纳比埃芬迪完成的土耳其文译本,该译本现保存在托普卡帕萨莱博物馆。[5]

《阿拔斯盛世史》和其他封建史书一样,是为封建统治者歌功颂德的,表现出对沙及其近臣,尤其是对大维齐尔哈季姆别克·奥尔杜巴迪(1000/1592—1019/1610)和他儿子及继承人艾布·塔里卜的谄媚奉

63

---

〔1〕Миклухо-Маклай Н Д.《Описание таджикских и персидских рукописей Института востоковедения АН СССР》(《苏联科学院东方学研究所塔吉克文和波斯文抄本目录》),вып.3,с.170.

〔2〕请参见 Стори Ч А.《Персидская литература》(《波斯文文献》),ч.II,с.874－880.

〔3〕请参见本书《参考书目索引》。

〔4〕请参见本书《参考书目索引》。

〔5〕请参见本书《参考书目索引》。

承。在他们在世时,作者由1001/1593年时的一名普通官吏晋升到宫廷任要职。作者总是千方百计地将虔诚、英明、公正、谦虚和朴素这些莫须有的品德加在沙阿拔斯一世头上,歌颂他的战功,把他的胜利说成是命中注定的。尽管如此,该书中各种各样丰富的资料使它成为一流的史书,能与洪德米尔的《传记之友》、哈菲兹·塔内什·布哈里的《阿卜杜拉汗传》、桑别克·鲁姆卢的《史记精选》、艾布·法兹勒·阿拉米的《阿克巴纪事》等这样一些中世纪优秀史书齐名。

该书作者伊斯坎达尔别克蒙什是沙阿拔斯一世的书记和亲信。有关他的资料极其有限。从该书中的零星资料来看,他生于969/1561～1562年;在进入宫廷以前,他是一个税务小吏,后来在文馆任职;995/1587年初进入军队,看来是军队里的文书官,参加了沙阿拔斯一世的征战;从1001/1592～1593年起直至去世(1043/1633～1634)在宫廷里任上面提到的沙的私人书记。伊斯坎达尔蒙什这本书,尤其是该书的第2和第3卷,是研究16世纪最后25年至17世纪头30年伊朗和中亚政治关系的重要史籍。从书中的资料可以看出,这种关系主要反映在对呼罗珊的互有胜负的武力争夺上。这一地区大规模连绵不断的战争,给赫拉特、梅尔夫、麦什德、伊斯法拉英和伊朗其他城市,以及安德胡德、舍别尔干、迈马纳和巴里黑的居民带来了无穷灾难。书中还抄录了布哈拉、巴里黑和伊朗统治者之间往来的文书(第307、346－347、374、375、389、407、412、576－577、692页等)。通过对书中资料的研究,能向研究者最全面地揭示16—17世纪头25年伊朗和中亚的相互关系。

伊斯坎达尔蒙什的《阿拔斯盛世史》大大丰富了哈菲兹·塔内什·布哈里的《沙荣耀录》、马哈茂德·伊本·瓦里的《贤者高风奥秘》、穆罕默德·优素福蒙什的《穆克木汗史》等这样一些历史著作中的资料(关于这些著作详见后)。该书中有以下重要资料。

众所周知,从997/1589年开始,中亚昔班尼王朝最高统治者阿卜杜拉汗二世与他儿子、他在巴里黑和巴达赫尚的代理人阿卜杜勒·穆敏之间的关系显著恶化了。根据中亚史料的资料,其原因是阿卜杜拉

·欧·亚·历·史·文·化·文·库·

汗在夺得赫拉特(997/1589)以后,并没有把它给自己儿子,而是给了

64 库勒巴巴库克尔塔什。在《阿拔斯盛世史》中则说了另外的原因:①阿卜杜拉汗下旨其在呼罗珊的代理人(库勒巴巴库克尔塔什和丁穆罕默德速檀等),令他们不要服从阿卜杜勒·穆敏,并找机会把他除掉(第3页);②他支持涅萨、阿比韦尔德和都伦的领主努尔穆罕默德汗,并指使他反对阿卜杜勒·穆敏(第375-376页),等等。997/1589—1006/1597年他们父子之间的斗争在书中有详细记述(第374-381页)。下面这一事实也值得注意。阿卜杜拉汗和库勒巴巴库克尔塔什担心阿卜杜勒·穆敏的侵略行动,在1006/1597年初打算和沙阿拔斯结盟。为此布哈拉派出使节,带着书信和贵重礼品到了伊斯法罕(第374页)。书中详细介绍了库勒巴巴库克尔塔什的生平活动,他是重要的国务活动家、诗人、科学和文艺的庇护人,在16世纪中亚社会政治和文化生活中发挥过重要作用(第379-381页)。

伊斯坎达尔蒙什关于昔班尼王朝最后一个执政者皮尔穆罕默德汗二世(1006/1598—1009/1600~1601)执政时中亚政治状况的资料也值得注意。皮尔穆罕默德汗在阿卜杜勒·穆敏夺得布哈拉王位后侥幸逃脱了他的残杀(第381-409页)。

作者对呼罗珊地区后来所发生的事件(阿卜杜勒·穆敏夺得呼罗珊这一在军事、政治和经济方面都很重要的地区,包括了麦什德、梅尔夫、赫拉特和巴里黑这些城市)的记述,对研究那个时期中亚以及伊朗、阿富汗的历史是极其珍贵和重要的(第384-845页)。

书中有关16世纪花剌子模和伊朗政治关系方面大量的实际资料也很有意义(第277-278、301、306、315、319、346、348-349、357页等)。

14 贤者高风奥秘

(Бахр ал-асрар фи манакиб ал-ахйар)[1]

    这是一部百科著作,主要包括古典天文学(更确切地说是星相术)、矿物学、作物栽培学、兽医学、史地学和从古代至17世纪中叶穆斯林世界政治史方面的主要资料。

    直到20世纪初,这一著作还不为人知。首先报导这一著作的是B. B. 巴托尔德、Г. 埃塞、А. З. 瓦利多夫和 И. Ю. 克拉奇科夫斯基,[2]他们把它看成是通史。根据现在我们掌握的该书的所有抄本,可以肯定B. B. 巴托尔德、Г. 埃塞和А. З. 瓦利多夫所利用的抄本是该书的第6卷,写的是13至17世纪初蒙兀儿斯坦[3]、钦察草原、河中地以及与之相邻的东方国家(伊朗和阿富汗)的政治史。B. B. 巴托尔德等人报导该书以后,已过去了很长时间,但除了发表过两篇短文和该书第1卷一部分翻译成俄文出版以外,对这一"研究者能找到有关该地区过去最详尽和最可靠资料"[4]的著作的研究还没有真正开始。

    该书作者是17世纪巴里黑的大学者马哈茂德·伊本·瓦里。关于他的生平和学术活动的资料很少。我们所掌握的有关他的情况仅限于他的这一著作中的资料。根据这些资料,我们知道他生在巴里黑一个很有权势的达官家里。其父异密米尔·穆罕默德·瓦里是费尔干纳卡桑(现今是乌兹别克共和国纳曼干州卡桑赛区的区中心)人,在昔班尼王朝皮尔穆罕默德汗执政时(953/1546—974/1567)到了巴里黑。本

65

---

〔1〕该书的另一书名是《认识贤者高风之奥秘》(《Бахр ал-асрар фи ма́рифат ал-ахйар》)。

〔2〕请参见本书《参考书目索引》。

〔3〕在中世纪,包括谢米列奇耶、伊犁地区和东突厥斯坦在内的察合台兀鲁思的东北部,被称为蒙兀儿斯坦。

〔4〕Бартольд В В.《Церемониал при дворе узбекских ханов в XVII в.》(《17世纪乌兹别克汗宫廷中的仪式》),Соч.,т. II,ч. 2,с. 388。

书作者和他的近亲都是当时很有学问的人。例如,其父异密穆罕默德·瓦里是著名学者、诗人毛拉纳阿卡·舍别尔加尼(卒于1033/1624年)的崇拜者,自己通晓穆斯林法律,常用米尔·希斯拉特的外号写诗。他叔叔穆罕默德·帕扬达(卒于1010/1601~1602年)曾在撒马尔罕阿斯特拉罕王朝巴基·穆罕默德汗(1009/1601—1013/1605年是布哈拉汗国的执政者)那里供职。其兄异密艾布·巴里对伊斯兰法律学、《古兰经》释义和医学有很深的造诣(大英帝国印度事务部图书馆藏抄本,第142a、1466、3336张等)。书中没有指出作者出生的准确时间,但是根据书中的间接资料,还是可以大致确定。据马哈茂德·伊本·瓦里自己说,他19岁时为大圣训学家赛义德米拉克沙·胡赛尼的穆里德,在他那里呆了10年(乌兹别克共和国科学院东方学研究所藏抄本,编号2372,第36-4a张),直到他在1033年6月/1624年3月的最后一个星期四去世(印度事务部图书馆藏抄本,第3366张)。由此不难确定,他去米拉克沙·胡赛尼那里是1023/1614年,如果他当时19岁,那他应生于1004/1595~1596年。

米拉克沙·胡赛尼不仅是一位大圣训学家,而且在伊斯兰法律学、医学方面的造诣也很深。作为马哈茂德·伊本·瓦里的姐夫(印度事务部图书馆藏抄本,第335a张),他很乐意把自己的知识传授给自己的这个亲戚和学生。看来米拉克沙·胡赛尼藏书很多,因为据马哈茂德·伊本·瓦里说,在他那里看了很多历史、地理、文学、圣训学、法律学等方面的书。在这些书中,本书作者提到了伊本·法基赫、穆卡达西、伊斯塔里、卡兹维尼、贝纳克吉、瓦撒夫、拉施特·丁、志费尼、米尔洪德等人的著作。

在1034年10月初/1625年7月初,马哈茂德·伊本·瓦里在离家一年以后,与一个去印度和萨兰迪布(锡兰)的商队同行,打算"用慧眼看看[世界]奇迹"(印度事务部图书馆藏抄本,第389a张)。锡兰他没有去成,但在印度呆了7年,去了白沙瓦、拉合尔、德里、阿格拉、拉杰马哈勒、戈尔康达、海得拉巴、维杰亚瓦达、加尔各答和比哈尔,收集了有关这些城市的珍贵资料(印度事务部图书馆藏抄本,第2886-3006、

66

389a - 4086 张)。

回到巴里黑以后(1041 年 1 月 20 日/1631 年 8 月 19 日),他为纳德尔·穆罕默德汗(1015/1606—1051/1641 ~ 1642 年第一次,1058/1648—1061/1651 年第二次为巴里黑汗;1051/1641 ~ 1642—1055/1645 年为布哈拉的最高汗)管理图书,潜心于学术研究。马哈茂德·伊本·瓦里去世的时间不详。

马哈茂德·伊本·瓦里是一位学识渊博的学者,他对历史、文学、地理、植物、矿物和医学都有广泛兴趣。除《贤者高风奥秘》外,他还有伦理教育、神学和诗歌方面的著作,如《迷人的芳香》(《Рава'их -и таййиба》)[1]、《爱情集》(《Мухаббат -наме》)、《明亮的星》(《Наджме сакиб》)、《春天集》(《Рисалаии Бахарийа》)、《胡赛因伦理》(《Ахлак -и Хусайни》),有一部包括 5 万首贝特二行诗的诗集(乌兹别克共和国科学院东方学研究所藏抄本,编号 2372,第 36 张)。可惜这些著作都失传了。

马哈茂德·伊本·瓦里主要和最珍贵的著作是《贤者高风奥秘》,这是他奉上面提到的纳德尔·穆罕默德汗之命,于 1044/1634—1050/1640 ~ 1641 年写成的。[2] 正如作者在引言(乌兹别克共和国科学院东方学研究所藏抄本,编号 2372,第 46 - 56 张)中所指出的,这一著作由很长的引言、跋和 7 卷组成,每卷又各分 4 册。[3]

第 1 卷除环宇方面的内容外,还包括中世纪天文学(确切地说是星相术)、史地学、矿物学、植物学和兽医学等学科的知识。有关中世

---

〔1〕据马哈茂德·伊本·瓦里自己证实,这一著作写的是米拉克沙·胡赛尼的生平活动(《贤者高风奥秘》,印度事务部图书馆藏抄本,第 33a 张)。

〔2〕B. B. 巴托尔德认为,书中 1047/1637—1050/1640 ~ 1641 年的事件不是马哈茂德·伊本·瓦里记述的,而是后来由别人补上去的(《17 世纪乌兹别克汗宫廷中的仪式》,第 388 - 389 页,注释2)。他的这种说法是没有根据的,因为另外一个地方(《贤者高风奥秘》,印度事务部图书馆藏抄本,第 242a 张)说,在纳德尔·穆罕默德汗去布哈拉(1408 年 9 月/1639 年 1 月)的随行人员中,有马哈茂德·伊本·瓦里,他逐日极其详细地记述了这次行程。因此,这些以及其他的事件(最后的事件是 1050 年 10 月中旬/1641 年 1 月布哈拉汗伊玛姆库里的信使离开巴里黑)也都是马哈茂德·伊本·瓦里记述的。

〔3〕这些卷和册的详细目录,请见 Стори Ч А.《Персидская литература》(《波斯文文献》),ч. II, с. 1136 - 1137.

67

纪矿物学和史地学的部分有重要学术价值,已由我们摘译成俄文,加了前言和注释在塔什干出版。[1]

从书最前面的目录看,《贤者高风奥秘》的2—7卷包括从伊斯兰教以前的"先知"、古代阿拉伯和波斯诸王至17世纪中叶的东方历史。这几卷中只有第6卷流传至今。该卷记述了蒙古人、成吉思汗、术赤兀鲁思和察合台兀鲁思的历史,所记事件止于17世纪40年代。

迄今我们有这一著作的6种抄本(第1卷和第6卷)。现将这些抄本简介如下。

(1)乌兹别克共和国科学院东方学研究所编号为2372的抄本(从古文字资料判断抄于19世纪)[2],是《贤者高风奥秘》的第1卷。该抄本为残本,除写"气"和"火"的头两册以外,引言最后几张和第4册最后几张也没有。第1卷中保存下来的几册(3—4册)写的是"水"和"土"(共412张)。在引言(第1206 – 1366张)中有作者对地球形状,天体运行和火、气、水、土四行中万物形成的宏证博论。当然,他是从唯心主义的立场来论述它们的实质的。

在"水"这一册中(第143a – 2086张),作者援引了许多关于海洋、港口和居民的资料,严格按字母顺序对世界的江河、湖泊、泉水作了介绍。与中世纪其他阿拉伯文和波斯文著作,如布祖尔格·伊本·沙里亚尔的《印度奇事记》(《'Аджа'иб ал-Хунд》)、扎卡里亚·伊本·穆罕默德·卡兹维尼的《怪物》(《'Аджа'иб ал-махлукат》)以及其他的这类著作不同,作者不是把重点放在对世界奇特风光的描述,而是把主要注意力放在江河湖海对人类生活的实际意义上。

在由独立的4部分组成的"土"这一册中(第2086 – 5326张),叙述了世界上有人居住的各大洲的国家和城市、山脉、宝石、各种矿物、植物、动物和鸟类。

马哈茂德·伊本·瓦里书中的资料很大程度上是别人的资料,主

---

〔1〕请参见本书《参考书目索引》。

〔2〕请参见《Собрание восточных рукописей АН УзССР》(《乌兹别克共和国科学院东方抄本汇编》),т. V, с. 71 – 73.

要来自以下地理学家的阿拉伯文和波斯文著作:伊本·法基赫(9世纪至10世纪初)、伊斯塔里(约849—934年)、伊本·豪卡勒(10世纪)、艾布·杜勒夫(10世纪)、亚库比(卒于896或905年)、马苏迪(卒于956年)、萨拉姆·塔尔朱曼(9世纪中叶)、穆卡达西(947—约1000年)、亚库特(约1179—1229年)、伊本·法德兰(约12世纪)、扎卡里亚·伊本·穆罕默德·卡兹维尼(1203—1283年)、加尔纳提(约1208—1274年)、迪米什基(1256—1327年)、艾布·菲达(约1273—1331年),以及哈姆杜拉·卡兹维尼(约1281—1349年)的《心旷神怡》(《Нузхат ал-кулуб》)、穆罕默德·伊本·曼苏尔(15世纪)的《精粹集》(《Джавахир-наме》)等。但是,把马哈茂德·伊本·瓦里的这一著作完全当做编纂的书看待是不正确的。第一,研究结果表明,书中有很多作者在河中地、伊朗、阿富汗和印度时收集的珍贵原始资料,还有通过询问从印度、喀什噶尔、伊朗、布哈拉以及其他国家和地区到巴里黑的商人、旅行者和移民得来的资料。第二,在《贤者高风奥秘》中(特别是在第1卷中),有很多摘自现已失传的地理、历史和语言学著作的引文,如:《探求者精神之源》(《Манабе'ат-талибин》)、《珍奇的礼物》(《Тухфат ал-гара'иб》)、《真理之海》(《Бахр ал-хака'ик》)、《事件之本》(《Ма'ани ал-ахбар》)、《神秘之最》(《Джавахир ал-асрар》)、《精华集》(《Бахр ал-джавахир》)、《贵橄榄石和阿拉伯祖母绿》(《Диван аз-забарджад ва'араб аз-зумуррад》)、《马力克沙集》(《Рисала-йи Малик-шахи》)、《易卜拉欣沙词典》(《Фарханг-и Ибрахим-шахи》)、《拉克木词典》(《Камус ар-Раким》)、《伊斯兰法学词典》(《Камус ал-фикх》)等(第27б、38б、39б、40б、41б、63а、82а、83б、109б、131б、132б、147а、148а、148б、163а、247а、256а、291б、293б张等)。

该书第1卷中的资料对历史、地理、民族、地质、植物和语文工作者都是很有用的。

(2)乌兹别克共和国科学院东方学研究所编号7418的抄本(419张)。据该抄本最前面(第4a张)的标注,它是1328年12月23日/1910年12月12日在塔什干抄完的,出自朱拉别克将军(1840—1906)

之子阿拉库里别克之手。该抄本包括《贤者高风奥秘》第 6 卷的 2—3 册,记述了 13—16 世纪察合台和术赤兀鲁思的历史。这一抄本的记述止于昔班尼王朝阿卜杜勒·穆敏汗在其父布哈拉最高汗阿卜杜拉汗 1006 年 7 月 2 日/1598 年 2 月 8 日去世后,从巴里黑前往撒马尔罕。这一抄本不完整,除缺第 1 册(成吉思汗史)外,第 2 册也缺三四张。

(3)乌兹别克共和国科学院东方学研究所编号 1385 的抄本(302 张,从古文字资料看抄于 18 世纪)[1] 该抄本包括第 6 卷的第 2、3 册,记述始于察合台后裔八剌合汗(663/1265—668/1269 ~ 1270)667/1268 ~ 1269 年侵入呼罗珊,与伊儿汗国的阿八哈汗(663/1265—680/1281 ~ 1282)军队激战。和前面介绍的 7418 号抄本比较后,可以确定该抄本缺最前面的 151 张。但和 7418 号抄本不同的是,它有一个结尾部分,记述了突厥—蒙古诸部(第 276a – 287a 张)、阿斯特拉罕王朝巴里黑领主纳德尔·穆罕默德汗宫中的仪式(第 287a – 2886 张),还记述了马哈茂德·伊本·瓦里印度之行(第 2886 – 3006 张)。该抄本最后也缺几张。

(4)乌兹别克共和国科学院东方学研究所编号 1375 的抄本(297 张)[2] 这是前一抄本的临摹本,由已故的伊卜杜拉霍加·拉德洛夫(1872—1944)于 1933 年 10 月 25 日完成。他曾是乌兹别克共和国科学院东方抄本研究所的研究人员。

作者在写该书第 6 卷的 2、3 册时,利用了前人的著作,如拉施特·丁(1247—1318)、兀鲁伯(1394—1449)、沙拉夫·丁·阿里·亚兹迪(卒于 1454 年)、哈菲兹·塔内什·布哈里、米尔扎·穆罕默德·海达尔等人的著作。但是,马哈茂德·伊本·瓦里这一著作中,有上述著作所没有的资料,包括术赤和拔都汗执政时期、阿克汗国、察合台兀鲁思、**69** 术赤兀鲁思与察合台兀鲁思政治关系等方面的资料。该卷第 2 册有重

---

〔1〕请参见《Собрание восточных рукописей АН УзССР》(《乌兹别克共和国科学院东方抄本汇编》),т. V, с. 73 – 74.

〔2〕请参见《Собрание восточных рукописей АН УзССР》(《乌兹别克共和国科学院东方抄本汇编》),т. V, с. 74.

要意义,记述了 14—15 世纪察合台兀鲁思发生的主要的政治事件。把这一部分和兀鲁伯的历史著作《四兀鲁思史》(《Тарих-и арба' улус》,又名《成吉思汗四兀鲁思》《Улус-и арба'-йи Чингизи》)[1]对比,可以看出《贤者高风奥秘》中的资料比《四兀鲁思史》的全面详细得多。确实,我们没有后者的全本,流传下来的仅是它的简本,约抄于 17—19 世纪。[2]看来在马哈茂德·伊本·瓦里那时候有《四兀鲁思史》的全本,而且他利用了这个本子。如果真是这样的话,那马哈茂德·伊本·瓦里在很大程度上利用了《四兀鲁思史》中的资料。因此,马哈茂德·伊本·瓦里著作的这一部分对我们来说极其重要,是研究 14—15 世纪中亚和哈萨克斯坦历史,在一定程度上也是研究伊朗和阿富汗历史的最全面的史料。有关 16—17 世纪乌兹别克汗宫中仪式的记述也有重要意义。抄本中有昔班尼王朝和阿斯特拉罕王朝国家制度,17 世纪前半叶印度社会经济和政治状况的最丰富的实际资料。

(5)白沙瓦(巴基斯坦)私人收藏的抄本(参见哈菲兹·努尔穆罕默德·库赫加代伊:《马扎尔沙里夫史》[《Тарих-и Мазар-и Шариф》],喀布尔,1325/1946 年,第 20 - 21 页)。

(6)印度事务部图书馆编号 575 的抄本(409 张)。这是作者生前的抄本,是一个名叫沙·哈斯木的人根据手稿专门为巴里黑的纳德尔·穆罕默德汗宗教学校图书馆抄的。该抄本包括《贤者高风奥秘》第 6 卷的第 4 册,这是该书中作者原著成分最多的一册。下面较为详细地介绍一下这一抄本。

在引言(第 16 - 8a 张)中谈到了写第 4 册的原因和时间,列出了秃

〔1〕请详见 Ахмедов Б А.《Исторический труд Улугбека〈Тарих-и арба' улус〉》(《兀鲁伯的历史著作〈四兀鲁思史〉》).

〔2〕目前我们知道有 4 种抄本,一种保存在伦敦英国博物馆(编号 ADD,26190,抄于 19 世纪),一种保存在印度事务部图书馆(编号 8106,抄于 18 世纪 80 - 90 年代),第三种(抄于 17 世纪)保存在班基普尔(印度),第四种(抄于 17 世纪末至 18 世纪初)保存在哈佛大学(美国)。关于这些抄本目录,请详见 H. Ethe《Catalogue of the Persian manuscripts in the Library of the India Office》(《印度事务部图书馆波斯文抄本目录》)v. I, №172, №229 - 230; Ch. Rieu.《Catalogue of the Persian manuscripts in the British Museum》(《大英博物馆波斯文抄本目录》),v. I, №184;《Catalogue manuscripts in the Library of the Bankipore》(《班基普尔图书馆抄本目录》),v. VI, №511.

黑帖木儿王朝,即阿斯特拉罕王朝或贾尼德王朝的详细世系。记述中还有一些有关13—16世纪初秃黑帖木儿兀鲁思及其后裔历史简要的题外说明。

第一部分叙述了13—16世纪初包括秃黑帖木儿及其后裔的兀鲁思在内的金帐汗国、昔班尼王朝和曼格特王朝的主要政治事件(第8a—586张)。还谈到了居住在曼格什拉克、伏尔加河沿岸和恩巴河流域的突厥—蒙古部的构成(曼格特、明格、卫拉特、卫逊、克拉雷、巴什基尔、马扎尔、萨赖、阿斯、科什奇、贾拉伊尔、乃蛮、布伊拉克、葛逻禄、阿尔浑等);记述了曼格什拉克的城市和大的居民点(萨赖奇克、乌卢格库尔干等)。指出了在昔班尼王朝忽春汗(916/1510—937/1530~1531)执政时秃黑帖木儿王朝从自己的兀鲁思迁往河中地的原因。

第二部分(第586—2346张)详细叙述了17世纪上半叶中亚、呼罗珊、巴里黑和北阿富汗的社会经济和政治状况。这部分也有地理和民族方面的极其珍贵的实际资料,如游牧部族(杜尔曼、阿尔浑、巴阿邻、克尔克、阿斯、卫逊、卡塔甘、卡尔马克、库什奇、贾拉伊尔、阿尔拉特、布伊拉克、克烈惕、萨赖、阿尔钦、乃蛮、孔格勒、杭勒、曼格特、卫拉特、库拉马、乌塔尔奇、克普恰克、杜格达克、秃八、克涅格斯、尤孜、克列奇、亚布、乌兹、契丹、穆加尔、库兰阿亚尼、库卡阿拉伯、马扎尔、库什阿亚克里、明格、乞颜、希林、布拉奇、富拉夫奇、畏兀儿、沙巴亚特、梅西特、簸儿乞惕、库兰吉、突厥等)在国家社会政治生活中的地位和作用;乌兹别克人军队的作战队形;阿斯特拉罕王朝国家的行政制度;中央国家机构,军衔、官品和称号(迪万别克、迪万别克哈赛、维齐尔、阿塔雷克、依什卡加西、科什别克、科什别克库勒、帕尔瓦纳奇、米拉胡尔、米拉胡尔布祖尔格、马赫拉姆、麦赫塔尔、哈西纳奇、纳吉布、热依斯、卡迪、卡迪阿斯卡尔、卡迪依赫提亚布、米尔扎巴什、萨德尔、谢赫伊斯兰、穆夫提、基塔布达尔、基塔布达尔哈赛、米拉布、卡里、希提布、哈菲兹、穆纳吉姆、巴卡乌勒、巴卡乌勒布祖尔格、达斯塔尔罕奇、什加乌勒、库什奇巴什、尤尔特奇、舒库尔奇、阿米尔萨达贾特、巴什里格图马纳特、阿米尔哈扎列、达德哈、丘赫拉阿卡西、卡拉乌勒、卡拉乌勒别克、塔瓦吉、贾尔奇、图格别克、图普奇巴什、库尔奇、库尔奇巴什、图克萨巴、库特瓦勒、亚萨尔巴什)等。有关 16 世纪末至 17 世纪上半叶中亚与印度、伊朗政治关系的资料也有重要意义。

第三部分(第 235a－277a 张)记述了 1047/1637—1050/1640～1641 年中亚和北阿富汗的情况。在我们看来,其中以下资料最为重要:劫掠性的侵袭在中亚封建社会生活中的作用,战利品的分配制度,布哈拉汗国和印度使节的往来以及两国对哈扎列贾特和巴达赫尚的争夺,巴里黑对布哈拉汗国的依赖程度,居民赋税,包括皮什克什及其数额,1045/1635～1636 年从哈拉和林和克鲁伦经卡拉捷金向希萨尔迁移 12000 户吉尔吉斯人等。

第四部分(第 278a－305a 张)作者介绍了主要的异密、达官、哈吉布、卡迪的生平和其他有关资料。

第五部分(第 305a－3746 张)有关于巴里黑名胜(宫廷、清真寺、宗教学校、城防工事、拜谒地、园林),谢赫、乌里玛和诗人,巴里黑城和该地区灌溉系统等方面的珍贵资料。

最后部分作者记述了突厥—蒙古诸部(375a－3786张)、礼仪(第 3786－389a 张)和他自己 1034/1625—1041/1631 年的印度之行。 71

15　突厥人世系

（Шаджара-йи тюрк）

　　这是一部关于 16 世纪至 17 世纪上半叶花剌子模社会政治史的著作（完成于 1074/1663 ~ 1664 年）。书中有昔班尼王朝的世系，特别是该王朝从 918/1512 年起统治花剌子模支系的世系；有乌兹别克人诸部以及土库曼人诸部社会政治状况的珍贵资料。

　　该书作者是当时的大史学家、希瓦汗艾布·哈兹（1054/1644—1074/1663 ~ 1664 年执政）。除这一著作外，他还写了《土库曼人世系》（《Шаджара-йи таракима》，完成于 1071/1660 ~ 1661 年，该书已有两种全本出版[1]）和《赐福人类之书》（《Манафи'ал-инсан》，这是一部编纂的小型医书[2]）。

　　艾布·哈兹的生平活动很清楚，文献中有详细的介绍。作者在该书第 4 章中对自己也有详细介绍，[3]因此，我们在这里只粗略地讲一讲。

　　他 1012 年 3 月 15 日（星期一）/1603 年 8 月 23 日（星期三）生于乌尔根奇。1028/1619 年前一直在乌尔根奇，后来在与哈巴什和伊利巴斯的内讧斗争中失败，后来他与其兄弟逃到了布哈拉，在伊玛姆库里汗（1020/1611—1051/1641 ~ 1642）处栖身。其长兄伊斯芬迪亚尔在花剌子模称汗（1033/1623 ~ 1624）以后，他回到花剌子模，得到了伊斯芬

〔1〕Абу-л -Гази Бахадур -хан. 《Родословная туркмен》（《土库曼人世系》），Пер. А. Туманского. Асхабад, 1897；Кононов А Н.《Родословная туркмен. Сочинения Абу-л-гази, хана хивинского》（《希瓦汗艾布·哈兹的〈土库曼人世系〉》），М. – Л. 1958.

〔2〕关于这一著作（乌兹别克共和国科学院东方学研究所藏抄本，编号 4107）的简要介绍，请参见《Собрание восточных рукописей АН УзССР》（《乌兹别克共和国科学院东方抄本汇编》），т. VII，с. 294.

〔3〕乌兹别克共和国科学院东方学研究所藏抄本，编号 1110，第 187б – 208a 张。

迪亚尔赏赐的封地乌尔根奇。在乌兹别克人（以艾布·哈兹为首）与土库曼人（以伊斯芬迪亚尔为首）的流血冲突中失败以后（1036/1627），大部分乌兹别克人逃到了曼格特人和哈萨克人那里，艾布·哈兹完全失去了支持，只得逃离花剌子模。他逃到突厥斯坦伊希姆汗（哈萨克速檀什盖汗之子，卒于1038/1628～1629年）那里。一年以后，他被图尔松汗带到塔什干，在那里一直住到1040/1630～1631年。不久，他应希瓦土库曼人之邀又到了希瓦。6个月以后，伊斯芬迪亚尔指控他进攻涅萨和都伦，把他抓了起来，送到伊朗沙萨菲一世（1038/1628～1629—1052/1642）那里。在伊斯法罕他被囚于塔巴列克要塞，关了10年（从1039年6月/1630年1—2月到1049/1639年）。1049/1639年夏，艾布·哈兹逃了出来，经过长时间的颠沛流离（在艾布汗的土库曼特克人中生活了两年，在曼格什拉克的卡尔梅克人中生活了一年）之后，才于1052/1642年回到家乡。1053/1643年在伊斯芬迪亚尔汗去世一年后，阿拉尔的乌兹别克人宣布他为自己的汗，1055/1645年他粉碎了土库曼贵族——拥护其前辈的人的反抗，夺得了希瓦的王位。 72
1056/1646—1063/1653年，艾布·哈兹残酷镇压了捷占、巴姆别乌尔马、阿特列克和戈尔干土库曼人的反抗，将他们置于自己的统治之下。他在1066/1655～1656年、1067/1656～1657年、1069/1658～1659年和1072/1661～1662年打退了克舒特和图尔豪特卡尔梅克人对花剌子模的多次进犯。他领兵进攻布哈拉，洗劫了卡拉库尔、查尔朱、瓦尔丹济和布哈拉地区。1074/1663～1664年他把王位让给其子阿努沙汗（1074/1663～1664—1098/1687），想一个人安安静静地"忏悔和礼拜，要是生命允许的话，还要继续与克孜尔巴什军和卡尔梅克人斗"（第220a张）。[1] 艾布·哈兹卒于1074年9月/1664年4月。

《突厥人世系》又名《突厥人和蒙兀儿人世系》（《Шаджара-ий тюрк ва могул》），在完成50—60年后，就广为人知。这要归功一个名叫特伯特（又名冯·斯特拉伦贝格）的被俘瑞典军官，他在18世纪的

---

〔1〕Кононов А Н.《Введение к〈Родословной туркмен〉》（《〈土库曼人世系〉前言》），с. 8－19.

头 25 年在托博尔斯克发现了该抄本。后来该抄本被译成德文、法文（1726 年）、俄文（1770 年由 B. 普雷德亚科夫斯基翻译）和英文（1780 年）。[1] 由于对《突厥人世系》的兴趣非常浓厚,19 世纪又重新被译成德文（Г. Я. 克尔译）、俄文（Я. О. 亚尔采夫、Г. С. 萨布卢科夫译）、土耳其文（艾哈迈德·韦菲克帕沙译）、法文（П. И. 杰梅宗译）等。[2] 艾布·哈兹的这一著作更晚一些时候还有翻译。据我们所知,有里扎·努尔的土耳其文译本（1913 年）,有为阿里·库里汗·巴吉亚里总司令翻译的波斯文译本（1939 年）。但是,只有 Г. С. 萨布卢科夫和 П. И. 杰梅宗的译本是经过科学校勘的,至今仍不失其重要价值。[3]

《突厥人世系》的抄本很多,保存在欧洲的图书馆里。[4] 在苏联也保存有很多抄本,特别是列宁格勒和塔什干保存最多。例如,仅苏联科学院东方学研究所列宁格勒分所就保存有 6 种,但其中只有一种（编号 В.72,202 张,1237/1821 ~ 1822 年抄于塔什干）是完整的。[5] 乌兹别克共和国科学院东方学研究所抄本库中保存有 5 种,其中 2 种（编号 851,17 世纪抄于希瓦;编号 11110,1350/1931 年易卜拉欣·卡兰达尔奥格雷抄于希瓦）最为完整。

《突厥人世系》也有刊印本:有 1824 年喀山石印本,有 1891 年在喀山出版的根据 П. И. 杰梅宗的译本翻译的鞑靼文本（译者是阿卜杜拉阿拉姆·法伊兹汗奥格雷）。第三种刊本是 П. М. 梅利奥兰斯基根据

73

---

〔1〕Кононов А Н.《Введение к〈Родословной туркмен〉》(《〈土库曼人世系〉前言》),с. 23 - 24.

〔2〕Кононов А Н.《Введение к〈Родословной туркмен〉》(《〈土库曼人世系〉前言》),с.24;Стори Ч А.《Персидская литература》(《波斯文文献》),ч. II, с.1184.

〔3〕请参见本书《参考书目索引》。

〔4〕保存在德国、英国、法国等国图书馆中的抄本,请参见 Pertsch.《Die Handschriften - Verzeichniss der Koniglichen Bibliothek zu Berlin》(《柏林皇家图书馆突厥文抄本目录》), p. 228 - 230; Ch. Rieu.《Catalogue of the Turkish manuscripts in the British Museum》(《大英博物馆波突厥文抄本目录》), №282; Blochet E.《Catalogue des manuscripts turcs de la Bibliotheque Nationale de Paris》(《巴黎国立图书馆突厥文抄本目录》), v. I, p. 232. 这些抄本的简要介绍,请参见 Дмитриева Л В, Мугинова А М, Муратов С Н.《Описание тюркских рукописей Института народов Азии》(《亚洲民族研究所突厥文抄本目录》), т. I, с. 93 - 97.

〔5〕请参见《Собрание восточных рукописей АН УзССР》(《乌兹别克共和国科学院东方抄本汇编》), т. I, с.71.

92

杰梅宗的译本出版的,包括第4、5、8章的一部分和整个第9章,[1]该刊本被推荐为东方学系学生的参考书。

《突厥人世系》由简短的引言(第16－3a张)和9章组成。在引言中,照惯例谈了他写此书的原因。写书时间止于艾布·哈兹完成自己写的那一部分(1074/1663～1664年完成,记述的事件止于1664年艾布·哈兹被纳德尔·穆罕默德汗之孙、阿斯特拉罕王朝哈斯木速檀率领的布哈拉军队所败,他又逃往阿拉尔)(第207－208张)。书中9章的内容是:①从阿丹到合不勒罕(第3a－66张);②从合不勒罕到成吉思汗(第66－37a张);③从成吉思汗出生到去世(第37a－776张);④窝阔台合罕及其统治蒙古本土的后裔(第78a－86a张);⑤察合台及其统治河中地的后裔(第86a－97a张);⑥拖雷汗及其统治伊朗的后裔(第97a－1006张);⑦术赤汗及其统治钦察草原的后裔(第1006－1056张);⑧昔班汗及其统治河中地、西伯利亚、克里木和哈萨克斯坦的后裔(第1056－110a张);⑨统治花剌子模的昔班的后裔(第110a－220a张)。我们知道,因为艾布·哈兹因病去世,《突厥人世系》没有写完。前6章和记述1054/1644—1074/1663～1664年事件的第9章的后续部分,是一个名叫马哈茂德·伊本毛拉·穆罕默德·乌尔根吉的人奉阿努沙汗之命补写的(第2086－2096张)。

《突厥人世系》作者们所利用的史料中,有著名的拉施特·丁的《史集》和沙拉夫·丁·阿里·亚兹迪的《武功记》(第66、18a张)。此外,如引言所指出的,他们还利用了18卷有关成吉思汗及其后裔历史的史书(第26张)。

《突厥人世系》中原著成分最多的部分是第9章,记述了918/1512—1074/1663～1664年花剌子模的社会政治史。书中珍贵的参考资料[2]能帮助研究者确定一些历史事件的时间,更深入研究突厥—蒙古民族的风俗等。《突厥人世系》中的资料能使我们搞清一些事件的

---

〔1〕请参见本书《参考书目索引》。
〔2〕如昔班尼王朝对阿克汗国继承权、古楚汗当政时的西伯利亚汗国、库伦和科什(大本营)的意义,在9种情况下送礼的风俗及其实质等。

真相。我们以下面这个例子来说明这一问题。В. П. 尤金[1]和 О. Ф. 阿基穆什金[2]说在艾布·海尔汗去世以后(873/1468～1469),昔班后裔亚地喀耳汗(世系为亚地喀耳汗—帖木儿赛克—合占拖—富剌德—孟古帖木儿—巴达库尔—哲齐卜儿—昔班)继承了游牧的乌兹别克人74国家的最高权力。同时,这两位作者都引用了毛拉沙迪的诗体编年史《胜利颂》中的资料。例如,В. П. 尤金写道:在"《胜利颂》中,有昔班尼王朝其他史书中所没有的资料。例如艾布·海尔汗去世后亚地喀耳汗统治东钦察草原就属这类资料。《胜利颂》的这一报导是最初的。后来艾布·哈兹在《突厥人和蒙古人世系》、穆尼斯在《天堂幸福园》中对此也作了报导。"В. П. 尤金正确地指出了有关昔班尼王朝历史的其他史籍中没有这一资料。他提到的艾布·哈兹的书中也没有直接指出这一点。在《穆萨米尔扎从曼格特来向博勒克速檀求援》这一章中是这样说的:穆萨米尔扎被哈萨克速檀库贾什米尔扎所败。他经过和曼格特兀鲁思的首领商议后,把亚地喀耳汗请到了曼格特。亚地喀耳汗被放到白毡子上抬了起来,而穆萨米尔扎被宣布为大别克(兀鲁格比)。后来穆萨米尔扎和博勒克速檀举兵进攻库贾什米尔扎,并打败了他。艾布·哈兹继续写道:"这件事过了几年后,亚地喀耳汗就去世了,随后艾布·海尔汗也去世了。"(第1146张)由此可见,这里讲的和 В. П. 尤金、О. Ф. 阿基穆什金讲的不同。而且亚地喀耳汗并没有继承艾布·海尔汗的权力(我们知道他的继承人是谢赫海达尔汗),他只是在恩巴河畔曼格特人兀鲁思称过不长时间的汗,去世还在艾布·海尔之前。

《突厥人世系》中以下资料值得注意,它们是研究者研究这一地区当时社会经济和政治生活的珍贵的实际资料。

众所周知,花剌子模是世界文明的一个古老发源地。在艾布·哈兹生活的时代,花剌子模就有许多设施完善的城堡,如瓦济尔(在乌尔

---

〔1〕《Материалы по истории казахских ханств》(《哈萨克诸汗国历史资料》),с. 49.

〔2〕Шах Махмуд ибн Мирза Фазыл чурас《Хроника》(《编年史》),Критический текст, перевод, комментарии, исследование и указатели О. Ф. Акимушкина, М., 1976, с. 270.

根奇以南6亚加奇[1]）、季尔萨克、扬吉沙哈尔、布尔杜姆萨兹、巴加巴德、卡特、达伦、库姆肯特（在瓦济尔以东1法尔萨赫）、米兹达坎、达鲁甘阿塔、巴克尔干、哈斯米纳拉、伊斯马哈茂德阿塔、奇利克等（第1186、1196、120a、121a、122a、1256、1296、1316、1356、1366、1386、1416、1426、146a、151a、1596、161a、163a、164a、1696、1716、1786、206a张等）。当时从乌尔根奇到艾布汗的整个地区设施都很好。艾布·哈兹证实说："那时从乌尔根奇到艾布汗，如从一个阿吾勒到另一个阿吾勒一样，因为当时阿姆河流经乌尔根奇城下后，便向艾布汗山东面流去，在山脚由西南折向西流。流到奥古尔恰[2]后，从那里入马赞达兰海[3]。"他还说："[从乌尔根奇]到奥古尔恰，河两岸是农田、葡萄园和树林。在高地上安有水车。在牛虻和蚊子猖獗的时候，人们就到有泉水的地方去住，这要走上一二天才能到。蚊子没有了以后再回到河边来。[这一地区]人烟稠密，繁荣无比。从皮什加勒到[天然界线]卡拉基奇特的河两岸居住着阿达克雷和希兹尔艾里部人。从[天然界线]卡拉基奇特到艾布汗山西面的河两岸是阿利埃利部人。由此到流入[里]海的河口，是捷瓦奇部人。"（第126a－1266张）据作者证实，阿姆河和锡尔河以前流入里海，986/1578年河流改道（第1596张）。[4] 关于这一点，他在书中写道："阿姆亚河[也]叫巴里黑河、花剌子模河和只浑河，它流经老乌尔根奇附近，进入巴尔罕山东部后，折向要塞（在巴尔罕）西面，流过奥古尔恰后，汇入马赞达兰海。此海像哈利季湖[5]（又称科克乌曾湖）。在伊斯兰教历986年哈吉姆汗当政（969/1562—

75

〔1〕请详见 Ахмедов Б А.《Государство кочевых узбеков》（《游牧的乌兹别克人的国家》），с. 64. 亚加奇是一种不太精确的长度单位，约等于6—7公里。

〔2〕这是距阿姆河里海入河口不远的一个地方，参见 Бартольд В В.《Сведения об Аральском море》（《关于咸海的资料》），Соч. т. III，М.，1965，с. 64，66，249－250.

〔3〕这是里海的又一名称。里海的名称很多，如吉良海、塔巴里斯坦海、朱尔占海、呼罗珊海、阿别斯昆海、杰尔宾特海、赫瓦伦海等。

〔4〕据马哈茂德·伊本·瓦里说（《贤者高风奥秘》，第19、43页），这发生在1610—1620年的某地。看来他是指乌尔根奇这座古城因河流改道而消失。

〔5〕这样称呼据伊本·鲁斯泰说的位于别拉德德村下游的这一水体（В. В. 巴托尔德：《关于咸海的资料》，第40、51页等）。

1011/1602年——艾哈迈多夫注)时,阿姆亚河在哈斯米纳拉城[1]的上游卡拉艾格尔的灌木丛林中冲出了一条新河道,避开土克城堡,改变了原有河道。苦盏河也叫思浑河,在接纳了钦察草原许多大河以后,也流入里海。扬吉河和卡丹河也是其支流。它的水是咸的,河中有许多大大小小的岛,如图巴克岛和阿拉尔阿塔岛。在这些岛上可以看到许多稀奇的东西,岛上栖息着各种水鸟。有座城被掩埋在里海海底,该城[曾]是花剌子模地区最大的城市之一。航海者能看到水下它的石头建筑物。"(第1596-1606张)

从艾布·哈兹后面的记述中我们知道,在该河改道以后,扬吉河和卡丹河就流入阿拉尔萨雷卡梅什湖。尽管如此,老乌尔根奇城仍然存在。艾布·哈兹说:"在我出生前30年,阿姆亚河在哈斯米纳拉[城]上游卡拉艾格尔灌木丛林中冲出了一条[新]河道,避开土克城堡,流入锡尔海。由于这一原因,乌尔根奇衰落了,但汗和军队仍然留在城里,夏天大家都到阿姆亚河边去,在合适的地方耕种,收获完庄稼后[再]回乌尔根奇。"(第1876张)

在《突厥人世系》中,有关于土库曼封建主在花剌子模社会政治生活中地位和作用,以及昔班尼王朝统治时期土库曼人民悲惨和无权地位的极其珍贵的资料。在伊斯芬迪亚尔汗(1032/1623—1048/1638)执政的整个时期,特克、萨里克和约穆特部的土库曼封建主在花剌子模政治生活中起决定性作用(第186a-1866、1926张),而克孜尔阿亚克部、伊尔萨里部的首领和希瓦一部分土库曼人支持艾布·哈兹争夺王位的努力(第1996、205a、2056、206a张)。普通百姓要向官家缴纳很重的赋税,如贾卡特、马尔、达赫亚克、努克尔里克等。同时,艾布·哈兹以下记述也很有意义:"苏富扬汗[2]每年往每个大部落都要派一个贾卡特奇,而小部落二三个才派一个,今年他也这样派了。当这些贾卡特奇[集合到一起要]上路的时候,大大小小有40人。他们来到土库曼人

---

〔1〕据穆卡达西提供的资料,该城在基亚特下游,距离有一天的路程(B.B.巴托尔德:《关于咸海的资料》,第62页)。

〔2〕931/1525—942/1535~1536年在位。

那里以后,每个人就开始自己的事情。土库曼年轻人商量好以后,把来到他们部落的［贾卡特奇］杀了。"(第1256-126a张)为此,苏富扬汗派了一支很大的讨伐队去艾布汗。希瓦军队对土库曼伊尔萨里、萨卢尔、特克、约穆特、萨里克等部的村庄抢劫烧杀。只有极少数人逃到了缺水难以通行的草原上,在一个叫丘塔克的地方躲了起来。而他们的妻子儿女被当做俘虏抓走了。希瓦军队包围了丘塔克,围了两天两夜,但并没有使土库曼人屈服。在饮水用完了以后,土库曼人首领才被迫投降。由于汗的兄弟阿卡泰出面说情,他们才得到宽贷,但得交纳很重的罚金:杀死一个贾卡特奇,就得向汗交1000只绵羊。土库曼人每年纳税的数额是:伊奇克萨卢尔部的贾卡特是16000只绵羊,达赫亚克是1600只公绵羊,这是专为御膳用的,称为"卡赞库依"。哈桑艾里部和其他小部落的贾卡特都是10000只绵羊和1600只卡赞库依。库克兰部的贾卡特是12000只绵羊和1200只卡赞库依。居住在阿姆河两岸的土库曼人(希兹尔艾里的阿达克雷支系、阿利埃利和捷瓦奇部)从事农业,他们得交纳达赫亚克税。此外,捷瓦奇和阿利埃利部还得向国库交纳马尔税,阿达克雷支系得完成努克尔里克赋役(第128a-1286张)。可见当时土库曼人的生活是很艰难的。他们既要受自己部落首领的残酷剥削,又要受希瓦汗的残酷剥削。那时土库曼人,特别是居住在阿姆河沿岸地区的土库曼人部落,除畜牧业外还从事农业,这一点值得注意。

艾布·哈兹有关16—17世纪布哈拉和希瓦政治关系的资料很有意义。根据这些资料,河中地的昔班尼王朝(兀拜杜拉汗、纳乌鲁孜·艾哈迈德汗、朱万马尔德·阿里汗和希萨尔的速檀)利用花剌子模不断加剧的内讧,于939/1532~1533年入侵花剌子模,并一度占领了该地(第1376-1386张)。在哈吉·穆罕默德汗(965/1558—1011/1602)当政时,布哈拉当权者阿卜杜拉汗二世三次入侵(1001/1593年、1002/1594年和1004/1596年)花剌子模,最后才使这一地区臣服(第1606-1676、1706-1726张)。花剌子模对布哈拉名义上的依附一直持续到艾布·哈兹即位(1054/1644)。在艾布·哈兹执政时,希瓦汗

国甚至开始积极干预布哈拉汗国的内部事务,艾布·哈兹及其继承人
77 还不止一次侵入布哈拉汗国,在其西南部地区抢劫。

在《突厥人世系》中,有关于卡尔梅克人和亚伊克的哥萨克不断进
攻花剌子模的新资料。历史文献中曾提到过,1603 年亚伊克的哥萨克
在其首领阿达曼涅柴率领下袭击希瓦汗国,并洗劫了其都城乌尔根
奇[1]但据艾布·哈兹的资料,科什亚伊克的一千亚伊克哥萨克,在
阿达曼阿博尔金率领下,1602 年就入侵过花剌子模,即在阿拉布·穆
罕默德汗(1011/1602—1023/1614)即位 6 个月后(第 174a – 175a 张)。

艾布·哈兹有关军队粮食和饲草发放、战利品分配、税款实数上缴
取代包税以及货币流通等方面的资料也很有意义(第 151a、1526、
1676、178a 张)。

---

〔1〕Бартольд В В.《История изучения Востока в Европе и России》(《欧洲和俄国东方研究
史》),Соч. т. IX, М. ,1977, с. 369;《История Узбекской ССР》(《乌兹别克共和国史》),т. I,
Ташкент ,1967, с. 599.

16　王诚

（Дастур ал-мулук）

　　这是一部伦理教育性质的书,但也有很多阿斯特拉罕王朝阿卜杜勒·阿齐兹汗(1055/1645—1092/1681)当政最后一些年,以及其继承者苏布罕库里汗(1092/1681—1114/1702)时期中亚历史方面的资料。该书写于1107/1695~1696年以后。

　　《王诚》作者是卡尔希的热依斯[1]穆罕默德·巴卡霍加,绰号叫霍加萨曼达尔·捷尔梅济。《王诚》研究者和刊布者M.A.萨拉赫丁诺娃从各种史料中(穆罕默德·巴迪·撒马尔坎迪的《友人备忘录》、穆罕默德·阿明·布哈里的《全史》以及作者的这一著作)收集到的一些零星资料,[2]说明霍加萨曼达尔·捷尔梅济是当时一位学识广博的诗人、作家、神学家和史学家。他出生在米儿·海达里德尔维什教团的谢赫世家,从小就聪慧好学。[3] 霍加穆罕默德·巴卡在完成学业以后,游历了许多东方国家。显然,他和中世纪许多著名学者一样,游历的目的是为了巩固和扩大书本上学到的知识。他在旅行中看来吃了不少苦头,因为他后来这样写道:“我有这样一种感受:只要我一息尚存,就再不想旅行,只希望享受与朋友相处的幸福,而不愿到异乡去饱尝痛苦。”(第71页)另外,还知道他和阿斯特拉罕王朝的两个统治者,即阿卜杜勒·阿齐兹汗和苏布罕库里汗是同时代人。他很长时间,至少是到苏布罕库里汗去世(1114/1702)时,是涅谢夫(卡尔希)省的热依斯。

----

　　〔1〕中世纪布哈拉由汗亲自委任的官吏(后来由异密委任),其职责是管理衡器和监督穆斯林遵守伊斯兰法规,请参见 Семенов А А.《Бухарский трактат о чинах и званиях и об обязанностях носителей их в средневековой Бухаре》(《写于布哈拉的关于中世纪布哈拉官品、称号及其职责的论文》),Советское Востоведние, т. V., М. - Л.,1948, с.140, прим. 2.

　　〔2〕请参见本书《参考书目索引》。

　　〔3〕《友人备忘录》,乌兹别克共和国科学院东方学研究所藏抄本,编号2727,第67a 张。

他参加过两位汗的军事征战,[1]完成过苏布罕库里汗授命的一些外交使命。如霍加穆罕默德·巴卡在《王诚》中(第 161 – 162 页)所详细记述的那样,由于上述教团中一些显要人物的阴谋诡计,他不得不辞去热依斯这一职务,随后就离群索居,专门从事科学和文学创作活动。他去世的时间不详,但根据他于 1147/1734 ~ 1735 年完成的另一著作《贫者之友》(《Аинс ал-фукара》)[2]推断,18 世纪 30 年代他仍在世。

《王诚》倒数第 2 章,即第 21 章,论述了 17 世纪最后 30 年中亚政治和社会经济史方面的问题。有关苏布罕库力汗时期布哈拉汗国政治史方面的资料,其他记述性史籍中很少,因此研究者可以把霍加萨曼达尔·捷尔梅济的资料作为第一手史料利用。这些资料在很大程度上都是原始的,是作者根据新发生的事件收集的,他自己就是这些事件的见证人和直接参加者。

有关布哈拉和希瓦这两个中亚汗国在 17 世纪 80—90 年代政治关系的资料有重要意义。与其他记述性史料(《穆克木汗史》等)相比,《王诚》对一些史实的记述要详细得多,如书中详细叙述了希瓦汗国对布哈拉汗国内部事物的干涉,1092/1681 年、1096/1685 年、1097/1686 年希瓦汗国军队侵入布哈拉、卡拉库尔、撒马尔罕和中亚其他地区烧杀抢劫(第 77 – 85、89 – 94、96 – 112 页)。根据霍加萨曼达尔·捷尔梅济提供的资料,我们知道正是从这一时期开始,即 17 世纪 80 年代开始,出现了撒马尔罕这一阿斯特拉罕王朝领地脱离布哈拉的明显征兆。我们知道,过了一段时间以后,于 1722 年便在撒马尔罕建立了以拉贾布汗为首的独立的汗国。由于阿斯特拉罕王朝的衰密,一些省的领主和某些游牧部落首领的卖身投靠和两面派手腕,才使阿努沙汗在 1092/1681 年暂时占领了布哈拉,在 1096/1685 年希瓦人又夺取了吉日杜

---

〔1〕例如,参加了阿卜杜勒·阿齐兹汗抗击 1092/1681 年阿努沙汗率领的希瓦汗国军队入侵布哈拉的征战,参加了 1097/1686 年、1104/1693 年和 1107/1695 ~ 1696 年苏布罕库里汗对巴里黑的三次征伐)。

〔2〕乌兹别克共和国科学院东方学研究所藏抄本,编号 277/Ⅴ(第 78a – 1086 张)。这一著作是我们的学生 М. Г. 卡里莫娃发现的,参见 М. Г. Каримова《〈 Мазхар ал-ахвал〉Мухаммад Амина как источник по истории Бухары середины ⅩⅧ в.》(《18 世纪中叶布哈拉历史史料——穆罕默德·阿明的〈Мазхар ал-ахвал〉》),Автореф. Канд. дисс. Ташкент,1979,с. 11.

万、哈扎拉和布哈拉其他地区，一年之后，阿努沙又拿下了撒马尔罕和沙赫里萨布兹。例如，《王诫》作者在叙述阿努沙第一次入侵布哈拉时（1092/1681），这样写道："在这种情况下，布哈拉的重要人物和主要的异密，以及被卷入到这个国家混乱中的［一些人］，现在跑到了阿努沙汗那里，［他］收留了他们。［在这些人当中就有］穆罕默德·巴克尔霍加和卡迪异密纳西尔。"（第80页）我们再引霍加萨曼达尔·捷尔梅济的一个例证。阿努沙汗第二次入侵布哈拉汗国（1096/1685）的挑唆者是乌塔尔奇部的霍贾姆库里比。他是撒马尔罕领主，依仗人数很多的契丹克普恰克部发动暴乱，拒绝服从布哈拉当政者。而且在他占领了位于布哈拉和卡尔希之间的卡桑以后，大肆抢劫涅谢夫管治的村庄，"最后他的仇恨如此之深，竟在乌尔根奇人招待他时，［劝他］从花剌子模发兵"（第89页）。1686年4月，还是这个霍贾姆库里又把阿努沙汗领到撒马尔罕城下。守城的乃蛮部的沙赫别克霍加"［和苏布罕库里汗］分道扬镳后，投靠了乌尔根奇人，愿意替他们效力"（第98页）。沙赫里萨布兹的领主和显贵也都这样。霍加萨曼达尔·捷尔梅济写道："因为撒马尔罕当权者的新娘当着阿努沙汗的面毫不介意地撩起面纱，他觉得得到了最大的幸福和荣耀，便动身前往美丽的克什。阿努沙汗刚从撒马尔罕动身，一些轻浮胆大的人一看到他的旗子，就出沙赫里萨布兹城迎接暴君军队的头目别库里比这个小人，领［他进城］……［城里］的头面人物……在花剌子模人面前退缩了。"（第101页）我们再引作者对涅谢夫卡迪巴迪（此人后面还将提到）的评价。他"由于变节损坏了自己的名声"，他暗中给在撒马尔罕的阿努沙写了一封信，其内容是："当阿努沙汗权力的孔雀使撒马尔罕人的华宴生辉的时候，我天性的鹦鹉却没有使［自己］心灵的嘴在别人的甘蔗园中尝到甘甜。如果至圣的花剌子模沙像幸福的凤凰，在我头顶上投下一点阴凉，我的心将不会受惑于别人的恩赐，将履行（指对阿努沙汗——艾哈迈多夫注）宣布的臣服条件。"（第102页）

《王诫》中有许多这样内容的例子：希瓦汗国军队"大肆抢劫"被其占领的布哈拉地区；落到他们手里的"钱财和牲畜使善于计算的人也

难以统计,其数量之多让精明的人也感到头痛"(第79、100页等)。

《王诫》作者对1100/1689年从萨非王朝手里收复巴拉穆尔加布讲得非常详细(第126-133页)。我们知道,这一地区曾由巴里黑管辖,1648年纳德尔·穆罕默德汗为了报答萨非王朝的军事援助给了伊朗人。[1] 作者对这一重大军事行动的全过程,即军队的行军路线,布哈拉和巴里黑军队将领的名字,阿斯特拉罕王朝军队在异密加伊布纳扎尔比率领下围攻和夺取巴拉穆尔加布,都写得很详细。《王诫》作者有关巴拉穆尔加布要塞的工事情况,守城者的粮草储备(第127-128页),以及从巴里黑附近地区随军队前来的抢劫者也参加了围城的记述也值得注意。

霍加萨曼达尔·捷尔梅济关于劳动人民困难处境和封建上层贪赃受贿的资料有重要价值。从他的记述中可以看到,1100/1689年大旱,"泉眼都干了,似凶残贪婪的人的眼睛。[仅仅的]几滴雨水,像是从母亲乳房里挤出的一点奶汁,落到干裂的地上。大河里的水如同无依无靠人的一只手,有气无力,再不能伸向远方……由于酷热,地里的庄稼成了干柴杆,被觉察不到的风带走了。"(第133-134页)此外,人们还要遭受没完没了的战争和汗手下人压迫带来的苦难。《王诫》中是这样写的:"由于以前当政者的横征暴敛和地里病虫的危害,农民开始逃离[世居之地]。一批批军队的到来和接二连三的别拉特[2],造成了严重后果,是农业衰落的重要原因,[也是]居民背井离乡的缘由。"(第134页)

在霍加萨曼达尔·捷尔梅济的书中,不仅能看到揭露一些官吏,而且也能看到揭露汗本人贪赃枉法、胡作非为的不少例子。在这方面,霍加萨曼达尔列举的发生在上面提到过的涅谢夫断事官卡迪巴迪身上的两件事很有代表性。一件讲他如何处理卡尔希两个穷苦老百姓的一头毛驴官司:他给了他们每人5个坦伽,而毛驴则自己留下(第173-175页)。另一件事讲他奸污了自己的女仆,在她生下孩子后,他却宣称:

---

[1]请详见 Ахмедов Б А.《История Балха XVI - первая полов XVIII в.》(《16—18世纪上半叶巴里黑史》),Ташкент, 1982, с.119,204-205.

[2]汗给官吏的圣旨,授权他可以从某一地区征税或征收饲草。

"这不幸的东西[上天]不是赐予我的,[我儿子]霍加雅库布[应该]认他作儿子。"(第177页)我们前面已经讲过他的卑劣本性,这次他只受了一点小小的惊吓。由于他给了汗的一个近臣和汗本人大量贿赂,他不仅逃脱了惩罚,而且还保住了高官。霍加萨曼达尔·捷尔梅济写道:"在河中地各省花坛中花刺子模人暴政的刺被清除后,卡迪[巴迪]通过贿赂和收买,从[汗]异己的死亡之海中到了获救的彼岸,得到了[汗的]赏识。他的钱财是他掩盖他恶行的挡箭牌。"(第103页)

《王诫》中也有17世纪乌兹别克人民族构成方面的珍贵资料,如书中有关于17世纪居住在布哈拉汗国的克烈惕、阿斯、萨赖、克普恰克、贾拉伊尔、乃蛮、乌塔尔奇、契丹克普恰克、孔格勒、库兰[阿亚尼]、杜尔曼、卡塔甘、尤孜、明格、阿儿浑、乞颜、亚布等部的资料(这些资料分散在全书中)。有时他还指出这些部族居住的地区(第107、118、144页等),记述他们在国家社会政治生活中的地位和作用。在这方面,霍加萨曼达尔·捷尔梅济记述的1092/1681年倒戈到阿努沙汗一边的萨赖部伊斯坎达尔比的一件事很有代表性。伊斯坎达尔后来到阿卜杜勒·阿齐兹汗那里时,汗却奈何不了他。霍加萨曼达尔·捷尔梅济写道:"陛下想以另外的方式对待他,但是在卡拉库尔城堡是阿拉亚尔比掌权,而在查尔朱是加伊布纳扎尔比掌权。[汗]想,如果这两个萨赖部的军事长官知道他的想法,恐怕会造反,这样对国家和军队的[事]都不利。"(第84页)苏布罕库里汗执政时,萨赖部首领在阿斯特拉罕王朝国家中仍占有关键地位。例如,上面提到的阿拉亚尔比和加伊布纳扎尔比担任阿塔雷克和汗军队统帅。

《王诫》中的有关资料对研究阿斯特拉罕王朝国家的行政制度也是很珍贵的。例如,书中有关以下官品和称号,如迪万别克、帕尔瓦纳奇、科什别克、阿塔雷克、纳吉布、维齐尔、达夫塔尔达尔、米拉胡尔、什加乌勒、图克萨巴、达德哈、伊什克阿加巴什、丘赫拉阿卡西、库尔奇巴什、乌代奇、库特瓦勒、纳吉布马纳普、米尔扎巴什、谢赫伊斯兰、卡迪、基塔布达尔、亚萨乌勒等资料有重要意义(这些资料分散在全书中)。

81

· 欧 · 亚 · 历 · 史 · 文 · 化 · 文 · 库 ·

17 穆克木汗史

（Тарих-и Муким-хани）

这是一部资料丰富的重要著作,也称《穆克木汗传》(《Тазкира-йи Муким-хани》),记述了布哈拉汗国的历史,但大部分是记述从阿斯特拉罕王朝执政开始(1009/1601)到苏布罕库里汗去世(1114 年 4 月 21 日/1702 年 9 月 16 日)半独立的巴里黑汗国的历史。

本书作者是穆罕默德·优素福蒙什,他是霍加巴克之子,其生平活动我们知道得很少。从该书资料中(第 34、190、198 页等)我们知道,他在当时是一个学识渊博的人,在宫廷中任巴里黑汗的私人书记(мунши)。

穆罕默德·优素福在阿斯特拉罕王朝的穆罕默德·穆克木汗登上巴里黑王位(1109 年 5 月 1 日/1697 年 11 月 15 日)后开始写这本书,于 1116/1704 年后完成。要附带说明的是,现在我们看到的《穆克木汗史》,是该书的第 1 卷。按作者的打算,全书应分两卷,第 2 卷写随后(1116/1704 ~ 1705 年后)巴里黑和布哈拉发生的事件。如果"［他］生命之火不被世上突如其来的刺骨寒风吹灭,他生命的快马不被子虚乌有的大海浪涛吞噬"(第232页),他就要把这本书写完。但是,该书第 2 卷没有完成,其原因是发生了某种严重情况,看来可能是作者身染重病,也可能是去世。《穆克木汗史》由导言和 3 章组成。在导言中(第 37 – 49 页)根据其他史料简要叙述了传说的突厥—蒙古民族的始祖阿兰库娃和著名的世界征服者成吉思汗远祖屯必乃汗的历史,最后叙述了成吉思汗征服河中地、巴里黑和巴达赫尚的历史。

第 1 章(第 50 – 71 页)简要介绍了昔班尼王朝期间中亚的政治

82

史。[1]

第2章(第72－186页)是该书主要和中心的章节,在这一章中,全面详细记述了巴里黑和布哈拉18世纪初以前的政治史以及社会经济、精神和文化生活。该章中有许多有关布哈拉汗国、巴里黑和印度、伊朗、土耳其、喀什噶尔政治关系的重要资料。

第3章(第187－230页)按时间先后顺序记述了1114/1702—1116/1704年,即布哈拉与巴里黑关系恶化,开始争夺捷尔梅兹、希萨尔以及阿姆河右岸其他地区以前发生的事件。

书中充满了歌功颂德、谄媚奉承之词,而且有些地方把世系(如阿斯特拉罕王朝的起源,第72页)和一些事件的时间(第73、75、82、95、127、129页)弄颠倒了。但是书中有记述劳动群众艰难处境,汗及群臣专横暴虐的珍贵的实际资料。作者展示了一幅幅汗、异密、达官残暴统治,敲诈勒索老百姓,以及皇亲国戚和宫廷文武口蜜腹剑、心狠手辣的图画。这样就使该书能跻身中亚史的最珍贵史籍之列。《穆克木汗史》不仅在中亚,而且19世纪初就在欧洲广泛流传也说明了这一点。现在保存在苏联、英国、法国以及其他国家的大部分抄本(共有60多个)[2]抄于19世纪,更足以说明问题了。1277/1860～1861年该书被译成乌兹别克文[3],被摘译成法文(И.И.先科夫斯基)[4]和被译成俄文(А.А.谢苗诺夫、Н.Г.马利茨基),西尔韦斯特·德萨西、K.里特尔、Г.范贝里、Ф.泰费尔和 B.B.巴托尔德这些东方学大家对该书也做了积极评价。总之,正如 B.B.巴托尔德当时指出的,《穆克木汗史》"曾

〔1〕记述的事件止于昔班尼王朝倒数第二个汗阿卜杜勒·穆敏汗去世(1598年7月)。

〔2〕其抄本情况请参见 Стори.《Персидская литература》(《波斯文文献》),ч.II,с.1147－1148;对该著作的详细介绍请参见 Миклухо-Маклай Н Д.《Описание таджикских и персидских рукописей Института народов Азии АН СССР》(《苏联科学院亚洲民族研究所塔吉克文和波斯文抄本目录》),вып.3,с.300－307.

〔3〕列宁格勒国立萨尔特科夫·谢德林公共图书馆抄本,《波斯文新丛书—105》(《Персидская новая серия－105》).

〔4〕Senkowski J.《Supplement a Lhistoire generale des Huns, des Turks et des Mogols...》(《对匈奴人、突厥人和蒙古人历史的补充》),St. Pbg.,1824,132＋24s.

长期是欧洲人研究布哈拉汗国历史的唯一史籍。"[1] A. A. 谢苗诺夫将
全书译成了俄文出版,并有论述全面的前言和详尽的注释。[2]

下面简要介绍一下穆罕默德·优素福蒙什书中有关中亚史方面的
最主要的资料。

众所周知,分封制的发展是封建国家经济和政治生活衰落的一个
重要原因,它也加强了分立,削弱了汗的权力,进一步加剧了内战动乱
和宫廷内讧。正如恩格斯所说:"选择这一手段,是为了统一帝国,将
豪绅显贵跟王室永久联系起来,从而加强王室,而结果却导致王室的彻
底削弱、豪绅显贵的独立和帝国的瓦解。"[3] 在这方面,《穆克木汗史》
中有许多宝贵的资料(第 62、104、124、160 – 162、200 – 202、221、230
页)。下面举几个实例。穆罕默德·优素福在谈到昔班尼王朝阿卜杜
勒·穆敏(990/1582—1006/1598)管治巴里黑时,正是布哈拉汗国强盛
和中央集权的时候,作者这样写道:"他在巴里黑的 26 年[4]时间里,几
乎是不受任何人制约的地方长官。"(第 62 页)阿斯特拉罕王朝的阿卜
杜勒·阿齐兹(1055/1645—1092/1681)多次采取行动想消除巴里黑的
这种独立性,但都没有成功(第 102 页)。而且从 17 世纪 70 年代起,阿
卜杜勒·阿齐兹不得不在阿姆河沿岸各城堡派驻重兵,以防巴里黑军
队侵袭布哈拉汗国。[5] 下面这个例子也很有代表性:巴里黑领主苏布
罕库里(1061/1651—1092/1681)那时与希瓦汗艾布·哈兹和阿努沙结
盟,支持他们侵袭布哈拉和撒马尔罕。穆罕默德·优素福蒙什证实道:
"由于当时苏布罕库里汗同其兄弟不和,他就怂恿阿努沙汗[进行这种
侵袭]"(第 104 页)。在阿努沙汗不断侵犯布哈拉汗国,苏布罕库里汗
(1002/1681—1114/1702 年为布哈拉最高汗)要求巴里黑汗西迪克·
穆罕默德(1094/1683—1097/1686)派兵援助时,他也以这样的态度对

---

〔1〕Бартольд В В.《История изучения Востока в Европе и России》(《欧洲和俄国东方研究
史》),Соч. т. IX, M. ,1977,c. 439.

〔2〕请参见本书《参考书目索引》。

〔3〕Ф. 恩格斯:《法兰克时代》,《马克思恩格斯全集》,第 19 卷,第 543 – 544 页。

〔4〕这是错的,应该是 16 年。

〔5〕《给鲍里斯·帕祖欣和谢苗·帕祖欣的圣谕》,第 60 页。

待苏布罕库里汗。西迪克·穆罕默德领巴里黑和巴达赫尚的军队去支援,但还没有到达克里夫,得到希瓦人占领撒马尔罕的消息后,又领兵回了巴里黑(第124页)。这样的例子还可以举出很多,但从以上例子就可以清楚地看出,巴里黑对布哈拉的依属关系完全是名义上的。确实,布哈拉汗,如苏布罕库里汗在1096/1685年,阻止了巴里黑领主完全脱离布哈拉的企图,但他们并没有取得完全的胜利。

书中也有很多巴里黑、布哈拉与印度、伊朗、土耳其、喀什噶尔以及其他国家政治关系的实际资料。除使节来往方面的资料外,书中还抄录了上面提到的巴里黑汗阿卜杜勒·穆敏写给土耳其速檀穆拉德三世(982/1574—1003/1595)的信,印度国王奥朗则布(1068/1658—1118/1706~1707)给苏布罕库里汗的信,土耳其速檀艾哈迈德二世(1102/1691—1106/1694~1695)给苏布罕库里的信(第63-68、140-145、155-158页)。这些信件对研究和确定这些国家的对外政策方针极其重要和有意义。

《穆克木汗史》中有关17世纪下半叶希瓦和布哈拉关系的资料,包括艾布·哈兹及其后裔阿努沙和伊尔纳克速檀经常对布哈拉和撒马尔罕的侵袭,希瓦军队带来的数不清的灾难的记述有重要意义(第103-104、124-126、147、148页)。这种始于侵袭的关系最终导致了花剌子模昔班尼王朝政权的衰败和从1099/1688年开始这里的新王朝——以尼牙孜·伊什克阿加巴什为首的孔格勒王朝的出现(第153页)。

消耗巨大的无休止的战争,使人民群众的处境更加困苦。在战争中许多地区都遭到了劫掠,成千上万的老百姓成了俘虏,被迫在汗和达官显贵的各种建筑工地上卖力,受尽种种折磨,有的被打得遍体鳞伤,有的被活活打死。《穆克木汗史》中有许多这方面的实际材料(第68、76、80、87-88、102、121、128、149、202、205页等)。下面举几个例子。"这时候(1061/1651年——艾哈迈多夫注),由于狠毒的阴谋者的[诡计],两位汗(布哈拉的阿卜杜勒·阿齐兹汗和巴里黑的苏布罕库里汗——艾哈迈多夫注)心里都留下了恼怒的阴影,[他们之间]产生了纠纷。因此,阿卜杜勒·阿齐兹汗在封[哈斯木·]穆罕默德速檀为汗

84

之后,派他去巴里黑省。他率大军到达那里后,把[巴里黑]包围了40天,烧杀抢劫,城郊和不少地区变成了废墟,再也看不到有人居住的踪迹。"(第102页)书中又写道:"被杀死的这些迷途之徒[即造反的孔格勒人]多得数也数不清。[1] 他们的妻子儿女和财物落到了为信念而战的兵勇手里……[但是]他不满足于打败孔格勒人和抓走他们全家人,凡是孔格勒人的村落,他都要向他们讨还[在和孔格勒人作战时被打死的他哥哥阿卜杜拉的]血债。他把队伍驻扎在卡凯伊要塞后,就向各路派出[自己]能征善战的队伍。这些队伍要做的事就是不能使当地[这个]部族有一个人留下来。"(第206页)书中还写道:"他(阿卜杜勒·穆敏——艾哈迈多夫注)精力充沛,6个月就使已经变成一片瓦砾的巴里黑恢复了原样。为此他采取了种种措施,[例如]要是哪个民工偷懒,就按汗的旨意把他当成泥巴和砖块砌到墙里。现在那里还可

85 以见到[墙里]留下的人骨……"(第68页)"巴基·穆罕默德汗(指1011/1602~1603年对昆都士的包围——艾哈迈多夫注)安排一批挖坑道的匠人[在夜里]在一座塔楼底下挖一个坑道,再往[坑道里]填炸药,然后要点燃炸药,把要塞炸掉……第二天,要塞城墙的石头、泥块和炸碎的血淋淋的尸体腾空而起。军队冲进要塞,[在里面大肆]屠杀,男女老少无一幸免。"(第76页)"他(沙赫别克库克尔塔什,纳德尔·穆罕默德汗的阿塔雷克——艾哈迈多夫注)修了一堵石头墙,墙上开了一个洞,旁边有两头执刑用的牛。被处死刑的人用牛把头拉下来。有轻微罪行的人也要下油锅。他[还]造了一个铁的像轧棉机一样的东西,把人从头到脚整个放在上面,[像轧棉花一样]轧。[总之]他的暴政比哈贾吉时有过之而无不及。"(第80页)"那一天(1045/1635年伊玛姆库里汗镇压塔什干起义那一天——艾哈迈多夫注)[2]一直到中午礼拜时,刑场上仍热闹非凡,一个百岁老汉像一岁小孩那样蹒跚着也走来了。被杀的人不计其数……历史上从未有过这样无法无天的

---

〔1〕指1703年11月初发生的事,即马哈茂德比对捷尔梅兹城及其附近地区孔格勒人的讨伐——艾哈迈多夫注。

〔2〕在《穆克木汗史》中(第87页)错为1021/1612年。

事。"(第 87 - 88 页)

书中有许多实例,说明汗、速檀、异密和达官显贵是靠剥削劳动人民而获得大量财富的。关于纳德尔·穆罕默德汗本人的财产状况,书中是这样写的:"在昔班尼王朝和阿斯特拉罕王朝的所有国王中,没有一个比他更富有、财产更多的。他家的东西有六百卡塔尔[1]骆驼驮子;在他的马厩里有八千匹上等马,放牧在外的马还不包括在内;不算其他牲畜,单是灰色的卡拉库尔羊就有八九千只。还知道在他宫中[仓库里]有四百只装满橙黄色法兰克天鹅绒的箱子。根据这些东西就可以猜出他其他的财产了。"(第 94 页)

穆罕默德·优素福蒙什有关 17 世纪居住在布哈拉,占了一个坊区的印度高利贷者的材料也很重要。例如,作者详细讲述了在伊玛姆库里汗执政时的一天夜里,该坊区一个印度富商的一箱珠宝被盗(第 84 - 86 页)。

书中有 16 世纪末至 17 世纪巴里黑和布哈拉修复和新建工程的一些材料。这些工程主要是城防工程以及所谓的合乎神意的工程,如清真寺、宗教学校、德尔维什修道院和穆斯林圣徒的麻札。例如,16 世纪末修复了完全被毁的巴里黑要塞,修复了霍加艾布·纳斯尔·帕尔斯(卒于 865/1460~1461 年)的麻札、巴里黑卫城正门入口、霍加乌卡沙[先知穆罕默德的追随者,哈里发艾布·伯克尔当政(11/632—13/634)时被杀]麻札的建筑物、巴巴·占巴兹十字街、在巴里黑霍加海兰村(今马扎尔沙里夫村)[2]阿里(35/656—40/661)麻札的建筑物等(第 68 页)。在苏布罕库里汗执政时修建了宗教学校,位于上面提到的艾布·纳斯尔·帕尔斯麻札对面,修建了大清真寺和在拱门底下修了带凉台的接待室,离拱门不远在其东面建了阿米纳巴德大花园,中间修有工事(第 184 页)。在布哈拉也修了许多这类建筑物。其中有位于米尔扎·兀鲁伯宗教学校对面的阿卜杜勒·阿齐兹汗宗教学校,它

86

[1]据 A. A. 谢苗诺夫证实(《穆克木汗史》,A. A. 谢苗诺夫译自塔吉克文,撰写前言、注释和索引,塔什干,1956 年,第 260 页),每一卡塔尔有 10~100 峰骆驼。

[2]在 1116/1704~1705 年的地震中,该村德尔维什修道院的圆顶坍塌,在穆罕默德·穆克木汗时重修(第 227 - 228 页)。

里外两面的题字都是"毛拉纳穆罕默德·阿明这位杰出的[书法家]写的,他虽然视力不佳,但是书法先生中的中坚……"(第109页),还有在大广场附近修的蓄水池、诊疗所,在那里有"经验丰富的医生用[药]酒和[药]膳为病人治病"(第184页)。

书中有关官品和称号的资料有重要意义,如达德哈、迪万别克、米拉胡尔、托克萨巴、阿塔雷克、纳吉布、科什别克、库克塔什、伊什克阿加巴什、帕尔瓦纳奇、霍加萨莱、库尔奇巴什、达斯塔尔罕奇、米拉布、巴卡乌勒、亚萨乌勒、贾尔奇、蒙什、基塔布达尔、哈塔特、萨哈夫、巴赫什等(这些资料分散在全书中)。

穆罕默德·优素福蒙什关于居住在巴里黑及其周围地区的乌兹别克诸部,如尤孜、杜尔曼、普拉奇、乌塔尔奇、克列奇、阿尔拉特、孔格勒、土库曼、明格、阿尔钦、卡塔甘、亚布、萨赖、卡尔马克、克普恰克、乃蛮、库拉马等,及其分布情况的资料也很重要(这些资料分散在全书中)。书中也有关于17世纪居住在巴里黑和胡利姆地区的巴卢日、阿拉伯部的资料(第162页)以及当时居住在河中地的乌兹别克92部的资料(第163页)。

18　兀拜杜拉汗传
《Убайдаллах-наме》

　　该书又名《兀拜杜拉汗史》(《Тарих-х Убайдаллах-хан》)，由布哈拉史学家米尔·穆罕默德·阿明·布哈里撰写，记述了18世纪头10年布哈拉汗国的历史，即包括了阿斯特拉罕王朝兀拜杜拉汗当政时(1114年5月25日/1702年10月17日—1123年1月27日/1711年3月15日)所发生的政治事件。

　　关于作者的生平活动，我们所知道的仅限于该书中的材料。根据这些材料，看来他在苏布罕库里汗执政时(1093年10月13日/1682年10月16日—1114年3月21日/1702年9月16日)失宠革职。后来在有权势的异密别克穆罕默德比达德哈的协助下，在兀拜杜拉汗即位后 87 的头几天，他就担任了书记(蒙什)之职，我们从作者对兀拜杜拉汗执政头几天情况的记述可以看出这一点。书中这样写道："因为有幸在已故国王当政时在宫中任书记之职的毛拉米尔·穆罕默德杜尔曼那天[即位大典时]不在，写这些文字的人便有[以下]记述：'我那天在场。穆罕默德·马苏木帕尔瓦纳奇看到我后，让我为这一欢乐的事件[写册封]。我在半个时辰里写了约70份。'"(第22页)他是在该书的开头(第13页)说到这一点的，当时他59岁。因此他应生于1055/1645年。他去世的年代不详。

　　下面简要谈一下成书的时间。作者自己证实，他是从1122/1710年开始写该书的(第216页)，书中记述的最后一件事发生在1128年3月6日/1716年4月1日(穆夫提哈比卜拉去世)(第299页)，由此可以推断，他是在1128/1716年之后完成此书的。

　　乌兹别克共和国科学院东方学研究所收藏的抄本(编号1532)是流传至今该书最完整的抄本，A. A.谢苗诺夫的译本也是以这一抄本为

·欧·亚·历·史·文·化·文·库·

母本。从这一抄本看,该书分引言、结尾和 80 小章。

引言(第 11 – 21 页)在照例要有的简短的感谢真主和颂扬兀拜杜拉汗"福荫天下"的话之后,讲了历史的作用:它"开阔眼界,增长才干,有助于明辨事理"(第 12 页)。记述了作者自己被革职后的困难生活以及经别克穆罕默德达德哈举荐到兀拜杜拉汗那里供职的情况,别克穆罕默德那里是这位汗"亲信官员的汇聚之所"(第 13 页)。接着作者简单叙述了阿卜杜勒·阿齐兹汗及其继承人苏布罕库里的情况(第 16 – 19 页),以及霍加迪拉瓦尔、玉兹·帖木儿比卡塔甘、别克穆罕默德达德哈及其他异密和达官扶助兀拜杜拉汗即位的决定(第 19 – 21 页)。

该书的主要部分(80 章)记述了从兀拜杜拉汗即位(1114 年 5 月 25 日/1702 年 10 月 17 日)至他"喝下苦酒"(1123 年 1 月 27 日/1711 年 3 月 15 日)为止中亚的政治史。书中有许多值得注意的事实,证明中亚原来统一的乌兹别克人的国家由于乌兹别克各部和军事游牧贵族分离的日益加剧而衰落。当然,作者对一些政治事件的评价和前人及其同时代的人都相差无几。读者不难看出他对汗及其亲信阿谀奉承的媚态,但书中字里行间也流露出他对他们的违法行径和违背伊斯兰法典的罪行的不满。

《兀拜杜拉汗传》的价值在于,该书展现了一幅兀拜杜拉汗执政时中亚总的政治形势的鲜明画卷:一些游牧部族和地区各行其是,大搞割据;汗的一些宠臣在宫廷中相互倾轧和恣意妄为,他们的倒行逆施对国家经济和政治生活的灾难性影响;给人民群众带来沉重负担的无谓的军事征伐。

在结尾中(第 289 – 308 页)作者介绍了与兀拜杜拉汗同时代的学者、断事官和诗人(赛义德·纳菲西、哈斯木霍加、毛拉萨尔法拉孜、菲特拉特和穆里哈姆),介绍材料虽然简单,但值得注意。

该书有 10 多个抄本保存下来,列宁格勒有 2 个,塔什干有 5 个,杜尚别有 1 个。[1] 国外(英国和德国)也有它的抄本。[2]

《兀拜杜拉汗传》中以下资料对研究 18 世纪中亚的社会和政治生活有重要意义。

尽管兀拜杜拉汗和他的宠臣(别克穆罕默德比杜尔曼、穆罕默德·拉希姆比杜尔曼、马苏姆比迪万别克等人)极力想阻止阿斯特拉罕王朝国家内的纷争,但却毫无结果。布哈拉失去了对巴里黑、捷尔梅兹、希萨尔沙德曼和沙赫里萨布兹的控制。兀拜杜拉汗为结束上述地区领主的分离、维护国家统一进行的对上述地区的讨伐,没有取得什么成果。这些军事行动只是给布哈拉军队所到之处的老百姓带来痛苦(第 55、62、71 - 72、124、138 - 139 页等)。现仅举几例。米尔·穆罕默德·阿明·布哈里在叙述 1116 年春/1704 年 4 月布哈拉军队在梅尔克部希萨尔玉兹的帮助下,进军希萨尔征伐乌特坎达德哈时,记述了这样一个场面:"他们决定用包抄的办法抓住乌特坎。在指挥行动的大鼓敲过以后,他们在卡菲尔尼甘河畔停了下来,北岸就是乌特坎的堡垒,名为莫古兰堡。[当时]布哈拉军队安扎在堡垒的一边,而希萨尔玉兹在另一边。更令人惊异的是,乌特坎的堡垒附近闻名遐迩的毛拉纳亚库布·恰尔希[3]的麻札也遭到布哈拉军队不可饶恕的对待。这些异教徒毁坏了麻札表面,烧了当地居民的街道和房屋,还把流经那里的水引走,使居民的庄稼旱死。"(第 62 页)

再举一例。在开始围困巴里黑时(1119 年 2 月 9 日/1707 年 5 月 12 日),兀拜杜拉汗派遣其右面和左面部族(克涅格斯、贾布特等)的

---

[1]请参见《Собрание восточных рукописей АН УзССР》(《乌兹别克共和国科学院东方抄本汇编》),т. 1, с. 75 - 76;Миклухо - Маклай Н Д.《Описание таджикских и персидских рукописей Института народов Азии АН СССР》(《苏联科学院亚洲民族研究所塔吉克文和波斯文抄本目录》),вып. 3, с. 307 - 308 ;Тагирджанов А Т.《Описание таджикских и персидских рукописей восточного отдела библиотеки ЛГУ》(《列宁格勒国立大学图书馆东方部塔吉克文和波斯文抄本目录》),т. 1, с. 142;《Каталог восточных рукописей АН Таджикской ССР》(《塔吉克共和国科学院东方抄本目录》),т. 1, с. 86.

[2]请参见 Стори.《Персидская литература》(《波斯文文献》),ч. II, с. 1145.

[3]德尔维什纳格什班迪教团的重要代表人物之一,是颇有名气的阿拉·丁·阿塔尔的学生,于 851/1447 年去世。

89 4000人向昆都士方向突袭,他们"像一头头受伤的野猪向四面八方冲去,把残忍和邪恶之火投向穆斯林平静的打谷场,踏坏穆斯林的庄稼,还把马和骆驼放进去[祸害]。他们不断地毒打、捆绑和打伤[居民]……这些粗暴愚蠢的人一路上见什么就抢什么……他们[在被他们占据]的地区制造动乱和滥施淫威,在几天里把能烧的东西都烧了。笔者因事同这些人在一起,目睹了他们的凶狠残暴,看到他们是一帮帮寻衅滋事、明目张胆地杀人越货的匪徒。"(第124-125页)下面的例子也很典型:"对巴里黑的居民来说(在布哈拉军队1707年5月夺取该城以后——艾哈迈多夫注),那一天是他们受到可怕惩罚,充满惊慌和担心再来的一天。因为他们亲眼看到了这片土地失去安宁的可怕情景……男人们的惨叫、女人们的哀号、孩子们的哭泣响彻云端。[看到这些]七重天上的天使们从心底里叹息,苍天仁慈的心都碎了……从九重天上传来可怕的喊声,如闪电一样迅速熊熊燃烧的狂怒的大火,把大部分街道和巴札都烧了。[兵士们]从富人和印度人深宅大院里抢来的[各种]东西,大地也显得'压得喘不过气'。一些穆斯林母亲和女儿像俘虏一样被赶走……"[1]

书中有关于达官们营私舞弊、贪赃枉法和宫廷倾轧对国家形势造成恶劣影响的实际材料。这位史学家证实,兀拜杜拉汗"在自己执政的后半期走偏了路……他把精力用在扶植和亲近那些低微孱弱、卑鄙无用和不称职的人身上;喜欢和恶棍、后宫太监和女人在一起。"(第220页)在这些人中,作者指出有吐拉库里库什别克、阿卜杜拉霍加、巴尔图萨赖、麦赫塔尔沙菲、贾乌尚卡尔马克、比比帕迪沙——她是汗之妻,她的同族人(卡尔梅克人)和仆人"在国内胡作非为,城里和乡村的居民被[她]手下的人搞得筋疲力尽",作者还指出了汗的母亲,她经常干涉"国家政事,事事都要打听仔细"(第228页)。对达官的舞弊行为,作者列举了以下几点:①剥夺坦哈达尔们的权利,把他们的土地收入据为己有;②放纵印度高利贷者,他们"有恃无恐地给虔诚的人们带来一桩桩不愉快的事情";③增加赋税的数量和种类,名目达40来种;

---

[1]《兀拜杜拉汗传》,第138页。

114

④使钱币贬值(第 224－228 页)。1120/1708 年汗实行的所谓的币制改革造成了严重后果;是由麦赫塔尔沙菲和霍加巴尔图提议搞的,他们是管理财政和国库的官吏。米尔·穆罕默德·阿明·布哈里能看清这一改革的真正原因,这一点很重要。他这样写道:"这种钱币(指一块纯银坦伽分为四块——艾哈迈多夫注)的使用情况……就是这样。由于命运不佳,[布哈拉]国王国库里的钱越来越少,而陛下[兀拜杜拉汗——艾哈迈多夫注]浪费和开销[却]增加了。币制改革就是在这种情况下筹划的。宫廷里的财政官吏从城里巨富和商贾那里借大量的钱来维持必要和不必要的开支,结果国库无力还[债],但国王的开销一天天增加……"(第 156－157 页)。从史学家后面的叙述可以看出,币制改革对人民群众处境的影响最严重,因为没有人愿意要新钱,而且所有的手艺人和商人都"关了店铺,停止了[各种]生意,把装货物和食品的大箱子从市场上运走。普通百姓和穷人买不到日常的食品,处境十分困难,人死后甚至连裹尸白布也买不到。"(第 158 页)从米尔·穆罕默德·阿明·布哈里随后的叙述我们看到,城里开始骚乱。被他称为"匪徒"、"强盗"、"蠢货"的一些人甚至到宫殿门前,往大门里扔石头。但他们被卫兵赶跑,而领头的四个人被吊死。总之,币制改革并没有取消,"过了一些日子之后,城里和草原上的生意[又]开始了",而劳动群众变得更贫困了(第 159、226 页)。

书中列举了兀拜杜拉汗本人及其近臣对觊觎王位的人所采取的阴险毒辣手段,例如,阿萨杜拉速檀及其母亲和全家被汗的亲信害死(第 29－31 页),1709 年企图从肉体上消灭艾布·法伊兹速檀等(第 172 页)。

从作者摘自艾布巴克尔·吐尔什吉(12 世纪)的《王者之明灯》(《Сирадж ал-мулук》)的引文中,非常明显地看出他对兀拜杜拉汗及其亲信政策的不满。有一段引文是这样的:"努什尔万有一次问大祭司:'国家因何而衰?'这位大祭司回答说:'原因有三。其一是国王听不到[国家真实情况的]消息;其二是让臣民仇视他;其三是税官们的横征暴敛。'"(第 221 页)《兀拜杜拉汗传》的作者下结论说:"唉,赛义

90

欧·亚·历·史·文·化·文·库·

德穆罕默德·兀拜杜拉汗当政时这三种情况都存在。"(第222页)

米尔·穆罕默德·阿明·布哈里有关中世纪后期布哈拉汗国以下官品和称号的资料有很大意义:阿塔雷克、达德哈、马赫拉姆、依拉克、热依斯、扎卡奇、卡拉乌勒别克、穆赫尔达尔、麦赫塔尔、纳吉布、谢赫伊斯兰、卡迪、卡迪卡兰、卡迪阿斯卡尔、阿拉姆、科什别克、迪万别克、米拉胡尔、托克萨巴亚萨乌勒、伊什卡加巴什、沙吉尔德皮沙、察合台别克、库尔奇巴什、乌代奇、巴卡乌勒、亚萨乌勒、什加乌勒、米尔扎巴什、蒙什、穆达里斯、基塔布达尔等(这些资料分散在全书中)。同时也很重要的是,作者指出了一些官品的职责,如穆斯托法(мустоуфа)的职责是管理国家资财的收支,穆什里夫(мушриф)负责国库中礼品和俸禄的发放、登记(第28、48页),阿塔雷克被认为是"整个异密阶层的支柱"(第43－44页),米尔沙布(миршаб)的职责是处理重要警务和维护都城秩序(第45页)。书中还有一些官品的名称,如达德哈亚萨乌勒、穆夫提阿卡尔、科什别克库勒、沙季尔帕里(第44、45、171页等),是以前其他史料中没有见到过的。

书中也有民族方面的资料。例如,书中讲到了当时居住在中亚地区的这样一些突厥—蒙古部族,如萨赖、杜尔曼、明格、尤孜、卡塔甘、曼格特、克涅格斯、孔格勒、乃蛮、阿尔钦、克烈惕、库拉马、贾布特、梅西特、卫拉特、契丹克普恰克、克尔克、梅尔克(氏族)、沙迪、亚布等(这些资料分散在全书中)。在有些地方,作者具体指出了他们(如尤孜、卡塔甘、曼格特、乃蛮、孔格勒、契丹克普恰克、阿尔钦)所居住的地区(第35、38、44、67、70、109、151、164、191页等)。此外,作者介绍了这些部族的社会政治状况,有时还指出他们的大概人口数,列举了说明曾经是统一强大的部落联盟加速衰落的事实。在这方面,有关当时居住在现今捷尔梅兹地区的乃蛮人和孔格勒人的资料很有意义。第一,生活在捷尔梅兹地区的乃蛮部中,孔格勒人占多数;第二,13世纪就生活在这里的孔格勒人,17世纪到18世纪初分成了两部分。米尔·穆罕默德·阿明·布哈里证实道:"那些虔诚的穆斯林认为必须服从国王,他们迁移到捷尔梅兹地区游牧,在那里生活下来,和尼马图拉[乃蛮]一样完全听命于国王。那些桀骜不驯、喜欢纷争世乱的人投向了什尔·阿里,去了希拉巴德,并在那里生活下来。"(第 70 - 71 页)

书中有极其珍贵的地理资料,其中有莫古兰(在希萨尔沙德曼,卡菲尔尼甘河北岸)、杜尚别鞑靼(同上)、杰尔夫和帕什胡尔德(在捷尔梅兹地区)要塞的资料,有建立希拉巴德城堡(1116/1704—1117/1705年前)和 17—18 世纪捷尔梅兹城的资料。该城古时叫巴尔哈尔(第 70页),被看成是河中地的南大门(第 72 页),从我们的史学家所提供的资料看,是很大很坚固的。该城堡当时是"非常坚固的,有[宽阔的阿姆]河为护城河和有孔格勒部人和氏族的防守"(第 70、72 页)。还有关于巴里黑的纳赫尔·阿卜杜拉渠、舍别尔干省米斯尔拉巴特景区以及安德胡德的霍加杜卡村和萨尔巴鲁村的资料(第 120、146、148 页)。

书中有关贾卡特(牲畜和商品税)、伊克塔(规定赏赐的土地及向受赏赐者提供赋税和司法行政豁免)以及战利品在封建社会生活中作用和地位的资料也很有意义(第 75、102、120、192 - 193 页等)。

92

在《兀拜杜拉汗传》的最后部分,有一些有关 18 世纪初布哈拉文化方面的资料。这里特别值得指出的是作者有关一些诗人的资料。诗人赛义德·纳菲西"住在纳德尔迪万别克清真寺的上层,不愿意到异密的深宅和汗的宫廷走动,满足于属于他的那份粗茶淡饭……"(第303 页)诗人毛拉菲特拉特善于辞令和雄辩,国王的宫廷和异密的宅院他去得最少,"他以金丝绣为业,对从事这一手艺心满意足"(第 309页)。诗人毛拉穆里哈姆是房屋内部装修的行家,以此维持生计(第307 页)。

19 艾布·法伊兹汗史

（Тарих-и Абу-л-файз-хани）

该书篇幅不长（共 161 张,残本,缺开始和结尾部分）,[1]记述了阿斯特拉罕王朝艾布·法伊兹汗当政头 14 年（1123/1711—1136/1723 ~ 1724）布哈拉汗国的政治史。它是米尔·穆罕默德·阿明·布哈里《兀拜杜拉汗传》自然的续篇,有极其珍贵的实际资料,反映了由于米扬卡勒、撒马尔罕、卡尔希、沙赫里萨布兹、捷尔梅兹和其他地区领主的纷争和暴乱,给国家政治和经济造成的混乱。这种状况导致了费尔干纳盆地脱离布哈拉而建立独立的浩罕汗国,也使得阿斯特拉罕王朝国家中央出现两个政权:布哈拉以艾布·法伊兹汗为首的政权和撒马尔罕以拉贾布汗为首的政权。

该书作者是阿卜杜·拉赫曼·达乌拉特,笔名为塔里（意为"幸福"、"上升的明星"、"幸福之星"）。有关他的生平活动的资料很少。根据该书中有关他的资料,可以看出他是当时最有学问的人之一,在星相术、诗歌、历史这些古典人文科学方面造诣很深（第 14、35、54 – 56、85、86、136 页）。从他对兀拜杜拉汗和艾布·法伊兹汗的宠臣及家族成员阿卜杜拉科什别克夸奖的称呼看（"大维齐"、"可敬的管理人"、"[国家]事务可敬的指挥者"、"[穆罕默德宗教]思想的继承人"、"阿拉伯两圣地的朝觐者"等）,[2]可以看出他是这位达官的亲信。

我们认为,《艾布·法伊兹汗史》中以下资料对研究者有重要意义。

93

---

〔1〕有关抄本（乌兹别克共和国科学院东方学研究所藏抄本,编号 11）的基本情况,请参见《Собрание восточных рукописей АН УзССР》（《乌兹别克共和国科学院东方抄本汇编》）,т. I с. 76 – 77,以及 А. А. 谢苗诺夫为该书（俄文版）所写的前言,第 7 – 8 页。

〔2〕参见他为科什别克 19 岁的儿子布尔罕别克死时写的哀诗。

兀拜杜拉汗被杀和艾布·法伊兹汗即位以后,国家处于混乱状态。艾布·法伊兹沉溺于酒色,只是名义上的汗。一切权力起先掌握在贾乌尚卡尔马克手里,他被杀后(第37页)被麦赫塔尔卡布里、马苏姆比阿塔雷克、哈基姆比阿塔雷克等人把持(第37-39页)。曼格特与克涅格斯、孔格勒与乃蛮、契丹克普恰克与明格等乌兹别克部在各地的武装冲突和抢劫老百姓的事件越来越频繁(第37-43页等)。我们的史学家证实道:"简言之,在国王[艾布·法伊兹汗]当政的时候……各地都出现了骚乱,乌兹别克人相互敌视,农耕居民[完全]生活在动乱之中……"(第44页)阿卜杜·拉赫曼·塔里列举了地方领主胡作非为的例子,记述了部族首领对邻近部族的抢劫以及他们在汗和汗搞阴谋诡计的近臣的默许下的种种暴行。史学家是这样记述速檀托克萨巴1125/1713年管治撒马尔罕时克涅格斯人的暴行的:"克涅格斯人对黎民百姓使用各种残暴手段和武力。尽管几次[向朝廷]禀报过[这种情况],但是这些奏章没有送达[要送的]地方。百姓被迫发动大规模起义,把速檀托克萨巴赶出了撒马尔罕。"(第38页)作者对以伊斯玛仪米拉胡尔为首的一支克涅格斯人的两千人队伍1131/1719年春郁金香花节[1]时袭击布哈拉巴哈·丁村,对那里召集在一起的几千居民暴行的记述很有代表性(第45页)。《艾布·法伊兹汗史》中有关艾布·法伊兹汗执政时经济困难的资料很珍贵。这种困难是由于乌兹别克封建领主加强分立造成的,他们认为所有"相邻地区都是自己继承的领地",除了一部分"哈拉吉税"以外,什么也不应向国库交。结果国家收入减少了,"军队的薪饷"也减了(第118页)。

《艾布·法伊兹汗史》也讲到了以拉贾布汗为首的独立的撒马尔罕汗国的建立(1135年3月14日/1722年12月23日),它是在克涅格斯的易卜拉欣阿塔雷克、卡塔甘的尼牙孜哈吉、克普恰克的卡普兰等的直接帮助下建立的(第69页),存在至1143/1730~1731年。在拉贾布汗执政时,由于不断劫掠和战争,米扬卡勒和布哈拉的很多土绅以及撒马尔罕都处在混乱之中。阿卜杜·拉合曼·塔里说,拉贾布汗在撒马

---

[1]中亚民族的古老节日,从四月开始持续38天。

·欧·亚·历·史·文·化·文·库·

尔罕夺得权力以后,立即下令取消一切限制,允许抢劫者对百姓为所欲为。我们的史学家证实道,他们每个人都得到了拉贾布速檀单独的诏书,说"某某东西和某某东西都是你们自己的财产。"(第118页)接下去我们还可以看到:"拉贾布速檀及其异密对派出去袭击的人说:'当94 我们前往布哈拉[城]和进入[城内]以后,三天内无论你们怎么杀人[和胡作非为],我们都不干涉,[对你们]也不给予任何处罚。'"(第118-119页)

　　书中记载了布哈拉军队在俄国教官协助下使用大炮(铣铁炮和臼炮)的情况。例如,作者在记述布哈拉军队1135年8月/1723年5月在阿克萨奇景区包围米扬卡勒的一座堡垒时,讲了这样一件有趣的事:"炮手们熟练地开始打炮,想从墙上打开一个缺口,把墙彻底摧毁。打第二轮炮时,一个基督徒(这地方都把基督徒叫做'俄罗斯人')走到[汗前,请求让他试一试]。他是王宫的一名炮手,常常称道大炮的威力。因为平常俄罗斯人作战时善用大炮,于是汗下达了[让其自便]的旨意。这个基督徒往臼炮筒里倒的油太多,他又使劲从炮口塞进去一个铁球,然后点着了炮。只听见一声巨响,臼炮炸成三块,而那个俄罗斯人也被炸得血肉横飞,上了西天。这门炮就是奥朗则布帕迪沙来巴里黑留下的那门。"[1](第95页)

　　《艾布·法伊兹汗史》中有丰富的民族方面的资料,其中有以下部族和氏族的资料:杜尔曼、乃蛮、明格、乌塔尔奇、孔格勒、叶季乌鲁格、克普恰克、卡塔甘、克烈惕、萨赖、巴阿邻、曼格特、阿尔钦、布伊拉克、布尔库特、克涅格斯、卡尔奇盖、拉钦、契丹克普恰克、丘纳克、沙赫巴兹、尤孜、吉尤特等,当时他们都居住在布哈拉汗国(这些材料分散在全书中)。

　　《艾布·法伊兹汗史》中有关以下官品和称号的资料也有一定意义:达德哈、伊什卡加巴什、迪迈别克、科什别克、卡迪、卡迪阿斯卡尔、

---

　　[1]指1055/1645年沙·贾汗夺取巴里黑。开始由穆拉德·巴赫什率领,后由奥朗则布率领的印度军队占领巴里黑有两年以上的时间,由于暴乱和阿斯特拉罕王朝军队的压力不得不弃城而逃(请详见《穆克木汗史》,第97-101页)。

卡迪卡兰、丘赫拉阿加西、帕尔瓦纳奇、托克萨巴、阿塔雷克、米拉胡尔、库尔奇巴什、麦赫塔尔、穆赫尔达尔、大麦赫塔尔、霍加布祖尔格、库克尔塔什、卡拉乌勒别克、库特瓦勒、热依斯、库尔奇、乌代奇、察合台别克、巴卡乌勒、达斯塔尔罕奇、乌拉克、纳基布、萨勒罕德、亚萨乌勒、阿夫塔巴奇、塔马基萨兹、巴赫拉巴尔达尔、阿拉姆、谢赫伊斯兰、穆塔瓦里等(分散在全书中)。

20 克普恰克汗史
(Тарих-и Кипчак-хани)

这是一部从"创世"至 1134/1721～1722 年的通史,由阿斯特拉罕
王朝苏布罕库里汗[1]宫廷中的著名人物、伊玛姆库什别克之子、被称
作克普恰克汗的霍贾姆库里别克·巴里黑所写。

关于作者的生平,我们所掌握的仅限于该书中有限的资料。这些
资料分散在全书中,其中主要有:作者的祖父在巴布尔王朝沙·贾汗
(1037/1628—1068/1657～1658)军中任过三千户长,参加过沙·贾汗
1055/1645 年夺取巴里黑的征战(指挥一支两千人的队伍),这次征战
的结果是巴布尔王朝统治那里达两年半以上(1055/1645—1058/
1648)。[2] 在察合台军队(中世纪史学家这样称呼巴布尔王朝及其军
队)离开那里前,他被不久前接替在巴里黑、迈马纳和安德胡德的穆拉
德·巴赫什的奥朗则布派去找鲁斯塔姆汗·德卡尼和沙迪汗,他们以
前为沙·贾汗管治过这些地方。在把他们护送到奥朗则布驻扎的巴米
扬后,经奥朗则布准许,他回到了故乡切凯克图城。[3] 在沙·贾汗军

---

〔1〕1061/1651—1092/1681 年为阿斯特拉罕王朝巴里黑领主,1092/1681—1113/1701～1702
年为巴里黑最高汗。

〔2〕请详见《Материалы по истории Узбекской, Таджикской и Туркменской ССР》(《乌兹
别克共和国、塔吉克共和国和土库曼共和国历史资料》), c. 321, докум. №16;《Русско -
индийские отношения в XVII B.》(《17 世纪俄印关系》), M., 1958, c. 74 - 82, докум. №32;
《Муким -ханская история》(《穆克木汗史》), c. 97 - 101;《Субханкули -наме》(《苏布罕库里
传》), 私人藏抄本, л. 1296;《Латаиф ал-ахбар》,乌兹别克共和国科学院东方学研究所藏抄本,编
号 5400, л. 6a;《Аламгир -наме》, изд-е Эллота и Доусона в серии Bibliotheca India. Калькутта,
1866 - 1868, c. 177; Абдураимов M A.《Очерки по истории аграрных отношений в Бухорском
ханстве в XVI - первой половине XIX в.》(《16—19 世纪上半叶布哈拉汗国土地关系概论》),
Ташкент, т. I, c. 119.

〔3〕《克普恰克汗史》,乌兹别克共和国科学院东方学研究所藏抄本,编号 4468/Ⅱ,第 1146 -
115a 张。这里的书名不正确(见后)。

队撤离巴里黑后,巴里黑军队围困坎大哈达6个月之久。在此期间,沙·贾汗让克普恰克汗的祖父率大队人马去增援被围困的人。但是就在他即将到达那里的时候,坎大哈首领杜拉特汗向围城的纳德尔·穆罕默德汗的异密投降了,他也只好倒向纳德尔·穆罕默德汗那边。从那时起到他去麦加(1108/1696 ~ 1697)以前,他先是为纳德尔·穆罕默德汗效力,后又为其子及继承人苏布罕库里汗效力(第115a - 1156张)。至于作者的父亲伊玛姆库里库什别克,他一生都是为巴里黑的汗效劳。据《克普恰克汗史》中的资料,1104/1692 ~ 1693年他被指派为杰列格兹地区的管治官,那地方虽然不大,但在经济和军事上很重要(第1176张)。霍贾姆库里也在巴里黑汗的军队中效过力。1104/1692 ~ 1693年希瓦军队进攻卡拉乌尔时,他同其父一起参加了马哈茂德比指挥的抗击敌军的战斗(第118a 张)。《克普恰克汗史》作者后来的命运不太清楚。从他对1107/1695—1108/1696 年巴里黑发生的事件的记述是根据友人和权威人士的讲述看(第110a 张),他当时不在巴里黑。据《克普恰克汗史》中的资料,1107/1695 ~ 1696年伊玛姆库里库什别克得到苏布罕库里汗允许后去麦加朝觐(第1186张),以后就再也没有他的消息。看来霍贾姆库里别克是陪同其父一起去了阿拉伯圣地。在《克普恰克汗史》的最后,作者在叙述该书完成时(1134年5月最后一日/1722 年3月18日)的情况时说,那时他住在他父亲安葬之地拉合尔,而最后三年是住在阿卜杜·赛买德汗那里(第123a - 1236张),该书就是献给他的。《乌兹别克共和国科学院东方抄本汇编》的编者认为,“1107年1月/1695 年8—9月作者的父亲因与巴里黑领主马哈茂德比阿塔雷克政见不一,借故带领全家离开巴里黑到了印度,住在旁遮普领主阿卜杜·赛买德汗那里”[1]。ч. 斯托里认为他那时是被俘到印度,1125/1713 年到了拉合尔,当时阿卜杜·赛买德汗以法鲁赫·西亚尔的名义管治那里(1124/1712—1131/1719 年——艾哈迈多

96

〔1〕请参见《Собрание восточных рукописей АН УзССР》(《乌兹别克共和国科学院东方抄本汇编》),т. 9,с.17.

夫注）。[1] 这两种说法在一定程度上都值得重视,但是伊玛姆库里库什别克并不是很快就去了印度,更不是当俘虏去的。从该书的字里行间可以看出,在从阿拉伯返回时,他与其子没有回巴里黑,而是留在了拉合尔。

《克普恰克汗史》是按传统用穆斯林历史文献惯用的方式写成的,记述了从"创世"至 1134/1721～1722 年东方发生的主要事件。但是 В. В. 巴托尔德、Н. Д. 米克卢霍－马克莱和伯劳舍认为,霍贾姆库里别克在随后一些年仍在继续该书的写作:1137/1724～1725 在修改该书,第二年,即 1138/1726 年,补充了这一年发生的事件。[2]

该书有引言、结尾和以下五编:(1)伊斯兰教以前的先知;(2)古波斯王(比什达德王朝、凯扬王朝、阿什坎王朝、萨桑王朝);(3)阿拉伯和美索不达米亚(图比、也门、哈勒杰伊等),河中地,欧洲(希腊、罗马和法国),印度(孟加拉、马尔瓦、德里)和中国的统治者(主要是伊斯兰教以前的);(4)穆罕默德、虔诚的哈里发、伊玛目、倭马亚王朝、阿拔斯王朝和逊尼派四大教法学派创始人(艾布·哈乃斐、马立克·伊本·艾奈斯、伊玛目沙斐仪、艾哈迈德·伊本·罕百勒);(5)东方哈里法国家穆斯林小王朝(塔希尔王朝、萨曼王朝、萨法尔王朝、花剌子模沙王朝、穆扎法尔王朝、卡尔特王朝、古尔王朝等),蒙古大可汗,艾布·赛义德(717/1317—736/1335)前的伊儿汗,帖木儿和帖木儿王朝,萨非王朝,昔班尼王朝和阿斯特拉罕王朝。

《克普恰克汗史》第五编最后两章(昔班尼王朝和阿斯特拉罕王朝)中,有大量关于 16 世纪至 18 世纪上半叶中亚、哈萨克斯坦和阿富

〔1〕Стори《Персидская литература》(《波斯文文献》),ч. I, с. 447. 米克卢霍—马克莱也持这种看法,参见 Миклухо-Маклай Н Д.《Описание таджикских и персидских рукописей Института народов Азии АН СССР》(《苏联科学院亚洲民族研究所塔吉克文和波斯文抄本目录》),т. 3, с. 146.

〔2〕Бартольд В В.《О некоторых восточных рукописях Азиатского музея》(《关于亚洲博物馆的一些东方抄本》),Соч., т. VIII, M., 1973, с. 340;Миклухо-Маклай Н Д.《Описание таджикских и персидских рукописей Института народов Азии АН СССР》(《苏联科学院亚洲民族研究所塔吉克文和波斯文抄本目录》),т. 3, с. 146;Blochet E.《Catalogue des manuscripts persans de la Bibliotheque Nationale de Paris》(《巴黎国立图书馆波斯文抄本目录》),p. 235.

汗历史的珍贵资料。在介绍这些资料前,我们简单讲一讲《克普恰克汗史》现存抄本情况。迄今为止,我们知道霍贾姆库里别克·巴里黑的这部书现存有 7 种抄本,其中 5 种保存在苏联的图书馆中:列宁格勒4 种,塔什干1 种。遗憾的是,这些抄本都不完全,都有残缺。例如,苏联科学院东方学研究所列宁格勒分所的一个抄本(编号 C.433,509 张,抄于 18 世纪末至 19 世纪初)和其他抄本相比被认为是最完整的,但引言部分就少了很多,第五编结尾也缺,只记述到 1104/1692～1693年希瓦军队进入布哈拉汗国,双方军队在离布哈拉 7 法尔萨赫的法拉布大战(第 5086 张),最后是一首表年诗,指出该书完成的时间是伊斯兰教历 1134 年(第 509 张)。该书的另一个抄本(保存于苏联科学院东方学研究所列宁格勒分所,编号为 C.1864,85 张,抄于 19 世纪)只有作者的引言[1] 保存在列宁格勒国立大学的一个抄本[2]只有该著作最后一编的一部分,记述了阿斯特拉罕王朝最后两位汗——兀拜杜拉汗和艾布·法伊兹汗当政时的情况[3] 保存在列宁格勒萨尔蒂科夫－谢德林公共图书馆的抄本[4]也是这种情况。它开头几张受损,结尾部分不全(只记述到昔班尼王朝阿卜杜拉汗二世 996/1587～1588 年夺取赫拉特)[5] 从伯劳舍和萨乔提供的资料看,《克普恰克汗史》完整的抄本保存在法国(巴黎国立图书馆,编号为348,抄于18世纪,509

〔1〕Миклухо - Маклай Н Д.《 Описание таджикских и персидских рукописей Института народов Азии АН СССР》(《苏联科学院亚洲民族研究所塔吉克文和波斯文抄本目录》),т.3,с. 146－148.

〔2〕编号为 964,6 张,抄于 1238/1822～1823 年,与穆罕默德·优素福蒙什的《穆克木汗史》装在一个封皮里。

〔3〕Ромаскевич А А.《 Список персидских, турецко - татарских и арабских рукописей Библиотеки Петроградского университета》(《彼得格勒大学图书馆波斯文、土耳其鞑靼文和阿拉伯文抄本目录》)－ЗКВ, т.I, Л.,1925,с. 353－371;Тагирджанов А Т.《 Описание таджикских и персидских рукописей восточного отдела библиотеки ЛГУ》(《列宁格勒国立大学图书馆东方部塔吉克文和波斯文抄本目录》),т.I,с.72－73.

〔4〕其编号为 ПНС.172,原由考夫曼收藏,466 张,从古文字资料看抄于 18 世纪末,出自一个叫伊玛杜拉的人之手。

〔5〕Костыгова Г И.《 Персидские и таджикские рукописи〈 Новой серии〉ГПБ.》(《国立萨尔蒂科夫—谢德林公共图书馆波斯文和塔吉克文抄本目录(新批)》),Л. 1973,с.39.

张)和英国的博德莱安图书馆(编号为 117,抄于 18 世纪末,509
张)。[1] 乌兹别克共和国科学院东方学研究所的抄本(编号为 4468/
Ⅱ,32 张)有《克普恰克汗史》第五编的最后几章,记述了从艾布·海
尔汗开始至阿斯特拉罕王朝艾布·法伊兹汗当政时止昔班尼王朝的历
史。这几章与另外两本史书包在一起:一本是霍加萨曼达尔·捷尔梅
济的《王诫》(放在最上面,第 16 - 926 张,抄于 1245/1829 ~ 1830 年);
另一本是《乌兹别克诸王评说》(《Зикр та'дад -и падишахан -и
узбек》),没有署作者名,也是抄于 1245/1829 ~ 1830 年(放在最下面,
第 1366 – 176a 张)。[2]

乌兹别克共和国科学院东方学研究所抄本的一些研究者,根据抄
本第 1 张上很可能是抄写者所加的一个标注,便把该书定名为《昔班
尼汗及[其]与阿米尔·帖木儿后代关系史》,[3]这是不正确的。仔细
研究这一著作中有关作者本人及其父亲和祖父的资料,并与保存在列
宁格勒的《克普恰克汗史》的其他抄本对比,可以看出这一抄本就是上
面所说的霍贾姆库里别克的著作,更确切地说是其结尾部分。而结尾
所插的阿赫卡尔·法亚兹的诗,以及该诗(最后一行)所表示的这一著
作完成的时间,已是多余的证明了。诗中这样写道:

克普恰克[汗],你听一听,秘密便会搞清。

去问这老者[写]这史书的年代吧,

看着他的眼睛,[他便]会说:

来了一个孩儿,一个孩儿。[4]

这里也指出了作者的名字(克普恰克汗)和著作完成的时间,诗最

〔1〕Blochet E. 《Catalogue des manuscripts persans de la Bibliotheque Nationale de Paris》(《巴黎
国立图书馆波斯文抄本目录》),p. 234 – 236;E. Sachau, H. Ethe《Catalogue of the Persian, Turk-
ish, Hindustani and Pushtu Manuscripts in the Bodlean Library》(《博德莱安图书馆波斯文、突厥文、兴
都斯坦文和普什图文抄本目录》),p. 56 – 58.

〔2〕关于这些著作请详见后。

〔3〕请参见《Собрание восточных рукописей АН УзССР》(《乌兹别克共和国科学院东方抄
本汇编》),т. 9, с. 17.

〔4〕乌兹别克共和国科学院东方学研究所抄本,第 124a 张、509a 张;苏联科学院东方学研究
所列宁格勒分所抄本,第 509a 张。

后一行（кадамот фалон ибн фалон ибн фалон）字母表示的数字是1134,也就是《克普恰克汗史》完成的年代。

下面谈一谈《克普恰克汗史》最后两章的内容。

在简短的引言里,作者在惯常的颂辞之后这样写道:"本书记述成吉思汗后代的史事,主要记述国王艾布·法特赫·穆罕默德·昔班尼汗的战事,他与福星高照的世界征服者阿米尔·帖木儿库拉甘后代的关系,这位陛下后代权力和幸福的沦丧,整个河中地和呼罗珊易手乌兹别克人后代。"(第936－94a 张)

如果照作者对15世纪第二个25年至18世纪上半叶钦察草原(更准确地说是其东部)、河中地、费尔干纳、花剌子模和巴里黑政治事件叙述的顺序,这一著作,确切地说是其最后一编,可假定分为以下几章:

(1)艾布·海尔汗,他为争夺乌兹别克人兀鲁思[1]王位先是反对金帐汗国颇为有名的宠臣伊迪库(也迪盖)之子、当时强大的曼格特人兀鲁思首领哈兹比,后来反对篡夺了这里最高权力的术马杜克汗;以后这里的最高权力落入艾布·海尔之手;他同王位觊觎者马哈茂德霍加汗、穆斯塔法汗、阿合马汗和马合木汗的战事,834/1431 年他占领花剌子模,以及在他执政40年期间(831/1428—873/1468～1469)发生的其他事件[2](第94a－98a 张)。

(2)昔班尼汗和游牧的乌兹别克人进入河中地和呼罗珊,并占领这些地区(第98a－1036 张)。

(3)昔班尼王朝头几位汗,即艾布·海尔汗之子忽春汗(916/1510—937/1530～1531)、忽春汗之子艾布·赛义德汗(937/1531—940/1533～1534)、马哈茂德速檀之子兀拜杜拉汗(940/1534—947/1540)、忽春汗之子阿卜杜拉一世(947年11月底/1541年3月28日—948年5月/1541年8—9月)、忽春汗之子阿卜杜勒·拉吉夫(948/ 99

---

〔1〕术赤第五子昔班的兀鲁思15世纪被称为乌兹别克人兀鲁思,它从锡尔河下游和咸海以南延伸到额尔齐斯河中游、托博尔和乌拉尔,请详见 Ахмедов Б А.《Государство кочевых узбеков》(《游牧的乌兹别克人国家》),с.41－42.

〔2〕请详见 Б. А. 艾哈迈多夫:《游牧的乌兹别克人国家》,第44－59页。

1541—958/1551)、苏云恰克速檀之子巴拉克汗(961/1554—964/1557)等人的执政(在河中地、费尔干纳和巴里黑)(第106a - 108a 张)。

(4)昔班尼王朝随后几位汗,即伊斯坎达尔汗(970/1563—991/1583)、阿卜杜拉汗二世(991/1583—1006/1598)、阿卜杜勒·穆敏(1006 年 7 月/1598 年 2 月—1006 年 12 月/1598 年 7 月)、皮尔穆罕默德汗二世(1007/1598—1009/1600 ~ 1601)等人执政时河中地、费尔干纳、花剌子模和巴里黑的政治生活(第 1086 - 1106 张)。

(5)阿斯特拉罕王朝统治时期河中地和巴里黑的政治状况(第 1106 - 123a 张)。

正如我们所看到的,霍贾姆库里别克似乎只是简要叙述了在《艾布·海尔汗史》、《阿卜杜拉汗传》、《穆克木汗史》、《兀拜杜拉汗传》、《艾布·法伊兹汗史》和其他历史著作非常详细全面记述了的 15—18 世纪上半叶中亚、哈萨克斯坦和北阿富汗的历史事件。但这只是最初的印象。实际上霍贾姆库里别克著作中有上述史籍中所没有的资料和实例。

我们简要介绍一下其中最重要的一些。

和其他史籍相比,《克普恰克汗史》比较详细地记述了艾布·海尔汗与术马杜克汗的军事对抗(第 94a - 946 张),834/1431 年艾布·海尔汗征伐花剌子模和游牧的乌兹别克人被迫离开这一地区的原因(第 95a - 956 张),906/1500 ~ 1501 年昔班尼汗夺取河中地后将该地分封其亲属(第 98a、99a 张),巴布尔在争夺河中地最高权力期间与沙伊斯玛仪·萨非维的相互关系(第 1046 张),906/1500 ~ 1501 年昔班尼王朝赫拉特领主丁穆罕默德汗与克孜尔巴什军在拉巴特帕里扬打仗的情况及其死亡的原因(第 111a 张),等等。

《克普恰克汗史》作者有关帖木儿王朝速檀·艾布·赛义德(855/1451—873/1469)与艾布·海尔汗结盟情况的资料值得注意。据霍贾姆库里别克记述,艾布·海尔汗逃过阿卜杜拉米尔扎的追击,到了852/1448 年在撒马尔罕的希拉兹村驻牧的游牧的乌兹别克人首领那里,受到隆重接待。此外,艾布·海尔汗把自己的妹妹许配给了这个首领,并把亚瑟省赏赐给了他(第95б张)。

霍贾姆库里别克关于16世纪初修复库哈克河上沙梅里克石桥和穆尔加布河上著名的速檀本德大坝的记述(第100б、102a张)也有意义。这里讲的是否就是昔班尼汗著名的分水闸,还很难说,但这件事本身就向研究者提供了思考的素材。

该著作比其他史籍更详细地记述了昔班尼王朝头几个汗执政时中亚和巴里黑的政治形势(第106a-108a张),这一章中的实际资料在很大程度上弥补了这一时期的历史空白。

书中提供了有关16世纪80—90年代巴里黑领主阿卜杜勒·穆敏与其父阿卜杜拉汗二世相互仇视的原因,以及阿卜杜拉汗二世执政最后几年中亚政治形势的新材料(第109a张),这是流传至今的记述性史料中所没有的。

在霍贾姆库里别克的著作中,极其详细地记述了1061/1651—1131/1720年巴里黑和阿富汗北部的政治史(第115б-121б张),因此为研究者提供了大量实际材料。

书中有关1092/1681年、1128/1715~1716年和1131/1718~1719年布哈拉卡尔梅克人、克普恰克人、卡拉卡尔帕克人和契丹克普恰克人暴动的资料也非常重要(第121б、122б、124a-124б张)。

尽管《克普恰克汗史》有一定价值,但对它的研究是不充分的。仅仅只有记述塔瓦卡尔、伊什姆速檀等哈萨克汗争夺塔什干、撒马尔罕和河中地其他地区,以及哈萨克人支持相互仇视的中亚和巴里黑统治者的部分被刊布。

100

21　列王世系

（Силсилат ас-салатин）

这一著作中有 16 世纪至 17 世纪第一个 25 年中亚社会政治以及这一时期中亚与东方邻国（伊朗、阿富汗和北印度）政治关系方面的大量实际资料，在苏联以前不知道有此书。这是因为我们没有它的抄本的缘故。国外即使有它的部分抄本（博德莱安图书馆藏，编号269），但也没有引起专家的注意，对其只有一般的了解。例如，在 Ч. 斯托里著名的目录中，关于这一著作是这样写的："《列王世系》(?)，历史，其唯一保存下来的抄本有脱漏；看来它主要由两编组成：(1)从阿丹到后来的成吉思汗、帖木儿等人，特别是直到穆罕默德沙的印度帖木儿王朝蒙兀儿人的历史；(2)昔班尼王朝和阿斯特拉罕王朝特兰索克萨尼亚诸速檀的历史；首尾都有残缺……"[1]巴基斯坦东方学者里亚兹·伊斯兰认为，这一著作"出自乌兹别克速檀后裔之手，完成于 1143/1730 ~ 1731 年，名为《稀世史》(《Тарих-и бади'а》)"。[2] 很难说清楚这里到底指的是什么，是指另外的抄本还是指保存在博德莱安图书馆的名为《列王世系》的抄本。关于这一著作的情况大概就是这么多。1977 年在美国东方学家罗伯特·麦克切斯尼的帮助下，我们从英国得到了这一著作的缩微胶卷，我们衷心感谢这位学者的帮助。这一抄本原由英国著名学者和旅行家B. 安斯利收藏，现保存在博德莱安图书馆，编号为269。对这一抄本的仔细研究表明，抄本是完整的，没有脱漏，只是有个别页码（第267－278张）看来是在装订时搞错了。

作者本人在两处指出了《列王世系》完成的时间，这两处都指明是

---

〔1〕Стори.《Персидская литература》(《波斯文文献》)，ч. II，c. 1149.

〔2〕Riyaz ul-Islam.《India-Persian Relations》(《印度与波斯的关系》)，Tehran，1970，p. 250 – 251.

1134/1730～1731年。关于该书作者,根据《列王世系》中的资料,他是阿斯特拉罕王朝饱尝王朝纷争和漂泊苦楚的王子。他名叫哈吉米尔·穆罕默德·萨利姆,其父是穆罕默德·鲁斯塔姆速檀,家族世系是:穆罕默德·鲁斯塔姆速檀—穆罕默德亚尔速檀—帕扬达·穆罕默德速檀—图尔松·穆罕默德速檀—哈吉雅尔穆罕默德汗,雅尔穆罕默德汗在巴基·穆罕默德汗执政时(1009/1600～1601—1013/1605年2月)在米扬卡勒去世。[1]

作者的太祖父图尔松·穆罕默德速檀在昔班尼王朝伊斯坎达尔汗和阿卜杜拉汗二世执政时,利用他们尤其是后者对他的信任,于986/1578年除掉了朱万马尔德·阿里汗父子之后,被委任为撒马尔罕一些地区的管治官,直到他1006/1598年去世(第126a、147a张)。

帕扬达·穆罕默德速檀是图尔松·穆罕默德的长子,1020/1611年他与巴里黑领主纳德尔·穆罕默德汗结亲,娶其妹祖拜达巴努为妻,并从他那里得到了昆都士为领地,管治到1051/1641～1642年(第225a张)。

穆罕默德亚尔速檀是帕扬达·穆罕默德之子,我们作者的祖父,为祖拜达巴努所生,纳德尔·穆罕默德汗是他舅父。1055/1645年前他管治沙赫里萨布兹,在纳德尔·穆罕默德从河中地出逃后,他也跟着到了巴里黑(第2206张)。纳德尔·穆罕默德害怕落到被他自己请来的印度军队手里,离开了巴里黑(1056年5月29日/1646年7月13日)。受纳德尔·穆罕默德之托,穆罕默德亚尔把沙赫尔巴努(纳德尔·穆罕默德之母)和其他妇女护送到布哈拉。后来他参加了阿卜杜勒·阿齐兹汗对原占据赛兰、突厥斯坦和塔什干的卡尔梅克人、哈萨克人和卡拉卡尔帕克人的征伐。为表彰他的衷心,阿卜杜勒·阿齐兹汗把沙赫里萨布兹省赏赐给了他(第252a张)。穆罕默德亚尔速檀1057年5月

---

[1]其世系在一些史籍中(《贤者高风奥秘》,大英帝国印度事务部图书馆藏抄本,编号575,第3a－4a等张;《列王世系》,博德莱安图书馆藏抄本,编号269,第1236－124a张)的顺序如下:雅尔穆罕默德汗—门格基什拉克汗—札瓦克汗—穆罕默德汗—帖木儿汗—帖木儿库特鲁格汗—帖木儿伯克汗—努木罕—阿拜速勒坛—乌思·帖木儿汗—脱哈·帖木儿汗—术赤汗—成吉思汗。

11 日/1647 年 6 月 14 日在布哈拉军队与奥朗则布军队在巴里黑附近的帖木拉巴德激战时阵亡(第 254a 张)。

哈吉米尔·穆罕默德·萨利姆的父亲穆罕默德·努斯塔姆速檀 1055/1645 年很小年纪时就得到了阿卜杜勒·阿齐兹作为伊克塔赏赐的撒马尔罕省的萨里普尔村。他曾是米尔·沙霍加·绍达里(又名迪瓦纳霍加)的学生(第 262b – 263a 张)。1082/1671 年阿卜杜勒·阿齐兹汗"看他将来是一个配穿王袍的人,起初表示赏识他,后来派人挖了他的双眼"(第 286b – 287a 张)。过了一段时间以后,穆罕默德·鲁斯塔姆速檀在主要的异密穆罕默德亚尔阿塔雷克的帮助下,汗准许他去麦加朝觐。他把家人(妻子和两个未成年的孩子:米尔·穆罕默德·萨利姆和女儿)留在撒马尔罕,自己去了印度。但是因为德干高原正在打仗,他去不了海港,结果被困在沙贾罕纳巴德,到印度两年后就死在那里(第 313b – 314b 张)。

关于米尔·穆罕默德·萨利姆本人,从他详细记述的苏布罕库里汗和兀拜杜拉汗执政时河中地的历史,以及从悼念这两个汗去世的表年诗来看,那些年他一直住在中亚。1123/1711 年兀拜杜拉汗被杀以后,他也在那一年离开家乡到了伊朗萨非王朝的都城伊斯法罕。1124/1712 年从那里经巴格达、阿勒颇、大马士革到了君士坦丁堡,受到速檀·艾哈迈德三世(1115/1703—1143/1730 ~ 1731)的接见。他在土耳其住了 4 年,参加了速檀"与异教徒"之间的战争。1128/1716 年他才到达麦加。朝觐完阿拉伯圣地以后,他决定经印度返回家乡,但是到印度后,又留在了那里替巴布尔王朝的纳绥尔·丁·穆罕默德沙(1131/1719—1161/1748)效力,遵其之命写了这部书(第 16 – 66 张)。哈吉米尔·穆罕默德·萨利姆去世的时间不详。

下面简单讲一下《列王世系》利用的史籍。在写头两编(内容详见后)时,作者广泛利用了前人的著作,他指出(第 66 张)的有:志费尼的《世界征服者史》、拉施特·丁的《史集》、瓦撒夫的《历史》、米尔扎·兀鲁伯的《四兀鲁思史》、沙拉夫·丁·阿里·亚兹迪的《武功记》(《Зафар-наме》)、洪德米尔的《世事概要》(《Хуласат ал-ахбар》)、《传

102

132

记之友》、《国王的功勋》(《Маасир ал-мулук》)、《高尚的道德》
(《Макарим ал-ахлак》)和《大臣手册》(《Дастур ал-вузара》)、艾布·
法兹勒·阿拉米的《阿克巴纪事》、花剌子模维齐尔哈菲兹·多斯特穆
罕默德卡里·伊本·亚德加尔于 1015/1606 年写的《奇事记》
(《Маджма' ал-аджа'иб》)、伊本·马力克的《千行诗》(《Альфийа》)、
佚名作者的《珍奇的礼物》(《Тухфат ал-гара'иб》)、阿米尔·贾迈勒·
丁·阿塔乌拉·伊本·法兹拉拉·胡赛因·什拉兹(卒于 926/1520
年)的《情人的天堂》(《Раузат ал-ахбаб》)、穆罕默德·塔西尔的《土地
等级奇迹》、胡尔沙·伊本·库巴德·胡赛尼(16 世纪)的《富丽堂皇》
(《Джахан-арайи》)、海达尔·伊本·阿里·胡赛因·加兹(16 世纪下
半叶—17 世纪头 25 年)的《历史总集》(《Маджма' ат-таварих》)和穆
罕默德·卡孜木·伊本·穆罕默德·阿明蒙什(卒于 1092/1681 年)
的《阿拉姆吉尔传》(《'Аламгир-наме》)。在记述昔班尼王朝的那一编
中,作者只有一处引用过哈菲兹·塔内什·布哈里的《阿卜杜拉汗传》
和伊斯坎达尔别克蒙什的《阿拔斯盛世史》。

　　书中记述了许多详情细节,对阿斯特拉罕王朝时期中亚最重要的
历史事件都是准确按时间先后顺序记述的,这使我们有理由认为作者
是所记述的许多事件的同时代人和参加者。同时也不能排除他利用了
阿斯特拉罕王朝国王和速檀家族的史事记述。

103

　　从《列王世系》的内容看,它是一部记述古代突厥人、蒙古人、帖木
儿王朝、昔班尼王朝和阿斯特拉罕王朝的朝代史。

　　根据总的内容,我们可以把该书分为引言和四编。

　　在引言中(第 16-66 张),在按惯例要说的赞美之词后,讲了写这
一著作的原因,谈到了 1123/1711 年后作者自己生活中发生的几件事,
指出了该书的书名。

　　在第 1 编中(第 66-106a 张),简明扼要地叙述了伊斯兰教以前
(圣经中)先知的历史(第 66-146 张),古代突厥人和蒙古人的历史
(第 146-266 张),从合出里把阿秃儿至异密塔剌海的八鲁剌思人的
历史(第 266-306 张),帖木儿和速檀·艾布·赛义德米尔扎以前帖

木儿王朝（贾罕季、米兰沙、沙哈鲁、穆罕默德速檀）的历史（第306 - 35a张），欧麦尔·谢赫、巴布尔及其统治印度的后裔的历史（第35a - 106a张）。

在第2编中简要叙述了从秃黑鲁帖木儿到苏云加特梅什蒙兀儿斯坦的历史（第106a - 109a张）。

《列王世系》的第3编（第109a - 1616张）和第4编（第1616 - 338a张）是原作，记述了昔班尼王朝和阿斯特拉罕王朝的历史，有16—18世纪头25年中亚社会和政治史方面的珍贵资料，以及这一多事时期布哈拉汗国与伊朗、北印度、喀什噶尔政治关系的珍贵资料。

《列王世系》的第3编向研究者提供了昔班尼王朝阿卜杜勒·穆敏汗管治巴里黑和巴达赫尚时（990/1582—1006/1598），丁穆罕默德汗管治（从989/1581年开始）锡斯坦、扎明达瓦尔和加尔姆西尔，而从1006/1598年起又包括管治呼罗珊时的大量实际资料。有关于1008年1月20日/1599年8月13日丁穆罕默德与克孜尔巴什军队在离赫拉特4法尔萨赫的普勒萨拉尔交战情况的记述，结果乌兹别克人大败，丁穆罕默德战死（第158a - 160a张）。还记述了阿卜杜勒·穆敏汗死后中亚和呼罗珊的混乱局面。

《列王世系》中有关阿斯特拉罕王朝取代昔班尼王朝的时间的资料非常珍贵。大家知道，在历史文献和有关宗谱学、编年史的参考书中，关于这一问题存在一些矛盾的说法。如在一些书中说改朝换代的时间是1007/1598 ~ 1599年，[1]另一些书的资料则说阿卜杜勒·穆敏汗死后昔班尼王朝仍然存在，其家族中占据布哈拉汗国王位的最后一个人是皮尔穆罕默德汗（未指出其执政时间）。[2] М. А. 阿卜杜拉伊

---

〔1〕《История Узбекской ССР：с древнейших времен до середины XIX в.》（《乌兹别克共和国史：从远古至19世纪中叶》），изд. 3 - е. Ташкент，1967，с. 550 - 551；《История Самарканда：с древнейших времен до Великой Октябрьской социалистической революции》（《撒马尔罕史：从远古至十月社会主义革命》），Ташкент，1969，с. 261；Лэн-Пуль С，Бартольд В В.《Мусульманские династии》（《穆斯林王朝》），с. 261；Босворт К Э.《Мусульманские династии》（《穆斯林王朝》），с. 207.

〔2〕《История Таджикской ССР》（《塔吉克共和国史》），т. II，кн. 2. М.，1964，с. 21；Абдураимов М А.《Очерки аграрных отношений》（《土地关系概论》），т. I，с. 56,59.

莫夫也认为最后一个人是"阿卜杜拉汗二世的叔叔、年老体衰的皮尔穆罕默德"。[1] 但是对昔班尼王朝最后时期和阿斯特拉罕王朝时期大量史籍的研究表明，M. A. 阿卜杜拉伊莫夫所说的皮尔穆罕默德早已不在人世，他生前是巴里黑汗(953年2月10日/1546年4月12日—974年8月20日/1567年3月1日)，974年8月20日/1567年3月1日就死了，[2]也就是在王朝更替的30多年前。确实还有一个皮尔穆罕默德，他是苏莱曼速檀的儿子，阿卜杜拉汗二世堂兄弟贾尼别克速檀的孙子。正是他，而不是"年老体衰的皮尔穆罕默德"接替了被杀的阿卜杜勒·穆敏汗的王位。现在谈谈王朝更替的时间。在仔细研究了《地理》、《阿拔斯盛世史》、《曼格特、乌兹别克和阿斯特拉罕王朝诸王史》以及其他史籍的资料以后，使我们有理由认为，这位皮尔穆罕默德统治了布哈拉汗国3年，即1006/1598—1009/1601年。[3] 这一点也得到了《列王世系》中资料的确认和证实。根据该书中的资料，曾是统一强大的布哈拉汗国在阿卜杜勒·穆敏汗死后，情况有了很大变化。王朝一片混乱：皮尔穆罕默德汗坐上了布哈拉最高汗的宝座，昔班尼系伊卜杜拉速檀的幼子阿卜杜勒·阿敏(伊斯潘迪速檀)登上了巴里黑的王位，而赫拉特的权力掌握在丁穆罕默德手里(第1556 – 156a、157a – 1576张)。当时丁穆罕默德控制了法拉赫、伊斯法拉英、梅尔夫沙杰罕和梅鲁恰克(第1576 – 158a张)。所有这些省他都派去了自己的地方长官，其中梅尔夫沙杰罕省去的是瓦里·穆罕默德汗(第1576张)。在我们上面提到过的1008年1月20日/1599年8月13日普勒萨拉尔的仗结束之后，没有战死的乌兹别克首领(艾布·穆罕默德比、赛义德·穆罕默德速檀等人)带着丁穆罕默德的尸体往梅鲁恰克方向逃。瓦里·穆罕默德逃往梅尔夫沙杰罕，而巴基·穆罕默德速檀和霍加雅

---

〔1〕Абдураимов М А.《Очерки аграрных отношений》(《土地关系概论》), т. Ⅰ, с. 56, 59.

〔2〕《番国征服者》，第75a张；《奇迹集锦》，乌兹别克共和国科学院东方学研究所藏抄本，编号9698/Ⅱ，第301a张。

〔3〕《贤者高风奥秘》，印度事务部图书馆藏抄本，第51a – 52a张；《阿拔斯盛世史》，Ⅱ，第381、383、406 – 409页；《曼格特、乌兹别克和阿斯特拉罕王朝诸王史》，乌兹别克共和国科学院东方学研究所藏抄本，编号112/Ⅰ，第1026张。

尔穆罕默德汗带上丁穆罕默德的两个幼子伊玛姆库里速檀和纳德尔·穆罕默德速檀(头一个 10 岁,后一个 6 岁),经迈马纳和法尔亚布逃往河中地。当他们到达布哈拉时,皮尔穆罕默德汗与由塔瓦卡尔汗率领侵入河中地的哈萨克人在通往该城的要冲激战。阿斯特拉罕王朝速檀们的到来,在一定程度上加强了皮尔穆罕默德汗的地位,决定了这一仗的结局。虽然乌兹别克人与哈萨克人之间小规模的冲突又持续了一个月,最后皮尔穆罕默德汗和塔瓦卡尔还是媾和了,条件是皮尔穆罕默德汗把塔什干让给塔瓦卡尔,而塔瓦卡尔带上军队离开布哈拉和撒马尔罕。为了表示自己的心意,皮尔穆罕默德汗把撒马尔罕赐给了巴基·穆罕默德,把米扬卡勒作为苏尤尔加勒给了雅尔穆罕默德汗。这些事发生在 1599 年秋的 9 月或 10 月。巴基·穆罕默德在自己的地位有了加强后,就开始自行其是,并加紧准备与最高汗决战。皮尔穆罕默德汗也在这样准备,并且得到了巴里黑方面的大力帮助。随后于 1009 年12 月/1601 年 6 月,皮尔穆罕默德向巴基·穆罕默德伐兵,但是在撒马尔罕附近巴格沙马尔的血战以皮尔穆罕默德汗的失败而告终(第 160a－161a 张)。我们的作者写道:"当巴基·穆罕默德胜利到达布哈拉的时候,举国的达官显贵和全城的男女老幼热情迎接[他],就在这幸福的时刻,常胜的汗进了城,并于 1009 年,即突厥的鼠年,登上了世界强国国王的宝座。"(第 161a 张)因此,昔班尼王朝被阿斯特拉罕王朝取代的时间不应该是 1006/1598 年,而应是 1009/1601 年。

该书篇幅最长、最主要的一编看来是第 4 编,该编记述了阿斯特拉罕王朝时期中亚的历史。对这一地区在纳德尔·穆罕默德汗执政时期(1051 年 12 月 20 日/1642 年 3 月 22 日—1055 年 3 月/1645 年 2 月 27日)、阿卜杜勒·阿齐兹执政时期(1055 年 3 月/1645 年 2 月 27 日—1092 年 8 月 22 日/1681 年 9 月 8 日)和苏布罕库里汗在巴里黑和布哈拉执政时期(1092 年 8 月 22 日/1681 年 9 月 8 日—1114 年 4 月 10 日/1702 年 9 月 5 日)历史的记述特别详细。

《列王世系》作者详细记述的其他事件中,有印度执政者沙·贾汗对阿斯特拉罕王朝内讧的干涉,他 1646 年 6—7 月夺取巴里黑、巴达赫尚及其所辖地区(第 2236 – 2356 张)。为了夺取这些在各方面都有重要意义的地区,沙·贾汗是 1055 年 4 月 2 日/1645 年 6 月 26 日从喀布尔发兵的。在这以前很久,在他收到纳德尔·穆罕默德汗同意援助的信件后,他就转移了自己的大本营。书中对他军事行动的进行情况几乎是按天来记述的。还指出了在穆拉德·巴赫什、阿里·马尔丹汗、克雷奇汗、哈里拉拉汗、拉贾巴哈尔·桑加、拉贾迪巴·桑加等人率领下,印度察合台军队的行军路线和各部的人数,记述了这次军事征伐的全部过程(230a – 2356 张)。对穆拉德·巴赫什及其继任者奥朗则布管治巴里黑时(1645—1647)巴里黑和巴达赫尚情况的记述也很详细(第 236a – 255a 张)。

哈吉米尔·穆罕默德·萨利姆关于从昔班系伊利巴斯汗(916/1510)[1]确立对花剌子模的统治起,至艾布·哈兹汗及其儿子们执政这一时期花剌子模政治状况的资料有很大价值(第 2756 – 2776 张)。

书中有 16 世纪至 18 世纪初中亚社会经济和文化生活方面的大量实际材料。该书中有关这一时期存在的分封制度,即昔班尼王朝和阿斯特拉罕王朝家族王子封地的资料(第 1236、126a、1276、128a、1376、1606、1696、1836、2006、201a、2046、205a、216a、2186 – 219a、270a 张等),有关伊克塔、苏尤尔加勒、瓦克夫和坦哈赫土地的资料(第 1246、163a、1646、1676、182a、1876、188a、2096、2406、2626、268a、3146 张),有关季乌勒封建制度的资料,有关萨拉内捐税[2]和侵袭在封建社会生活中作用的资料(第 1666、1716、2176、218a、2216 张等)都值得注意。

哈吉米尔·穆罕默德·萨利姆关于该地区文化生活史方面的资料

[1]其世系为(第 2756 张):伊利巴斯汗—图剌克—亚地喀耳—帖木儿赛克—合占拖—阿剌白汗—富剌德汗—孟古帖木儿汗—巴达库尔—哲齐卜儿—昔班—术赤—成吉思汗。

[2]关于季乌勒(获取收入的物品)和萨拉内(用于官吏的捐税)这些封建制度的实质,请详见 Петрушевский И П.《Очерки по истории феодальных отношений в Азербайджане и Армении в XVI – начале XIX в.》(《16—19 世纪初阿塞拜疆和亚美尼亚封建关系史概论》),Л.,1949,с. 184 – 221,272. 关于季乌勒,另请见 Мукминова Р Г.《К характеристике феодального института〈тиул〉в Средней Азии》(《中亚"季乌勒"封建制度的特点》),В сб.《Формы феодальной земельной собственности и владения на Ближнем и Среднем Востоке》(《近东和中东的封建所有制和地产形式》),М.,1979,с. 121 – 126.

137

· 欧 · 亚 · 历 · 史 · 文 · 化 · 文 · 库 ·

中,值得注意的有16—17世纪在中亚诸城和巴里黑修建的宗教建筑物(清真寺、宗教学校、德尔维什修道院),城防工事,园林,蓄水池,水塘的资料(第120б、155a－155б、181a、198б张等);学者(如鲁兹别罕·伊斯法哈尼,外号叫伊玛目的布哈里萨尼,法学和神学家霍加艾哈迈德·卡萨尼),书法家(毛拉纳栽因·阿比丁·马哈茂迪和霍加亚德加尔),诗人希拉里和吐拉比,学者优素福·卡拉巴黑、纳迪姆伊玛姆库里汗和16世纪著名文艺学家霍加哈桑·尼萨里(详见后)等人生平活动的资料(第116б－117a、120б、155a－155б、181a、197a－197б、198a、296a张)。

书中还有丰富的地理资料。如作者有关瑙加罕(沙赫里萨布兹的)、卡克雷克和萨里普尔(撒马尔罕的)、吉兹门德(布哈拉的)、阿克苏(苦盏的)、萨赖(乌拉捷佩的)的确切位置的资料,位于巴德格斯和赫拉特之间、由阿卜杜拉汗二世修建的水塘和豪兹汗堡垒,巴里黑各区和村庄哈纳巴德、巴巴沙、穆敏纳巴德、帖木拉巴德、拉巴特济拉干、杜沙、法特哈巴德、卡尔塔、库拉干、卡尔什克、阿赫塔奇、克尔克奇、巴巴·阿卜杜勒麻札、拉布恰克、哈克纳扎尔等,巴里黑与喀布尔之间的商道(共5条)以及这些商道上居民点的资料有一定意义(第115、116a、170б、201a、202a、215a、230б－231б、239a、255б、301a张)。

书中也有一些民族方面的资料。例如,除提到库什奇、阿尔拉特、富拉夫奇、乌塔尔奇、克涅格斯、尤孜、阿尔钦、卡塔甘、孔格勒、杜尔曼、克普恰克、卫拉特、萨赖、亚布、秃八、明格、库拉马、克列奇等部族外,书中第一次提到了布鲁特部,这是我们在吉尔吉斯民族构成中常碰到的一个部族。[1]《列王世系》中提到的纳扎尔比和他儿子霍斯罗别克是布鲁特部的首领,他们在阿斯特拉罕王朝中地位显赫,在国家社会政治生活中担任过重要角色:前者是国内仅次于权力很大的纳德尔迪万别克塔加伊的第二号人物,后者是阿卜杜勒·阿齐兹汗的大臣(第201a

---

〔1〕关于布鲁特人请详见 Абдыкалыков А.《О термине 'буруды'》(《论"布鲁特"》)－СЭ,1963,№1,с.123－127; Баскаков Н А.《К вопросу о происхождении этнонима〈кыргыз〉》(《民族名称"吉尔吉斯"的起源问题》)－СЭ,1964,№2,с.92－93; Зуев Ю А.《Киргизы-буруты》(《论'吉尔吉斯—布鲁特'》)－СЭ,1970,№4.

－2046 张），这说明当时显然已是米扬卡勒的叶季乌鲁格部组成部分的布鲁特人的权力和影响。

《列王世系》在确认事件时间和世系方面有极其重要的价值。在多数情况下，书中都记载了重要事件发生的具体日期，准确指出了诸王执政的时间，这是其他类似史籍不能与之相比的。例如，书中对阿斯特拉罕王朝（贾尼德王朝）头 7 位汗执政的时间顺序是这样记述的：

（1）巴基·穆罕默德汗（1009 年底/1601 年 6 月—1013 年底/1605 年 4 月）（第 1616、1686 张）。

（2）瓦里·穆罕默德汗（1013 年底/1605 年 4 月—1019/1610 年，第二次：1020 年 6 月 16 日/1611 年 8 月 27 日—1020 年 7 月底/1611 年 10 月 8 日）（第 1696、1736、1806、1816 张）。

（3）伊玛姆库里汗（1019/1610—1020 年 6 月 16 日/1611 年 8 月 27 日，第二次：1020 年 7 月底/1611 年 10 月 8 日—1051 年 12 月 20 日/1642 年 3 月 22 日）（第 1816、2016 张）。

（4）纳德尔·穆罕默德汗（1051 年 12 月 20 日/1642 年 3 月 22 日—1055 年 3 月 1 日/1645 年 4 月 27 日）（第 2016、202a、2046 张）。

（5）阿卜杜勒·阿齐兹汗（1055 年 3 月 1 日/1645 年 4 月 27 日—1092 年 8 月 22 日/1681 年 9 月 8 日）（第 262a、2696 张）。

（6）苏布罕库里汗（1092 年 8 月 22 日/1681 年 9 月 8 日—1114 年 4 月 10 日/1702 年 9 月 5 日）（第 318a－3186 张）。

（7）兀拜杜拉汗（1114 年 4 月 10 日/1702 年 9 月 5 日—1123 年 1 月 26 日/1711 年 3 月 14 日）（第 322a、337a 张）。

下面举一些记述最重要事件发生时间的例子：

穆罕默德·帖木儿速檀和兀拜杜拉汗夺得梅尔夫沙杰罕是 919 年 1 月 3 日/1513 年 3 月 11 日（第 114a 张）。

穆罕默德·帖木儿速檀在撒马尔罕去世是 927/1521 年（第 1156 张）。

兀拜杜拉汗夺得赫拉特是 936 年 2 月 18 日/1529 年 10 月 21 日（第 119a 张）。

将国家都城从撒马尔罕迁到布哈拉是 939/1532~1533 年（第1196 张）。

丁穆罕默德汗与克孜尔巴什军普勒萨拉尔之战是 1008 年 1 月 20 日/1599 年 8 月 13 日（第 1596 张）。

卡尔梅克人入侵突厥斯坦和塔什干是 1053/1643 年（第 2106 张）。

印度察合台军队开始入侵巴里黑汗国是 1055 年 3 月 2 日/1645 年 4 月 28 日（第 2246 张）。

印度察合台军队攻占古里是 1055 年 3 月 20 日/1645 年 5 月 16 日（第 232a 张）。

印度察合台军队夺取昆都士是 1055 年 5 月 18 日/1645 年 7 月 12 日（第 2326 张）。

印度察合台军队夺取巴里黑是 1055 年 5 月 29 日/1645 年 7 月 23 日（第 2356 张）。

印度察合台军队在巴里黑被击败是 1057 年 6 月 11 日/1647 年 7 月 15 日（第 256a－257a 张）。

纳德尔·穆罕默德汗退出政治舞台,从巴里黑去麦加是 1061 年 5 月 16 日/1651 年 5 月 7 日（第 2656 张）。

108　　阿努沙汗侵袭阿赫恰是 1082 年 7 月 6 日/1671 年 11 月 8 日（第 2876 张）。

艾伦格（伊尔纳克）汗夺取撒马尔罕是 1095 年 8 月 5 日/1684 年 7 月 18 日（第 3036 张）。

这种例子还可以举出很多,但从上面的例子中已经很清楚该书对时间顺序和世系关注的程度。但是为确切起见,对书中所记述的事件和所指出的日期还应与其他史籍加以对照。

最后,我想提醒研究者注意哈吉米尔·穆罕默德·萨利姆这一著作对研究 16—17 世纪布哈拉汗国、巴里黑汗国与伊朗、印度政治关系的重要性。《列王世系》这方面的价值在于,书中全文抄录了中亚、伊朗和印度诸王之间来往的信件。

这些信件如下:

（1）阿克巴给阿卜杜拉汗的信（994/1585～1586年，由哈基姆·胡玛姆和萨德尔·贾罕转交）（第128a－1336张）。

（2）沙阿拔斯给阿克巴的信（999/1590～1591年，由亚德加尔速檀·伊拉姆卢转交）（第137a张）。

（2）阿克巴给阿卜杜拉汗的信（1000/1591～1592年，由霍加穆罕默德·阿什拉夫转交）（第1386－1436张）。

（4）土耳其速檀穆拉德三世给阿卜杜勒·穆敏的信（1000/1592年）（第1436张）。

（5）阿卜杜勒·穆敏汗给沙阿拔斯一世的信（1006/1597～1598年，由阿里·亚尔别克转交）（第1506－1516张）。

（6）沙阿拔斯一世给阿卜杜勒·穆敏汗的回信（1006/1598年）（第1516－154a张）。

（7）沙阿拔斯一世给丁穆罕默德汗的信（1007/1598～1599年，由祖勒菲卡尔别克·祖勒卡达尔转交）（第158a－159a张）。

（8）沙阿拔斯一世给伊玛姆库里汗的信（1020/1611年）（第1886张）。

（9）伊玛姆库里汗给沙阿拔斯一世的回信（1020/1611年，由乌兹别克霍加转交）（第1886－189a张）。

（10）贾罕季给伊玛姆库里汗的信（1020/1611年，由米尔·巴拉克转交）（第1896－1926张）。

（11）沙·贾汗给伊玛姆库里汗的信（1037/1628年，由哈基姆·哈济克转交）（第194a－196a张）。

（12）沙萨菲一世给伊玛姆库里汗的信（1038/1629年，由达尼什蒙什转交）（第198a张）。

（13）沙·贾汗给纳德尔·穆罕默德汗的信（1053/1643年，由塔尔比亚特汗转交）（第206a－209a张）。

（14）纳德尔·穆罕默德汗给沙·贾汗的信（1055/1645年，由纳德尔比沙巴亚特转交）（第223a张）。

（15）沙·贾汗给纳德尔·穆罕默德汗的回信（1055/1645年，由穆拉德·巴赫什转交)(第2236－2246张)。

(16)沙·贾汗给穆拉德·巴赫什和阿萨拉特汗的诏书,令其注意纳德尔·穆罕默德之子霍斯罗速檀的行动(1055/1645年)(第226a－2266张)。

(17)沙·贾汗给纳德尔·穆罕默德汗的第二封信(1056/1646年)(第2596－261a张)。

109　(18)阿卜杜勒·阿齐兹汗给沙萨菲二世的信(1077/1666～1667年,由哈桑库什别克转交)(第280a－2816张)。

(19)奥朗则布给苏布罕库里汗的信(1082/1671年,由亚卡塔兹汗转交)(第305a张)。

(20)苏布罕库里汗给奥朗则布的信(1098/1687年,由纳德尔迪万别克转交)(第308a－312a张)。

总之,《列王世系》是一部珍贵和重要的著作,值得研究者高度重视。

22 纳迪尔济世史

（Наме-йи 'аламара-йи Надири）

这是一部关于伊朗,此外也涉及外高加索、中亚、阿富汗、印度以及其他国家的详细的社会政治史书,记述的时间从颇为著名的世界征服者纳迪尔沙出生(1100/1689)到1160年6月10日这个暴君悲剧性死亡。

该书作者穆罕默德·卡孜木1133/1720～1721年出生在梅尔夫的一个官宦家庭。其父是纳迪尔沙兄弟易卜拉欣汗手下的一名官吏,当时易卜拉欣管治呼罗珊(中心为麦什德),随后于1736年开始管治阿塞拜疆。我们确定不了其父当时究竟担任什么官职,但在纳迪尔沙即位(1148年10月24日/1736年3月8日)以前他们的关系就很密切,他参加过纳迪尔沙的征伐,后来又多次完成了纳迪尔沙交给的使命(如1145/1732～1733年主持修复卡因为地震毁坏的麻札,两年后,即1147/1734～1735年又主持修复在18世纪20年代内讧中被毁的穆尔加布河岸有名的速檀边德麻札),可看出他是汗的近臣之一(第1卷,第546－566、71a、330a－331a张)。另外,其父也是一个比较富有的人,以下事实可以证明这一点:他去世时(1737年夏或秋)穆罕默德·卡孜木继承了他800～900图曼的钱财,这在1747年约合8000～9000卢布(第2卷,第2896张)。

穆罕默德·卡孜木在家乡受过启蒙教育以后,1143/1730～1731年其父将他带到麦什德,在那里的一所经文学校继续学习,从师于一个名叫赛义德米尔·沙姆斯·丁·阿里·马赞达拉尼的人(第1卷,第26、1156张)。1149/1736年他被刚刚派去管治阿塞拜疆的易卜拉欣汗召到杰尔宾特,穆罕默德·卡孜木的官宦之途就是从那时开始的。他和他父亲一样为纳迪尔沙及其子效力。开始(1737—1739)在易卜拉

·欧·亚·历·史·文·化·文·库·

欣那里任亚萨乌勒,随后(1739—1741)在纳迪尔沙长子里扎库利米尔扎手下当书记,1744—1747 年在纳迪尔沙的录事室效力,看来只是一名一般的书记,从 1160/1747 年起是梅尔夫军械库和炮场的维齐尔[1](第 2 卷,第 155b - 156a、279a、287a 张,第 3 卷,第 83a 张)。看来这是他从纳迪尔沙那里得到的最高官职。穆罕默德·卡孜木后来的命运不详。他去世是在 1166/1752 ~ 1753 年以后。

穆罕默德·卡孜木没能避免封建时代修史人所固有的烦琐和奉承的通病。他所记述的一些事件的时间不准确,或没有记述时间,也是他的这一著作的特点。尽管这样,穆罕默德·卡孜木的这部书还是有很大价值,因为书中有大量的各种实际资料。除了历史资料外,书中还有许多有关伊朗及其所辖地区经济状况,纳迪尔沙税赋政策,包括被纳迪尔沙军队暂时占领地区在内的人民群众困难处境,人民反抗封建剥削和外来压迫的起义等方面的资料。这些无疑使穆罕默德·卡孜木的这部书成为有关伊朗、中亚及其他地区政治和社会经济史的一流史籍。因此该书受到学术界的特别注意,被认为是 18 世纪上半叶优秀的波斯文历史文献。[2] 有关《纳迪尔济世史》的材料发表了很多[3],因此没有必要再作详细介绍。下面只讲一讲该书的概况和我们所需的 18 世纪上半叶的中亚史料。

《纳迪尔济世史》共有 3 卷。第 1 卷(337 张)叙述了 1000/1689—1149/1736 年伊朗的主要事件,即记述了从纳迪尔沙出生至伊朗贵族和克孜尔巴什各部族首领在穆干草原开会推举纳迪尔为伊朗沙伊朗的政治和社会生活。第 2 卷(327 张)叙述了 1149/1736—1156/1743 年,即从纳迪尔的加冕礼(1148 年 10 月 24 日/1736 年 3 月 8 日)至其平定假萨姆米尔扎在希尔万的暴动(1743 年),伊朗、阿富汗、中亚、北印度以及其他地区的事件。第 3 卷(251 张)叙述了 1156/1743—1160/1747 年伊朗、中亚、土耳其和外高加索的政治事件。

---

〔1〕这里是指登记、分配大炮和其他武器的官吏。
〔2〕请参见本书《参考书目索引》。
〔3〕请参见本书《参考书目索引》。

有关 18 世纪上半叶中亚的史料,主要在 2 ~ 3 卷中,其中重要的史料如下:

1737 年里扎库利米尔扎和塔赫马斯普汗率领的克孜尔巴什军侵入巴里黑省及其所辖地区(第 2 卷,第 30a、986 – 1066 张);对孔格勒人兀鲁思的劫掠(第 107a – 108a 张);克孜尔巴什军夺取胡扎尔及其他防地;对卡尔希和舒卢克城堡的围困(第 108a – 120a 张)。胆小孱弱的艾布·法伊兹汗虽然从整个河中地招募了大量军队,其人数超过里扎库利军队人数的 3 倍(里扎库利军队加上炮兵总共不过 2 万人),但仍然组织不了对里扎库利的反攻。他有完全由卡尔梅克人组成的 3 千多人的卫队保护(第115a张),却躲在卡尔希坚固的城池里不敢出击,后来干脆跑到布哈拉去了。花剌子模的伊利巴斯汗曾率领由乌兹别克人、阿拉尔人、卡拉卡尔帕克人、哈萨克人和俄罗斯人组成的 6 万人的军队前来支援艾布·法伊兹(第 116a 张),但他也没有利用这一机会。穆罕默德·卡孜木是征伐的参加者和这些事件的见证人,他记述了克孜尔巴什军对古扎尔、卡尔希、舒卢克和河中地其他地区平民百姓的劫掠和杀戮。例如,克孜尔巴什军在夺取了舒卢克城堡以后,就像成吉思汗的蒙古人一样,把大部分活着的人杀死,把剩下的人,主要是妇女和儿童,作为俘虏带走(第 2 卷,第 120a 张)。在这种情况下(当时布哈拉汗国完全处于混乱和惊慌失措的状态),如果不是纳迪尔沙自己下令立即停止在中亚地区的军事行动,将军队撤回巴里黑的话,谁也不能预见布哈拉汗国的命运(第 2 卷,第 1206 – 121a 张)。

书中叙述了花剌子模伊利巴斯汗(1145/1732 ~ 1733—1153/1740)夺取呼罗珊的企图(第 2 卷,第 136a – 1416 张)。8 月的最后一天(1150/1737 年 12 月 22 日),他率领由乌兹别克人、阿拉尔人、卡拉卡尔帕克人、哈萨克人和萨卢尔土库曼人组成的 10 万人的军队(军队人数大大夸大了)从希瓦出发,并渡过了捷占河。但是这次征伐从一开始就很混乱,因为以塔赫马斯普汗为首的军队首领意见不一。塔赫马斯普带领的军队抢劫了阿拉尔人和卡拉卡尔帕克人之后跑回了自己的游牧地。乃蛮、孔格勒、乞颜、杜尔曼和曼格特部的民团也学他们的样。

111

伊利巴斯汗身边只剩下不足3万人,只得领兵返回花剌子模(第2卷,第141a-1416张)。

该书第2卷第64、68~71章很有价值,记述了1153/1740年布哈拉以及随后花剌子模被纳迪尔沙征服(第254a-256a、268a-281a张),使这些曾是统一的国家暂时丧失了自己的独立性。以下这一事实也很重要:根据纳迪尔沙和艾布·法伊兹汗在查尔巴克尔签订的协议,布哈拉支付大量赔偿——20万哈尔瓦尔小麦、大麦和其他饲料。艾布·法伊兹汗必须为纳迪尔沙的军队提供1万名骑手。此外,撒马尔罕、卡尔希、克什和希萨尔并入纳迪尔沙的国家(第2636张)。这些以及其他与纳迪尔征伐布哈拉和花剌子模有关的事件,书中都有全面详细的记述。

穆罕默德·卡孜木关于1157/1744—1159/1746年,即艾布·哈兹二世(1155/1742—1158/1745)当政时花剌子模困难的政治状况以及约穆特和萨卢尔部的土库曼人在该国社会政治生活中作用的资料有一定意义(第3卷,第426-83a张)。穆罕默德·卡孜木参加了1157/1744年和1158/1745年纳迪尔沙对花剌子模的征伐,自然也是这些事件的见证人。据他证实,约穆特和萨卢尔部与乌兹别克人以及前来援助的哈萨克人,在花剌子模人民反对伊朗的行动中起了决定作用。穆罕默德·卡孜木关于守卫希瓦汗宫廷的古里亚姆卡尔梅克人,关于在希尔哈兹汗(1127/1715—1145/1732)和伊利巴斯二世(1145/1732—1153/1740)时从呼罗珊和伊拉克抓来后生活在卡拉卡尔帕克人和哈萨克人中的俘虏,关于库尼亚乌尔根奇、1645年建的新乌尔根奇(乌尔根奇贾吉德),离库尼亚乌尔根奇不远的阿克萨赖、阿克拉巴特、库尔卡琴、苏菲亚尔、迪瓦拉维、克孜勒达格以及花剌子模其他地方的资料也很重要(第3卷,第426、436、446、456、766、806张等)。

穆罕默德·卡孜木也是纳迪尔1160/1747年那次征伐的参加者。那次征伐在别赫布德汗率领下,毁坏了河中地的许多城市和村庄,成千上万老百姓被夺去了生命(第3卷,第1866-197a张)。那次征伐把艾布·法伊兹汗赶下了台,并吞了苦盏、塔什干、奥特拉尔和突厥斯坦,强行将这些城市的一部分居民迁到呼罗珊,获得了大量战利品和大批俘虏。

书中详细记述了艾布·法伊兹最后几天的情况,他权力的丧失和死亡。据穆罕默德·卡孜木说,为了废黜艾布·法伊兹,1160 年 7 月 1 日/1747 年 7 月 9 日别赫布德汗在布哈拉召开了一次专门会议,穆罕默德·拉希姆参加了这次会议,他是后来的新王朝——曼格特王朝的奠基人。关于这次会议上通过的决议,穆罕默德·卡孜木在书中这样写道:"帕迪沙艾布·法伊兹已无力处理国家事务,不再胜任统帅军队和征服世界。[因此]现在我们罢黜其[权力],而让其子阿卜杜勒·穆敏汗身着最高首领的[皇袍],整个突厥斯坦都属于他。"(第 3 卷,第 195a - 1956 张)通过这一决议后,别赫布德汗派伊朗的押送队把被废黜的汗带到卡兰达尔汗的花园里,捆住他的手脚,把他关在事先准备好的一间空房里。一天后,即 1160 年 7 月 2 日/1747 年 7 月 10 日,12 岁的阿卜杜勒·穆敏即位(第 3 卷,第 1956 张),但无任何实权。所有权力都集中在上面说的穆罕默德·拉希姆手里。

该书第 3 卷第 20 章也比较有意义。在这一章中,作者简明扼要地叙述了贾法尔学派(得名于什叶派第六任伊玛目贾法尔·萨迪格的名字,他 148/765 年去世,什叶派穆斯林把他看成是大神学家)的主要教义,纳迪尔试图在伊朗利用这些教义来调和相互仇视的什叶派和逊尼派穆斯林的矛盾。[1]

在该书第 3 卷的第 21~22 章中,有关于 18 世纪上半叶中亚和呼罗珊的大量史料,记述了库拉布、希萨尔、巴达赫尚和巴里黑人民群众反对当地封建贵族压迫和外来统治(纳迪尔沙占领当局)的起义。穆罕默德·卡孜木非常详细地记述了 1154/1741~1742 年安德胡德和巴里黑发生的,由出身卑微、名叫拉苏里的德尔维什领导的大起义(第 3 卷,第 94a - 986 张)。

113

---

〔1〕请详见 Шмидт А Э.《Из истории суннитско-шиитских отношений .〈Икд ал-джуман〉》(《从〈Икд ал-джуман〉看逊尼派与什叶派的关系》),B сб. B B. Бартольду. Ташкент, 1927, с. 73 - 107.

总之,穆罕默德·卡孜木根据本人观察所得材料(利用米尔扎穆罕默德·麦赫迪汗·阿斯特拉巴迪的材料很少)[1]写的这部书,有丰富的社会经济方面的实际材料,目前仍然是 18 世纪上半叶伊朗,在一定程度上也是中亚历史的主要史籍。

《纳迪尔济世史》的抄本很少。我们仅有一个抄本,但这是一个完整的抄本,保存在苏联科学院东方学研究所列宁格勒分所(编号为 Д.430)。[2]Н.Д.米克卢霍 – 马克莱 1960 年、1965 年和 1966 年已将这一抄本影印出版。

《纳迪尔济世史》目前还没有完整地被译成任何一种欧洲文字出版。П.П.伊万诺夫和 Г.M.彼得罗夫将其中一部分译成了俄文出版。

---

〔1〕关于这一点,请详见 Н.Д.米克卢霍 – 马克莱为该著作第 1 卷影印本的出版写的前言,第 18 页。

〔2〕关于抄本情况,请参见 Бартольд В В.《О некоторых восточных рукописях》(《论一些东方抄本》), с. 927 – 930;《Описание таджикских и персидских рукописей Института востоковедения АН СССР》(《苏联科学院东方学研究所塔吉克文和波斯文抄本目录》), вып. 1, с.379;Миклухо-Маклай Н Д.《Рукопись〈Аламара-йи Надири〉》(《关于〈Аламара-йи Надири〉的抄本》),Ученые записки ИВ АН СССР, т. VI, М. – Л., 1953, с.176 – 199;Миклухо-Маклай Н. Д. Описание таджикских и персидских рукописей Института востоковедения АН СССР(《苏联科学院东方学研究所塔吉克文和波斯文抄本目录》), вып. 3, с. 209 – 214;Стори.《Персидская литература》(《波斯文文献》),ч. II,с.916.

23　汗的礼品
（Тухфат ал-хани）

这是有关 1134/1722—1196/1782 年布哈拉汗国历史的一部最有价值的著作,另一书名为《拉希姆汗史》(《Тарих-и Рахим-хани》),其作者有二:阿訇毛拉穆罕默德·瓦法·伊本·穆罕默德·扎希尔·卡尔米纳吉,外号为卡兹·瓦法(1096/1685—1183/1769),另一人是涅谢夫(卡尔希)的毛拉阿里木别克·伊本·尼亚孜库里别克依禅。该书大部分(1134/1722—1182/1768 年的事件)出自前一位作者之手,完成于 1183/1769 年,而毛拉阿里木别克写的部分包括布哈拉汗国历史的14 个年头(1183/1768—1196/1782),完成于曼格特第二位异密穆罕默德·达尼亚尔(1172/1759—1199/1785)在位的最后几年。

这样,《汗的礼品》很自然地成了上述《纳迪尔济世史》的续篇,记述了阿斯特拉罕王朝结束和曼格特王朝初期,即穆罕默德·拉希姆汗(1170/1757—1172/1759)和异密达尼亚尔执政时布哈拉汗国的历史。

有关该书作者生平活动的资料我们掌握得很少。在一些史料中有一些前一位作者的资料。例如,《兀拜杜拉汗传》的作者米尔·穆罕默德·阿明·布哈里在记述 1118/1796 年的事件时说,他是为兀拜杜拉汗管理藏书的人。[1] 看来在兀拜杜拉汗的继承人艾布·法伊兹当政和曼格特王朝初期,他仍担任这一职务。书中对统治布哈拉汗国达164 年(1170/1757—1339/1920)的曼格特王朝的奠基人穆罕默德·拉希姆及其继承人的活动记述得非常详细,对他们的活动给予了高度评价,对他们的品德颂扬备至,由此可以看出他和宫廷的密切关系。至于该书的第二位作者,我们不掌握有关他的任何资料。

114

---

[1]《兀拜杜拉汗传》,第 94 页。

作者追求缤纷华丽的文体,字里行间流露出对最高统治者及其近臣的阿谀奉承,他们不可能探究所看到的事件的实质,因此也不可能指明这些事件发生的原因。尽管如此,作者还是向我们展示了一幅当时布哈拉汗国政治生活的鲜明画卷,使我们看到乌兹别克部落首领内讧的加剧,曼格特王朝当政者对卡尔希、沙赫里萨布兹、乌尔古特、希萨尔、吉扎克等地不顺从部落的征伐,使经济遭到破坏,人民群众生活状况更加恶化。此外,该书向研究者提供了有关乌兹别克诸部分布地点(有时还指出他们的人数)、军队结构,更确切地说是部族民团结构,还有布哈拉汗国与阿富汗、伊朗、塔什干领地、浩罕汗国和喀什噶尔政治关系的实际资料。

下面我们简单地谈一谈书中以上以及其他一些最重要的资料。

书中记述了布哈拉汗国在出现以优柔寡断的艾布·法伊兹汗为首的布哈拉政权(他周围是一群腐败和贪得无厌的官吏)和以拉贾布汗(他于 1134/1722 年即位)为首的撒马尔罕政权[1]两个政权并存的局面后,该国混乱的政治状况。这种状况被钦察草原上游牧的突厥—蒙古部族(16—19 世纪的史料中称其为哈萨克人)所利用。他们在自己的汗和速檀的率领下,7 年里(1135/1722 ~ 1723—1141/1728 ~ 1729)不断侵入捷拉夫尚盆地的定居地区,从米扬卡勒一直抢劫到布哈拉的各土绵,毁坏庄稼,抢走人畜和居民的其他财物,使这一富庶的地区变得荒芜萧条。毛拉穆罕默德·瓦法极其详细地记述了这些事件。从他后面的记述中我们可以看出,靠民脂民膏养活的艾布·法伊兹汗的宫廷是多么昏庸无道,人民的处境是多么艰难,只能任凭命运的摆布(第11a – 13a 张)。

毛拉穆罕默德·瓦法引述了许多珍贵资料,说明伊朗纳迪尔沙从军事上和其他方面帮助穆罕默德·拉希姆及其支持者争夺布哈拉的最

---

〔1〕拉贾布汗受到克涅格斯部、萨赖部、卡塔甘部和一部分契丹克普恰克人的支持。另请参见《Реляция Флорио Беневини из Бухары от 4 марта 1723г.》(《1723 年 3 月 4 日弗洛里奥·别涅维尼来自布哈拉的报告》),载 Попов А Н.《Сношения России с Хивою и Бухарою при Петре Великом》(《彼得大帝时俄罗斯与希瓦和布哈拉的关系》),Спб. , 1853, c. 383 – 384;《艾布·法伊兹汗史》,c. 69 – 81 и след.

高权力。1158/1745 年穆罕默德·拉希姆从伊朗返回布哈拉时,有沙赫库里汗的大批人马跟随(第 36a - 376 张)。第二年,即 1159/1746 年,纳迪尔沙又增派了大批人马给他。从伊朗来的这支供穆罕默德·拉希姆调遣的军队有数千人,由克孜尔巴什人、列兹根人、奥斯曼突厥人、阿富汗人等组成,别赫布德汗乔什里和哈桑汗指挥,配有大炮 30 门(第 406 - 41a 张)。这样不仅决定了艾布·法伊兹汗的命运,而且也决定了整个阿斯特拉罕王朝的命运。艾布·法伊兹确实也有阿卜杜勒·穆敏(1160 年 6 月 12 日/1747 年 6 月 21 日—1164/1751 年)、兀拜杜拉二世(1164/1751—1167/1754 年)和希尔哈兹(1167/1754—1170/1756 年)等继承人,但他们只是名义上的汗。所有这些年,权力实际上控制在强有力的穆罕默德·拉希姆手里。他 1170 年 3 月 23 日/1756 年 12 月 16 日正式即位(123a - 124a 张),[1]是新王朝——曼格特王朝的开创人。

从《汗的礼品》作者的记述中可以看出,布哈拉汗国这 60 年中封建领主的割据是很严重的,无论是穆罕默德·拉希姆,还是他的继承人达尼亚尔比,都未能结束这种状况。没有一年不发生封建领主叛乱,没有一个省不遭受布哈拉军队毁灭性的侵袭。穆罕默德·拉希姆和达尼亚尔比依靠封建集团和穆斯林宗教界一些人士的支持,不断用武力镇压地方封建领主的割据,强迫他们服从中央政权。仅仅与沙赫里萨布兹的克涅格斯人(从 16 世纪初开始他们就是该地区的主要居民,18 世纪他们中的大部分仍然是游牧民)之间的战事就持续了两年多(1163/1750—1165/1752)。这期间布哈拉当政者对那里进行了 4 次征讨(第 77a - 946 张)。作者具体详细记述了这些仗的残酷场面。布哈拉军队残暴地镇压暴动的部族,成千上万被本部族首领招来参战的无辜居民惨遭杀害。例如,1750 年秋布哈拉军队征讨沙赫里萨布兹时,当他们攻下距沙赫里萨布兹 1 俄里的豪米什堡垒后,把所有居民从堡垒里赶

---

[1]在杀害艾布·法伊兹和赶走克孜尔巴什军(1160 年 6 月初/1747 年 6 月 10 日)以后,穆罕默德·拉希姆立即把各兀鲁思首领召集到布哈拉,企图夺取王位,但是这些首领阻止了他的这一企图(请参见《汗的礼品》,第 566 张)。

到村外,分给兵卒全杀了(第79a张)。庄稼和果园被他们毁坏,水井和渠道被破坏,城市和村庄(沙赫里萨布兹、喷赤肯特、舒卢克、桑格富鲁什、哈特尔奇等)被夷为平地(第206、596、946、95a、986张)。许多部族,如米扬卡勒的叶季乌鲁格、努尔的布尔库特、库巴迪安的杜尔曼、沙赫里萨布兹桑格富鲁什村的克涅格斯、希萨尔沙德曼的乌尔古特人和山民等,都被赶出家园,迁到布哈拉的土绵(第596、74a、95a、1026、1506张等)。研究者能从该书中找出大量有关普通老百姓被烧杀抢劫,中亚地区城市(包括撒马尔罕在内)和城市居民困难状况的大量材料。

116 　　书中有关布哈拉曼格特王朝头几个执政者与邻国政治关系的资料很有价值。苦盏和塔什干的统治者,浩罕汗国、喀什噶尔和阿富汗人都介入了布哈拉汗国的内讧。特别是浩罕汗额尔德尼比(1164/1751—1176/1762～1763)在与穆罕默德·拉希姆订立盟约后,1167/1754—1168/1755年穆罕默德·拉希姆两次出兵乌拉捷别讨伐法兹勒比,他都积极参加,书中对此有详细记述(第107a－117a张)。至于穆罕默德·拉希姆与塔什干霍加和喀什噶尔(指蒙兀儿斯坦)统治者的关系,其目的是共同防止卡尔梅克人对自己定居地区的侵袭(第70a张等)。只有《汗的礼品》一书中有阿富汗人参与18世纪20—50年代中亚政治事件的记述。作者证实,阿富汗人,主要是约2000左右的射手和炮手,于1158/1745年出现在中亚的伊朗军队中,而在1747年伊朗军队撤离布哈拉(此前伊朗军队与布哈拉人于1747年7月29日黎明发生大规模冲突)后,许多阿富汗人留在穆罕默德·拉希姆汗和达尼亚尔比那里,后来参加了他们的征伐(第406－41a、556、576、616、78a张等)。一部分以沙胡德·来尔别克为首的阿富汗人同布哈拉的一些异密(布尔库特部的塔盖·穆拉德比等人)于1747年被穆罕默德·拉希姆派往坎大哈参加艾哈迈德沙·杜拉尼(1160/1747—1187/1773)的登基礼,这一点也值得注意。关于这一件事,书中是这样写的:"布尔库特[部的]塔盖·穆拉德比以及其他一些乌兹别克异密,同前去参加艾哈迈德沙登基礼的阿富汗人一起,被派往坎大哈和喀布尔;到了那里后,受到了阿富汗沙的厚待……"(第 57a 张)还需指出这样一个事实:有些乌兹别克封建领主也力图与阿富汗的异密建立盟约关系。例如,希萨尔尤孜部首领穆罕默德·阿明比想使艾哈迈德沙卷入同穆罕默德·拉希姆的斗争中,为此于 1166/1753 年向阿富汗派出了以丘里别克和穆罕默德·多斯特为首的专门使团(第 1066—107a 张)。虽然这一使命没有成果,但上述事实值得注意。

书中有关登基礼和国家官吏任职仪式的资料很有意义。这种仪式在突厥—蒙古民族中早就有了,突厥汗、喀喇汗王朝、成吉思汗王朝都遵守这种仪式。几乎所有记述性史籍中都有这方面的记载,但是只有在穆罕默德·伊本·瓦里的《贤者高风奥秘》中,在《汗的礼品》记载 1170 年 3 月 23 日/1756 年 12 月 16 日(星期一)穆罕默德·拉希姆汗登基的一章中(第 1236—129a 张),才有详细的记述。仪式的程序是这样的:仆人们在典礼大厅铺上地毯,摆上宝座;星相家确定登基的良辰,然后邀请异密、达官和穆斯林神职人员的头面人物(四姓代表:马哈杜姆·阿扎姆·卡萨尼、赛义德·阿塔、霍加穆罕默德·伊斯拉姆·朱伊巴里和霍加阿赫拉尔的后裔)入场。在星相家确定的时辰,由宫廷霍加、贴身仆人、侍卫将蒙着双眼的穆罕默德·拉希姆领进大厅,让他座在一块白毡子上,两头由四个主要部族的代表,即曼格特部(当时是穆罕默德·达尼亚尔比)、乌塔尔奇部(霍贾姆亚尔比)、巴阿邻部(盖布拉比)和萨赖部(贾汉吉尔比)的代表拉着,而毡子两边由上述四姓代表伊斯哈克霍加、阿明霍加、艾尤布霍加、沙哈布·丁霍加和从显赫的达德哈、土克萨布、萨德尔、热依斯及武官中推举的几个人拉着。随后才把新汗放到宝座上,于是宴会和赠礼开始。凡是参加庆典的人,汗都要赏一件贵重的长袍。异密、达官和穆斯林神职人员的代表在星期二和星期三都要去朝拜新汗,只有到 1170 年 4 月 26 日/1756 年 12 月 19 日(星期五)发表呼图白时才提穆罕默德·拉希姆的名字。汗国所有主要城市和大的村镇都要铸造有他名字的钱币。

32 个大部族的代表人物都要按其民团总人数和对国王的功劳封官。据该书作者记载,这次封官的有曼格特、契丹克普恰克、█████萨

117

赖、克涅格斯、贾拉伊尔、乌塔尔奇等部的人。他们在穆罕默德·拉希姆执政时的官品如下：

曼格特部的达夫拉特比为京都布哈拉的帕尔瓦纳奇；

契丹克普恰克部的霍贾姆亚尔比为汗的阿塔雷克和最高异密；

米扬卡勒叶季乌鲁格部首领、巴阿邻部的盖布拉比为迪万别克；

曼格特部的异密达尼亚尔比为米里阿萨迪；

萨赖部的贾汉吉尔比为汗的吉巴奇；

其子为大乌拉克；

穆罕默德·拉希姆汗的弟弟、曼格特部的巴拉特比为撒马尔罕城和省的总督；

曼格特部的伊玛姆库里为帕尔瓦纳奇和亚卡巴格总督；

尼扎姆·丁·马苏德为最高科什别克；

克涅格斯部的胡达亚尔为布哈拉的达德哈，等等。

还有这样一些职务，如谢赫伊斯兰、纳吉布、卡迪、萨德尔、哈吉布，只能由穆斯林神职人员担任。穆罕默德·拉希姆是这样分配这些职务的：

马哈杜姆·阿扎姆·卡萨尼的后代伊斯哈克霍加为穆斯林神职人员的首领（урун-и шахнишин）；[1]

穆罕默德·伊斯拉姆的后代纳斯拉拉霍加为谢赫伊斯兰；

穆罕默德霍加·赛义德·阿泰伊为纳吉布；

尼扎姆·丁·胡赛尼为布哈拉城和省的最高卡迪；

霍加阿赫拉尔的后代沙哈布·丁霍加为撒马尔罕城和省的谢赫伊斯兰；

最高卡迪的亲属米尔·穆罕默德沙为撒马尔罕省的卡迪；

伊卜杜拉霍加为卡迪阿斯卡尔；

阿卜杜勒·凯尤姆霍加和穆罕默德·阿明霍加为萨德尔；

---

[1]在昔班尼王朝兀拜杜拉汗时，这一职位一直由霍加穆罕默德·伊斯拉姆·朱伊巴里家族担任。由于这一家族再没有人了，这一职位转而由达赫别德的霍加担任。（《汗的礼品》，第128a张。

原是穆罕默德·拉希姆汗父亲私人伊玛目的毛拉纳阿守尔为布哈拉的哈吉布阿尔克阿里；

库尔穆罕默德霍加·赛义德·阿塔伊为大乌拉克[1]。

从《汗的礼品》一书的材料中,可以看出曼格特王朝的军队结构与蒙古人、帖木儿、帖木儿王朝和昔班尼王朝时是一样的。但是,这一时期军队的组成有了某些变化(这一过程从 16 世纪下半叶就已开始):除了一般在军事征伐时由本部落首领召集的部落民团外,已经有装备火器的常规步兵,主要由欧洲人,更确切点说主要是由俄罗斯俘虏组成,此外也有米拉金人[2]、奥斯曼突厥人和阿富汗人。炮也有一定改进,除了弩炮和一般都放在骆驼背上或装在车上的所谓的"喷火炮"和引火线炮外,还有榴弹炮、鹰炮。

《汗的礼品》中有丰富的民族方面的资料。与其他类似史籍(在这些史籍中一般都只列出组成乌兹别克人、哈萨克人、巴什基尔人、卡拉卡尔帕克人和其他突厥语民族部落的名称)不同,它指出了一些部落的构成、分布地点和人数(第 107a. 1206 张等)。例如,那一时期巴阿邻、叶季乌鲁格和贾拉伊尔部居住在米扬卡勒,克涅格斯部居住在沙赫里萨布兹城和省,曼格特部主要居住在卡尔希,萨赖部居住在胡扎尔,布尔库特部居住在鲁尔,杜尔曼部居住在库巴迪安,尤孜部和乌塔尔奇部居住在希萨尔、乌拉捷佩和乌尔古特,克尔克部居住在吉扎克,孔格勒部居住在拜逊和克什土特,等等。作者列举了游牧于米扬卡勒的突厥斯坦尼村和沙哈拉克村之间的萨姆杰土绵的亚布部落(属叶季乌鲁格部)(第 636、696 张),居住在乌尔古特和吉萨尔的属于尤孜部的沙迪和梅尔克部落(第 106a 张)的非常有意义的资料。这些资料和其他史籍中的资料,对研究中亚突厥语和伊朗语民族的民族构成有很大帮助。

虽然《汗的礼品》中有大量各种资料,其馆藏抄本也很多(塔什干

---

〔1〕很有声望的职位之一,在国王接见时,其座位比阿塔雷克靠后一点。

〔2〕这样称呼迁居(15—18 世纪)吉日杜万和乌尔古特的麦什德人。

119　12 个、列宁格勒 8 个、杜尚别 2 个、喀山 1 个、英国 1 个、麦地那 1
个),[1]但对其研究很不够。目前还没有出版过它的校勘本,除很少一
点(有关 1160/1747 年穆罕默德·拉希姆比与克孜尔巴什人的冲突,我
们使用的抄本第 48a – 516 张)被译成俄文发表在《土库曼人和土库曼
历史资料》第 2 卷第 191 – 192 页外,没有译成过其他文字。

---

　　[1]关于这些抄本情况,请参见《Собрание восточных рукописей АН УзССР》(《乌兹别克共
和国科学院东方抄本汇编》),т. I , с. 77 – 78, 102;т. X , с. 25 – 26;Миклухо -Маклай Н Д.
《Описание таджикских и персидских рукописей Института востоковедения АН СССР》(《苏联
科学院东方学研究所塔吉克文和波斯文抄本目录》),вып. 3, с. 308 – 313;《Каталог восточных
рукописей АН Таджикской ССР》(《塔吉克共和国科学院东方抄本目录》),т. I, с. 101 – 102;
Стори.《Персидская литература》(《波斯文文献》),ч. II, с. 1150 – 1152.

24 天堂幸福园
（Фирдавс ал-икбал）

这是一部记述从远古至阿拉库里汗（1241/1825～1826—1258/1842），即孔格勒王朝（1219/1804—1339/1920）第三个执政者执政之初，花剌子模历史的史籍，作者是希瓦著名史学家、诗人和翻译家舍尔穆罕默德·穆尼斯（1192/1778—1244/1828～1829）和穆罕默德·里扎·阿加希（1224/1809—1281/1864）。[1]

穆尼斯和阿加希的生平和文学创作活动在学术和社会政治文献中有详细介绍，[2]这样我们就可以把注意力放在《天堂幸福园》这一记述16—18世纪希瓦汗国历史史籍的价值和成就上。

《天堂幸福园》极其详细，而且重要的是严格按时间顺序，记述了希瓦汗国自昔班尼王朝确立在花剌子模的统治（917/1511）以来的历史，是上面我们已经提到过的艾布·哈兹《突厥人世系》自然的续编。

穆尼斯按照阿拉伯文和波斯文史籍编纂的传统，书中的叙述始于人类洪荒时期——阿丹、努哈和亚法斯时期，但是编写的这一部分在全书中只有28张。叙述16—17世纪事件的这一部分利用了艾布·哈兹的资料，在一定程度上也有编写的性质，但穆尼斯对有些事件的叙述较详细，而且非常重要的是指出了一些极其重要的历史事件的时间。他对18世纪历史的记述也很详细。对《天堂幸福园》研究颇深的 П. П. 伊万诺夫指出，作者写书时利用了事件见证者的讲述，其中包括他父亲阿瓦兹比米拉布讲述的材料。[3]

---

〔1〕穆尼斯的记述止于1227/1812年的事件，其余部分，即至1241/1825～1826年前的事件，是阿加希遵照上述阿拉库里汗的旨意于1255/1839年写的。

〔2〕请参见本书《参考书目索引》。

〔3〕Иванов П П.《Хивинские хроники XIX в. Муниса-Агахи как источник》(《作为19世纪希瓦编年史史料的穆尼斯和阿加希的著作》)，c.24.

除把重点放在对 16—19 世纪头 25 年花剌子模政治史的叙述外，"作者在记述城市的兴衰，渠道的开凿，某种税赋的开征和撤征，土地所有制，贸易，居民迁移等方面的情况时，很多地方也涉及了社会经济方面的问题。"[1]穆尼斯和阿加希此书的主要价值也在于此。此书另一重要之处是有大量当时居住在希瓦汗国的土库曼人、乌兹别克人、卡拉卡尔帕克人和哈萨克人的资料，以及希瓦汗国与布哈拉汗国、伊朗、阿富汗和俄国政治关系的资料。

《天堂幸福园》由绪论、引言和 5 章组成。按作者原来的想法，结语部分要写谢赫、学者、诗人和能工巧匠，但这一部分没有写成。

绪论部分（第 16 - 6a 张）在通常的颂词之后指出了该书书名、各章名称，讲述了作者来伊尔突泽尔汗（1219/1804—1221/1806）处效力的经过。

引言（第 66 - 9a 张）写上述伊尔突泽尔汗，概括了他的性格，赞扬了他的功绩（在国内消除了不良习俗，树立了良好风气，以 800 人的军队打败了约穆特部 5000 人的民团，等等）。

第 1 章（第 9a - 146 张）简要叙述了阿丹、努哈和伊斯兰教以前的先知的历史。

亚法斯是传说中孔格勒部形成前突厥—蒙古人的祖先，第 2 章（第 146 - 236 张）讲述了他的历史。

《天堂幸福园》主要的一章是第 3 章（第 236 - 53a 张），该章叙述了忽儿剌思和成吉思汗后代的历史。该章分 3 节：第 1 节由不儿塔章讲到成吉思汗（第 236 - 256 张）；第 2 节讲述了从成吉思汗到金帐汗毕而谛伯克的蒙古人国家所发生的事件（第 256 - 286 张）；第 3 节记述了昔班系亚地喀尔汗（862/1458 年在曼格特人兀鲁思即位）后裔的历史。他们从伊利巴斯·伊本·布尔克速檀开始，即从 817/1511 年开始，到 1219 年 8 月 12 日/1804 年 11 月 16 日以伊尔突泽尔为首的孔格勒人推翻艾布·哈兹五世为止，一直统治着花剌子模（第 29a - 53a

〔1〕Иванов П П.《Хивинские хроники XIX в. Муниса-Агахи как источник》(《作为 19 世纪希瓦编年史史料的穆尼斯和阿加希的著作》)，c. 27.

张）。

第 4 章(第 53 - 95 张)叙述了伊尔突泽尔的世系,从阿兰库娃后代迪本·巴扬开始到伊尔突泽尔出生(1185/1771 年)。

第 5 章(第 95a - 3216 张)记述了 1219/1804—1241/1825～1826 年,即从伊尔突泽尔到包括穆罕默德·拉希姆一世(1221/1806—1241/1825～1826)的希瓦汗国的历史。

下面简要谈谈书中我们认为对研究 16—18 世纪中亚和花剌子模历史有一定意义的一些资料。

军事政治史资料:

《天堂幸福园》严格按年代顺序叙述了希瓦汗国 300 多年的政治史(从16世纪初至19世纪头25年)。很重要的是,穆尼斯和阿加希与艾布·哈兹不同,他们记述了很多小的细节,此外主要的是他们对世系和时间顺序的记述非常准确。《天堂幸福园》中有不少资料说明希瓦绿洲的土库曼人、卡拉卡尔帕克人和哈萨克人,尤其是土库曼人在希瓦汗国政治生活中的作用。例如,巴尔罕的土库曼人在 1032/1623 年伊斯芬迪亚尔汗在乌尔根奇夺取权力中(第 36a - 366 张),在 1100/1689—1106/1695 年的政治事件(第 406 - 41a 张)等事件中起了很大作用。在阿努沙的继承人埃伦格汗执政时,土库曼人甚至在一段时间内把自己的傀儡扶上了希瓦王位。在这方面穆尼斯对埃伦格汗的记述很有代表性。穆尼斯说,埃伦格汗在离希瓦一法尔萨赫的阿克萨赖为自己修建了一座王宫,他大部分时间都在那里。当夜幕降临时,他总是要回希瓦,在烟花女子那里过夜,黎明时再返回阿克萨赖。有一次他从希瓦回来时,在巴德尔汗阿里格桥附近从马上摔了下来,当场就摔死了。他的一个随从留在他身边,另一个飞奔达尔甘给他母亲托赫塔哈努姆报信。托赫塔哈努姆是土库曼人。她立即赶到出事地点,悄悄把儿子(埃伦格汗)埋葬后,又匆匆返回达尔甘。她哥哥有一个儿子,外貌与她死去的儿子非常相像,年纪也一样,并且在一起念过书。托赫塔哈努姆派一千名土库曼骑手护卫,于第二天清晨把她哥哥的儿子送到希瓦。埃伦格汗的异密们不知道他出事,因此对这一行人的到来感到

121

莫名其妙。这时异密们被告知说,埃伦格到达尔甘看望了外祖父,他外祖父派一千土库曼人把他护送了回来。异密们信以为真,把他接进宫里。此事一个月后,穆尼斯的先人、尤孜部的成比作为使节派往伊斯法罕拜见沙速檀·胡赛因(1105/1694—1135/1722～1723),成比是受埃伦格汗、阿迪纳·穆罕默德阿塔雷克和胡带库里依纳克的提携才在同时期的人和异密中显露头角的。在成比走了两个月后,希瓦最高异密阿迪纳·穆罕默德阿塔雷克出去打猎。假埃伦格汗乘阿塔雷克不在,把以纳扎尔依纳克乃蛮为首的7个主要异密都抓了起来,有的送往麦加,有的送往布哈拉,其余的送往阿拉尔。这样,花剌子模的最高权力就落入了土库曼人之手(第406张)。

《天堂幸福园》中所列举的事实表明,土库曼约穆特部的势力很大,他们与乔乌达尔人一起曾三次(1156/1743年一次,1181/1767～1768年两次)掌握了这里的最高权力(第47a、496、50a张)。

《天堂幸福园》详细记述了花剌子模的内讧和封建领主之间的争斗。这种内讧和争斗在阿努沙死后越来越激烈,一直持续到穆罕默德·拉希姆一世时。一些封建集团为了在国家占据关键位置,把哈萨克人和卡拉卡尔帕克人速檀请到花剌子模,并把他们扶上王位。例如他们中有哈萨克的努拉里汗、塔乌克汗、巴拉凯汗、伊希姆汗,卡拉卡尔帕克秋拉部的阿卜杜拉汗、卡拉拜汗、亚地喀耳汗、艾布·哈兹汗四世等(第47a、48a、496、50a、506、51a、516、526张)。内讧和连绵不断的封建战争,像沉重的担子压在劳动人民的肩上。这方面作者虽然只列举了一些零散材料,但这些材料非常珍贵,如温图尔特乌鲁格(又称乌沙克乌鲁格)部的分迁(第44a张);1135/1722～1723年曼格特的饥荒(第44a张);1126/1714年什尔哈兹汗在扬吉苏河和锡尔河岸对卡拉卡尔帕克人的屠杀(第426张);1182/1768年别什卡拉(哈扎拉斯普、汉卡、乌尔根奇、基亚特、沙哈巴德)的严重饥荒,人们不得不吃狗肉、猫肉充饥,把自己的儿女卖给哈萨克人;这次饥荒后的霍乱(第506张),等等。

社会经济方面的材料:

在《天堂幸福园》中可以看到一些有关封建土地占有制形式,如苏尤尔加勒制度的材料:伊利巴斯汗在确立了对花剌子模以及巴尔罕和曼格什拉克的统治地位后,将"大省赐给了王子,小省赐给了异密"。当时属瓦济尔所辖的扬吉沙哈尔城和季尔萨克城设施完好,伊利巴斯汗将它们赐给了自己的兄弟比利巴斯(第 306 张);"阿卡泰汗·伊本·阿马纳克汗(16 世纪中叶瓦济尔领主——艾哈迈多夫注)将基亚特[城]作为苏尤尔加勒赐给了上面提到的卡尔汗的两个儿子(谢赫穆罕默德和沙·纳扎尔——艾哈迈多夫注)。"(第 33a 张)有关于赋税等方面的材料,穆尼斯还指出了土库曼人上缴国库的贾卡特的总量:"将知道在伊斯芬迪亚尔汗以前,土库曼人每年要上缴 40000 只羊……伊奇克萨卢尔部每年上缴 17600 只,哈桑艾里部每年上缴 11600 只,艾伦格奇部每年上缴 4400 只,库克兰部每年上缴 13200 只,阿达克雷部每年上缴 13200 只,希兹尔艾里部、阿利埃利部和捷瓦奇部从事农业,[因此]用粮食来收他们的贾卡特。"(第 31a 张)

穆尼斯和阿加希有关花剌子模以下城市——乌尔根奇、基亚特、阿拉尔、瓦济尔、扬吉沙哈尔、季尔萨克、皮特尼亚克、甘杜姆坎、哈扎拉斯普等状况的资料很有价值。封建统治阶级的内讧使其中不少城市遭到破坏。例如,在艾布·哈兹当政时,位于海滨的阿拉尔城被毁(第 37a 张),而在阿努沙时,大约在 1092/1681 年,基亚特和瓦济尔城荒芜了(第 39a 张),1132/1720 年在帖木儿汗与什尔达里争斗时,沙哈巴德被淹(第 44a 张),还在阿拉布·穆罕默德汗,即上面提到的艾布·哈兹的父亲时,"乌尔根奇由于缺水而衰败了",其居民被迫迁到土克城堡对面的地方居住(第 36a 张)。同时,人们也开发出了新的土地,引水进行了建设。这些新开发的地方有新乌尔根奇,它是 1055/1645 年艾布·哈兹时在阿姆河左岸兴建的。关于新乌尔根奇,穆尼斯这样写道:"它修建得非常好,到处开满鲜花。"(第 376 张)新基亚特和新瓦济尔城也建成了。库兰吉和都城(希瓦)等城都建设得很好。库兰吉离哈扎拉斯普不远,有许多伊尔突泽尔时的建筑物(第 34a 张)。都城里建有阿拉布·穆罕默德经文学校,在谢赫渠东面有什尔哈兹·巴格·穆

161

拉德园,在帕赫拉万·马哈茂德·普尔·亚尔陵南面有建于 1132/1720 年的经文学校(第 35a、446 张),等等。同时,《天堂幸福园》作者以下资料很有意义:"在阿努沙汗执政时基亚特大渠干了,[因此]该城居民生活非常困难。汗为他们在叶吉贡巴兹[这一地方]的北面修建了一座城堡,并修了一条通到阿库尔的渠,名为亚尔梅什渠。1092/1681 年,[这位]汗在汉卡北面、新乌尔根奇和新基亚特以南又修了一条大渠,一直通到安巴尔和马纳克。在安巴尔东面修了一座大城堡,称之为沙哈巴德……这条渠……现在叫沙哈巴德渠,由于有了这条渠,许多地方的条件都有了改善,因为它保障了[现在]5 ~ 10 座城堡的用水。"(第 39a 张)

《天堂幸福园》作者关于居民迁移的资料(乌尔根奇、希瓦和其他城市的许多居民在 945/1538 年被兀拜杜拉汗,1002/1593 ~ 1594 年被阿卜杜拉汗二世赶到布哈拉;花剌子模的乌兹别克人由于不堪忍受伊斯芬迪亚尔及其周围土库曼封建领主的压迫,在 16 世纪头 25 年纷纷逃往布哈拉、撒马尔罕、曼格特人的兀鲁思和哈萨克人那里;在什尔哈兹时期[1126/1714—1139/1726 ~ 1727]卡拉卡尔帕克人纷纷逃往扬吉苏河和锡尔河沿岸)对研究 16—18 世纪花剌子模的社会经济状况有重要意义。由于汗(伊利巴斯、哈吉姆汗、艾布·哈兹、阿努沙、希尔哈兹、伊利巴斯二世等)和封建上层对呼罗珊和布哈拉汗国的不断侵袭,从被占领地区不仅赶来了牲畜,居民也被赶了来,其中许多人后来沦为奴隶。这方面穆尼斯以下叙述很有代表性:"在我小的时候,我祖父伊什姆比时的一个仆人对我说,在什尔哈兹汗袭击呼罗珊时(1129/1717),有 5000 多男男女女被迫做了奴隶,他就是其中之一。"(第 43a-436 张)

《天堂幸福园》还有丰富的民族方面的资料,其中有土库曼和乌兹别克诸部的重要资料。例如,书中提及了土库曼人以下氏族部落联盟:伊尔萨里、萨卢尔、胡拉桑萨卢尔、萨里克、特克、约穆特、伊奇克萨卢尔、哈桑艾里、阿兰格奇、戈卡兰、希兹尔艾里、阿利埃利、捷瓦奇、拜拉奇,提及的乌兹别克部有:乃蛮、畏兀儿、孔格勒、曼格特、杭勒、克普恰克、尤孜、温图尔特乌鲁格（乌沙克乌鲁格）、努库斯、乞颜、萨赖等（这些材料分散在全书中）。

对研究希瓦汗国的国家制度来说，穆尼斯和阿加希有关以下官品和称号的资料是有用的，如扎卡特奇、塔瓦奇巴什、瓦吉勒、克德胡达、米拉胡尔、穆泰瓦利、纳吉布、阿塔雷克、依纳克、米拉布、帕尔瓦纳奇、阿拉布、察合台依纳克、维齐尔、麦赫塔尔、库什别克（科什别克）、巴卡乌勒、哈赛库什别克、乌代奇、迪万别克、达斯塔尔罕奇、热依斯、什加乌勒、库特瓦勒、卡迪和谢赫伊斯兰（这些资料分散在全书中）。而穆尼斯有关艾布·哈兹进行的行政改革的记述尤为有用，穆尼斯写道："他给予360位乌兹别克人各种不同职位，其中32位安排在自己身边，如[他身边有]2位谢赫伊斯兰、2位卡迪、1位出自神圣的赛义德·阿塔后代的热依斯、1位穆泰瓦利、1位纳吉布、4位阿塔雷克、4位依纳克、4位米拉布、4位比、1位帕尔瓦纳奇、2位阿加、2位阿尔巴布、4位察合台依纳克、1位维齐尔（现在称为麦赫塔尔）、1位库什别克、1位巴卡乌勒……他把[所有]乌兹别克人分成4部，称为四土佩（тупэ），即一个土佩由畏兀儿[和]乃蛮组成，尤孜和明格归于畏兀儿，而谢赫——先知的后代们与布尔拉克一起归于乃蛮。孔格勒和乞颜组成另一土佩，贾拉伊尔和阿利埃利归于乞颜。努库斯和曼格特组成第三个土佩。第四个土佩由杭勒[和]克普恰克组成。温图尔特乌鲁格归属于他们，于是[土佩]也就称为温图尔特乌鲁格。汗把从达尔甘到海边的阿姆河两岸和从阿姆河引水的渠道两旁的土地，都分给了乌兹别克人。"（第376张）在这方面，即把乌兹别克诸部分为4部分，П.П.伊万诺夫以下提法值得注意："大部分重要称号和职务都按四份来分，这种情况显然说明艾布·哈兹的任务之一，就是想使这里称为土佩的乌兹别克四个最重要的部落联盟，由相互仇视变为和睦相处。"[1]

希瓦汗国与其他国家政治关系的材料：

穆尼斯和阿加希的书中也有希瓦汗国与布哈拉相互关系的重要材

124

---

[1]Иванов П П.《Материалы по истории туркмен и Туркмении》(《土库曼人和土库曼历史资料》)，т. II，c. 328，прим. 1.

料(945/1538 年兀拜杜拉汗、1002/1594 年阿卜杜拉汗二世和 1052/
1642 年纳德尔·穆罕默德汗夺取花剌子模,艾布·哈兹和阿努沙执政
时希瓦军队入侵布哈拉汗国,曼格特王朝达尼亚尔比[1172/1758 ~
1759—1199/1785]执政时布哈拉军队入侵花剌子模,纳迪尔沙的傀儡
塔希尔汗和富拉德哈兹汗被扶上阿斯特拉罕王朝王位);有与俄国关
系的材料(1011/1602 年哥萨克军队入侵乌尔根奇,1127/1715 年在什
尔哈兹执政时 A.别科维奇 - 切尔克斯基赴希瓦考察);有与伊朗关系
的材料(阿瓦内什汗对阿斯特拉巴德分离者反对萨非王朝斗争的干
预,1152/1639 年纳迪尔沙夺取花剌子模)和与阿富汗关系的材料(第
31аб、32a、35a、36a、37б、38аб、43a、50a、51б 张等)。从作者的记述可以
看出,希瓦人显然在艾哈迈德沙·杜拉尼与锡克教徒的斗争中,给予了
他军事援助。例如,在穆尼斯和阿加希对 1181/1767 年史事的记述中,
我们可以读到:"那年 4000[以前]派去援助艾哈迈德沙的人回到[希
瓦]。"(第 50a 张)

虽然《天堂幸福园》中有大量珍贵资料,但至今尚未刊布过[1]。其
抄本现保存在塔什干和苏联科学院东方学研究所列宁格勒分所[2]。

* * * *

昔班尼王朝和阿斯特拉罕王朝上述史籍中,有 16—17 世纪费尔干
纳社会经济和政治史方面的资料,而我们对这些资料的研究还是非常
125 不够的。对研究这一地区 17 世纪上半叶至 19 世纪的历史来说,浩罕
汗国的历史文献有重要意义,其中最重要的是我们下面所要介绍的。

---

〔1〕该著作的大部分由 П. П. 伊万诺夫翻译,发表在《土库曼人和土库曼历史资料》第 2 卷第
323 - 425 页。但是翻译的只是该著作的一部分,而且基本上是转述了主要的事件。

〔2〕关于抄本情况,请参见《Собрание восточных рукописей АН УзССР》(《乌兹别克共和国
科学院东方抄本汇编》),т. I, с. 83, т. VII, с. 33 - 35;《Описание тюркских рукописей
Института народов Азии СССР》(《苏联科学院亚洲民族研究所突厥文抄本目录》),т. I, с.106 -
107.

25 史记选

（Мунтахаб ат-таварих）

　　该书第一编是按通史的形式写的,写了伊斯兰教以前的先知,古代波斯王,中国和欧洲的统治者,虔诚的哈里发,倭马亚王朝和阿拔斯王朝,伊朗和中亚地方穆斯林王朝:萨法尔王朝、萨曼王朝、布韦希王朝、伽色尼王朝、塞尔柱王朝、花剌子模沙王朝、基尔曼的喀喇汗王朝和穆扎法尔王朝,成吉思汗及其后继者:窝阔台、贵由汗、蒙哥合罕,伊朗的伊儿汗,哲拉伊尔王朝,谢尔别达,帖木儿王朝(速檀·胡赛因·拜卡拉时期和北印度巴布尔王朝时期写得比较详细),昔班尼王朝,阿斯特拉罕王朝,格曼特王朝和明格王朝(乌兹别克共和国科学院东方学研究所藏抄本,编号592,第2a-3546张)。第二编为回忆录形式(第355a-668a张)。该书于1259年4月最后一天/1843年5月29日在吉塔布完成。

　　该书作者是哈吉穆罕默德·哈克木汗,赛义德马苏姆汗之子,约生于1217/1802年,是上世纪费尔干纳学识最为渊博的人之一。从母系方面看,他是那尔巴图比(1177/1763~1764—1213/1798~1799年为浩罕汗)的外孙,而从父系方面看,他是中亚著名神学家谢赫、霍加贾拉尔·丁·艾哈迈德·卡萨尼,外号为马哈杜姆·阿扎姆·卡萨尼(866/1461~1462—949/1542~1543)的后代。[1] 哈吉穆罕默德·哈克木汗的父亲赛义德马苏姆汗是奥马尔汗时(1225/1810—1237/1822)和穆罕默德·阿里汗(1237/1822—1258/1842)执政之初浩罕的谢赫伊斯兰。在穆罕默德·阿里汗时,哈吉穆罕默德·哈克木汗曾被任为纳曼干、秋拉库尔干和卡桑的总督。但是不久父子俩便失宠,"获准"去

---

〔1〕这是据《Насимат ал-кудсмин хада'ик ал-унс》(穆罕默德·哈什姆·伊本·穆罕默德·哈斯木·巴达赫什写于1031/1622年)和《Макамат ал-машаих》(米尔·穆赛亚布·米尔罕·布哈里完成于1280/1863~1864年以后)所说。另请参见《Маджму ат-таварих》,А.Т.塔吉尔贾诺夫刊布,列宁格勒,1960年,前言第8-9页。

·欧·亚·历·史·文·化·文·库·

阿拉伯"圣地"朝觐。其父后来的命运不清楚,而穆罕默德·哈克木汗有 7 年(1237/1822—1243/1827～1828)在俄国漂泊(去过特罗伊茨克和奥伦堡,后来在 1239/1824 年见过沙皇亚历山大一世),去过土耳其、伊拉克、叙利亚、巴勒斯坦、麦加、麦地那、埃及和伊朗,在 1243/1827～1828 年回到中亚后,定居在吉塔布,看来在那里度过了自己的余生。

哈吉穆罕默德·哈克木汗的书是研究浩罕汗国历史,特别是研究那尔巴图、爱里木汗(1213/1798～1799—1225/1810)和爱玛尔汗时期浩罕汗国历史的重要史料。书中也有浩罕汗国建立时期的珍贵资料,这些资料对弄清楚由沙哈鲁比(1134/1722—1146/1733～1734)之子阿卜杜·拉希姆汗开始至上述执政者止费尔干纳的政治生活有重要意义(第 328a – 3546 张)。但是,正如 B. A. 罗莫金(哈吉穆罕默德·哈克木汗这一著作为数不多的研究者之一)所正确指出的,作者对明格王朝浩罕头几个统治者执政时事件的记述主要是基于口头传说,往往不准确,年代上更是如此。[1]

《史记选》第一编由 A. M. 穆赫塔罗夫影印出版。[2] B. A. 罗莫金对该书的摘译(关于明格王朝阿卜杜勒·卡里姆比上台执政,那尔巴图执政时秋拉库尔干总督、那尔巴图弟弟哈吉比的儿子们逃往吉尔吉斯人那里)发表在吉尔吉斯人历史资料集上。[3]《史记选》抄本原件(波斯—塔吉克文)和中亚突厥语翻译件现都保存在塔什干、列宁格勒和杜尚别(A. A. 谢苗诺夫故居纪念馆)。[4]

126

---

〔1〕Ромодин В А.《Некоторые источники по истории Ферганы и Кокандского ханства》(《费尔干纳和浩罕汗国的一些史料》), с. 60.

〔2〕穆罕默德·哈克木汗:《史记选》, A. 穆赫塔罗夫校勘影印、撰写前言和索引,第 1 卷,杜尚别,1983 年。

〔3〕请参见本书《参考书目索引》。

〔4〕关于抄本情况,请参见《Собрание восточных рукописей АН УзССР》(《乌兹别克共和国科学院东方学研究所抄本汇编》), т. I, с. 87 – 89, т. VII, с. 31 – 33; Миклухо-Маклай Н Д.《Описание таджикских и персидских рукописей Института востоковедения АН СССР》(《苏联科学院东方学研究所塔吉克文和波斯文抄本目录》), вып. 1, с. 572, вып. 3, с. 325 – 329; Семенов А А.《Указатель персидской литературы по истории узбеков в Средней Азии》(《波斯文中亚乌兹别克人历史文献索引》), с. 27;《Описание тюркских рукописей Института народов Азии СССР》(《苏联科学院亚洲民族研究所突厥文抄本目录》), т. I, с. 51 – 52.

26 沙哈鲁编年史
(Тарих-и Шахрухи)

这是一部从浩罕汗国奠基人沙哈鲁比(1121/1709—1134/1722)开始至1288/1871年,即到写该书时,浩罕汗国历史著作。

《沙哈鲁编年史》,又名《沙哈鲁史》(《 Тaвaрих - и Шахрухийа》),[1]其作者是尼牙孜·穆罕默德·伊本·阿守尔·穆罕默德·胡坎迪,外号尼亚孜。他出身于名门望族:其前辈从浩罕汗国建立之初起就一直仕奉汗,而尼牙孜·穆罕默德(1217/1802 至不早于1293/1876 年)本人在胡达亚尔汗(第一次执政 1261/1845—1275/1858 ~1859 年,第二次执政 1279/1862 ~ 1863—1280/1863 年,第三次执政 1281/1864 ~ 1865—1292/1875 年)军中供过职,看来是任书记官或断事官。

《沙哈鲁编年史》对汗国历史,主要是军事政治史的记述,是按照封建和资产阶级史籍的模式,根据明格新王朝汗的更替顺序进行的:从沙哈鲁·伊本·阿守尔汗开始(第12a - 176 张),到阿卜杜·拉希姆汗(第 22a 张)、额尔德尼汗(第 22a - 236 张)、绥拉满汗(第 236 - 246 张)、那尔巴图汗(第 246 - 31a 张)、爱里木汗(第 31a - 726 张)、爱玛尔 汗(第726 - 856张)、迈买底里汗(第856 - 101a 张)、希尔阿里汗

---

〔1〕请参见乌兹别克共和国科学院东方学研究所藏抄本,编号1787,第17a 张。

（第 1076－133a 张），最后是胡达亚尔（第 133a－2526 张）。[1] 此外，书中还有一些尽管是零碎的，但却是珍贵和重要的有关宗教封建主（以恰达克地区的霍加为代表）与世俗封建主争夺费尔干纳最高权力的斗争，封建土地制度，劳动群众不堪重负的苛捐杂税，国家机构和浩罕汗军队编制，浩罕汗国与布哈拉、新疆和准噶尔政治关系的资料，民族方面还有关于库拉马部、乌兹别克人和哈萨克人部落联盟以及吉尔吉斯人的资料。此外，尼牙孜·穆罕默德书中还有城市，包括浩罕城的建立，以及费尔干纳盆地、北塔吉克斯坦、东南吉尔吉斯、南哈萨克斯坦和新疆一些地方的资料。

总之，作者根据亲身观察和事件见证人及知情人讲述写成的《沙哈鲁编年史》，是研究 19 世纪费尔干纳、塔什干、南哈萨克斯坦和吉尔吉斯历史以及上世纪 40—60 年代浩罕汗国历史的第一手重要史料。书中根据现已失传的史料编纂，讲述浩罕汗国建立和费尔干纳盆地及其相邻地区政治生活的那一部分，也有其意义。

尼牙孜·穆罕默德·胡坎迪的这一著作从 1876 年起，即从 Г. А. 科尔帕科夫斯基得到它的两个抄本以后起，就引起了东方学家们的注意。В. В. 巴托尔德、Л. А. 济明、А. А. 谢苗诺夫、П. П. 伊万诺夫、Е. 别克马哈诺夫、Р. Н. 纳比耶夫、А. М. 穆赫塔罗夫、А. П. 卡尤莫夫、В. М. 普洛斯基赫、Т. К. 别伊先比耶夫和其他研究者都利用过该书的

---

〔1〕据《沙哈鲁编年史》作者写的表年诗，明格王朝执政者的先后顺序是：①沙哈鲁汗（1121/1709—1134/1721～1722）；②阿卜杜·拉希姆汗一世（1134/1721～1722—1146/1733～1734）；③阿卜杜勒·卡里姆汗（1146/1733—1164/1751）；④阿卜杜·拉希姆汗（1164/1751）；⑤额尔德尼汗（1164/1751—1176/1762～1763）；⑥绥拉满汗（1176/1763）；⑦那尔巴图汗（1177/1763～1764—1213/1798～1799）；⑧爱里木汗（1213/1798～1799—1225/1810）；⑨爱玛尔汗（1225/1810—1237/1821～1822）；⑩迈买底里汗（1237/1821～1822—1258/1842）；⑪希尔阿里汗（1258/1842—1261/1845）；⑫胡达亚尔汗（1261/1845—1275/1858～1859）；⑬马拉汗（1275/1858—1278/1862）；⑭沙穆拉德汗（1279/1862～1863）；⑮胡达亚尔汗第二次执政（1279/1862～1863—1280/1863～1864）；⑯赛义德·速檀（1280/1863～1864—1281/1864～1865）；⑰胡达亚尔汗第三次执政（1281/1864～1865—1292/1875）。

　　Н. Н. 潘图索夫全文刊布过《沙哈鲁编年史》，В. В. 巴托尔德、Н. Г. 马利茨基和 В. А. 罗莫金发表过它部分章节的俄文译文。

――――――――――――――

　　[1] В В. Бартольд《Туземец о русском завоевании》(《土著人谈俄国的占领》), Соч., т. II, ч. 2, с. 333 – 349; Зимин Л А.《Зерцало побед и его значение для истории Кокандского ханства》(《胜利护法镜及其在浩罕汗国历史上的意义》),《Протоколы заседаний и сообщения членов Туркестанского кружка любителей археологии》(《突厥斯坦考古爱好者小组会议记录和通报》), год 17 – ый, 1913, с. 31 – 38; Зимин Л А.《Первые шаги Алимхана на государственном поприще》(《爱里木汗在国家舞台上的最初举措》), 同上书, с. 102; Semenov A A.《Kurzer Abriss》(《库尔泽尔·阿布里斯》), с. 9; Иванов П П.《Казахи и Кокандское ханство –к истории их взаимоотношений в начале XIX в.》(《哈萨克人与浩罕汗国——19 世纪初他们的相互关系》) – ЗИВ АН СССР, т. VII. М. – Л., 1939, с. 110; Бекмаханов Е.《Присоединение Казахстана к России》(《哈萨克斯坦并入俄罗斯》), с. 99; Набиев Р Н.《Народные восстания в Коканде в1840—1842 гг.》(《1840—1842 年浩罕的人民起义》),《Общественные науки в Узбекистане》(《乌兹别克斯坦社会科学》), 1961, №7, с. 39 – 40; Набиев Р Н.《Ташкентское восстание 1847г. и его социально-экономические предпосылки》(《1847 年塔什干起义及其社会经济前提》), Ташкент, 1966, с. 14, 19, 29, 31 и др; Мухтаров А. М.《Очерк истории Ура-тюбинского владения в XIX в.》(《19 世纪乌拉秋宾领地简史》), Душанбе, 1964, с. 43 – 44; Каюмов А.《Кукон адабий мухити XVIII – XIX асрлар》(《18—19 世纪浩罕的文学状况》), Ташкент, 1961, с. 312 – 313; Плоских В М.《Киргизы и Кокандское ханство》(《吉尔吉斯人与浩罕汗国》), Фрунзе, 1977, с. 59; Бейсембиев Т К.《Байан-и таварих-и хаванин-и шахр-и Хуканд》(《历史文献〈Байан-и таварих-и хаванин-и шахр-и Хуканд〉》),《Вестник Каракалпакского филиала АН УзССР》(《乌兹别克共和国科学院卡拉卡尔帕克分院通报》), 1977, №4, с. 61 – 72; Бейсембиев Т К.《История изучения 〈Тарих-и Шахрухи〉》(《对〈沙哈鲁编年史〉的研究情况》), В кн.《Сборник по вопросам истории, археологии и этнографии》(《历史、考古、民族学论文集》), Алма-Ата, 1978, с. 25 – 54.

＊＊＊＊

以下史籍对世系、年代以及对中亚、哈萨克斯坦和伏尔加河沿岸乌兹别克人和其他突厥语民族族源和形成的研究,有一定意义。

27　昔班尼世系
（Шейбаниада）

这是保存在原圣彼得堡科学院亚洲博物馆的孤本(编号为591,原由 A. K. 卡津别克收藏)的同名俄文译本,1849 年由俄国著名东方学家 И. Н. 别列津(1818—1896)刊布,[1]是一部从挪亚至艾布·海尔汗及其子孙(至阿卜杜拉汗二世)的突厥—蒙古民族的简史。

该书由 3 编组成。

第 1 编(原文9-34页,译文ⅩⅫ-ⅩLⅨ页)叙述了从乌古思汗和阿兰库娃至成吉思汗的突厥—蒙古民族的历史。这一部分没有原著意义,完全是根据拉施特·丁著名的《史集》编纂的。

第 2 编叙述了孔格勒部的著名首领,他们参与过帮助成吉思汗争夺其父遗产的斗争,因此与许多蒙古汗和乌兹别克汗有姻亲关系(第ⅩⅩⅩ-LⅢ页)。虽然这部分的叙述缺乏连贯性,但正如 И. Н. 别列津所指出的,它"可以对艾布·哈兹和穆罕默德·优素福蒙什记述的布哈拉汗的世系以补充和修正"[2]。

第 3 编比较珍贵,简要记述了艾布·海尔汗死后(873/1468～1469)所发生的主要政治事件,较为详细地指出了艾布·海尔汗从沙布达格速檀到贾尼别克速檀及其统治过中亚的后代的世系(第LⅣ-LⅩⅩⅣ页)。

---

〔1〕《昔班尼世系》是察合台文的突厥—蒙古人历史史籍,由 И. Н. 别列津刊布,附有其译文、注释和附录,1849 年在喀山出版。我们利用的这一版本除有译文和大量语文学方面的注释外,还有阿拉伯文(第2-97页)。

〔2〕И. Н. 别列津:《〈昔班尼世系〉前言》,第ⅤⅡ页。

28 乌兹别克人世系

（Насаб-наме-йи узбек）

    该文很短,只占两张纸(第 1826 – 1836 张),文中有一不寻常的关于乌兹别克人起源的前言,此外还列举了乌兹别克人的92个部落和氏族。

    从该文收集在 1314/1896 ~ 1897 年尼扎姆·丁·伊本·大毛拉沙·赛义德马哈杜姆所收的有纳格什班迪耶教团大谢赫、16 世纪神学家霍加艾哈迈德·伊本·毛拉纳贾拉尔·丁·卡萨尼的《王者警言》(《Танбих ас-салатин》)、《儒者警言录》(《Рисала-йи танбих ал-улама》)、《神秘旅途上人们的祥兆》(《Нафахат ас-саликин》)、《论孜克尔》(《Рисала-йи зикр》)、《虔诚教徒的神秘锁链》(《Силсилат ас-сиддикин》)、《甜瓜集》(《Рисала-йи батихийа》)、《明镜》(《Мират ас-сафа》)、《超越中意之人的阶梯》(《Ме'радж ал-ашикин》)、《巴布尔文集》(《Рисала-йи Бабурийа》)等著作[1]的文集中[2]看,可以推断《乌兹别克人世系》可能写于 16 世纪下半叶至 17 世纪初。

    《乌兹别克人世系》在上述文集中安排在上面提到的卡萨尼的《儒者警言录》(第 1756 – 1816 张)之后,以讲述乌兹别克人起源的奇特前言开篇,似是根据在东方广为流传的瓦里·丁·穆罕默德·伊本·阿卜杜拉·奥玛里哈吉布·塔布里兹(卒于 740/1339 ~ 1340)的《灯龛》

---

[1]马哈杜姆·阿扎姆·卡萨尼这些著作和其他著作的情况,请参见《Собрание восточных рукописей АН УзССР》(《乌兹别克共和国科学院东方抄本汇编》),т. III, с. 298 – 315.

[2]乌兹别克共和国科学院东方学研究所藏抄本,编号 3386,273 张。文集中除马哈杜姆·阿扎姆·卡萨尼的著作外,还有穆罕默德·达尔·舒库赫的《兀拜杜拉汗诗解说》(《Рисала-йи шарх абйат Убайдаллах-хан》)、《圣者之船》(《Сафинат ал-авлийа》)和其他著作。

(《Мишкат ал-мусабих》)写的。[1] 根据前言中的材料,乌兹别克人的祖先似乎是先知易卜拉欣及其妻比比·萨拉。他们的后代共计92人随第二任哈里发艾布·伯克尔·西迪克(11/632—13/634)之父从突厥斯坦来到阿拉伯,参加了先知(穆罕默德)对异教徒的圣战。他们在圣战中表现得英勇无比,因此先知似乎总是说:"突厥人是我的权杖。"后来所有乌兹别克人都来自这92个勇士,取了他们的名字,有特殊标记——даг(第182б-183a张)。

接着列举了以下来源于这92个勇士的部落和氏族的名称:明格、尤孜、克尔克、乌兹别克、温卡扎特、贾拉伊尔、萨赖、孔格勒、阿尔钦、阿儿浑、乃蛮、克布恰克、恰克马克、阿扎克、卡尔马克、塔尔雷克、图达克、布尔拉克、萨马尔奇克、克普恰克、克列奇、基纳卡什、布伊拉克、乌拉特、乞雅、契丹、通克里、乌兹茹劳奇、科伊奇、乌塔吉、布拉特奇、吉尤特、贾特、奇尔丘特、布夫毛特、维毛特、阿尔拉特、克烈惕、温库特、唐兀惕、曼格特、恰尔丘武特、梅西特、篯儿乞惕、布尔库特、乞颜、库尔拉斯、乌卡兰、卡雷、阿拉伯、伊拉奇、茹布尔干、季什雷克、克赖、土库曼、杜尔曼、塔宾、塔马、拉马丹、穆伊坦、卫逊、巴代伊、哈菲兹、吉尔吉斯、马扎尔、库恰里克、萨乌兰、巴阿邻、维里斯、茹布拉特、比代、鞑靼、塔巴什、米奇克尔、速勒都思、秃八、季拉夫、基尔达尔、比克季亚、卡尔肯、希林、奥格兰、库尔拉特、巴格兰、钦拜、切希尔卡斯、畏兀儿、阿加尔、亚布、塔尔格尔、土尔加克和科哈特(第183a-183б张)。

---

[1] 其简单情况请参见《Собрание восточных рукописей АН УзССР》(《乌兹别克共和国科学院东方抄本汇编》),т.IV, с.137-138.

29　乌兹别克九十二部名

（Асами-йи навади ду фирка-йи узбек）

　　抄本藏于乌兹别克共和国科学院东方学研究所，编号为 4330，由 4 部独立的著作装订而成：速檀·穆罕默德·伊本·达尔维什·穆罕默德·巴里黑的《奇迹集锦》（第 16 – 1276 张）、某佚名作者的《霍加阿卜杜勒·哈基姆·捷尔梅兹纪年》（《Салнаме-йи ходжа Абд ал-Хакими Термези》）（第 1286 – 1336 张）、某一记述 7 种气候带的天文地理书的一部分（第 1346 – 1376 张）和《萨米简史》（《Тарихча-йи Сами》）。《萨米简史》简要记述了从成吉思汗到阿斯特拉罕王朝艾布·法伊兹汗河中地诸王的历史（第 140a – 1776 张）。在《霍加阿卜杜勒·哈基姆·捷尔梅兹纪年》的末尾，列出了乌兹别克 92 部名称，与 Н. В. 哈内科夫根据《乌兹别克人世系》列出的名称稍有不同，[1]因此有一定意义。现将这些名称抄录如下：明格、尤孜、克尔克、翁格、温卡扎特、贾拉伊尔、萨赖、契丹、克普恰克、乃蛮、恰克马克、乌尔马克、图达克、布斯坦、萨马尔奇克、卡尔马克、葛逻禄、卡塔甘、阿尔拉特、阿儿浑、八鲁剌思、布伊泰、克涅格斯、克列奇、布伊拉克、卫拉特、乞雅、孔格勒、杭勒、乌兹、朱劳奇、朱苏劳奇、卡吉、乌塔尔奇、库尔劳奇、吉尤特、吉德、奇尔丘特、布亚济特、维毛特、克烈惕、巴干、安格特、唐兀惕、曼格特、篾儿乞惕、布尔库特、马杜乞雅、乌卡兰、阿尔钦、卡雷、加里布、舍别尔干、克什雷克、土库曼、杜尔曼、塔巴什、塔姆、塔宾、拉马丹、米坦、卫逊、布萨、哈夫特、吉尔吉斯、鞑靼、巴什基尔、速勒都思、基劳奇、杜扎尔、朱拉特、巴

　　〔1〕Ханыков Н В.《Описание Бухарского ханства》（《布哈拉汗国概论》），Спб.，1843，с. 58 – 66.

代伊、奥格兰、古儿剌兀惕、钦拜、梅赫迪、奇尔卡斯、畏兀儿、阿加尔库尔、努库斯、卡拉图什卢布、亚布、塔尔格尔、科哈特、绍兰、希林、塔马、巴阿邻、克赖、萨特希扬、穆加尔和卡扬（第132b—133a张）。

30 赛义德·拉克木表年诗

(Тарих-и Саид Раким)

　　该著作流传很广,有自帖木儿(771/1370—807/1405)时起至
1055/1645年,即阿斯特拉罕王朝阿卜杜勒·阿齐兹汗即位止,中亚、
呼罗珊、北阿富汗以及印度重要事件的年代。该著作还有《赛义德·
沙里夫·拉克木·撒马尔坎迪表年诗》(《Тарих-и Саид Шариф Раким
-и Самарканди》)、《拉克木表年诗》(《Тарих-и Ракими》)、《卡西拉表
年诗集》(《Тарих-наме-йи касира》)、《卡西拉表年诗》(《Тарих-и
касира》)等书名。

　　А.А.谢苗诺夫认为,该书作者是17世纪下半叶至18世纪前25
年撒马尔罕著名学者和诗人毛拉沙拉夫·丁阿拉姆·伊本·努尔·丁
阿訇毛拉法尔哈德(生于安集延省)[1]。

　　该著作有不少抄本收藏在苏联(列宁格勒、塔什干、杜尚别)和国
外(英国、法国、埃及和沙特阿拉伯)[2]《赛义德·拉克木表年诗》最
大量的抄本(30多个)保存在乌兹别克共和国科学院东方学研究
所,[3]其中差不多有一半(15个)是全本。这一著作也刊布过,1913年
由布哈拉著名学者米尔扎·萨利姆别克帕尔瓦纳奇(1848—1930)出
版,在吴拉姆·哈桑·阿里夫贾诺夫的石印厂印刷,同时印刷出版的还
有拉赫马塔拉·伊本·阿守尔·穆罕默德·布哈里(卒于1311/1893
~1894年)的《友人传记给爱者的愉悦》(《Тухфат ал-ахбаб фи

──────────

〔1〕请参见本书《参考书目索引》。

〔2〕请详见 Стори Ч А.《Персидская литература》(《波斯文文献》),ч.2,с.1141-1142.

〔3〕请参见《Собрание восточных рукописей АН УзССР》《乌兹别克共和国科学院东方抄本
汇编》,т.I,с.68-71;т.V,с.42-44;т.VI,с.27-32. 关于该著作的详细介绍(附有该著作
中的年谱),请参见 Rosen V.《Les manuscrits persans de L'Institut des Langues orientales...》(《波
斯文抄本》),p.115-140.

тазкират ал-асхаб》)。

书中无论是作者自己写的还是借用前人的表年诗(如萨尔曼·萨韦吉、贾拉尔·丁·鲁米、贾米、米尔洪德、比纳伊等人的),都涉及一些有重要社会地位的人物(统治者、谢赫、学者、诗人)的生平,有的写的是公共和祭祀设施的建设(桥梁、水闸、澡堂、清真寺、经文学校等),有的记述了一些重要的历史事件。诗中珍贵的参考资料对研究者研究上述地区各民族过去的社会经济、政治和文化生活有很大帮助。下面我们引述其中的一些材料。

处死拉施特·丁发生在 718 年 9 月 1 日/1318 年 10 月 27 日(第 56 张)。[1]

霍加萨尔曼·萨韦吉卒于 749/1348 年(第 17a 张)。

卡迈勒·丁·霍占迪于 793/1391 年去世(第 30a 张)。

阿拉姆塔富塔扎尼于 794/1392 年去世(第 316 张)。关于他还有以下材料:他生于 722/1322 年;18 岁时在吉日杜万写了《津贾尼解说》(《Шарх-и Зенджани》);748 年 2 月/1347 年 5 月 13 日—6 月 10 日,在贾姆省完成了《认识本质的钥匙》(《Шарх-и Мулаххис ал-мифтах》);757 年 11 月/1356 年 10 月 26 日—11 月 24 日在突厥斯坦写了《穷困辨》(《Шарх-и танки'》);在 774 年 11 月/1373 年 4 月 24 日—5 月 23 日在撒马尔罕完成了《税收述语及解释》(《Макасад ал-калам ва шарх-и макасид》);在 775 年 8 月/1374 年 1 月 16 日—2 月 13 日完成了《论信仰》(《Шарх-и ака'ид》);在 778/1376 年以年迈之驱,完成了《〈知识的钥匙〉第三卷注释》(《Шарх-и кисм ас-салис аз 〈Мафатих ал-'улум〉》)(第 31a 张)。

阿米尔·赛义德·沙里夫·朱尔贾尼于 814/1411 年去世(第 486 张)。下面引述一些有关他生平活动的材料:他生在马赞达兰的塔温村(生于 779/1377 年);穆扎法尔王朝的沙·舒贾(776/1374 ~ 1375 后—786/1384)委任他为设拉子达尔什法经文学校的穆达里斯。在帖

---

〔1〕据其他资料(И. П. 彼得鲁舍夫斯基:《拉施特及其历史著作》;拉施特:《史集》,第 1 卷,第 1 分册,莫斯科—列宁格勒,1952 年,第 22 页)是 718 年 5 月 18 日/1318 年 7 月 18 日。

木儿时,更确切地说是在帖木儿夺取伊朗(795/1393)后,他迁居河中地,在帖木儿的宫廷里效力;常与上面提及的塔富塔扎尼辩论;他活了76岁;在设拉子去世(第476－486张)。

霍加穆罕默德·帕尔斯于822/1419年去世(第50a－506张)。

兀鲁伯的启蒙先生谢赫阿扎里于844/1440年去世[1](第696张)。关于这位传奇人物、学者和旅行家,书中有以下介绍:他原名为哈姆扎·伊本·阿卜杜勒·马利克·图西;其父属谢尔别达阶层的人物;他(谢赫阿扎里——艾哈迈多夫注)在深奥和普通学科方面都是一个非常博学的人;他写的诗和散文集有《神秘之最》(《Джавахир ал-аспар》)、《神圣的公正》(《Тугра-йи хумайун》)、《奇中奇》(《Аджа'иб ал-гара'иб》)等。(第69a－696张)

关于阿卜杜·拉赫曼·贾米,作者有如下介绍:其父名叫艾哈迈德·达什提,生于伊斯法罕村;其母是穆罕默德·昔班的后代;他于817年8月27日/1414年11月12日深夜生于哈尔杰尔德村,该村离辛德·艾哈迈德的陵墓不远;他写了44部书,其中有《傲慢之人》(《Нафахат ал-унс》)、《名人集》(《Ан-нафа'ис》)、《建筑学基础》(《Рийазат-и асас》)、《拙劣的花园》(《Сасрахам-и рийаз》)、《建筑学》(《Улум-и рийази》)、《春光之地》(《Бахаристан》)、《珍品集》(《Тухфат ал-абрар》),还有抒情诗集等;他活了81岁,于898年1月18日/1422年11月10日去世(第83a－846张)。

米尔洪德于903年8月/1498年3月25日—4月22日间去世(第896张)。

马哈杜姆·阿扎姆·卡萨尼于948年1月21日/1541年5月17日去世(第151a张)。

米尔·阿里卡吉布于953/1546年去世。对他有以下介绍:他生于赫拉特,青年时代是在麦什德度过的。他是栽因·丁卡吉布的弟子。925/1519年因动乱他迁居河中地。953/1546年他在布哈拉去世,葬于

132

---

〔1〕据杜列特沙说(Э.布朗刊本,伦敦－莱顿,1901年,第363页),他40年代仍健在,1448年在伊斯法拉英还见了其以前的学生兀鲁伯。

法特哈巴德的赛弗·丁·博哈尔兹麻札(第 1546 - 155a 张)。

著名音乐家海尔·哈菲兹于 981/1573 年去世。因一点小罪阿卜杜拉汗二世便下令处死了他(第 1816 张)。

下面从表年诗中摘录一些关于公共和祭祀设施建设的例子。

克什的阿克萨赖宫于 784/1382 年竣工(第 22a 张)。

撒马尔罕兀鲁伯经文学校建成于 828/1425 年(第 61a 张)。

撒马尔罕兀鲁伯天文台建成于 832/1429 年(第 626 张)。

忽春汗在撒马尔罕阿列克清真寺内修的大理石敏白尔于 934/1528 年完工(第 1356 张)。

布哈拉米尔·阿拉布经文学校建成于 943/1536 年(1436 张)。

布哈拉毛拉纳米尔穆夫提图书馆建成于 965/1558 年(第 169a 张)。

朱万马尔德·阿里汗在撒马尔罕建的大澡堂于 982/1574 年完工(第 183a 张)。

麦赫塔尔哈斯木在吉日杜万村库赫克河上修的多渠分水闸于 984/1576 年完工(第 1916 - 192a 张)。

布哈拉的阿卜杜拉汗园建成于 992/1584 年(第 169a 张)。

布哈拉恰尔苏的设施于 995/1587 年竣工(第 197a - 198a 张)。

克尔敏村库哈克河大桥建成于 995/1587 年(第 198a 张)。

撒马尔罕卡迪萨基经文学校建成于 1021/1612 年(第 2206 张)。

书中还有关于一些杰出著作完成时间的表年诗,如兀鲁伯的《天文图》(《Зидж》)完成于841/1437年(第63a张),贾米的《傲慢之人》(《Нафахат ал-унс》)完成于 874/1469 年(第 72a 张),《钟情的胡赛因》(《Хусн-и Хусайн》)卡迪穆罕默德·阿里弗·伊本·阿訇卡迪毛拉纳萨德克于 1015/1606 年翻译(第 222a 张)。穆罕默德·阿里夫在瓦里·穆罕默德汗执政时是军队里的断事官;他在伊斯兰法律学、圣训学、《古兰经》释义、句法学和经院神学方面学识都很渊博(第 2226 张)。

31 乌兹别克诸王录
（Зикр та'дад падишахан-и узбек）

  《乌兹别克诸王录》完成于 19 世纪。作者不详,但是书中插入的两首诗(第 158a – 1586 张)中有一笔名:穆因(意为帮手),《乌兹别克共和国科学院东方抄本汇编》的编者由此想到该书作者就是其人。[1]但是肯定穆因就是该书作者不一定完全正确,因为中世纪非韵文史籍中不仅有作者自己的诗作插入其中,也借用别人的诗作。上述两首诗是佚名作者从 18 世纪末至 19 世纪初布哈拉著名诗人穆因的抒情诗集中借用的。[2]

  书中在简要叙述主要政治事件和其他事件时,列出了中亚昔班尼王朝奠基人穆罕默德·昔班尼汗的世系,按当时的传统,这一世系上溯到了成吉思汗(第 1356 张)及其统治河中地的后裔(906/1501—1009/1601),然后是阿斯特拉罕王朝,从巴基·穆罕默德开始到伊卜杜拉速檀,接着比较详细地列出了曼格特王朝诸王:穆罕默德·拉希姆、达尼亚尔比、沙·穆拉德(1200/1786—1215/1800)和海达尔(1215/1800—1242/1826 ~ 1827)。书中的记述一直延续到 1242/1826 ~ 1827 年,即异密纳斯拉拉(1242/1826 ~ 1827—1277/1860 ~ 1861)在布哈拉汗国即位。

  尽管该书具有编纂的性质,但其中的一些事实和资料对研究者研究 16—19 世纪中亚历史,包括对比或者确定某些历史事件的年代,特别是有争议的历史事件的年代,是有意义的。下面列举其中的一些资

---

  〔1〕《Собрание восточных рукописей АН УзССР 》《乌兹别克共和国科学院东方抄本汇编》,т. Ⅸ ,c. 22.

  〔2〕请参见《Байз》(米尔·穆罕默德·西迪克·希什马特完成于 19 世纪最后 30 年),乌兹别克共和国科学院东方学研究所藏抄本,编号 183/Ⅱ,第 66a – 71a 张。

料。

在记述性史籍中,对 1008/1599 年昔班尼王朝呼罗珊总督丁穆罕默德汗与沙阿巴斯二世之战的记述五花八门。如穆罕默德·优素福对这一事件是这样记述的:"当克孜尔巴什人听说二王(阿卜杜拉汗和阿卜杜勒·穆敏汗——艾哈迈多夫注)去世的消息后,立即[向乌兹别克人]发起进攻,从他们手中夺得了呼罗珊。丁穆罕默德汗与两个兄弟(巴基·穆罕默德汗和瓦里·穆罕默德——艾哈迈多夫注)被包围在巴韦尔德……开战的第三天,丁穆罕默德汗[自己]跃马[上了战场];那一天克孜尔巴什军队多得如无边无际的大海的波涛。由于命运的安排,汗伤了眼睛,异教徒胜了……当时丁穆罕默德与兄弟们打散了,几天后到了昆都士省;那里居住着呼罗珊的艾马克人(也叫卡赖伊人)的一个部落。他们发现了这个穿着王袍骑着[装饰华丽]大马的单身人。为了要汗的财物,这些要遭灾的人杀了他……"[1]《贤者高风奥秘》和《克普恰克汗史》的作者也证实,上述激战发生在拉巴特帕里扬(赫拉特附近);有约 6000 乌兹别克兵卒战死,而负伤的丁穆罕默德逃到梅鲁恰克,因伤势过重死在那里。[2] 本书也讲到在激战中有约 6000 乌兹别克人战死,讲到丁穆罕默德负了致命的伤及他逃跑。但是根据书中的资料,他是逃到哈扎拉人那里后死的(第 141a 张)。

阿斯特拉罕王朝时所有的史籍中,都讲到瓦里·穆罕默德汗与伊朗沙阿拔斯二世结盟。但是在瓦里·穆罕默德反对其对手伊玛姆库里汗和纳德尔·穆罕默德汗的斗争中,阿拔斯二世到底给了他什么帮助,这些史籍都没有提及。该书也只提到阿拔斯二世提供给瓦里·穆罕默德支配的军队人数为 1.7 万人。但是这些人大部分都当了俘虏,沦为奴隶(第 142a 张)。

该书详细记述了在艾布·法伊兹汗执政初期克涅格斯人(易卜拉欣比及其弟速檀库什别克)力量的加强;1134/1722 年拉贾布汗在撒马

[1]《穆克木汗史》,第 73－74 页。
[2]《贤者高风奥秘》,大英帝国印度事务部图书馆藏抄本,第 54a－55a 张;《克普恰克汗史》,第 111a 张。

尔罕夺取权力;1134/1722—1148/1735～1736 年的连年战争以及哈萨克人和卡拉卡尔帕克人的不断侵袭,不仅使得撒马尔罕和米扬卡勒的人民群众,而且也使得布哈拉省的人民群众的处境更加艰难。作者这样写道:"饥荒到了这种程度,以至于人肉成了人们[唯一的]食物。死了的人不埋,都被吃了……[只要能逃的]都舍弃自己的家园,逃到其他地方去了。在布哈拉只剩下两个坊区还有人,而在撒马尔罕,除沙卡兰达尔这一坊区外,都十室九空了。"(第 1456－1466 张)

32 曼格特、乌兹别克和
阿斯特拉罕王朝诸王史
（Тарих-и салатин-и Мангытийа，
Узбекийа ва Аштарханийа）

这是一部被认为是由曼格特王族在布哈拉的亲王米尔·胡赛因·伊本·阿米尔·海达尔编写的历史著作，主要根据是比纳伊的《昔班尼传》、现已失传的《金锁链》（《Силсилат аз-захаб》）[1]、《沙荣耀录》、《奇迹集锦》、《穆克木汗史》、《兀拜杜拉汗传》和《赛义德·拉克木表年诗》，完成于上世纪头 25 年。

135　　该书分为三编：第一编写曼格特部，从金帐汗国宠臣伊迪库乌兹别克（1352—1419）开始至胡达亚尔，即至 1021/1612 年（第 1a－63a 张）；第二编写昔班尼王朝，从忽春汗之子艾布·赛义德汗（937/1531—940/1533～1534）开始，至皮尔穆罕默德二世（1006/1598—1009/1611）登上布哈拉王位（第 64a－102б 张）；第三编写阿斯特拉罕王朝，从巴基·穆罕默德汗开始至兀拜杜拉汗二世（1161/1748—1170/1756）（第 102б－144a 张）。其孤本保存在乌兹别克共和国科学院东方学研究所，编号为 112/Ⅰ。但是该孤本为残本（缺首尾），记述止于阿斯特拉罕王朝兀拜杜拉汗一世执政之初，因此，很难断定作者是否将该书写到了阿斯特拉罕王朝末期，即 18 世纪 50 年代。

该书的意义在于，它除有统治过中亚的三个王朝的世系和简要资料外，还收集了一些事件的表年诗。它们是从许多著作中收集的，其中

―――――――――

〔1〕还有一与其同名的著作，作者为阿卜杜·拉赫曼·贾米，记述的是速檀·胡赛因，完成于 876/1471～1472—890/1485 年，参见《Собрание восточных рукописей АН УзССР》《乌兹别克共和国科学院东方抄本汇编》，т. Ⅷ，с. 161－162；т. Ⅸ，с. 114；Стори Ч А.《Персидская литература》（《波斯文文献》），ч.1，с.561. 但是我们所说的这一著作，作者记述的是 980/1572 年与昔班尼王朝朱万马尔德·阿里汗登上撒马尔罕王位有关的事件（第 72a 张）。

有沙伊达、达尔维什·穆罕默德穆夫提、霍加哈桑·尼萨里、毛拉纳米尔·阿里卡提布之子米尔扎·拜卡拉、哈菲兹·塔内什·布哈里、毛拉纳尼扎米、穆什菲基、毛拉穆希阿塔尔、卡迪帕扬达、穆希比(库勒巴巴库克尔塔什)、米尔扎·哈斯木迪万、霍加穆罕默德·撒马尔坎迪、米尔扎·穆拉德迪万、毛拉纳巴基·达尔兹、毛拉纳纳吉姆、多斯特·米拉克·撒马尔坎迪、毛拉纳阿尔什、霍加巴赫拉姆等人的诗。

该书中一些有关 16—18 世纪中亚社会和政治生活的资料是其他史籍中所没有的,值得注意。下面列举一些。

书中提及了中世纪这样一些城市,如位于阿姆河中游左岸的巴什乌兹根德、阿亚格乌兹根德(第 766 张),位于该河左岸、与奥特拉尔和突厥斯坦相对的阿克库尔干(第 966 张);有 999/1590～1591 年布哈拉发生霍乱的记述,作者写道:"在这场灾难中,人畜都不能幸免。"(第 96a 张)书中详细记述了 1055/1645 年异密们在苦盏反对纳德尔·穆罕默德汗的暴动。根据书中的记载,暴动由颇有名气的亚兰格图什比领头,他此前在布哈拉与汗不和。暴动者把前来平暴的阿卜杜勒·阿齐兹速檀抓住后,向布哈拉开进,在布哈拉以西的阿克捷佩他们宣布阿卜杜勒·阿齐兹为汗,然后包围了京城。在京城被围三个月之后,纳德尔·穆罕默德汗被迫弃城而逃(第 124a 张)。书中有 1043/1633～1634 年在库什库尔干修筑大渠的记载,该渠是奉伊玛姆库里汗的旨意修的,是靠对人民群众的残酷压迫修成的。派来监工的异密如此凶狠地欺压人民,以致"渠里流的不是水,而是河中地大多数老百姓眼里流出的血"(第 1206 张);有昔班尼王朝阿卜杜勒·穆敏汗在巴里黑霍加艾布·纳斯尔·帕尔斯麻札修拱门的记载,拱门里面贴的是彩色瓷砖;有苏布罕库里汗在巴里黑所修建筑物的记载,这些建筑物有经文学校、拱门中镶天青石和镶金的接待室、礼拜五清真寺、拱门东面的阿米拉巴德园等(第 142a 张)。

* * * *

在印度写成的以下著作中,有 16 至 18 世纪上半叶布哈拉汗国与北印度（莫卧儿帝国）贸易和政治关系的珍贵资料：

《阿克巴法》（《Айин-и Акбари》），为我们上面提到过的艾布·法兹勒·阿拉米所著，抄本很多（一全本保存在乌兹别克共和国科学院东方学研究所，编号为 1721），1893 年在勒克瑙刊布过。

《贾罕季法》（《Тузук-и Джахангири》），又名《贾罕季传》（《Джахангир-наме》），为巴布尔王朝米尔扎萨利姆（又名贾罕季）所著。（关于此书的详细介绍，请参阅《乌兹别克共和国科学院东方抄本汇编》，第 1 卷，第 101 - 102 页。）

《贾罕季福祉录》（《Икбал-наме-йи Джахангири》），为穆罕默德·沙里夫所著，其绰号为穆塔马德汗·巴赫什（意为可信赖的）。抄本也很多，保存在苏联和欧洲的抄本库中。[1]

《帕迪沙传》（《Падшах-наме》），又名《沙·贾汗传》（《Шах-Джахан-наме》），为阿卜杜勒·哈米德·拉胡里所著，是献给沙·贾汗（1037/1628—1068/1657~1658）的。

《阿拉姆吉尔传》（《Аламгир-наме》），为穆罕默德·卡孜木·伊本·穆罕默德·阿明蒙什所著，他是巴布尔王朝穆希·丁·奥朗泽布·阿拉姆吉尔（1068/1658—1118/1706~1707）的书记。该书记述了阿拉姆吉尔执政头 10 年的情况。[2]

《阿拉姆吉尔伟业》（《Маасир-и Аламгири》），穆罕默德·萨基·穆斯塔伊德汗著，记述了 1068/1658—1118/1707 年印度的历史。[3]

---

〔1〕请详见《Собрание восточных рукописей АН УзССР》（《乌兹别克共和国科学院东方抄本汇编》），т. VIII，с. 46.

〔2〕请参见《Собрание восточных рукописей АН УзССР》（《乌兹别克共和国科学院东方抄本汇编》），т. V，с. 59 - 60.

〔3〕请参见《Собрание восточных рукописей АН УзССР》（《乌兹别克共和国科学院东方抄本汇编》），т. IX，с. 26 - 27.

33　奇迹集锦

（Маджма' ал-гара'иб）

　　这是一部天文地理著作,为巴里黑学者速檀·穆罕默德奉昔班尼王朝巴里黑领主皮尔穆罕默德汗(953/1546—974/1566～1567)之命于977/1569年后完成。

　　关于作者的情况我们所知甚少。根据该书中的零星资料,关于他及他父亲的情况只知道以下这些:其父毛拉纳达尔维什·穆罕默德是昔班尼王朝胡拉姆沙速檀(912/1506—917/1511)和吉斯京卡拉速檀(932/1526—951/1544)时博学和有影响的人物,担任过巴里黑全城的穆夫提。他也会作诗,《奇迹集锦》中引用了他一部分用古乌兹别克文写的诗(第238a张等)。达尔维什·穆罕默德于957年2月1日/1550年2月19日去世(第307a张)。其子速檀·穆罕默德,《奇迹集锦》的作者,在当时也受过良好教育。从书中涉及的问题看,作者的知识面很广。他在历史、地理、文学、天文学、矿物学、神学和穆斯林法律学等学科方面造诣很深。在其父去世后,被任命接替其父职务,他也是与昔班尼王朝巴里黑宫廷关系密切的人。但他最感兴趣的并不是政治和与穆夫提之职有关的事务,而是学习科学,如阅读历史、地理等方面的书籍,与其他学者探讨,到古巴克特里亚各城周游,《奇迹集锦》就是在这种背景下写成的。速檀·穆罕默德于981年1月10日/1573年5月12日去世。

　　速檀·穆罕默德的这本书有中亚各主要城市的地理状况,中亚尤其是其南部山川的丰富矿产,16世纪上半叶这一地区的政治事件以及著名谢赫、学者、诗人和一些统治者生平的各种各样的资料(这点下面还要谈)。

　　速檀·穆罕默德写这本书时利用了前人的80多部著作,包括历史、地理、神学等方面的著作,其中大部分都没有流传下来。这些著作有比鲁尼的《前辈学者的思想》(《Ара ал-мутакаддимин》),有《阿拉伯人的骄傲》(《Мафахир ал-араб》)、《奇迹的恩赐》(《Тухфат ал-гара'иб》)、《斯拉夫人史》(《Тарих-и Сакалиба》)、《历史精选》(《Зейн ал-кисас》)、《孤寂之友和索居中的交谈者》(《Анис ал-вахдат ва джалис ал-хилват》),有艾布·哈斯木·阿卜杜拉·胡拉萨尼的《诸国之路》(《Масалик ал-мамалик》),有《精美故事》(《Такмилат ал-лата'иф》)等。对《奇迹集锦》认真的研究表明,其作者不是单纯的编纂者,而是用自己游历和与知情者交谈得来的材料丰富了所引用的内容,这是其一。其二,作者使我们知道了许多已失传的著作,这些著作的一些内容在《奇迹集锦》中才得以保存下来。该书在记述塔巴里斯坦的一座城堡(第193a张)和阿塞拜疆设拉子城(第206a张)时,他引用了阿卜杜勒·阿里·比尔占迪(930/1524年后去世)天文地理著作《诸国奇迹》(《Аджа'иб ал-булдан》)中的材料,从而也就确定了《诸国奇迹》的归属,而在不久前认为是一部佚名著作。[1]

《奇迹集锦》流传很广。16—17世纪的许多作者,如《沙荣耀录》作者哈菲兹·塔内什·布哈里,《土地等级奇迹》作者穆罕默德·塔西尔(下面还要谈),马哈茂德·伊本·瓦里,《卡西尔史》的作者毛拉沙拉夫·丁阿拉姆·撒马尔坎迪等人,都利用过书中的资料。其流传广还可以从流传至今的许多抄本(发现80种,其中69种保存在苏联的抄本库中)以及许多乌兹别克文译本中得以证明。其中一种乌兹别克文译本(抄写者为穆罕默德·胡赛因马赫杜姆·布哈里)保存在乌兹别克共和国科学院东方学研究所,编号为7774。[2]

138

---

〔1〕《Собрание восточных рукописей АН УзССР》(《乌兹别克共和国科学院东方抄本汇编》),т. V, c.302; Ch. Rieu.《Catalogue of the Persian manuscripts in the British Museum》(《英国博物馆波斯文抄本目录》),v. I, №417; E Sachau, H. Ethe《Catalogue of the Persian, Turkish, Hindustani and Pushtu Manuscripts in the Bodlean Library》(《博德莱安图书馆波斯文、突厥文、兴都斯坦文和普什图文抄本目录》),v. I, p. 375 – 376.

〔2〕关于所有抄本情况,请参见 Мухаммад Я'куб Вахиди.《Текстологическое исследование〈Маджма' ал-гара'иб〉》(《〈奇迹集锦〉校勘学研究》),Автореф. канд. дисс. Ташкент, 1974, c. 7 – 8, 16 – 21.

尽管速檀·穆罕默德书中有大量珍贵资料,[1]但是在不久前(1974 年前)没有被认真研究过。来自阿富汗的我们的学生穆罕默德·亚库布·瓦希迪在研究这一古籍方面做出了重要贡献。他研究了该书的多种抄本,在这一基础上完成了校勘工作。[2]

该书第 3、11、12、和 18 章有重要意义。这些章中有许多宝贵的实际资料,如有布哈拉、巴里黑、塔姆加奇、梅尔夫、西亚武什、萨加尼安、捷尔梅兹、退摆特、突厥斯坦、布尔加尔和撒马尔罕等城市和地方的资料(第 3 章);有只浑河、库哈克河、奇尔奇克河(纳赫尔沙什河)、穆尔加布河和瓦赫什河等河流的资料(第 11 章);有世界许多城市间距离的资料(第 12 章);有重要政治事件的日期,著名谢赫、学者、诗人和统治者生平的资料(第 18 章)。这些资料,尤其是最后面的一些资料,都非常确切,而且收集在一起,为研究者提供了方便。

速檀·穆罕默德的书还有一个特点,就是书中(第 XIV 章,926 – 103a 张)提供了一些宝石(蓝宝石、祖母绿、红宝石、珍珠、钻石)和一些普通石头(蛇纹石、雨花石等)的资料,这是作者根据前人(金迪、比鲁尼、穆罕默德·伊本·曼苏尔)的资料和自己的观察写的。速檀·穆罕默德书中有比鲁尼《矿物学》的一些片断,这些内容在德国东方学家Φ.克伦科夫刊布的该书中没有,A. M. 别列尼茨基翻译的俄译本中也没有。[3]

---

〔1〕如 Н. Д. 米克卢霍 – 马克莱、A. T. 塔吉尔贾诺夫和阿富汗东方学者阿卜杜勒哈伊·哈比比就曾指出过其价值。

〔2〕Мухаммад Я'куб Вахиди.《Текстологическое исследование 〈 Маджма' ал - гара'иб 〉》(《〈奇迹集锦〉校勘学研究》)。

〔3〕请参见本书《参考书目索引》。

34 七气候带
(Хафт иклим)

这是一部著名的地理和传记百科书,书中除有大量地理方面的资料外,还有历史和7—16世纪东方国家1560位著名谢赫、学者、作家、诗人和政界人物丰富的传记资料。成书年代在996/1588—1002/1594年间。[1]

该书作者是16世纪著名文学家阿明·艾哈迈德·拉齐,他是雷伊人,出身于伊朗一个富有的封建贵族家庭。

139 作者写该书时,广泛利用了前人的著作,如《地理》(《Сувар ал-акалим》)、《诸国之路》(《Масалик ал-мамалик》)、《苦难记》(《Кабус-наме》)、《偶像集》(《Маджма' ал-ансаб》)、《常胜王史》(《Тарих-и фируз-шахи》)、《贝纳克吉史》(《Тарих-и Бенакети》)、《加扎尼史》(《Тарих-и Газани》)、《贾米史选》(《Джаме' ат-таварих》),贾米的《春光之地》(《Бахаристан》)和《傲慢之人》(《Нафахат ал-унс》),杜列特沙的《诗人传记》(《Тазкират аш-шуара》)、《传记之友》、《巴布尔传》,他在引言(第26张)和书中其他地方(第126a、140a、141a、1656、219a、2856张)提到了这些著作。书中也有阿明·艾哈迈德·拉齐自己观察得来的原始材料。

在记述所谓"穆斯林世界"诸城时,作者遵循阿拉伯地理学家的原则,将自己的书分为7篇,把所有材料(地理、历史和传记材料)按气候安排。

书中对世界上有人居住地方最重要城市的地理状况的记述大都简要概括。与其他此类书籍一样,书中记述了城市的地理位置和主要名

---

〔1〕哈吉哈里发的书中说(Lexicon bibliographicum et encyclopaedicum..., T. Ⅵ, с. 501, №. 14411),该书完成的时间是1010/1601~1602年,这显然是错误的。

胜,居民的生活和习俗,水利和矿产资源以及当地的物产。有时作者也记述社会经济和历史方面一些重要和有意义的东西。例如,在《巴里黑》一篇中,就有以下一些值得注意的资料:在成吉思汗军队(1220年)到来前,该城居民有5万多,后来全都被蒙古人屠杀(122a张)。以下的记述也很典型:885/1480年后,在巴里黑的霍加海兰村(现在的马扎里沙里夫城)修建的著名的阿里麻札每年得到的捐赠就有100图曼克佩克,它拥有的大量的瓦克夫地产中,提到了纳赫尔沙渠和从霍加海兰村到杰列格兹隘口的沿渠村庄(第1226张);保存至今的帖木儿王朝、昔班尼王朝和阿斯特拉罕王朝统治者速檀·胡赛因米尔扎、昔班尼汗、纳德尔·穆罕默德汗、苏布罕库里汗、伊卜杜拉汗、桑贾尔汗、阿拉布·穆罕默德汗、成吉思·穆罕默德汗、艾布·哈桑汗等人颁发的瓦克夫文书也证实了这一点。[1] 书中作者提供的在苦盏附近的山上有绿松石,塔什干附近山上有铁矿石、绿松石、石灰石、石油,巴达赫尚附近山上有红宝石、天青石等矿产资源的资料有很大意义。作者关于当时修建的阿姆河岸的小城捷尔梅兹(第132a张)、希萨尔沙德曼城附近詹加布河九拱分水闸(第134a张)、古里险峻的卡拉奇纳尔山头堡垒(第1416张)、喀布尔省行政区划(第136a-1366张)等资料也很宝贵。

《七气候带》中也有关于北印度莫卧儿帝国在其创始人巴布尔去世(937/1530)后政治状况的资料:巴里黑昔班尼王朝对胡马雍、米尔扎·卡姆兰、米尔扎艾斯卡里和欣达尔之间内讧的干涉(第88a-96a张),察合台系阿卜杜·拉失德汗去世(967/1560)后,新疆出现的混乱以及他逃 140 往印度的儿子库莱什速檀和阿卜杜拉速檀的命运(第2916张)。

阿明·艾哈迈德·拉齐在记述每一气候带时所介绍的以前和当时的著名学者、谢赫和诗人的传记资料有重要价值。例如,在第四篇中有"语言和智慧的主宰"、先知的挚友阿卜杜拉·伊本·穆巴拉克的材料(《梅尔夫沙杰罕》篇);有"学者的速檀"谢赫巴哈·丁·瓦拉德的材料,他是于628/1231年在科尼去世的著名的贾拉尔·丁·鲁米的父

〔1〕请参见 Хафиз Нурмухаммад Кухгадаи.《Тарих-и Мазар-и Шариф》(《马扎里沙里夫史》),Пешавар, 1325/1946, c. 81-106.

亲;有"司书之冠"、《神秘之园》(《Хада'ик ас-сехр》)的作者拉施特·
丁·瓦特的材料;有 15 世纪史学权威米尔洪德的材料(《巴里黑》篇);
有"学者的骄傲",阿拉伯语语法、辞书、法学和神学方面一系列著作,
如《详述》(《Кашф ал-муфассал》)、《成熟之路》(《Асас ал-балага》)、
《虔诚之主》(《Раби' ал-абрар》)、《文学序论》(《Диван мукаддамат ал
-адаб》)等著作的作者艾布·哈斯木·马哈茂德·伊本·乌马尔·扎
马赫沙里的材料;有著名维齐尔马合茂德·牙剌瓦赤及其子马苏德别
克的材料(《花剌子模》篇);有撒马尔罕大学者哈菲兹艾布·阿卜杜
拉·伊本·阿卜杜·拉赫曼·伊本·艾布·法兹勒(181/797—275/
888～889),《辛德巴德传》(《Синдбад-наме》)和《勤政集》(《Аграз ас-
сийасат》)的作者扎希尔·丁·撒马尔坎迪的材料;有《服饰录》
(《Зийнат-наме》)的作者艾布·穆罕默德·拉什迪的材料;有布尔
罕·丁·马尔吉纳尼《详解词典》(《Ал-хидайа》)的注释者霍加阿卜杜
勒·马力克的材料;有布哈拉学者、《精解词典》(《Сахих ал-лугат》)的
作者艾布·阿卜杜拉·穆罕默德·伊本·伊斯玛仪·伊本·易卜拉欣
(194/810—250/870)和大马士革努里亚宗教学校穆达里斯贾迈勒·
丁·马哈茂德·伊本·艾哈迈德·纳斯尔(卒于 636/1238～1239 年)
的材料等。

　　《七气候带》的抄本很多,苏联和外国的很多抄本库、图书馆里都
有收藏,[1]但是没有出版过校勘本,也没有全文译成过任何一种欧洲

　　〔1〕关于抄本情况,请参见《Собрание восточных рукописей АН УзССР 》(《乌兹别克共和国
科学院东方抄本汇编》),т. I, с. 298 - 299;т. X, с.71;т. VI, с. 53 - 54;Ромаскевич А А.
《Список персидских, турецко-татарских и арабских рукописей Библиотеки Петроградского
униветситета》(《彼得堡大学图书馆波斯文、土耳其—鞑靼文和阿拉伯文抄本目录》) - ЗКВ, т.
I, Л., 1925, с. 353 - 371;Миклухо-Маклай Н Д.《Описание таджикских и персидских рукописей
Института востоковедения АН СССР》(《苏联科学院东方学研究所塔吉克文和波斯文抄本目
录》), вып. 1, с. 74 - 77;《Каталог восточных рукописей АН Таджикской ССР》(《塔吉克共和国
科学院东方抄本目录》),т. I, с. 221;Ch. Rieu.《Supplement to the Catalogue of the Persian manu-
scripts in the British Museum》(《大英博物馆波斯文抄本目录补遗》),London, 1895, p. 99;H. Ethe
《Catalogue of the Persian manuscripts in the Library of the India Office》(《印度事务部图书馆波斯文
抄本目录》),Oxford, v. I, p. 380 - 399;Khan Bahadur Shakh.《A Discriptive Catalogue of the Ara-
bic, Persian, and Urdu manuscripts in the Library of the University of the Bombay》(《孟买大学图书馆
阿拉伯文、波斯文和乌尔都文抄本附有说明的分类目录》),1935, p. 66 - 108.

文字出版。多恩、杰尼逊·罗斯与阿卜杜勒·穆克塔迪尔合作出版过该书的一部分(第一、二气候带和第三气候带开头部分)。[1]

---

〔1〕请参见本书文后《参考书目索引》。

·欧·亚·历·史·文·化·文·库·

35　土地等级奇迹

（Аджа'иб ат-табакат）

这是一部有意义的、研究得很少的天文地理著作,是在利用前人大量历史、天文地理和其他著作以及作者本人观察的基础上写成的。书中有 16 世纪至 17 世纪初中亚历史和地理方面的丰富资料。

该书是毛拉纳赛义德穆罕默德·塔希尔·伊本·艾布·哈斯木奉阿斯特拉罕王朝巴里黑汗纳德尔·穆罕默德汗之命写的。没有穆罕默德·塔希尔生平活动的确切资料,但根据该书引言中的零碎材料（第 26 - 36 张）,他是纳德尔·穆罕默德身边学者圈内的人,看来在当时藏书丰富的纳德尔·穆罕默德的图书馆里效力。

成书时间可以根据下面的材料确定。在《巴里黑》一篇中,在记述著名诗人、学者和建筑大师毛拉纳卡迈勒·丁·比纳伊及其父毛拉纳穆罕默德·萨布兹奉帖木儿王朝速檀·胡赛因米尔扎之命,于 886/1481 年在巴里黑的霍加海兰村修完第四任正统哈里发阿里（35/656—40/661）的假墓的建筑物时,作者说"从那时至今过去了 172 年"（第 696 张）。这样将两个数字相加（886 + 172）,我们得出 1058/1648,也就是本书完成的那一年。

穆罕默德·塔希尔在写此书时,对前面我们介绍过的作者速檀·穆罕默德利用过的材料也很感兴趣。但在书中他更多地利用了巴塔尼（852—929）、比鲁尼（《马苏德准则》和《矿物学》）、阿卜杜勒·马力克·梅尔韦鲁迪、纳西尔·丁·图西（1201—1274）、毛拉纳布尔罕·丁、纳尔沙希的著作,以及《喜人的消息》（《К'аб ал-ахбар》）、《世界的恩赐》（《Тухфат ал-анвар》）、《奇妙的宝石》（《Аджа'иб ал-хаджар》）等书中的资料。

《土地等级奇迹》流传至今的抄本很多,仅苏联抄本库中就有 17

种,其中大部分(13 种)在塔什干,藏于乌兹别克共和国科学院东方学研究所抄本库中。[1] 从装帧看有的抄本很珍贵(如乌兹别克共和国科学院东方学研究所藏第 9042、2797、4483 号抄本),有书眉装饰图案,镏金绘色,采用花字体。此外还绘有穆斯林在麦加的主要圣地克尔白和先知穆罕默德、哈里发艾布·伯克尔、欧麦尔的陵墓。除一本(乌兹别克共和国科学院东方学研究所藏第 9042 号抄本)是手稿外,[2]其余的都抄于 19 世纪。

世人对《土地等级奇迹》的研究很少,[3]还没有出版过与之相关的研究作品。

该书篇幅最长和最主要的部分是第三篇,在这一篇中有中亚城市(巴里黑、安集延、塔什干、捷尔梅兹等)及其相邻东方国家和地区阿富汗和新疆城市的珍贵资料。为了避免空口无凭,下面从该书中选取两三个片断作为例子。

"巴里黑是一座大城市,属呼罗珊,在第四气候带。它由克尤马尔斯修建,塔赫穆拉斯完善了城市设施,而鲁赫拉斯普进行了重建,修筑了城墙。有一种传说说它最初是卡比勒·伊本·阿丹修建的……另一种传说说它是先知艾尤布授意吉什塔斯普修建的……第三种传说说它是米努切赫尔·伊本·伊拉吉修建的。《巴里黑史》[4]说巴里黑这座城堡被毁和重建了 22 次。[巴里黑]最近建的一座建筑物是艾布·穆斯里姆·马尔瓦兹修的。其后蒙难汗阿卜杜勒·穆敏在城西和城南维

142

〔1〕其抄本情况请参见《Собрание восточных рукописей АН УзССР》(《乌兹别克共和国科学院东方抄本汇编》),т. I, с. 299 – 300; т. V, с. 315 – 316; т. VIII, с. 72 – 76; т. IX, с. 388 – 391.

〔2〕请参见《Собрание восточных рукописей АН УзССР》(《乌兹别克共和国科学院东方抄本汇编》),т. VIII, с. 72 – 73.

〔3〕只在 Миклухо-Маклай Н Д.《Некоторые персидские и таджикские рукописи》(《一些波斯文和塔吉克文抄本》,с. 271);Ахмедов Б А.《История Балха》(《巴里黑史》,Ташкент, 1982, с. 22 – 68)两部著作中简单提到和引用过这一著作的内容。

〔4〕指谢伊斯兰萨菲·丁·艾布勒克尔·阿卜杜拉·巴里黑的《Фаза'ил-и Балх》,阿拉伯文,完成于 610/1213 年。阿拉伯文原本已散失,保存下来的仅是其波斯文译本,阿卜杜拉·伊本·艾布·哈斯木·胡赛因于 676 年 11 月 1 日/1278 年 3 月 26 日翻译。该著作 1348/1970 年由阿富汗东方学学者阿卜杜拉哈伊·哈比比在伊朗出版。

修了 2 万步长的城墙。

"该城由两部分组成:大外城和小内城。

"内城有一拱门,从开始建城起便用于告示达官和强大的汗的住地……现在其作用仍是这样……内城还有一座名叫米哈拉布桑金的清真寺。据讲述[这一]传说的人说,有一次当穆民仰慕的阿里的信送到城里时,感谢真主,大家希望站在一个高地方宣读,以便使大家都能为信的内容而高兴。就在这时起了大风,[信]被风刮走了。穆民们朝圣地麦加方向看时,看到一块石头,[这封]信就落在这块石头上。[因此]他们认为这是块圣石,把它运到了[巴里黑],放在那座清真寺的米哈拉卜里。另一传说是这样的:这块石头分成了三块,一块放在上面说的地方,另一块放在诺赫贡巴丹清真寺的米哈拉卜里,该清真寺在外城南面,[离外城]3 俄里。众所周知,霍加诺赫贡巴丹麻札是至圣的卡布·阿克巴安息的美好之地,感谢真主! 建在这个麻札上的诺赫贡巴丹清真寺非常美丽、坚固……据说当成吉思汗来夺取巴里黑时,他把[巴里黑河]河水引向该城,[这座清真寺]淹在水中达 6 个月之久,但迄今仍有它的遗迹……第三块石头摆放在霍加海兰清真寺新修的米哈拉卜里,该清真寺位于城东 2 法尔萨赫处。在该清真寺东面约 100 吉拉的地方,发现了穆民崇敬的阿里·伊本·艾比·塔利卜的墓……走上真理之路的人的先生和楷模毛拉纳比纳伊,是个有修养和博学多识的人,[而且]在建筑学方面也是一个无与伦比的人,他认为以前的建筑者的努力是徒劳无益的,建筑物本身也不坚固,886 年他与其父一起在那个麻札修了一座砖砌的高大建筑物。虽然从那时到现在已过去了172 年,但这一建筑物却完好无损。稳重和合乎[真主]心意的国王瓦里·穆罕默德·巴哈杜尔汗在他成了巴里黑的主(1010/1601 年——艾哈迈多夫注)后,将这座高约 30 吉拉、周长 1 杰里布的建筑物进行了修葺,在它周围修了一个可与中国园林和天堂花园媲美的园林,有 18个花坛。在其北面修了一个蓄水池,宛如天上的仙池……

"在外城有修建得很讲究的至圣霍加艾布·纳斯尔·帕尔斯的麻札……这个麻札方圆约有 15 杰里布。在它的西面有两座大清真寺。

每逢星期三,在晌礼结束后,麻札附近就会聚集一群前来朝拜的贤士、苏菲、学者和诗人。苏菲们垂首[相互]低声交谈,学者们在争论,诗人们吵吵嚷嚷赛诗,就这样一直持续到黄昏。

"在这座[外]城有至圣的谢赫沙基克·巴里黑漂亮的麻札,以及苦行者霍加伊斯哈克和其他圣徒的陵墓。

"在该城西面有至圣的速檀·易卜拉欣的长子阿德哈姆·萨克的墓,如今叫霍加鲁什纳伊麻札。在这个村子里,当地一位有影响的人物毛拉纳胡尔德·阿西赞·阿赫西卡提修了一座德尔维什修道院……

"在该城南面有至圣的霍加速檀·艾哈迈德·哈孜拉维亚和……其妻法蒂玛的修得极好的墓……

"该城东面有先知的最初追随者之一,至圣的霍加乌卡沙的很好的墓……"(第67a–71a张)

"库巴迪安,河中地的村庄,在第四气候带,为凯库巴德·伊本·伊拉吉所建。据说,扎拉之子鲁斯塔姆将凯库巴德从这里带到伊朗,并把他扶上了王位……以前该省叫库巴达巴德,后来才叫库巴迪安。现在由于受真主保佑的至圣的[纳德尔·穆罕默德汗的]公正和仁慈,[它的]建设才如此完善,无论谁在省内行走时,道路都掩映在树阴之下……这里气候很好,出产各种各样甘美的水果,其石榴尤为出名。这里没有买卖甜瓜的习惯,葡萄也是如此。只要葡萄不足一哈瓦尔重,就无需买卖,想[随便]拿多少就拿多少,主人是不会介意的。

"这里的人殷勤好客,每家都有客厅。居民对教育很热心,大多数村庄都有宗教学校和先生……"(第238б–240б张)

在该书对塔什干、安集延、费尔干纳、撒马尔罕和中亚其他城市的介绍中,也能看到类似材料。穆罕默德·塔希尔提供的费尔干纳在1030/1621年6个月时间里地震所造成的居民和财产损失的资料也很重要(第229б–230a张)。

我们认为,穆罕默德·塔希尔著作的另一个很大的优点,是该书第三篇中有丰富的有关宝石和金属矿藏的实际资料,比上面提到的速檀·穆罕默德书中的资料要多得多。

穆罕默德·塔希尔书中引用了比鲁尼《矿物学》中的一些片断,这些片断在 A. M. 别列尼茨基根据德国东方学家 X. 克伦科夫的刊本出版的书中是没有的。[1] 看来穆罕默德·塔希尔掌握的是比鲁尼最全的一个本子。

〔1〕请参见 Ахмедов Б А.《Среднеазиатские последователи Беруни》(《中亚的比鲁尼追随者》),В сб:《Беруни. К 1000 – летию со дня рождения》(载《纪念比鲁尼诞辰 1000 周年论文集》),Ташкент, 1973, с. 145 – 147.

36　地理

这是 17 世纪中亚学者马哈茂德·伊本·瓦里所著《贤者高风奥秘》一书中的地理部分,占他这一多卷本百科全书式著作第 1 卷的三分之一。关于他的这一著作我们前面已经提及,在 16—18 世纪的波斯语地理文献中占有显著地位。

作者在完成这一著作时,广泛利用了 9—13 世纪阿拉伯语地理学家的著作,如伊本·法基赫、伊斯塔里、伊本·豪卡勒、艾布·杜列夫、伊本·法德兰、加尔纳提、亚库特、迪米什基和 9 世纪中叶阿拉伯著名旅行家萨拉姆·塔尔朱曼的著作,以及波斯语学者的天文地理著作,如扎卡里亚·伊本·穆罕默德·卡兹维尼(600/1203 ~ 1204—682/1283)、哈姆杜拉·卡兹维尼(大约 679/1280—750/1349)等人的著作。他还利用了中亚大学者比鲁尼(973—1048)的著作,在历史文献中,似乎是初次称其为艾布·赖罕·花拉子米(第 356 、37a 、88a、1476、163a、247a、259a、274a 张等)。但是不能因此得出马哈茂德·伊本·瓦里这一著作属编纂性的极端结论。作者对前人的许多资料都经过取舍,丰富了当时的新内容,因此应该把它看成是集穆斯林国家以及中亚史地实际资料之大成的著作。

对马哈茂德·伊本·瓦里的《地理》迄今研究得很少,没有成为专门研究的对象。[1] 其原因是《地理》的抄本很少。流传至今的只有唯一的一个抄本,现保存在乌兹别克共和国科学院东方学研究所,编号为2372。

马哈茂德·伊本·瓦里的《地理》是按照把万物分为火、气、水、土

---

[1]《贤者高风奥秘》中的地理部分,更确切地说是记述中亚及其东方邻国的部分,由我译成俄文加注释发表(请参见本书《参考书目索引》)。

·欧·亚·历·史·文·化·文·库·

四行,把生活的世界从南向北分为与赤道平行的七个气候带这种希腊和阿拉伯地理文献的标准传统写成的。

马哈茂德·伊本·瓦里的《地理》中,篇幅最大、看来对我们最有用的部分是水篇和土篇。

在水篇中(第143a－2086张),有关于海洋、河流、湖泊、著名港口及其居民的主要资料。作者的注意力不是着眼于海洋、河流和湖泊的神秘和奇异,而是它们对人们生活的重要性。他尽其所能记述了它们的矿产资源,河流在灌溉中的意义,以及一些河流和泉水的医疗作用。

土篇(第2086－5326张)由详尽的前言和4章组成:①世界各地的城市和国家(第2156－2436张);②山脉和发源于此的河流(第2436－265a张);③宝石、金属、合金及其特性(第265a－3296);④树木、植物、动物及其对人类生活的作用(第3296－5326张)。

该书前两篇最重要,不仅有地理资料,而且有经济资料(自然资源、所介绍城市生产的商品)和民族方面的资料(居住在这些城市的民族和生活,他们的风俗习惯),以及某些历史事实。[1]

[1]请详见马哈茂德·伊本·瓦里:《贤者高风奥秘》,第15－100页。

37 珍奇之地
（Дил-и гара'иб）

这是一部编纂的天文地理著作,完成于 1247/1831～1832 年,希瓦学者胡达拜尔迪·伊本·科什穆罕默德·伊本·尼牙孜·穆罕默德·伊本·伊什穆罕默德·伊本·阿瓦兹·穆罕默德受异密拉赫曼库里伊纳克之命编著。[1] 有关作者生平的资料很少。从作者书中所提供的资料看,其父是花剌子模著名谢赫纳吉姆·丁·库布拉的崇拜者,谢赫纳吉姆在 618/1221 年成吉思汗军队侵入希瓦时被杀,同其 60 个追随者埋葬在希瓦西北 4000 步外的哈桑阿塔墓地(第 199a 张)。作者称自己为"苏菲扎杰"(第 246a、2466 张等),其意是说他属于最下层的神职人员。他是当时非常有学问的人,主要从事将一些最珍贵的历史和地理著作翻译成乌兹别克文的工作,流传至今的沙拉夫·丁·阿里·亚兹迪的《扎法尔传》的乌兹别克文节译本就说明了这一点,这是他奉舍尔穆罕默德·穆尼斯之命于 1238/1822～1823—1241/1825～1826 年翻译的。我们所知他的最后一点,是他编写此书时已 60 开外。我们知道此书完成的时间是伊斯兰教历1247年。如果他当时是60岁的话,那就可以推测出他生于 1187/1773 年。他去世的时间不详。

《珍奇之地》完全是根据穆罕默德·塔希尔的《土地等级奇迹》编纂的,因为,第一,其结构一样,唯一的差别是《珍奇之地》在介绍麦加和麦地那以及河流的长度和宽度时,安排在专门的第六篇和第七篇中;第二,对这两部著作的对比研究表明,《珍奇之地》中的基本资料都来自《土地等级奇迹》,只是译成了乌兹别克文(花剌子模方言)。有些资

146

---

[1]乌兹别克共和国科学院东方学研究所藏抄本,编号 1335,199a 张。著作的简要介绍请参见《Собрание восточных рукописей АН УзССР》(《乌兹别克共和国科学院东方抄本汇编》),т. VII, с. 24－25.

料,包括有关矿藏方面的资料,是《珍奇之地》作者引自马哈茂德·伊本·瓦里的《贤者高风奥秘》。但是该书也有一些原始资料。他写自己家乡花刺子模的地方写得很有意思,其地理、经济和历史方面的资料很有用,而且他在该书开头和该书第3章结尾两个地方写到了花刺子模(第55a–586、1986–200a张)。例如,他在该书开头部分是这样介绍花刺子模的:

"花刺子模地区。这是面积很大的一个省。它一面以思浑河为界,一面与阿克库尔干为邻,现在[名叫]巴克尔干,另一面与草原相连,还有一面与温古兹[地区]接壤,它位于法里敦时期开凿的运河以北。还有,在它的一面是萨赖速檀。这一地区有许多大小城堡和村庄。其南面是梭梭很多的克孜尔库姆。

"以前这里有四五个城门的城很多。其中一个叫朱尔贾尼亚,另一个叫乌尔根奇。

"[朱尔贾尼亚]。朱尔贾尼亚的水引自锡尔河。该城位置这样确定:其东面是巴格兰,北面是阿克恰田吉兹,西面是古尔连,而南面是基亚特(卡特)。该城衰败据说是因水[造成]。锡尔河的水不够灌溉之需,因此劈开了三座山冈,开挖了运河,引来了阿姆河河水,该河[原来]从温古兹以南流过……在灌溉了朱尔贾尼亚的土地后,河水向乌尔根奇方向流去,流经其南面,[继续]前流,从东向西南绕过艾布汗山,经过奥古尔恰流入马赞达兰海。在朱尔贾尼亚城郊,[以前]有很多工事、耕地和果园。朱尔贾尼亚城堡被淹后,[城市]衰败了。据说只有一座塔没被水淹而保存了下来。[后来]一个名叫拜纳扎尔苏菲的圣徒把它拆了,在旁边盖了一座清真寺。这座清真寺现在仍在。修得很好的上述苏菲(拜纳扎尔苏菲——艾哈迈多夫注)的墓就在那座塔的旧址上。那里还安葬着亚西尔·阿赖西和圣徒巴巴·尤马拉克。看到或听到过[这些]的80岁以上的当地人说,在拆塔时,发现塔上有塔志铭,说这座塔是有370根圆柱的大清真寺的小塔。看来这是座从其上告诉人们做礼拜[时间]的塔,因为它只有30卡里高,一般大塔都有100多卡里高。30位诵经家、伊玛目、穆安津、法拉什的薪俸[每人]

为300阿克恰。在这座清真寺周围有宗教学校、巴札、[商队]货栈,都被淹在水里……

"[花剌子模的]另一座城乌尔根奇。它被成吉思汗所毁。在这个暴君未来之前,城里有12座大清真寺……每座占地都有三塔纳布。[城]四周都有掩映在绿荫中的做乃玛孜的场地,每一块场地上都聚积有三四拉克的人。每块场地可容纳上千人做乃玛孜。

"其大部分居民都是[先知]雅库布的后代……其子沙蒙修得很漂亮的麻札在米兹达坎,现在叫霍加艾里。

"现在很少有人注意乌尔根奇了。那里有苦行者谢赫纳吉姆·丁·库布拉和至圣的霍加阿里·阿吉赞的陵墓。

"花剌子模还有一座城是拉姆勒,它是萨姆·伊本·努赫修的。他把它修得像其父的珠宝箱。现在该城叫希瓦克。据说这个词(指希瓦克——艾哈迈多夫注)隐含着哈兹列特帕拉万·[马哈茂德]·瓦里去世的时间……由于这个原因,这个词就成了该城的名称……[另外]据说希瓦克多次被毁和重建。至圣的(阿拉库里·巴哈杜尔汗[1])已故的父亲、[真主]宽恕进了天堂的艾布·哈兹·穆罕默德·拉希姆汗[2]和其弟、已故的举世闻名的库特鲁格·穆拉德伊纳克完善了该城设施。由于他们的努力,[那时]修了一座很大的宗教学校。上述伊纳克的一个侍从什尔迪万别克和大维齐尔穆罕默德·里扎科什别克对此也做出了很大贡献。奉现已入天堂的汗之命,[还]修了商队货栈、有棚的巴札和修在它们之间的宗教学校。在[希瓦克]城堡安葬着赛义德阿拉·丁·希瓦基和300位著名谢赫,而外城安葬着至圣的谢赫艾布·瓦法·花剌子米,他周围安葬着几千[其他]圣徒。

"该城西南离城二百步,是哈兹列特谢赫胡赛因·巴巴的住所……那里有一棵称为古朱姆的绿荫如盖的大树……

"希瓦克的大米和甜瓜非常香甜。这里气候很好,人很善良。冬天有些冷,严寒[在这里]要持续一个月。那时大地复盖着一层三拃左

---

〔1〕希瓦汗(1241/1825~1826—1258/1842)。

〔2〕穆罕默德·拉希姆一世于1221/1806—1241/1825~1826年统治希瓦。

右的冰雪。在古尔连、霍加艾里和孔古拉特,［这时］雪有三四吉亚兹厚。

"在朱尔贾尼亚,［现在］有条河流入锡尔海,因此乌尔根奇荒凉了,成了一片草原。这发生在伊斯兰教历 984 年。

"这个海(锡尔海)的水从来就不深。那些在海上捕鱼的人说:'［海］底有石头建筑物的遗迹,还能看到一座大城堡的遗迹……'

148

"花剌子模的瓜果和粮食作物长得很好。其中,［甜瓜是这样种的:］在骆驼剌秆上切一道口子,把甜瓜种子放进去。甜瓜生长时不浇水,只依靠骆驼剌中的水分长到成熟。这种甜瓜非常甜。

"花剌子模的苹果,尤其是哈扎拉斯普的,味道非常好。据说该城(哈扎拉斯普)是先知苏莱曼修建的……那里主要种水稻……杏子和葡萄很甜。例如,在钦卡下面有个村子,［名叫］伊金里克,再没有比那里更甜的葡萄了……

"［花剌子模还有一座城］扎马沙尔。它在希瓦克西面,相距一个白天的路程。进入天堂的［阿拉库里］汗的父亲［穆罕默德·拉希姆］汗把水引到那里,完善了城市设施。"(第 55a－586 张)

作者在另一处还记述了花剌子模许多值得注意的情况,其中有古尔连及其名胜的情况,有在希瓦东郊修建大巴札,为此花了 45 天时间将一个面积有五六塔纳布的湖填平的情况(第 1996 张),有 1182/1768～1769 年该地区霍乱流行的情况,有 1197/1783 年自然灾害(下了如鸡蛋大的冰雹)造成的巨大损失,尤其是希瓦及其周围村庄的损失情况(第 200a 张),等等。

《珍奇之地》流传至今的抄本有 3 个,现保存在乌兹别克共和国科学院东方学研究所抄本库。其中一个(编号为 1335,226 张)为手稿和全本,其他两个中,一个(编号为 853/I,172 张,抄于上世纪末)第 3 章不全,一个只有介绍花剌子模的一个片断(编号为 8448,4 张,一个名叫哈桑·穆拉德·伊本·穆罕默德·阿明·希瓦基的人 1941 年所摹写)）[1]

---

〔1〕请参见《Собрание восточных рукописей AH УзССР》(《乌兹别克共和国科学院东方抄本汇编》),т. VII , c. 309－313.

下编　回忆录、自传和旅行记

38 巴布尔回忆录

(Бабур-наме)

　　这是一部极其珍贵的著作,严格按年代详细记述了 899/1493～
1494—935/1528～1529 年中亚、阿富汗和北印度主要的政治事件,这
些事件与作者的生活和政治活动有直接的关系。用古乌兹别克文写
成,又名《巴布尔传奇》(《Ваи'ат-и Бабур》)和《巴布尔法典》(《Тузук-
и Бабури》)。

　　《巴布尔回忆录》作者的这一学术和文学遗产,从上世纪初就引起
了苏联学者和国外学者的极大关注。介绍巴布尔生平及其著作的文章
很多,因此我们在这里仅简要地谈谈他生平活动的主要方面和他的这
一主要著作,主要是书中有关 15 世纪末至 16 世纪头 20 年中亚政治和
社会经济史的最重要的资料。

　　《巴布尔回忆录》作者扎希尔·丁·穆罕默德·巴布尔,系帖木儿
王朝费尔干纳领主欧麦尔·谢赫米尔扎(865/1461—899/1494 年管治
费尔干纳)之子和继承人,于 888 年 1 月 6 日/1483 年 2 月 14 日生于安
集延。899 年 9 月初/1494 年 6 月 5 日,12 岁时继承父亲王位,但在从
15 世纪 90 年代中期起不断加剧并席卷整个帖木儿王朝的内讧中遭到
失败,失去了继承的领地,而他多次争夺撒马尔罕王位的企图(903/
1497～1498 年、906/1500～1501 年)都没有成功。16 世纪初以昔班尼
汗为首的游牧的乌兹别克人入侵河中地,对巴布尔的失败和他从中亚
出逃有决定作用。在他彻底丢失了与其同胞(贾罕吉尔·米尔扎和速
檀·艾哈迈德·坦巴尔)906/1500～1501—909/1503～1504 年一直争
夺的费尔干纳后,于 910 年 1 月/1504 年 6—7 月被迫离开中亚,越过希
萨尔山到了阿姆河对岸,巧妙利用阿富汗封建主内部矛盾夺取了喀布
尔。在那里他不断征战,残害无辜部族,用被其杀害的人的头颅修清真

寺塔,以便恫吓其他人(详见《巴布尔回忆录》第171、172、277页等)。他
在阿富汗的政策是要征服那里的人民,为进行新的争夺建立巩固的基
地。确实,917 年 7 月/1511 年 9—10 月,在由伊朗沙伊斯玛仪·萨非
维派出的 6 万军队的帮助下,巴布尔又占领了撒马尔罕,但是这次仍没
有能坚守住。918 年 2 月/1512 年 4—5 月,在库勒马里克与乌兹别克
速檀兀拜杜拉、穆罕默德·帖木儿和贾尼别克联军的激战中,巴布尔 4
千人的军队被打得落花流水。这次失败使他失去了争夺中亚最高统治
权的希望。他先逃到昆都士,在那里呆了两年后,于 920/1514 年回到
喀布尔,积极准备争夺印度。这一计划是他与他的近臣在夺得喀布尔
后的头几天就制定好的。巴布尔在他的回忆录中这样写道:"过了几
天,(910 年 3 月底/1504 年 9 月初夺取喀布尔后——艾哈迈多夫注)我
巡视了军队,把熟悉当地地形和河川的人召集到一起,详细询问了他们
周围和相邻地区的情况。一些人主张征伐达什特,[1]另一些人认为夺
取班卡什合适(喀布尔的一个土绵——艾哈迈多夫注),还有一些人建
议进攻痕都斯坦。经过商议后,我们做出了进攻痕都斯坦的决定。"
(第 169 - 170 页)从那时起,特别是 918/1512 年以后,他无时无刻不想
夺取这一辽阔和无比富饶的地区。为此他进行了积极准备:在喀布尔
招募了大量军队,准备了必需的粮草和武器。在阿富汗的时候(910/
1504—932/1526 年)他的军队靠的是抢劫阿富汗各部族,关于这一点
在《巴布尔回忆录》中有无可否认的证明(第 169、171 - 173、176、184、
187、237、248、254、261 页等)。

他对印度进行了几次征伐,只是在 932/1526 年最后一次征伐中,
才得以占领其北部。巴布尔在那里建立了国家,历史上称之为莫卧儿
帝国。巴布尔 937 年 5 月 6 日/1530 年 12 月 26 日去世,终年 48 岁。

巴布尔是统治阶级意识形态的典型代表和表达者,是这一阶级压
迫与残酷剥削人民政策的积极执行者。但是在历史上他是一位杰出的
诗人,是一位知识渊博和具有天才的学者。他是由 E. 詹尼逊·罗斯出

150

---

〔1〕历史文献中所称的达曼省或杰拉贾特省,参见 Массон В М, Ромодин В А.《История
Афганистана》(《阿富汗史》),т. Ⅱ, М., 1965, с. 11, прим. 13.

206

版的用古乌兹别克文,其中一部分用波斯文写的诗集的作者,[1]7年后,该诗集又由 A. H. 萨莫伊洛维奇出版,[2]他也是由 И. B. 斯捷布列娃出版的珍贵的诗论集《论阿鲁兹体诗》的作者。[3] 但是在他的创作中,《巴布尔回忆录》占有重要地位,由于其资料的丰富性、多样性和独特性,被认为是研究中亚、阿富汗、北印度15世纪末至16世纪头25年历史的一流史料。总之,《巴布尔回忆录》不是简单的史料汇编,而是内容全面的历史文献。不仅史学家和民族学家,而且地理学家、语言学家、植物学家和动物学家都能从中获得自己所需的重要资料。

　　《巴布尔回忆录》中有关 15 世纪 80—90 年代至 16 世纪头 25 年费尔干纳、塔什干、撒马尔罕、希萨尔、恰加尼安和北阿富汗政治状况的资料全面而详细(第 16、18、20、26 − 30、33 − 35、42、45、49 − 51、65 − 72、74 − 95,96 − 116、119 − 139、143 − 145 页等)。作者对政治事件,对帖木儿王朝敌对双方如欧麦尔·谢赫(865/1461—899/1494)、速檀·艾哈迈德(860/1455—899/1494)、速檀·马哈茂德(857/1453—900/1495)、拜逊库尔米尔扎(882/1477 ~ 1478—905/1499)、速檀·胡赛因等人性格、癖性的分析非常客观、公正。巴布尔以其特有的细心把这些人的嘴脸描绘得活灵活现,揭示了他们的特点、习惯和性情。例如,在记述其父欧麦尔·谢赫时,把他描绘成是一个"坏脾气"和贪财的人。他这样写道:"因为欧麦尔·谢赫米尔扎是一个有抱负和非常贪心的国君,因此总是想去争夺[别人的]地方……"(第 15 页)巴布尔对自己父亲这样的记述也很典型:"欧麦尔·谢赫米尔扎把他(羽奴思汗——艾哈迈多夫注)请来,每次都要送给他一个地方。但是当事情进展不是像欧麦尔·谢赫米尔扎所想的那样的话,那么有时由于他的坏脾气……[羽奴思汗]不能留在这个地方,又回到蒙兀儿斯坦去了。"(第 16 页)

　　〔1〕"A collection of poems by the Emperor Babur"(《巴布尔皇帝诗集》),Calcutta, 1910.

　　〔2〕《Собрание стихотворений Император Бабура》(《巴布尔皇帝诗集》),часть 1. - 《Записки Восточного отделения имп. Русского археологического общества》,т. XX, Спб.,1917, с.93 − 101.

　　〔3〕Захир ад-Дин Мухаммад Бабур.《Трактат об арузе》(《论阿鲁兹体诗》),影印本,И. B. 斯捷布列娃撰写前言和索引,莫斯科,1972 年。

"掠疆夺土的愿望使他常常用征战取代和平,用仇恨取代友谊。"(第17页)

　　巴布尔有关封建上层在国家政治生活中的决定性作用的资料非常珍贵。在这方面回忆录中对速檀·阿里米尔扎和巴布尔自己地位的叙述很有代表性。他写道:"这一年(905/1499～1450年——艾哈迈多夫注)速檀·阿里米尔扎与穆罕默德·马吉德塔尔汗反目。其原因是塔尔汗们有了很大权力和影响。布哈拉完全掌握在巴基塔尔汗手中,布哈拉的任何一块土地都不给别人。穆罕默德·马吉德塔尔汗[同样]是撒马尔罕完完全全的主人。他为自己的儿子和追随者占据了周围所有地方,除了从城中[收入]里得到很少一点俸禄外,速檀·阿里米尔扎没有其他任何一丁点收入……"(第92页)巴布尔的处境也是如此,905/1500年他与贾罕吉尔米尔扎分了费尔干纳的领地后,情况更是这样。无论是巴布尔还是贾罕吉尔米尔扎都没有实际的权力,管理权完全掌握在强有力的阿里·都斯特塔加伊及其追随者手里。对此,巴布尔这样写道:"我们回到安集延后,阿里·都斯特的脾气完全变了。他开始粗暴地对待与我出生入死的人……一举一动俨然像个皇帝。狂饮、宴席、接见和摆设,一切都像速檀家那样。父子俩(穆罕默德·都斯特和阿里·都斯特——艾哈迈多夫注)依仗着坦巴尔都这样做,而我没有权和力量去阻止他们这种不成体统的行为。在我的像坦巴尔这样的仇敌的纵容和支持下,他们为所欲为……我什么也不能说,这期间忍受了他们父子的许多屈辱。"(第90-91页)这种例子在回忆录中有很多。回忆录详细记述了1494—1503年费尔干纳、撒马尔罕和河中地其他地区的政治生活,封建统治者之间连绵不断的战争造成的令人难以置信的破坏和给这一地区人民带来的苦难。巴布尔写道:"经过7个月的围困之后,我们才好不容易攻下了撒马尔罕,开始进入该城的时候(903/1497～1498年——艾哈迈多夫注),士卒们还能找到一些战利品……[很快]士卒们的战利品都花光了;攻下撒马尔罕后,城市遭到严重破坏,[居民]缺种子、缺钱……因此,士卒们也受了很大的苦,而我们也没有东西给他们。"(第66页)这座曾经繁荣富裕的城市在906/

152

1500～1501年被昔班尼汗长期围困之后,情况就更糟了。在回忆录中我们可以读到这样的句子:"到收割庄稼的时候了,但是谁也没有把新粮拉回来。围困的日子在继续,人们遭受了巨大苦难,穷得没有东西吃的人开始吃狗肉和驴肉……"(第108页)

巴布尔指出了游牧的乌兹别克人和昔班尼汗比较容易占领帖木儿帝国的一个主要原因。他写道:"我们指望邻近和近郊领主们的帮助和支援,但他们每个人都有自己的打算。像速檀·胡赛因米尔扎这样勇敢善战的君王都没有给过我们任何帮助,也没有派使臣来加强我们的信心,而在[撒马尔罕]围困期间,他却派卡迈勒·丁·胡赛因·加祖尔加希为使臣到昔班尼汗那里去了。"(第109－110页)

《巴布尔回忆录》中有极其珍贵的关于15—16世纪初居住在费尔干纳盆地,一部分在塔什干、沙赫鲁希亚、乌拉捷佩、撒马尔罕和希萨尔的突厥—蒙古部的资料。这些部族有:杜尔代、克普恰克、巴阿林(巴赫林)、恰拉斯(丘拉斯)、蒙兀儿、朵豁剌惕、别克奇克、考钦、阿儿浑、畏兀儿、八鲁剌思、明格、乔格拉克、曼格特、乌塔尔奇等。巴布尔提到的在15世纪与16世纪之交居住在突厥斯坦省的卡拉科依卢克—巴哈尔卢部(第40页),上述部族的风俗习惯,使用所谓的雨花石,"勇士应得的份额"和游浪等情况都很重要。书中的资料对于民族学家,特别是对于研究乌兹别克、哈萨克、吉尔吉斯和中亚其他突厥语民族的民族史研究者来说,具有很大价值。

巴布尔对费尔干纳(第11－15、128页)、撒马尔罕城和撒马尔罕省(第59－65、98－100、104页等)、阿罕加兰盆地(第115页)、乌拉捷佩及其周围地区(第113－114页)、马斯恰(第113、115页)、希萨尔(第143页)、恰加尼安(第144－143页)、巴达赫尚(第146－147、149页)、喀布尔省(152－163页)和其他地区地理的记述非常有意义。作者以惊人的准确性记述了他不止一次走过的中亚到阿富汗的路线和沿途的村庄。他对一路上自然条件的描写很重要,书中列举了当地很多动植物。更为重要的是,在可能的情况下他对一些术语作了解释。作为例子,我们可以引用他对土绵、奥尔钦、帕尔加纳这样的行政区划术

153

语的解释。他写道："在撒马尔罕、布哈拉以及在所有那些地方,由省城管辖的小区称作土绵,而在安集延、喀什噶尔及这两地之间的地方,则把它们称作奥尔钦,在痕都斯坦则称作帕尔加纳。"(第155页)

《巴布尔回忆录》中,以下行政和军事术语对研究帖木儿王朝国家的政治和行政制度有重要意义:土绵、兀鲁思、库克尔塔什、伊什克阿加、阿赫塔奇、塔什特奇、塔尔汗、什加乌勒、沙尔巴特奇(沙尔巴特达尔)、萨德尔、穆赫尔达尔、丘赫拉、库尔奇、穆巴什尔、图格奇、米拉胡尔、里卡布达尔、达鲁花、丘赫拉·达斯塔尔佩奇、卡拉乌勒、基塔布达尔、巴赫什、穆尔奇尔、奥尔达巴扎、曼贾尼克、乌兰,等等。

在介绍《布哈拉宾客纪事》的时候,我们谈到昔班尼王朝有一支完全由乌兹别克人组成的特殊军队。据巴布尔证实,这种军队在帖木儿王朝时就有,称为"呼罗珊勇士队"、"撒马尔罕勇士队"(第25页)。从巴布尔随后的叙述中(第41页),我们知道这种军队是常规军队,用于警卫汗的宫廷,但是在必要的情况下,如作战部队军心涣散时,也用于作战。作者写的有关帖木儿王朝军队战时队形(第104－105、117页)、战争中使用奴隶(第108页)、被称为图尔加马(深入敌后,从翼侧突然袭击)的乌兹别克人的战术,每一支队伍都有各自的口令,以便于(尤其在夜间)分辨兵种等材料,都值得注意。关于使用口令的情况,巴布尔这样写道:"……艾尤布别克奇克土绵的几个蒙兀儿离开我们去奥什,他们往安集延郊外走去,想在那里抢些东西。他们听到我们军队的动静后,便小心翼翼地往前走,喊了暗号。暗号有两种:一种是每个部落特殊的暗号,如一个部落的是'都尔达纳',另一个部落的是'图凯',第三个部落的是'卢卢';另一种是所有军队的暗号,打仗时暗号规定用两个词,相遇时一个人说一个规定的词,对方用第二个词回答,用这种方法来区别敌友,判明自己人和外人。在这次征伐时(908/1502～1503年与速檀·艾哈迈德坦巴尔打仗时——艾哈迈多夫注)规定用作暗号的词是'塔什干'和'赛拉姆',说'塔什干',回答'赛拉姆',说'赛拉姆',则回答'塔什干'。"(第124页)

这一全面而极其珍贵史籍中的资料不仅限于上面提及的这些。只要对《巴布尔回忆录》进行仔细研究，就可以找到古代中亚民族历史和文化中很多尚未深入研究的问题的答案。

流传至今，保存在苏联和国外图书馆[1]的这一著作的抄本都残缺不全。Х.贝弗里奇以及М.А.萨利耶出版的这一史籍的底本海得拉巴抄本（保存于塞拉尔·詹恩图书馆[2]）在《巴布尔回忆录》的所有抄本中，是最全和最好的本子，但也缺915/1509～1510—924/1518年的事件。由于这一原因，至今尚没有这一最珍贵著作的校勘本出版。

从19世纪初开始，《巴布尔回忆录》就引起了东方学家们的注意。全文出版过这一著作的有Н.И.伊利明斯基（1857年，据Г.Я.科尔的抄本）、Х.贝弗里奇（据海得拉巴抄本，1905年出版）、П.沙姆西耶夫和С.米尔扎耶夫（据Х.贝弗里奇和Н.И.伊利明斯基出版的版本，用现代乌兹别克文出版，塔什干，1948年，1960年）。有这一著作的很好的全译本出版，波斯文译本于998/1589～1590年由米尔扎阿卜杜·拉希姆汗翻译；英文译本有约翰·莱顿和威廉·厄斯金根据米尔扎阿卜杜·拉希姆汗的译本翻译的版本（于1826年出版）[3]，有Х.贝弗里奇根据海得拉巴抄本翻译的版本（于1921年出版）；法文译本由А.波沃·德·屈尔泰根据Н.И.伊利明斯基出版的版本翻译（于1871年出版）；土耳其文译本由希克迈特·巴亚尔1943—1946年出版。这一著作的一部分由Н.Н.潘图索夫、В.Л.维亚特金、С.И.波利亚科夫译成欧洲文字出版。

关于《巴布尔回忆录》及其作者，Х.雅库博夫、В.Ю.扎希多夫、С.А.阿齐姆贾诺娃、Г.Ф.布拉戈娃、Н.Д.米克卢霍－马克莱、Х.哈桑诺夫等人都发表过介绍文章。[4]

154

<hr>

[1]请详见 Стори Ч А.《Персидская литература》（《波斯文文献》），ч.2，с.830－832.

[2]请详见《Journal of the Royal Asiatic Society of Great Britain and Ireland》（《皇家亚洲学会会刊》），1902，p.655；1905，p.741－762；1906，p.79－93；1908，p.73－76.

[3]А.凯泽根据该版本译成德文（请参见本书《参考书目索引》）。

[4]请参见本书《参考书目索引》。

39 奇事录

（Бадаи' ал-ваки'）

这是 15 世纪末至 16 世纪上半叶赫拉特著名作家栽因·丁·瓦西菲（全名为栽因·丁·马哈茂德·伊本·阿卜杜勒·贾米勒）的回忆录，对研究 15 世纪末至 16 世纪头 30 年中亚和呼罗珊的文化生活有重要意义。该回忆录的研究者 A. H. 博尔德列夫这样写道："瓦西菲回忆录的主要意义在于，某种意义上说，它是向我们揭示 15 世纪末至 16 世纪初中亚和呼罗珊城市中社会中间阶层日常生活和风习的唯一的文献。这一时代著名的历史文献著作，如米尔洪德和洪德米尔的鸿篇巨著，或是哈菲兹·塔内什的《沙荣耀录》，主要详细记述了外界的政治事件和与这些事件有关的贵族最高代表人物及其亲信的活动……［瓦西菲］的回忆录不是为某个皇族树碑立传，而是详细记述了瓦西菲及其亲近的人自己生活中的事情。这些人是普通的微不足道的城市居民，瓦西菲自己就生活在他们中间，他们是回忆录的真正主角。他们所经历的传奇故事发生在巴扎、广场、城市普通坊区深处、店铺、清真寺、宗教学校和市民自己家中。"[1] 这就是为什么瓦西菲及其回忆录早就引起了俄国和苏联东方学大家（П. И. 列尔赫、Б. А. 多恩、В. В. 巴托尔德、В. Л. 维亚特金、Е. Э. 别尔捷利斯、萨德尔·丁·艾尼、А. А. 谢苗诺夫、Б. Г. 加富罗夫、А. М. 别列尼茨基、Е. А. 达维多维奇等）的注意，他们认为瓦西菲的这一著作是研究中亚历史和文化生活的珍贵和不可缺的史料。还应当承认 A. H. 博尔德列夫在研究瓦西菲生平活动及其著作方面作出的贡献，他发表了有关瓦西菲的很多文章和专著，而且重要

155

---

〔1〕Болдырев А Н.《Зайнаддин Васифи-таджикский писатель XVI в.》(《16 世纪的塔吉克作家扎伊纳丁·瓦西菲》),c. 10 – 11.

的是校勘出版了他的主要著作《奇事录》。[1]

　　A.H.博尔德列夫在其专著《16世纪的塔吉克作家扎伊纳丁·瓦西菲》中，对瓦西菲的生平活动及其回忆录有详细介绍，因此我们仅简要地提一下作家生平活动最主要的方面。他890/1485年生于赫拉特的一个官吏家庭（蒙什或修史官），受过良好的神学和文学方面的教育。906/1500～1501年，16岁的瓦西菲由于作诗法方面的出众才能，特别是猜穆阿玛的技巧，[2]在纳沃伊的亲信、瓦西菲母亲家的近亲毛拉纳萨希布达拉的帮助下，见到了阿里舍尔·纳沃伊，据他自己说，通过了纳沃伊的穆阿玛考试（《奇事录》，第Ⅰ卷，第706张）。908/1502～1503—913/1507年在速檀·胡赛因·拜卡拉与乌兹别克女人明格丽比卡阿加恰之子费里敦·胡赛因处管理图书，而在此之前，906/1500～1501—907/1502年是速檀·胡赛因有势力的夫人哈蒂恰别吉木的同乳兄弟沙赫瓦里库克尔塔什家的西席。昔班尼汗夺得赫拉特后（913年1月9日/1507年5月21日），他在那里住到917/1511年，在呼罗珊著名神学家伊玛德·丁·易卜拉欣主持的沙哈鲁宗教学校里任职。随着萨菲王朝在呼罗珊统治地位的建立，许多学者、诗人、其他艺术的代表人物、逊尼派神学家被迫离开那里。瓦西菲的命运也是如此。918年1月最后一日/1512年4月17日，他同呼罗珊逊尼派神学家赛义德沙姆斯·丁·穆罕默德·库尔提及其兄弟阿米尔·胡赛因一起，从赫拉特逃往河中地。一周后，918年2月7日/1512年4月24日瓦西菲及其一行人到了撒马尔罕，在那里他住了一个月（919/1513年2月20日—3月20日）。他的住处是昔班尼汗宗教学校教师、毛拉纳霍贾吉·哈瓦菲和兀鲁伯宗教学校的穆达里斯哈吉捷布里西提供的。那年春瓦西菲受到上面提到的沙姆斯·丁·库尔提的邀请，到了布哈拉。库尔提这时在昔班尼王朝京城已经升迁了，已是布哈拉米尔扎兀鲁伯宗教学校的主穆达里斯。A.H.博尔德列夫在谈到瓦西菲从撒马尔罕

　　[1]请参见本书《参考书目索引》。
　　[2]关于编猜穆阿玛的技艺，详见 Бертельс Е Э.《Навои и Джами》（《纳沃伊和贾米》），载《Избранные труды》（《别尔捷利斯文选》），M.，1965，c.41. 关于更复杂的穆阿玛，请参见《别尔捷利斯文选》第42,43页。

213

去布哈拉的原因时写道:"瓦西菲这时在撒马尔罕文学和神学界的地位已巩固,今后也许可以指望在城里的一所宗教学校里得到像伊玛目或者穆达里斯这样一个地位不高但生活有保障的位置。但是这种平淡的前程未必使这位才华出众、激情洋溢、追求功名的28岁的诗人感到满足。布哈拉——国家政治生活的中心吸引着他,在库尔提看来,稍微有些财产和权势的呼罗珊人早就大量涌向那里了。在兀拜杜拉汗这样强大和开明的征服者的宫廷里做宫廷诗人的辉煌前程引诱着他……"[1]

但是严酷的现实这一次又使瓦西菲的希望破灭了。确实,他来布哈拉后不久就进入了布哈拉文学圈领导者之一谢赫伊斯兰霍加哈什米的圈子里,他的才能也得到了兀拜杜拉汗本人应有的评价(他赐给瓦西菲他亲笔抄写的沙提比的书、100乌拜迪现金、马和衣服)。总之他很快就成了昔班尼王朝京城文学界的显要人物。这样就引起了当时担任国家要职的阿夫萨里、哈菲兹·米拉西和其他封建教权主义诗歌代表人物的嫉妒。因此瓦西菲和其庇护者沙姆斯·丁·穆罕默德·库尔提只得被迫离开布哈拉,库尔提看来是被派到绍兰新建的宗教学校任职。随后瓦西菲经历的"是从一个城市到另一个城市,从一家到另一家来回奔波的岁月,十年漂泊困苦和屈辱的生活,带给宫廷文学家的只是深深的失望和获取功名希望的破灭"[2]。

在绍兰,瓦西菲在宗教封建地主赛义德阿卜杜拉(外号米尔·阿拉布,约于16世纪30—40年代去世)的保护下住了约一年(1514年7月—1515年7月)。遵照兀拜杜拉的旨意于920/1514年建成的绍兰宗教学校的主穆达里斯,由上面提到的沙姆斯·丁·穆罕默德·库尔提担任。看来瓦西菲也被派到那里去执教。据作者回忆录中的资料判断,在绍兰他也受到了维齐尔速檀·易卜拉欣的保护,此人是省民事长官,曾委托瓦西菲起草过重要法律文书(第Ⅰ卷,第496张)。但是不

---

〔1〕Болдырев А Н.《Зайнаддин Васифи-таджикский писатель ⅩⅥ в.》(《16世纪的塔吉克作家扎伊纳丁·瓦西菲》),с.133.

〔2〕Болдырев А Н.《Зайнаддин Васифи-таджикский писатель ⅩⅥ в.》(《16世纪的塔吉克作家扎伊纳丁·瓦西菲》)。

久,在 1515 年的 5 月或 6 月,米尔·阿拉布的家被苏云奇霍加汗从塔
什干派来的军队捣毁和洗劫一空,这次袭击是上面提到过的速檀·易
卜拉欣策划的,他以米尔·阿拉布的名义伪造了给兀拜杜拉汗的信,信
中说什么米尔·阿拉布希望看到兀拜杜拉汗成为全体乌兹别克人的国
王(第 I 卷,第 54a 张)。

　　米尔·阿拉布败落以后,赛义德沙姆斯·丁·库尔提和瓦西菲离
开绍兰去费尔干纳的阿赫西城。途中他们在法尔卡特(位于塔什干东
南 70 公里)停留,在谢赫伊斯兰霍加阿卜杜·拉扎克家住了一个星
期。在离法尔卡特一法尔萨赫的纳姆达纳克村,瓦西菲病了,于是沙姆
斯·丁·穆罕默德·库尔提一个人去了阿赫西(第 I 卷,第 55a 张)。
过了两三个月以后,在 1515 年的 8 月或 9 月,瓦西菲病好后到了塔什
干。过了一段时间后,在维齐尔霍加贾拉尔·丁·优素福·喀什噶里
的帮助下,瓦西菲到苏云奇霍加汗那里供职,是汗小儿子纳乌鲁孜·艾
哈迈德的先生,教他阿卜杜·拉赫曼·贾米的诗法、书法、音乐、作诗、
诗律和诗学。但是不久,汗在他克列斯河边的夏宫避暑时,瓦西菲与汗
的一些亲信(贾比尼、穆罕默德·巴基等人)的关系破裂了,他只得离
开昔班尼王朝塔什干的王府。在 1516 年 9—11 月前的几个月里,瓦西
菲在塔什干一个坊区的小清真寺里作伊玛目。后来在沙赫里萨布兹住
了约一个月;1516 年 12 月或是 1517 年 1 月 2 日到了突厥斯坦。1517
年瓦西菲到了撒马尔罕,在撒马尔罕达官霍加阿法克的帮助下,当了巴
扎阿塔兰坊区霍加兀拜杜拉·阿赫拉尔清真寺的伊玛目(第 I 卷,第
60b 张)。

　　一年以后,924/1518 年初,瓦西菲应克利迪·穆罕默德汗的要求,
到了昔班尼王朝一封地的中心沙赫鲁希亚(第 I 卷,第 60b 张),在那
里他度过了自己的余生,成了"像农奴一样的宫廷文学家,虽然得到了
听起来很响亮,但是徒有虚名的速檀的伊玛目和卡迪阿斯卡尔的称
呼"[1]。944/1537～1538 年他参加了昔班尼王朝速檀对哈萨克人的征

　　〔1〕Болдырев А Н.《Зайнаддин Васифи-таджикский писатель XVI в.》(《16 世纪的塔吉克
作家扎伊纳丁·瓦西菲》),с.189.

伐;945/1538 年被指派为教育哈桑速檀的先生,哈桑是于 939/1532 ~
1533 年去世的克利迪·穆罕默德的儿子,瓦西菲的回忆录就是献给克
利迪的;从 947/1540 年起担任纳乌鲁孜·艾哈迈德汗的书记。958/
1551 年后瓦西菲在塔什干去世,安葬在谢赫·哈万－塔胡尔麻札。

　　A. H. 博尔德列夫指出[1],瓦西菲的回忆录从结构上看分为上下
两编。上编(1—2 章)记述了作者从逃出赫拉特(918/1512 年)至他应
召去沙赫鲁西亚的克利迪·穆罕默德的宫廷(924/1518 年)的事件,是
他第二次在撒马尔罕时,即 1517 年写的。下编"包括瓦西菲后来对汗
主持的最高会议商议的各种问题的记述,也包括作者对自己事情的记
述,但仅限于很久以前在赫拉特时的事情",这一编是他945/1538—
158　946/1539 年在沙赫鲁西亚写的。[2]

　　瓦西菲目睹了昔班尼汗夺取呼罗珊所发生的事件,因此在他的回
忆录中反映了赫拉特上层社会的政治状况和张皇失措的情景。据瓦西
菲证实,大家的想法只有一个:如何在临近的灾难的旋涡中保全自己,
如何摆脱自己的困境。只有一个人站出来稳定局势,这就是速檀·胡
赛因好发号施令的遗孀哈蒂恰别吉木。在昔班尼汗军队向赫拉特靠近
的时候,她"到了巴格沙哈尔,要求所有的达官显贵[到她那里去],对
[他们]说:'你们大家这么些年来靠速檀·胡赛因米尔扎得到了财产
和地位。在其他君王那里你们永远也得不到他给你们的厚待和照顾。
现在由于命运的变化无常,他的儿子们遭到了不幸,四处跑散了,但他
们[很快]会回到这座城里来的。你们应当认清真相,尊重他们父亲的
权力,起来保卫这座城池……'"(第Ⅱ卷,第 186a－1866 张)但是不管
她怎样费力争取他们的支持,争取他们的帮助保卫城市,都没有用。由
谢赫伊斯兰本人主持的赫拉特的高层会议给她的回答是:"您自己也
清楚地知道,在其父去世后巴迪·扎曼和您儿子穆扎法尔·胡赛因米
尔扎成了什么样的帕迪沙,知道[现在]臣民[对他们]不抱任何信心。

　　　〔1〕Болдырев А Н.《Зайнаддин Васифи-таджикский писатель XVI в.》(《16 世纪的塔吉克
作家扎伊纳丁·瓦西菲》),с. 235－237.

　　　〔2〕Болдырев А Н.《Зайнаддин Васифи-таджикский писатель XVI в.》(《16 世纪的塔吉克
作家扎伊纳丁·瓦西菲》),с. 234－235.

他们的大多数异密都被杀了,他们已损失了自己的全部装备……昔班尼汗是一个粗暴的帕迪沙,要是我们表现出[对他]不服从,那他夺取[赫拉特]以后,我们当中任何一个人都活不成,全城都要受奴役和遭浩劫……"(第Ⅱ卷,第1866张)。

我们认为,在瓦西菲的回忆录中,值得注意的政治事件是:昔班尼王朝在兀拜杜拉汗当政时期(940/1533～1534—946/1539～1540年)内部的政治斗争;他与蒙兀儿斯坦阿卜杜·拉希德汗(937/1530～1531—978/1570年)的联合,在944/1537年对哈萨克人的征伐;935/1528～1529年昔班尼王朝入侵呼罗珊,瓦西菲随克利迪·穆罕默德汗一起参加了这次入侵。

兀拜杜拉汗当政时期,特别是其国家内部的阶级斗争,在记述性史料中反映很少。因此,瓦西菲记述的资料有无可估量的重要意义。这些问题在回忆录第11章《兀拜杜拉汗陛下的维齐尔》中占有很大篇幅(第Ⅰ卷,第357－470页)。据瓦西菲的记述,这一斗争是在以财政谘议会首领霍加尼扎姆和拥护加强中央国家机构的人为一方(这些人中有上面提到的米尔·阿拉布),以反对中央集权的人为另一方(其人数较多,由兀拜杜拉汗的异密和中坚人物组成)之间进行的。后一方坚持撤换霍加尼扎姆,以绰号霍加胡尔德和米尔·杜斯特·梅尔维的霍加艾布·巴卡取而代之。有意思的是,这一斗争不仅在京都进行,而且也在省会中进行,绍兰维齐尔速檀·易卜拉欣及其拥护者反对米尔·阿拉布的斗争就是证明。从瓦西菲后面的记述中可以看出,米尔·阿拉布在一段时间里使布哈拉对立的两派达成妥协,恢复了霍加尼扎姆的职务。两派还同意宫廷设萨德尔之职,负责管理赛义德、卡迪和欧莱玛的事务。指派担任这一职务的不是一人,而是两人,即两派各派出一人。他们是卡迈勒·丁·霍加泰卜里济(米尔·阿拉布派代表)和沙姆斯·丁·穆罕默德·胡拉萨尼(反对派代表)。但是,这种局面没有维持多久。而且据瓦西菲证实(第Ⅰ卷,第53a张):"异密和国家的中坚分成了两派,各派都联合在自己的萨德尔周围,这样兀拜杜拉汗的国家开始动摇了。"

159

回忆录的结尾部分(第46章)是各种各样的文书,都是瓦西菲应达官和友人之求写的:1512年战胜纳吉姆·萨尼军队、944年1月和2月/1537年6—7月战胜哈萨克人的战绩报告;纳乌鲁孜·艾哈迈德汗赏赐给上面提到过的沙姆斯·丁·穆罕默德·胡拉萨尼塔什干省的采矿场和荒地的御旨抄件;一个名叫赛义德胡赛因·图西的人的系谱;几份呼图白;苏云奇霍加汗陵墓墓志铭;几条谜语等(第Ⅱ卷,第1308－1351页)。

战胜哈萨克人的战绩报告(第219a－2266张)[1]是揭示16世纪上半叶昔班尼王朝国家与叶尔羌汗国政治关系的重要历史资料。例如,在战绩报告中详细报告了兀拜杜拉汗与叶尔羌汗国阿卜杜·拉失德汗结盟对居住在卡兹古尔德和赛兰山前地区、松加克和科奇卡尔阿塔山口、伊塞克湖和桑塔什等地区的哈萨克人和吉尔吉斯人的征伐,烧毁和洗劫了他们的兀鲁思。

御旨抄件(第222a－2236张)对研究16世纪上半叶中亚的社会经济关系很重要。御旨说纳乌鲁孜·艾哈迈德汗将塔什干省的采矿场作为苏尤尔加勒赏赐给萨德尔赛义德沙姆斯·丁·穆罕默德·胡拉萨尼,确认了其开垦和耕种的土地的使用权(第Ⅱ卷,第223a张)。

对绍兰和该城兀拜杜拉汗清真寺的记述,兀拜杜拉汗在绍兰的瓦克夫财产的资料也很有价值。回忆录中说,绍兰是一个很大、城池坚固、设施完备的城市(第Ⅰ卷,第486张)。对遵照兀拜杜拉汗的旨意在内城修建的清真寺也作了详细介绍(第Ⅰ卷,第48a张)。绍兰值得注意的其他名胜古迹是瓦西菲记述的水利工程设施——两条加固的暗渠和一口深150吉亚兹的水井,以及上述维齐尔速檀·易卜拉欣在绍兰郊外修建的园林。回忆录中还提到有200名印度古里亚姆参加了这些园林的修建(第Ⅰ卷,第496张)。回忆录中有一份瓦克夫文书的副件,该文书是瓦西菲以瓦克夫捐献人,即上述维齐尔速檀·易卜拉欣的名义起草的(第Ⅰ卷,第50a－506张)。根据这一文书,所列房屋捐献

160

---

〔1〕B.Π.尤金认为(《哈萨克诸汗国历史资料》,第176页),这是《奇事录》作者从某一书信大全中借用来的。

给他新建的绍兰清真寺作为瓦克夫财产使用。

　　回忆录第 4 章和第 6 章记述了 1511 年克孜尔巴什军联合巴布尔对河中地的侵犯,935/1528～1529 年昔班尼王朝速檀对呼罗珊的征战,对搞清政治史方面的某些事实很有价值。《奇事录》中关于撒马尔罕严寒的冬季、昂贵的物价和饥馑的记述有重要意义(第Ⅰ卷,第 166－186 张)。

　　《奇事录》的抄本在苏联和国外很多。[1] 仅在塔什干乌兹别克共和国科学院东方学研究所抄本库中就收藏有 10 多种。[2]

　　瓦西菲的回忆录除一部分翻译后收在 A. H. 博尔德列夫的专著《16 世纪的塔吉克作家扎伊纳丁·瓦西菲》,B. П. 尤金从《哈萨克人武功记》中翻译的一小部分[3]外,迄今瓦西菲的回忆录还没有完整地翻译成任何一种欧洲文字。只有 H. 纳尔库洛夫出版的乌兹别克文摘译本《奇事录》。[4] C. 艾尼曾用现代塔吉克文转述过回忆录的内容,并保留了原书中的许多诗。[5]《奇事录》有几种古乌兹别克文译本保存下来。其中三种藏于乌兹别克共和国科学院东方学研究所抄本库(编号为 1093、3344/I 和 7431),[6]一种藏于苏联科学院东方学研究所列宁格勒分所(编号为 B.768)。[7]

<hr>

〔1〕请参见 Стори. Ч A.《Персидская литература》(《波斯文文献》),ч.2,с.1125－1126;A. H. 博尔德列夫为《奇事录》校勘本写的前言,第 1 卷,第 5－48 页。

〔2〕请参见《Собрание восточных рукописей АН УзССР》(《乌兹别克共和国科学院东方抄本汇编》),т.I,с.171－172;т.V,с.97－99;т.VII,с.53－54;т.VIII,с.56.

〔3〕请参见《Материалы по истории казахских ханств》(《哈萨克诸汗国历史资料》),с.172－184,516－520.

〔4〕请参见本书《参考书目索引》。

〔5〕C. 艾尼:《Васифи ва хулосаи〈Бадоеъ-ул вакоеъ〉》,斯大林纳巴德,1956 年。

〔6〕请参见《Собрание восточных рукописей АН УзССР》(《乌兹别克共和国科学院东方抄本汇编》),т.I,с.172;т.VII,с.53－54. 其中两种(编号 1093 和 3344/I)由 19 世纪花剌子模诗人和文艺学家胡布·阿里霍加·伊本·赛义德·乌买尔霍加·希瓦克,绰号迪拉瓦尔霍加,奉希瓦汗阿拉库里之命,于 1241/1826 年翻译。第三种(编号 7431)是穆罕默德·阿明秋拉·伊本·赛义德艾哈迈德秋拉翻译的简本,1907 年完成于希瓦。

〔7〕书名为《Навадир ал-хикаят》(《珍奇故事》),请详见《Описание тюркских рукописей Института народов Азии СССР》(《苏联科学院亚洲民族研究所突厥文抄本目录》),т.I,с.108－109.

40 友人纪要
(Музаккир ал-ахбаб)

这是一部文选,有关于 16 世纪上半叶中亚 261 位波斯语和突厥语诗人的极其珍贵的资料。文选编于 974/1566~1567 年,是献给朱伊巴尔谢赫霍加穆罕默德·伊斯拉姆(898/1493—971/1563)的。

文选作者是赛义德霍加巴哈·丁·哈桑·布哈里,笔名为尼萨里。关于他的资料很少。据文选中有关他自己的零星资料介绍,他出生于 **161** 赛义德帕德沙霍加(生于 885/1480 年,去世年代不详)家。帕德沙霍加是 16 世纪最为博学的人,是一位诗人和作家,是伦理教育性著作《认识真理的钥匙》(《Мифтах ал-адл》)、《玫瑰花园》(《Гулзар》),[1] 模仿杰出的阿塞拜疆人尼扎米·甘杰维的《奥秘宝库》(《Махзан ал-асрар》)写的纪事《愿望方式》(《Максад ал-атвар》)的作者。[2] 他的儿子,本文选作者哈桑霍加在当时也受过良好教育。除文学以外,他还学习过医学、《古兰经》释义、几何、天文、数学、音乐,擅长书法。据哈桑·尼萨里自己证实,他学习这些学科曾从师于毛拉纳穆罕默德·马吉德(医学)、哈菲兹速檀·阿里·奥别希(书法)、萨菲·丁·穆斯塔法·鲁米(《古兰经》释义)、米尔·马哈茂德·吉贾克(音乐)、毛拉纳沙伊达(天文学)和阿米尔·马哈迪(数学)(第 94a、95a、98a、104a、110a、117a 张)。

能够帮助我们在一定程度上搞清楚他社会地位的其他史实中,只

---

〔1〕关于《Мифтах ал-адл》(《认识真理的钥匙》),《Гулзар》(《玫瑰花园》)及其有关书籍,请参见《Узбек адабиёти тарихи》(《乌兹别克文学史》),т. III, Тошкент, 1978, с. 117 - 133.

〔2〕Тохиржонов А Т.《Хожанинг янги топилган асари》(《新发现的霍加的著作》),《Узбек тили ваадабиёти》(《乌兹别克语言和文学》),1975, 3 - сон, с. 70 - 73. 据霍加哈桑·尼萨里说(《友人纪要》,乌兹别克共和国科学院东方学研究所藏抄本,编号 56,第 109a 张),其父用中亚突厥文写了长诗《莱伊里与麦吉侬》(《Лейли и Меджнун》)。

知道他在昔班尼王朝撒马尔罕苏古德领主鲁斯塔姆速檀那里做过萨德尔,在这个速檀的帮助下到了巴里黑(看来是在 932/1526 年,在吉斯京卡拉速檀占领该城期间),后来与阿米尔·马哈迪·伊本·卡迪马哈茂德·胡赛因一起,在巴里黑的霍加卡迈勒·丁库纳克宗教学校讲授几何(第 206、117a 张)。哈桑·尼萨里卒于 1005/1596 ~ 1597 年。有关他的其他资料我们目前尚不掌握。

《友人纪要》由简短的绪论(第 16 - 56 张)、引言、四章和结尾等部分组成。在绪论中作者写了他编这一文选的目的和任务、文选的内容,并谈到(第 46 - 56 张)该文选是阿里舍尔·纳沃伊著名的《名人之谈》(《Маджалис ан-нафа'ис》)的续编。

引言中(第 56 - 42a 张)提及了昔班尼王朝王室的诗人执政者(昔班尼汗、兀拜杜拉汗、阿卜杜勒·拉吉夫速檀、鲁斯塔姆速檀、阿卜杜勒·阿齐兹汗、速檀·赛义德速檀、朱万马尔德·阿里汗、多斯特穆罕默德速檀、艾布·哈兹速檀)和印度帖木儿王朝王室的诗人执政者(胡马雍、阿克巴、卡姆兰、米尔扎·艾斯卡里、欣达尔、米尔扎汗)。有关昔班尼汗 1487—1488 年在布哈拉的资料对我们很重要。根据这些资料,他是应帖木儿王朝速檀·艾哈迈德米尔扎和权势很大的布哈拉领主阿卜杜勒·阿里塔尔汗之邀到那里去的。据霍加哈桑·尼萨里证实,昔班尼汗在那里的常住地是布哈拉的阿曼肯特村。就在那个时候昔班尼汗成了米尔·穆罕默德·纳格什班迪的穆里德教派的信徒。米尔·穆罕默德·纳格什班迪是霍加巴哈·丁·纳格什班迪(卒于 791/1389 年)之孙,其祖父是在卡斯尔阿里凡麻札的监管人。接着作者写道,这个米尔·穆罕默德·纳格什班迪给昔班尼汗"算命"说:"他的[权力]从突厥斯坦方向出现",按照这个预言,12 年后昔班尼汗真的成了从突厥斯坦至达姆甘这一广大地区的所有者(第 76 - 8a 张)。作者在这里还写了昔班尼王朝鲁斯塔姆速檀(第 176 - 226 张)、阿卜杜勒·阿齐兹汗(第 226 - 28a 张)、朱万马尔德·阿里汗(第 30a - 306 张)等人个人生活中许多有趣的事情。

第 1 章(第 426 - 886 张)和其后的 2—4 章,都由 4 节组成。这一

162

章介绍了84位诗人的生平,其中很多都是作者不认识的,因为在编此文选以前很久他们就已去世了。

第2章(第89a－1186张)介绍了布哈拉的65位诗人,哈桑·尼萨里与他们都见过面,但是在编这一文选时,他们都已不在人世了。

文选引言和前两章的资料除来源于许多诗人的诗集以外,还来源于一些历史、地理和其他方面的著作,如志费尼的《世界征服者史》(《Тарих-и джаханкушай》)、阿卜杜·拉扎克·撒马尔坎迪的《吉星升起的地方》(《Матла ас-садайн》)、扎卡里亚·卡兹维尼的《地理》(《Сувар ал-акалим》)[1]和《世界奇迹》(《Аджаиб ал-булдан》)(完成于661/1263年)、阿卜杜·拉赫曼·贾米的《金锁链》(《Силсилат аз-захаб》)、杜列特沙的《诗人传记》(《Тазкират аш-шуара》)、阿里舍尔·纳沃伊的《名人之谈》和卡迈勒·丁·比纳伊的著作(第126、186、196、206、21a、456、466、68a张等)。

第3章(第1186－1446张)介绍了59位布哈拉诗人,他们在编此文选时都健在,作者与他们都熟悉。

第4章(第1446－152a张)记述了中亚的44位诗人,他们在编此文选时都还在世。但作者与他们并不认识。

在结尾部分(第152a－158a张)哈桑·尼萨里简要介绍了自己的家族:祖父阿卜杜勒·瓦哈卜霍加、父亲帕德沙霍加和几个弟弟,即在鲁斯塔姆汗执政时一段时间担任过谢赫伊斯兰的阿卜杜·赛买德霍加,性情狂热的鲁巴伊体诗诗人巴巴霍加,主要写鲁巴伊体诗的诗人沙希姆霍加等。这一抄本(乌兹别克共和国科学院东方学研究所编号为56的抄本)的结尾部分以一段诗和苏布罕库里汗(1686年12月7日)占领巴里黑(第158a－160a张)结束,这显然不是作者原有的正文,而是后来加上去的。

《友人纪要》中有16世纪上半叶中亚文学状况的珍贵资料,最重要的是有这一研究得很少的历史时期这一地区各民族文化生活的资

---

〔1〕艾布·扎伊德·巴里黑(10世纪)的著作,拉施特·丁(13世纪)的《地理》和伊斯塔里(10世纪)波斯文本著作与之同名。

料。值得注意的是,文选中除列举了专业诗人的名字外,还能看到商人、手工业者、医生、书法家、画家、学者、建筑师等其他职业诗人的名字。其中有商人胡赛因·阿里·丁(第 556 – 56a 张),马具匠马伊里(第 56a – 566 张),制弩匠塔里(第 71a 张)和达尔维什·马克苏德(第 996 – 100a 张),鞋匠沙希(第 886 张),瓷器匠萨法伊(第 125a 张),经销麝香的商人达尼什(第 1396 – 140a 张),制梳匠尼哈尼(第 148a 张),医生毛拉纳瓦希、哈菲兹·卡迈勒·土尔巴提、毛拉纳穆罕默德·马吉德、毛拉纳拉菲、霍加阿卜杜勒·哈基姆、米尔·塔伊卜等人。还有很多诗人是书法家和书籍装帧高手,如毛拉纳米拉克蒙什、毛拉纳萨基尼、巴亚吉德·普拉尼、米尔·谢赫·阿里·普拉尼、霍加·胡赛因·梅尔维、米尔扎·巴基尔、毛拉纳马赫拉米、毛拉纳济纳提、毛拉纳米拉西等。在学者诗人中,有历史、诗学、医学和天文学方面的学者,如法兹拉拉·伊本·鲁兹别罕和他的儿子霍加穆罕默德、卡济·安迪扎尼、栽因·丁·瓦西菲、毛拉纳法赫尔·丁·瓦伊兹、毛拉纳沙姆斯·丁·库希、毛拉纳沙姆斯·丁·易卜拉欣、萨菲·丁·穆斯塔法·鲁米、毛拉纳沙伊达、阿米尔·马哈迪、毛拉纳穆罕默德·土尔克斯塔尼、毛拉纳阿卜杜·赛买德等人。

我们想特别提一提我们认为霍加哈桑·尼萨里文选中以下这些极为有意义的资料。这里说的是有关阿米尔·海达尔·阿里舍尔和米尔扎·兀鲁伯的资料。据文选作者证实,前者(第 836 – 856 张)是阿里舍尔·纳沃伊的亲属,能用突厥文和波斯文写作。仅是他用突厥文写的嘎则拉体诗就由 1 万多首贝特两行诗组成。他模仿尼扎米的《奥秘宝库》(《Махзан ал-асрар》)写的梅斯涅维体诗由 3 万多首贝特两行诗组成,模仿霍斯罗·盖赫列维的《虔诚者之海》(《Бахр ал-абрар》)写了喀西达诗《虔诚者之河》(《Дарйа-йи абрар》)。哈桑·尼萨里证实,在他以前和他以后,没有一位诗人能像海达尔·阿里舍尔那样用突厥文写出艺术性如此之高的作品来(第 85a 张)。后者,即米尔扎·兀鲁伯,是昔班尼汗的大臣,15 世纪下半叶至 16 世纪初的著名诗人,上面提及的穆罕默德·萨里赫之子。在哈桑·尼萨里在世时,米尔扎·兀鲁伯是其父封地涅萨省的领主。在《友人纪要》中,关于其父和他本人是这样写的:"米尔扎·兀鲁伯是昔班尼汗非常赏识的涅萨省领主异密穆罕默德·萨里赫之子,而达伦省的管辖权则落在这个无能之人(即哈桑·尼萨里——艾哈迈多夫注)之父[手中]。由于[他们的领地]相邻这个原因,他们常常[相聚并]举行赛诗会;[两人]思维敏捷、品行端正,[这方面]无须[多余的]称颂······"(第856张)

在《友人纪要》中有关于兀拜杜拉汗和阿卜杜勒·阿齐兹汗(947/1540—957/1550)当政时修建的宗教和水利等设施的资料,如布哈拉的米尔·阿拉布宗教学校,布哈拉西南的皮尔马尔扎园,库哈克河边的普勒麦赫塔尔·哈斯木园,布哈拉的阿卜杜勒·阿齐兹汗宗教学校,这位汗在卡斯尔阿里凡的霍加巴哈·丁·纳格什班迪陵修建的德尔维什修道院(第14a-146张)。霍加哈桑·尼萨里关于阿卜杜勒·阿齐兹汗在布哈拉修建的无与伦比的图书馆的资料也很珍贵。米尔·阿比德·胡赛尼做过这个图书馆的图书管理员,他是著名的书法家,擅长纳斯塔利克体和莱哈尼体等书体,他也是一位杰出的小型彩画家和镶嵌家
(第27a-276张)。

1969年在海得拉巴(巴基斯坦)出版过《友人纪要》,其抄本在苏联和国外都有保存。[1]

关于哈桑·尼萨里文选的研究文章发表过很多[2],但是这一重要历史文献对研究16世纪上半叶中亚文化生活的作用并没有被充分挖掘。

164

---

〔1〕《Собрание восточных рукописей АН УзССР》(《乌兹别克共和国科学院东方抄本汇编》),т. I,с. 129;Миклухо-Маклай Н Д.《Описание таджикских и персидских рукописей Института народов Азии АН СССР》(《苏联科学院亚洲民族研究所塔吉克文和波斯文抄本目录》),вып. 2,с. 16-17;Стори Ч А.《Персидская литература》(《波斯文文献》),ч. 2,с. 842,1127.

〔2〕请参见本书《参考书目索引》。

41　穆特里比文选

　　有关这位富有诗意绰号穆特里比(音乐家、歌唱家)的 16 世纪下半叶至 17 世纪头 25 年的杰出诗人、文艺学家、音乐学家的生平活动,文献资料很少。迄今有关他及他的《诗人传记》的情况,仅知道以下这些:他生于 16 世纪下半叶,大约在 17 世纪 30 年代去世;他是上面提及的霍加哈桑·尼萨里的学生,是《诗人传记》的作者,该书介绍了 320 多位诗人的生平和创作方式;写过诗,是位有天赋的音乐学家。

　　几年前新发现了穆特里比两本我们原来不知道的著作:《贾罕季精选集》(《Нусха-йи зиба-и Джахангир》)和《穆特里比回忆录》(《Хатират-и Мутриби》),它们与另一著作装订在一起,名为《贾罕季史》(《Тарих-и Джахангири》),保存在伦敦印度事务部图书馆(编号为3023)。[1] 贾罕季自己所写的《贾罕季精选集》的最后部分(关于这一点详见后)和《穆特里比回忆录》,由苏联东方学家 A. M. 米尔佐耶夫在巴基斯坦文艺学家马哈茂德·哈桑·西迪克和赛义德·希萨姆·丁·拉什迪的协助下,于 1976—1977 年在卡拉奇(巴基斯坦)出版。[2]穆特里比的这两部著作是研究 16—17 世纪中亚与北印度文学联系的最重要的史料。同时,其中也有一些有关穆特里比自己生平和文学活动,他亲近的人,他所处文化环境和爱好的零星资料。

　　据《穆特里比回忆录》中的资料(第 16、21、45、66 - 68 页),穆特里比 966/1559 年生于撒马尔罕城。他的前辈马力克阿尔贡(父系)和巴西里(母系)是当时的著名诗人。穆特里比在自己家乡撒马尔罕接受

---

　　〔1〕H Ethe. 《Catalogue of the Persian manuscripts in the Library of the India Office》(《印度事务部图书馆波斯文抄本目录》),Oxford, v. II, p. 10 - 11.
　　〔2〕请参见本书《参考书目索引》。

了启蒙教育,后来去布哈拉,师从上面提到的霍加哈桑·尼萨里。

在《诗人传记》的开始部分,穆特里比介绍了昔班尼王朝王室中17
165 位会作诗的汗和速檀:阿卜杜拉汗二世、阿卜杜勒·穆敏汗、阿卜杜勒
速檀、艾布·海尔速檀、巴哈杜尔速檀、穆扎法尔速檀等;作者说与他们
都认识,在其中的一些人那里还供过职。[1] 我们简要谈一谈上面提及
的这些人的情况。我们知道,阿卜杜拉汗二世是 964 年 8 月 7 日/1557
年 6 月 5 日夺得布哈拉权力的,[2]从那时起到 1006/1598 年,他是布哈
拉汗国的最高统治者。阿卜杜勒·穆敏汗在其父后仅仅执政了 6 个
月。穆特里比显然与他们从 70 年代中期就有来往,这一点在《穆特里
比回忆录》中有详细记述(第 61 – 63 页)。阿卜杜勒速檀(真名为阿卜
杜勒·马力克速檀)是撒马尔罕汗阿卜杜勒·拉吉夫(947/1540—
959/1552 年)之子,985/1577 年在希萨尔沙德曼被乌兹别克汗所
杀。[3] 巴哈杜尔速檀是布哈拉王位众多觊觎者之一昔班尼王朝速
檀·赛义德汗之子,976/1568 ~ 1569 年与阿卜杜拉汗在撒马尔罕附近
的卡拉布拉克激战时阵亡。[4] 至于艾布·海尔速檀和穆扎法尔速檀,
他们都是昔班尼王朝撒马尔罕领主朱万马尔德·阿里汗(980/1572—
986/1578)之子,于 986/1578 年和 990/1582 年先后被阿卜杜拉汗二世
下令所杀。[5] 在《诗人传记》中,这两人所占篇幅较大,对艾布·海尔
的介绍尤为详细。穆特里比谈到了他的性格和积习,说他是一个诡诈、
粗鲁和爱造反的人,[6]由此可以断定,70 年代穆特里比在朱万马尔
德·阿里汗那里供职。

1029/1620 年前,穆特里比主要住在撒马尔罕,在异密哈吉比科什
奇(从 993/1585 年开始为撒马尔罕总督)和阿斯特拉罕王朝瓦里·穆
罕默德汗处任过很长时间的职。1021/1612 年本打算去痕都斯坦旅

〔1〕《诗人传记》,乌兹别克共和国科学院东方学研究所抄本,编号 2252,第 46 – 226 张。

〔2〕《番国征服者》,乌兹别克共和国科学院东方学研究所抄本,编号 1505,第 54a 张。

〔3〕《赛义德·拉克木表年诗》,乌兹别克共和国科学院东方学研究所抄本,编号 2623,第
1936 张。

〔4〕《阿卜杜拉汗传》,第 2 卷,塔什干,1969 年,第 70 页;《番国征服者》,第 56a – 566 张。

〔5〕《番国征服者》,第 576、64a 张。

〔6〕《诗人传记》,第 14a – 16a 张。

行,但是由于家庭状况(家里有 20 口人)不得不推迟行程(《穆特里比回忆录》,第 4 页)。1029/1620—1033/1624 年他全身心地致力于第二本文选《贾罕季精选集》的编写;他去过河中地的很多城市和呼罗珊、巴里黑、巴达赫尚,为文选收集必要的资料。他在 1033/1624 年 69 岁时开始编写,一年就完成了这一工作。1034/1625 年秋与其子穆罕默德·阿里一起启程去印度。途中他在巴里黑和喀布尔停留了很长时间,为自己的文选收集新资料,翌年,即 1035/1626 年到达拉合尔,当时贾罕季(1014/1605—1037/1627~1628 年)也在那里;他又花了一个多月时间来编写文选,最后全部完成了这一工作(书名(《Нусха-йи зиба-и Джахангир》就含 1035/1625 年之意),呈献给了印度统治者。穆特里比在拉合尔住了一年,于1036/1627年71岁时回到了故乡撒马尔罕。穆特里比后来的命运我们就一无所知了。

　　我们简要地谈一下穆特里比生活和活动的文化环境和他的爱好。除他自己的天赋以外,对他后来成为一个大文艺学家、诗人和音乐家,霍加哈桑·尼萨里和撒马尔罕总督、学术和文艺的庇护人哈吉比阿塔雷克起过重要作用,他们的家是学者、诗人和文化人士聚会的场所。穆特里比是前者的学生和亲密助手,而在哈吉比那里他供过很长时间的职。由于他们那里的文学聚会,穆特里比得以与布哈拉和撒马尔罕的文学和艺术人士相识,从他们中间汲取了许多新东西,不仅提高了自己文学方面的素养,也提高了其他学科的素养。从文选中的资料可以看出,穆特里比兴趣很广。他在文学和诗学、哲学和音乐、神学和手相术、书法和书籍装帧方面都受过很好的教育。在文学和诗学上他是霍加哈桑的学生,在哲学上他是著名的优素夫·卡拉巴黑(卒于 1054/1644年)的学生,[1]在音乐方面是约乌米·巴里黑的学生,在神学和手相术

---

[1]请详见 Семенов А А.《Забытый средне-азиатский философ XVII века и его 〈Трактат о сокрытом〉》(《被遗忘的中亚 17 世纪的一位哲学家及其〈论秘密之事〉》),《Известия общества для изучения Таджикистана и иранских народностей за его пределами》(《塔吉克斯坦及伊朗境外伊朗民族研究协会通报》),т. I, Сталинабад, 1928, с. 137 – 138; Нуриддинов М К.《Изучению философского наследия Юсуфа Карабаги》(《论对优素福·卡拉巴黑哲学遗产的研究》),《Общественные науки в Узбекистане》,1979, №1,с. 58 – 59.

方面是穆卡塔清真寺的伊玛目毛拉纳纳扎里·巴达赫什的学生,在书籍封面烫金方面是鲁斯塔姆纳卡什的学生,在书法方面是萨比特·米扬卡里的学生。[1] 在交往密切的人当中,穆特里比指出了以下这些人:法拉什·撒马尔坎迪(真名是哈比卜拉)——杰出的嘎泽拉体诗人和作诗法大师(第 182a - 1836 张)、霍加多斯特纳扎尔·库赖什——鲁巴伊体诗人和诗学论文集的作者(第 1976 - 199a 张)、著名文艺学家毛拉纳穆罕默德·萨德克——没有流传下来的文选《诗人集锦》(《Рийаз аш-шуара》)的作者。据穆特里比证实,穆罕默德·萨德克精通生意经,写过这方面的专门文章,成为财政官员必读的参考资料(第1926 张)。穆特里比有关他的另一记述也值得注意:"他在诗歌领域也具有丰富的知识。编写了一本名为〈诗人集锦〉的书,介绍了当时和以前的诗人。由于他没有把一些不常见的深奥睿智的诗收入书中,自认为没有尽到[这类书籍]编写者的责任,便放弃了这本书。现在听说他毁掉[自己书]的原来本子后,又编写了一部诗歌和散文体的[新]文选,介绍了许多具有杰出才能诗人的生平。"(《诗人传记》,第 1936 张)穆罕默德·萨德克的文选(于 17 世纪 40 年代编写)介绍了 17 世纪上半叶中亚诗人的生平和代表作品,但遗憾的是没有流传下来。但是从马列哈·撒马尔坎迪引用过书中的内容[2]来看,可以断定,马列哈显

167 然保存有穆罕默德·萨德克文选的一些部分。

　　穆特里比是一位杰出的诗人,他用两种中亚语言(波斯—塔吉克语和乌兹别克语)创作所有主要类型的古典诗歌[3]保存在各种选集中的他的一部分诗歌就证明了这一点。[4]

　　现在谈谈穆特里比的著作。他是三部著作,即两部文选和一部回忆录的作者。下面简要介绍一下他的这些著作。

――――――――――

〔1〕《诗人传记》,第 45a、1276 - 128a、152a - 1526、1236 - 1256、160a、204a、218a 张。

〔2〕参见《友人备忘录》,乌兹别克共和国科学院东方学研究所抄本,编号 2727,第 40a 张。

〔3〕《诗人传记》,第 1896 张;《穆特里比回忆录》,第 4 页。

〔4〕例如,请参见《Радаиф ал-ашар》,塔吉克共和国科学院东方学研究所藏抄本,编号 2256,第 1206、169a 张;《Байаз》,塔吉克共和国科学院东方学研究所藏抄本,编号 1232,第 39a、67a、68a、1026 张。

《诗人传记》是关于16世纪最后25年至17世纪初中亚诗人的文选,介绍了328位诗人的生平和他们的代表作品。于1013/1604年以后编写,是献给阿斯特拉罕王朝瓦里·穆罕默德汗的。

《诗人传记》中的资料是按以下方式安排的:先是简短的前言(第16－46张),作者简要地谈了他编写该书的目的和任务,并谈到该书是献给艾布·哈兹·瓦里·穆罕默德汗的,然后由"像撒马尔罕这种京都的尊敬的学者和明达的诗人"评判,并得到他们的赞赏,接着介绍了主要是昔班尼王朝与诗有一定关系的汗和速檀的生平(第46－286张),然后按字母顺序简要介绍了中亚诗人的生平及其代表作(第29a－239a张)。在介绍这些诗人时,作者严格遵循这样一条原则:首先介绍的是他自己认识并有过交往的;然后是他见过,但没有来往过的;最后是没有见过面的,关于他们的资料是他从其他史料中得到的。穆特里比的传记还有一个特点,就是他并没有局限于仅仅引述他们的代表作,而往往是进行了评论和详细分析。这从介绍阿尼西·伊拉基(第54a－55a张)、贾什尼·撒马尔坎迪(第716－72a张)、哈吉(第109a－1106张)、哈菲兹(第115a－1156张)、卡迈勒·舍别尔加尼(第1276－1286张)、尼达伊(第1626－163a张)、鲁特菲·撒马尔坎迪(第131a－1316张)等人的章节中可以看出。

穆特里比《诗人传记》的价值在于,传记中有16世纪最后25年至17世纪初中亚各民族文学、科学文化状况的最丰富的实际资料。对该传记的仔细研究表明,穆特里比时代的诗歌发扬了以前几个世纪的传统。除原有诗歌的基本体裁(喀西达、嘎泽拉、鲁巴伊、哈吉夫、梅斯涅维等)以外,还有基萨(故事)、拉蒂法(笑话、俏皮话)、穆兹希卡(娱乐、戏言)等类型的诗歌。当时在中亚(主要在撒马尔罕、布哈拉、巴里黑、塔什干等城)有300多位诗人,其中很多人(毛拉巴基·撒马尔坎迪、速檀·穆罕默德·克尔米涅吉、穆罕默德·苏莱曼·富祖里、杜艾伊·布哈里、穆罕默德·哈什姆·扎希德等)都有自己的诗集,这说明了文学的巨大发展。穆特里比在自己的传记中也介绍了下层居民的代表人物。这些人当中有于巴里黑西亚杰尔德被俘后在撒马尔罕一个富

168

229

人家当差的济拉基(第1086-109a张)、在布哈拉装订匠人聚集的巴扎靠抄写为生的马苏米·布哈里(第1436-144a张)、农夫卡马提·巴里黑(第2026-203a张)、同样靠抄书度日的阿迪纳·撒马尔坎迪(第223a张)等人。穆特里比的传记中还介绍了手艺人诗人的生平和他们的诗歌,如压花匠扎拉比·土耳克斯塔尼(第108a张)、厨师塔巴希·巴里黑(第122a张)、鞋匠卡夫什·布哈里(第131a张)、织布匠鲁特菲·贾马巴夫·布哈里(第131a-1316张)、马具匠毛拉穆明·撒马尔坎迪(第1446张)、皮革匠沙希德·巴里黑(第2116张)、裁缝萨乌比·伊斯菲贾比(第2186张)、陶器匠扎比提·撒马尔坎迪(第229a张)等人。

传记作者对关于17世纪之交中亚科学和文化状况的资料有重要价值。这里说的是以下这样一些学科的代表人物,如医学(达瓦·撒马尔坎迪、赛义德米尔·塔比卜·伊什基)、天文学(霍加哈桑·尼萨里、速檀·穆罕默德·纳济里、米尔扎·法尔哈德)、商学(霍加穆罕默德·拉提夫、马苏米·布哈里、法鲁赫·布哈里)、《古兰经》释义(萨德里·塔什坎迪、卡什菲·撒马尔坎迪、阿訇伊斯马塔拉·沙库里)、哲学(优素福·卡拉巴黑、哈桑霍加·尼萨里)、逻辑学(阿訇伊斯马塔拉·沙库里)、诗学(米尔·鲁穆济、阿夫扎里·贾尼·卡布里、赛义德达尔维什·穆罕默德·卡萨尼、菲扎伊),等等。其中很多人在这些学科中有学术著作,穆特里比证实,他不仅与他们有交往,而且读过他们的著作(第200a、2076张等)。

在传记所介绍的诗人中,有一些人是音乐学家和乐师、艺术家和书法家。如在音乐学家中,穆特里比提到了17世纪杰出的艺术家达尔维什·阿里·钱吉(第50a-51a张);乐曲木卡姆《赛加》的作者达尔·恰哈尔朱伊(第836-856张)、精通《乌沙克》和木卡姆曲《罗斯特》的行家扎拉比·土耳克斯塔尼(第1086张);技艺高超的乐师约乌米·巴里黑、阿拉布霍加·伊本·巴哈杜尔霍加·库赖什,他们用萨托拉、卡曼等乐器演奏的技艺达到了炉火纯青的程度(第123a-124a、198a张)。有关于画家米尔·哈斯木·撒马尔坎迪和毛拉鲁斯塔姆(第

576、204a－2046 张）、石刻家伊卜杜拉·扎基（第 1076－108a 张）、镀金匠沙希·布哈里（第 211a 张）、书法家米拉克·穆罕默德蒙什、马苏米·布哈里、米尔扎·穆明蒙什、尼扎里·巴达赫什、萨比特·米扬卡里、哈提·撒马尔坎迪等人的珍贵资料（第 576、142a－1426、1436－144a、163a－1666、218a－2186、223a 张等）。

从事中世纪城市经济状况研究的专家，对穆特里比生活的时代存在以下职业的资料不会不感兴趣：铜匠、压花匠、厨师、指甲花染料匠、鞋匠、马具匠、织布匠、打猎手套缝制匠、制针匠、雕刻匠、镶金匠、首饰匠、皮革匠、制帽匠、裁缝、造锅匠、织毯匠等等（这些资料分散在全书中）。

在穆特里比的这一传记中，还有 30 多种官品和职务的称谓（库克尔塔什、迪万别克、麦赫塔尔、达夫塔尔达尔、维齐尔、帕尔瓦纳奇、阿拉姆、卡迪、卡迪阿斯卡尔、瓦吉阿纳维斯、蒙什、穆夫提、穆哈泰希卜、克泰卜达尔、库特瓦勒，等等），与其他史籍中的类似资料加在一起，使我们对布哈拉汗国国家中央机构和地方管理机构的行政制度有一定的认识。

穆特里比《诗人传记》最全的抄本（编号为 2253，大概抄于 17 世纪）现保存在乌兹别克共和国科学院东方学研究所抄本库[1] 据《贾罕季精选集》注释者希萨姆·丁·拉什迪所掌握的情况，另外一个抄本保存在阿富汗学者穆罕默德·萨里赫·皮鲁夫塔私人图书馆中[2]。

《贾罕季精选集》于 1035/1625～1626 年完成于撒马尔罕（书名隐含该书完成的时间——1035 年）。作者从撒马尔罕去印度的旅途中，后来在拉合尔都在写该书。书中补充了作者在巴里黑和喀布尔长时间停留时所收集的材料，以及贾罕季详细了解该书后给他的材料。如《穆特里比回忆录》（第 70 页）所说，《贾罕季精选集》得到了帕迪沙和他的近臣的赞赏，但是在该书交宫廷图书馆珍藏以前，贾罕季表示要用

〔1〕请参见《Собрание восточных рукописей АН УзССР》（《乌兹别克共和国科学院东方抄本汇编》），т.Ⅰ，с.130－131.

〔2〕《穆特里比回忆录》，第 9 页。

自己的名字来给该书添光彩。穆特里比引述了贾罕季以下的话:
"……关于我的已经安息的先人[阿克巴帕迪沙],愿安拉保佑他,在位时的诗人的那几张材料,是我年轻的时候收集的,因此很简单,望你整理后加进你的书里"。穆特里比接着写道:"我顺从旨意,并念了[以下的二行诗]:

主啊,只要有太阳和月亮[运行],

[就]有贾罕季·伊本·阿克巴帕迪沙。"

贾罕季交给穆特里比的材料,在《贾罕季精选集》中占15页,穆特里比把它们放在自己文选的最后,标题为《帕迪沙和统帅贾拉尔·丁·穆罕默德·阿克巴在位时痕都斯坦诗人介绍》。[1] 其中还有伊朗、巴里黑、巴达赫尚和中亚诗人(穆什菲基、萨赫米·布哈里、尼亚孜·撒马尔坎迪、法兹里·布哈里、古尔巴提·布哈里等人)的简要情况,以及16世纪下半叶印度诗人的情况。

《贾罕季精选集》至今仍只有抄本(如前所说,其已知的抄本保存
170 在英国印度事务部图书馆,1075年8月23日/1665年3月10日抄于沙贾罕纳巴德),对其研究很少。

《贾罕季精选集》由前言、结尾和两编组成。

第一编《关于察合台王朝执政者和有诗选在河中地流传的著名诗人》,是写北印度巴布尔王朝和这一时期巴达赫尚、北印度的著名诗人。

第二编《关于乌兹别克诸速檀及其执政时期的著名诗人》分为两部分,有关于中亚诗人以及其中一些去印度并在那里出名的诗人的资料。

结尾部分记述了穆特里比在贾罕季执政时在拉合尔的情况。贾罕季所写的材料也补充在这一部分。

穆特里比的这一精选集中有17世纪河中地、巴达赫尚、巴里黑、伊朗和北印度292位诗人的资料,无疑是研究中亚与印度文学联系的珍

---

〔1〕这一章由赛义德·希萨姆·丁·拉什迪和A. M. 米尔佐耶夫1976年在卡拉奇刊布,附有大量注释。

贵的第一手资料。

《穆特里比回忆录》(《Хатират-и Мутриби》),[1]这一著作篇幅不大(只有68页),由简短的前言和穆特里比的24篇回忆录,即他与贾罕季及其近臣见面情况的报告组成。前言中指出了开始写这一著作的确切时间——1036年6月9日/1627年2月25日。

穆特里比的这一著作中有关于北印度,特别是关于当时北印度政治和文化中心之一的拉合尔科学和文学生活的实际资料(参见第4、5、14、18、19、22和23篇回忆录)。《穆特里比回忆录》中关于17世纪头25年中亚社会政治和文化生活的资料,关于撒马尔罕名胜和巴布尔帝国与布哈拉汗国政治关系的资料,对我们有重要意义。

下面我们谈一谈其中的一些资料。

从穆特里比所提供的资料中可以看出,贾罕季和他的先人及继承人对中亚执政者及其周围的人(如纳德尔迪万别克)的个人生活和习惯,特别是朱伊巴尔霍加(阿卜杜·拉希姆霍加、哈桑霍加、富拉德霍加等)在布哈拉国社会政治生活中的地位和作用很感兴趣(《穆特里比回忆录》,第20 – 21、23、34、45、48、61 – 63、64、64 – 65、69页)。贾罕季收集中亚执政者画像(显然巴布尔王朝其他人也这样)这一点也值得注意。例如,在第18篇回忆录中(第61 – 63页),穆特里比写了这样一个情节:"[有一次]我到宫中去,[帕迪沙]手里拿着一些画像在仔细端详。他让我坐下,说:'你好好看看这些画,说出来上面画的是谁?'我认出一张画上画的是阿卜杜拉汗,另一张画的是阿卜杜勒·穆敏汗。[帕迪沙]问:'他们像不像[本人],或者你有[什么]看法?要是有,你就说。[我]回答:'[这上面]阿卜杜拉汗画得太胖了,下巴的褶子太靠右了。实际上他不是这个样子,体形没有这样臃肿,下巴有褶子。[帕迪沙]问:'褶子往右还是往左弯?'[我]回答:'往左。'[帕迪沙]把画师叫来,要他按我说的重新画。接着[帕迪沙]问:'你看阿卜杜勒·穆敏汗的[像]怎么样?'我回答:'阿卜杜勒·穆敏汗画得太黑,他不是这样的,要白静一些;缠头向前倾,这样[他戴着]看起来很好看……'[帕

171

---

[1]也由 A. M. 米尔佐耶夫刊布。

右侧竖排：欧·亚·历·史·文·化·文·库·

迪沙]把画师叫来,让他也重画[这张画]。"

穆特里比的回忆录记述了当时撒马尔罕的情况和它的名胜(古尔异密、鲁哈巴德陵墓、造纸厂、兀鲁伯天文台、霍加丘班坊区普什塔拉萨德街上离造纸厂不远的旅店)。[1]

穆特里比引述的关于修建撒马尔罕城和"撒马尔罕"这个词本身意义的传说对研究者有一定的价值。古代和中世纪的史家把该城的始建与传说中的突厥国王阿富拉西阿布、马其顿的亚历山大和也门国王萨马尔·亚鲁什联系在一起。在《穆特里比回忆录》中是这样说的:"泰伯里的史书和其他书籍中,说该城的真正名称是撒马尔罕,在普通百姓和日常交往中,也是撒马尔罕这一名称用得多。对于称该城为撒马尔罕的原因,一些[学者]是这样说的:伊斯坎达尔[祖勒·卡尔奈纳]有两个古里亚姆,一个叫撒马尔,一个叫卡马尔。他们就是该城的奠基者,[于是]便用自己的名字来称呼该城。这两个古里亚姆的陵墓在撒马尔罕的恰尔苏"(《穆特里比回忆录》,第68页)。

穆特里比对1035/1626年以霍加阿卜杜·拉希姆为首的布哈拉使团来印度的记述,对研究布哈拉汗国与巴布尔帝国的外交关系有一定意义。贾罕季虽然对肩负外交使命前来印度的朱伊巴尔霍加和布哈拉的其他高级官吏很尊敬,但是在见穆特里比时,对伊玛姆库里汗身边虽然有纳德尔迪万别克塔加依这样的重臣,但出使印度却不派"自己的哪一个近臣,而是派遣自己的亲兵和出身低微的人"表示不满(《穆特里比回忆录》,第65页)。

穆特里比深谙古典音乐理论,是能用长笛、卡农、铃鼓等乐器极优美地演奏东方木卡姆的乐师。在一篇回忆录中,他详细记述了贾罕季为穆罕默德·哈克木米尔扎从喀布尔来拉合尔而举行的华宴(第50 - 51页)。在回忆录中穆特里比还记述了他与其他古典音乐大师的辩论,谈到了"穆西卡"这一术语的来历和十二木卡姆等。从他后面的叙述中可以看出,他擅长用铃鼓演奏很多古典乐曲,如伊拉克、胡赛尼、赛加等。

172

---

[1]《穆特里比回忆录》,第19 - 21、36、39页等。

42　友人备忘录

（Музаккир ал-асхаб）

　　这是一部有关 17 世纪诗人的文选,有中亚(主要是撒马尔罕和布哈拉)和伊朗 200 多位诗人生平和创作方面的资料;1093/1682—1103/1692 年由撒马尔罕著名诗人和文艺学家穆罕默德·巴迪·伊本·穆罕默德·沙里夫·撒马尔坎迪编写,其笔名为马列哈(美妙的)。

　　穆罕默德·巴迪及其先人的一些生平资料可以从该备忘录中找出来。根据这些资料(参见第 936、167a - 169a 张等),他的先人是游方苦行者,是富有和有影响力的人物,因此受到汗和达官们的庇护。学者的父亲穆罕默德·沙里夫也是富有和博学的人物,一生都供职于撒马尔罕的卡迪和穆夫提处。关于马列哈家的社会地位,下面这一事实可以说明:穆罕默德·沙里夫去世后(卒于 1081/1670 年,终年 72 岁),不仅其个人财产,而且"其父从帕迪沙和异密那里得的薪俸和其他[特权],当时的国王赛义德阿卜杜勒·阿齐兹汗应异密的请求都留给了他"(第 168a 张)。

　　其父所拥有的财产和很高的社会地位,使穆罕默德·巴迪当时受到过良好的教育。马列哈的第一位老师是他的父亲,由于其父的精心培养,他 11 岁不仅学会了读和写,而且会作诗,能理解很难懂的诗的意思。在他父亲的直接教育下,他学习并掌握了逻辑学基础知识、神学和哲学。穆罕默德·巴迪在布哈拉阿卜杜勒·阿齐兹汗经学院接受了高等教育。在自己的所有老师中,他最钦佩卡迪鲁特法拉(他写诗用笔名沙基尔[意为高尚的]),跟他学习《古兰经》释义、伊斯兰法律学、诗学和天文学。他写道:"大部分天文学方面的书籍,包括《恰格米尼解

说》[1]和毛拉纳阿里库什奇的波斯文论文集[2],该备忘录的作者都是在他的指导下学习的。"(第 936 张)

马列哈在科学上的兴趣范围不仅限于上述学科。从他备忘录中大量的各种各样的资料来看,他精通历史、文学史和其他学科。1081/1670 年在他父亲去世后,他去伊朗旅行,在萨菲王朝都城伊斯法罕和麦什德、你沙不儿、卡尚等城市住过三年。他解释,在这些城市逗留这么长时间的原因,是为了更好地了解伊朗的诗人,为自己的备忘录收集资料(第 1686 张)。从备忘录的资料可以看出,穆罕默德·巴迪在那里所获颇丰:他备忘录四分之一以上都是有关伊朗诗人的生平活动,这些诗人有些很有名气(哈吉费里敦别克、米尔扎·巴迪、萨伊卜·卡沙尼、卡西姆别克·马什哈迪、著名诗人和文艺学家、《纳斯拉巴迪传》[《Тазкира-йи Насрабади》]的作者米尔扎塔希尔·纳斯拉巴迪等人)。1084/1673 年穆罕默德·巴迪回到家乡,据他自己说,有 7 年时间在布哈拉和撒马尔罕研究《古兰经》注释、伊斯兰法律学和圣训。然后有一段时间,看来是几个月,在卡迪霍加米拉克沙为首的撒马尔罕法官办公处供职。1100/1689 年撒马尔罕省总督异密易卜拉欣比派他去昔班尼汗经文学校任教。在经文学校他完成了备忘录的编写工作。

我们没法确定这位学者活了多少岁。据他自己说,他父亲去世那一年,即 1081/1670 年,他 30 岁(第 167a 张),这样的话他就生于 1051/1641 年。[3] 他去世的时间不详。

穆罕默德·巴迪在编写他的这一备忘录时,除了利用了他 10 年中收集到的大量文学方面的资料外,还利用了前人著作中各种内容的资料。在这些著作中,他提到了米尔洪德的《幸福天堂》(《Раузат ас-сафа》)、伊玛目艾布·法兹勒·穆罕默德·撒马尔坎迪(17 世纪)的

---

〔1〕指《Аш-шарх ал-мулаххас фи-л-хай'ат》,是沙基尔对赛义德·沙里夫·阿里·米尔贾尼根据恰格米尼(卒于 618/1221 年)的《Ал-мулаххас фи-л-хай'ат》所写著作的解说。

〔2〕指阿里的《Шарх〈Зидж-и〉Улугбек》(《兀鲁伯〈天文图〉解说》)。

〔3〕据 Н.Д.米克卢霍-马克莱所说是 1053/1643~1644 年,请参见 Миклухо-Маклай Н Д.《Описание таджикских и персидских рукописей Института народов Азии АН СССР》(《苏联科学院亚洲民族研究所塔吉克文和波斯文抄本目录》),вып.2,с.32.

《贤哲》(《Кандийа》)、亚赫亚·西巴克·你沙不里(卒于 852/1448 年)的《卧室梦幻》(《Шабистан и хайал》)、阿里·伊本·胡赛因·瓦伊兹·卡什菲(867/1463—939/1532～1533 年)的《生命之泉的小珠》(《Рашахат айн ал-хайат》)、毛拉萨德克·撒马尔坎迪(17 世纪上半叶)的《诗人集锦》(《Рийаз аш-шуара》)、米尔·赛义德·沙里夫·拉克木·撒马尔坎迪的《长史》(《Тарих-и касира》)、霍加萨曼达尔·捷尔梅济的《国王手册》(《Дастур ал-мулук》)等(第 196、20a、346、40a、219a 张等)。

下面谈一下《友人备忘录》的抄本情况。据现有的东方抄本目录,苏联和国外的很多抄本库都保存有该备忘录的抄本。[1] 乌兹别克共和国科学院东方学研究所保存的该备忘录的抄本最多。马列哈的备忘录在这里有 7 种抄本(编号为 58/Ⅰ、58/Ⅱ、2727/Ⅲ、2727/Ⅳ、2613/Ⅰ、4270 和 8888),其中的两种(编号 2727/Ⅳ 和 4270)极其珍贵,是与作者同时代的抄本。[2] 有一种(编号 8888)是一部分《友人备忘录》的乌兹别克文译本(根据 4270 号抄本翻译,第 296－302 张),为乌兹别克著名诗人沙姆斯·丁·沙拉夫·丁奥格雷(胡尔希德)于 1948 年秋翻译,题为《大事记要》。

穆罕默德·巴迪的备忘录分前言和两编。在前言中(2727/Ⅳ号抄本,第 76－15a 张),作者依惯例在一番赞美之词后,指出了编写该备忘录的目的和任务;列举了其前辈的名字:杜列特沙·撒马尔坎迪、霍加哈桑·尼萨里,上面提到的文选《诗人集锦》作者毛拉萨德克·撒马尔坎迪、同时代的长者米尔扎塔希尔·纳斯拉巴迪。上编(2727/Ⅳ号

---

〔1〕请参见 Миклухо-Маклай Н Д.《Описание таджикских и персидских рукописей Института народов Азии АН СССР》(《苏联科学院亚洲民族研究所塔吉克文和波斯文抄本目录》),вып. 2,104;вып. 1,с. 539;《Собрание восточных рукописей АН УзССР》(《乌兹别克共和国科学院东方抄本汇编》),т. Ⅰ,с. 133－134,т. Ⅸ,с. 60－63;《Каталог восточных рукописей АН Таджикской ССР》(《塔吉克共和国科学院东方抄本目录》),т. Ⅱ,с. 20－21;《Manuscripts d'Afghanistan》(《阿富汗抄本目录》),p. 312.

〔2〕最后两种抄本的介绍,请参见《Собрание восточных рукописей АН УзССР》(《乌兹别克共和国科学院东方抄本汇编》),т. Ⅰ,с. 133－134;据已去世的东方抄本大家伊卜杜拉·阿德洛夫(1944 年去世)说,编号 4270 的抄本是作者手稿(请参见其在第 1a 张的眉批)。

抄本,第 156 – 1836 张,4270 号抄本,第 2436 – 2876 张)写于 1093/1682—1100/1689 年,介绍了 165 位诗人(从阿夫卡尔到纳乌拉斯)的生平,按字母顺序列举了他们的代表作品。马列哈与其前辈不同,诗人的代表作品占了他备忘录的很大一部分。下编(4270 号抄本,第 288a –3206 张)题为《补记》,完成于 1100/1689—1103/1692 年,介绍了作者原先忘记介绍的 35 位诗人。该编中有关 17 世纪这一地区社会经济、政治和文化生活的资料有重要意义。

马列哈备忘录的主要意义在于,通过它我们能够了解 17 世纪下半叶中亚各民族的科学和文学状况,了解嘎泽拉、喀西达、梅斯涅维、鲁巴伊、塔里希、基塔、哈吉夫、穆拉萨等诗体的发展。当时还有说书这样一种文学样式。例如,马列哈介绍了毛拉巴克的生平,他外号叫瓦里斯,经常坐在布哈拉的广场给听众说各种各样的故事(58／Ⅰ号抄本,第 251a 张)。该备忘录不仅反映了把自己的聪明才智用在赞颂汗及其近臣的宫廷诗人和身居高位的异密、德尔维什教团有权势的依禅(塔伊卜、达斯图尔、拉赫米、扎伊卜、库特里、纳乌巴尔、纳伊姆等)的创作中,而且反映了手艺人(压花匠穆罕默德·阿明、马具匠尼亚兹·巴基等人)以及那些靠在大街旁和巴扎上以朗诵自己诗歌为生的人(阿卜杜拉·哈基、伊卜杜拉·温瓦尼、霍加法基尔·卡兰达尔等人)的诗歌创作。

在《友人备忘录》中,有 20 多位学者诗人、书法家诗人、音乐学家诗人的传记和代表作品。在学者中,特别应当提一提的是阿訇毛拉图尔松·法拉伊兹,他是很多数学、天文学和神学著作的作者,如《〈几何图形基础〉解说》(《Шарх ашкал-и та'сис》)、《算术汇编》(《Джами'ал-исаб》)、《论虔诚人》(《Рисала -йи аткийа》)、《[贾米著作]注释》(《Шарх-и муамма》)、《小秘密》(《Муамма-йи сагир》)等(第 2727 号抄本,第40a – 406张);历史学家米尔·赛义德·沙里夫·拉克木,他是著名的《长史》(《Тарих-и касира》)一书的作者(第 2727 号抄本,第 54a – 58a 张);霍加萨曼达尔·捷尔梅济,他是《王诚》和《穷人之友》(《Анис ал-фукара》)的作者;毛拉尼马特·撒马尔坎迪,他在语法、逻

175

辑、哲学、天文、几何、法学、诗学等方面都学业有成（第 2727 号抄本,第 172a－1736 张）;音乐学家卡迪阿卜杜拉·阿法林肯提、米尔扎·阿里·布哈里、塔伊卜、毛拉拉赫马特迪万·撒马尔坎迪;最后介绍的是"七种羽毛笔的享有者",即书法家穆罕默德·尼亚孜、霍加毛拉"马赫朱尔"、霍加穆罕默德、阿訇毛拉扎里夫·"麦吉侬"、米尔·哈斯木等人。

此外,穆罕默德·巴迪的备忘录中还有政治史,17 世纪 70 年代中亚社会经济状况,撒马尔罕和布哈拉地形,阿斯特拉汗王朝官品、称号及其相应职责等方面丰富的实际资料。

在社会经济方面的资料中,关于职业、瓦克夫、税赋,以及不仅异密和达官,而且连汗本人也贪污受贿的资料有重要意义。

在马列哈的备忘录中,提到的职业匠人有铸币匠、铜模匠、皮革匠、染布匠、装订匠、装饰师、鞋匠、金丝刺绣匠、卖肉的、棉布商、香料商、镀金匠、布匹商、铁匠、建亭匠、画师、名贵丝绸衣服裁缝、宝石估价人、裁缝、刻章匠等。

《友人备忘录》作者关于 15 世纪大宗教封建地主霍加兀拜杜拉·阿赫拉尔包括土地在内的财产继承情况的资料不无意义。在《补记》中关于这一情况讲了以下这些。霍加兀拜杜拉·阿赫拉尔有 1000 块土地。在他在世时,曾立下遗嘱将这些土地和全部财产作为瓦克夫留给其后代,监护人指定为其长子霍加亚赫亚,而亚赫亚又指定其子为监护人。一直按这种方式传到了今天。现在,1103/1692 年其土地和财产的监护人是霍加哈万德·马哈茂德,他是霍加穆罕默德·优素福之子,又名速檀霍加,他自己有 70 块耕地。同时他也是其先人麻札的监护人。马列哈接着写道:"如今,帕迪沙和异密在任命某人担任某一职务时都有收取贿赂的习惯。速檀霍加靠不断行贿取得了谢赫和[霍加阿赫拉尔麻札]穆泰瓦利之职……[霍加]的大部分财产作为贿赂落入了苏布罕库里汗的腰包"(第 4270 号抄本,第 2886－289a 张)。

穆罕默德·巴迪作为与希瓦的阿努沙汗同时代的人,讲述了他1092/1681年秋和1097/1686年对河中地的入侵,对沙赫里斯坦和布哈拉郊区的破坏(1092/1681 年),夺取撒马尔罕、卡尔希和沙赫里萨尔兹(1097/1686 年),这一时期国家困难的政治和经济状况(第 2727 号抄本,第 47a、70－74a、121a、161a 张等)。据马列哈证实,当时国库空虚,苏布罕库里汗为维持自己的军队,只得向商人借债;撒马尔罕、布哈拉及其附近地区的处境非常困难,物价飞涨,出现了饥荒(第 2727 号抄本,第 1216 张)。此外,苏布罕库里汗在把阿努沙汗及其军队赶出国以后(4 个月以后),狠狠地报复了撒马尔罕人,怨恨他们纵容希瓦人,许多人被处死;向居民征收军税,其数额相当于他们原来 7 年缴付的税额。连寡妇也得缴纳军税。马列哈写道:"汗的人的凶狠手段恐怕是以前从来没有听说过的。全城变得像光秃秃的荒漠。"(第 4270 号抄本,第 2926－2936 张)

马列哈备忘录中还有对研究阿斯特拉罕王朝国家中央和地方行政机构有意义的资料。例如,除从前面的史料中已经知道的官品和称号外(阿塔雷克、纳吉布、穆斯图菲、帕瓦纳奇、米拉胡尔、达德哈、托赫萨巴、西帕赫萨拉尔、苏杜尔、法基赫、阿拉姆、穆夫提、卡迪、卡迪阿斯卡尔、热依斯、基塔布达尔、穆达里斯、穆泰瓦利、玉兹巴什、米尔哈扎尔、瓦基阿纳维斯等),还能看到我们介绍过的其他史料中没有的官品——御林军阿拉姆,对卡迪斯斯卡尔和编年史官(瓦基阿纳维斯)的社会地位做了新的详细介绍。例如,关于阿拉姆及其职责在著名的《布哈拉官品、称号》中这样写道:"……河中地的国王……规定了受尊敬的学者和赛义德的四种职位……第一种是法官……第二种职位是穆夫提,其中最高的获'阿拉姆'的称号,即最有学问的人;他(指阿拉姆——艾哈迈多夫注)为人们撰写法律文书。在阿拉姆之后是军队的穆夫提(穆夫提阿斯卡尔),其职责是撰写军队的法律文件,在行军时和到本国其他省的时候更是这样。军队的法官和穆夫提到[某一]省时,该省的法官无需国王的[任何]准许,便停止行使自己的职权,这成了一种惯例。"[1]因此,阿拉姆的职责只是为老百姓"撰写法律文书",

〔1〕Семенов А А.《Бухарский трактат о чинах и званиях》(《写于布哈拉的关于中世纪布哈拉官品、称号及其职责的论文》),c. 139－140.

但是对军队阿拉姆的职责却只字未提。从《友人备忘录》中的资料可以看出,在中央和各省都设立有军队阿拉姆的专门职务。中央的称为阿拉姆卡兰,而省一级的称为"撒马尔罕城御林军阿拉姆"或涅谢夫城的、克什城的等等。阿拉姆这一职务与谢赫伊斯兰不同,不是继承的,这一点也值得注意。例如,在阿卜杜勒·阿齐兹汗时,撒马尔罕军队的阿拉姆开始时是阿訇毛拉图尔松·法拉伊济,他是颇有名气的卡迪帕扬达·扎阿米尼之子,后来是卡迪米拉克沙之孙霍加哈桑,而在苏布罕库里汗时是毛拉纳阿訇毛拉赛义德·沙里夫·丁,即前面提到过的《长史》作者米尔·赛义德·沙里夫·拉克木,他在毛拉巴基坚死后担任了整个布哈拉中央的阿拉姆(阿拉姆卡兰)(第2727号抄本,第406、94a张)。军队的法官(卡迪阿斯卡尔)这一职务也不能继承,中央的(称为至圣的大本营卡迪阿斯卡尔)是这样,地方的也是这样,这在该备忘录中能找到不少例证(第2727号抄本,第92a、146a、169a张)。同时,省一级军队中的法官的地位比京城布哈拉的热依斯要低(第146a张)。

编年史官(瓦基阿纳维斯)的职责包括记录每天的重要事件。汗、速檀和异密处都设有这一职务。从《友人备忘录》中可以看出,为外国使节也设了这一职务,其职责是记录使团的行程和其他事务。例如,霍加艾布·马阿尼·巴里黑在扎巴尔达斯特汗处担任过这一职务,扎巴尔达斯特汗是继巴布尔王朝奥朗则布之后,于1099/1687~1688年出使布哈拉的(第2727号抄本,第1556张)。

马列哈有关撒马尔罕和布哈拉地形和名胜的资料有重要意义。书中有撒马尔罕许多坊区的名称(迪格里赞、豪兹桑金、布斯坦巴拉、米尔·赛义德·阿什克、基姆胡特加兰、布斯坦汗、豪卡尚、米尔·沙·马里克经文学校、萨本汗、阿塔兰、桑格塔拉尚、罕·赛义德伊玛目、哈玛姆孔吉克、哈纳卡谢赫·艾布·莱西、布尔布拉克、普勒萨菲德),布哈拉许多坊区的名称(恰尔苏萨拉凡、巴札纳乌、拉布豪兹、达尔瓦扎阿布,等等),介绍了列吉斯坦和霍加卡什菲尔等名胜,记述了布哈拉的铸币厂等。马列哈还介绍了布哈拉汗国其他城市一些有意义的情况。

欧·亚·历·史·文·化·文·库·

例如,1102/1690~1691—1103/1692年卡尔希和沙赫里萨布兹是什么样子。马列哈写道:"涅谢夫是一个设施非常好的省城,对它无需[多余的]介绍。除了这里最早修建的清真寺和避暑的地下室外,阿卜杜拉汗修了许多房屋,巴基比奉阿卜杜拉的旨意在这里修建了经文学校、[商队]旅店、澡堂和石砌带顶的巴扎。"(第4270号抄本,第304a张)

关于沙赫里萨布兹,他写道:"克什城,即沙赫里萨布兹,像撒马尔罕一样,离[河中地]的古城有一天的路程。起先它是常胜的阿米尔·帖木儿库拉干的京城,而现在,1103年[它]如撒马尔罕一样,[处于]凄渗的境况。城里帖木儿王朝时期的建筑物很多,[如]蒙难国王米尔扎·兀鲁伯修建的大清真寺,而至圣的谢赫库拉尔的陵墓就在这座清真寺里。还修建带有幸运之人[阿米尔·帖木儿]之子米尔扎贾罕季陵墓的经文学校,它在穆罕默德·昔班尼麻札对面,这处麻札叫达尔赛亚达特。阿卜杜拉汗毁掉了这座带有米尔扎贾罕季陵墓的经文学校,[现在]大异密时的建筑物中,留下来的只有吉劳汗拱和杜拉特汗拱……"(第4270号抄本,第306a张)

43 完美精神集

（Джами' ал-макамат）

这是一部 16 世纪上半叶德尔维什纳格什班迪耶教团重要代表人物、大神学家霍加艾哈迈德·伊本·毛拉纳贾拉尔·丁·卡萨尼[1]，绰号马哈杜姆·阿扎姆（意为最伟大的先生）（866/1461~1462—949/1542 年）[2]的传记。1026/1617 年由其孙霍加艾布·巴卡·伊本·巴哈·丁完成；依据的是马哈杜姆·阿扎姆的密友毛拉纳穆罕默德·阿里·阿赫西克提、毛拉纳多斯特·萨法赫、毛拉纳巴巴胡吉拉达尔、哈菲兹·易卜拉欣等人提供的情况。

有关《完美精神集》作者的资料很少。该书中有关他零碎的和很不全面的资料表明，他是一个有学问和富有的人，在东方很多国家和地区做过生意（巴里黑、印度、喀什噶尔），后来是听命于昔班尼王朝阿卜杜勒·阿齐兹汗旨意的小官吏。在这以后受费尔干纳总督（作者称其为马哈茂德沙）的委派，出使哈萨克斯坦，在那里住了两年，并在经受了各种不幸和困苦以后，好不容易回到了家乡（第 104a－105a、110a－1106、2436－244a 张）。1556 年在阿卜杜拉汗二世围困布哈拉时，他奉布尔罕速檀的旨意，与霍加穆罕默德·伊斯拉姆到阿卜杜拉汗二世大本营求和。[3] 关于霍加艾布·巴卡的其他情况我们就不掌握了。

该书由通常的简要的前言（第 16－3a 张）、结尾（第 2476－251a

---

[1]保存至今的霍加艾哈迈德·卡萨尼的著作有约 30 部，其内容涉及伦理、德尔维什道德标准、德尔维什教徒完成神秘之旅的途径、纳格什班迪耶教团谢赫的生平、伊斯兰教法典等问题。（关于这些著作的简要介绍，请参见《Собрание восточных рукописей АН УзССР》（《乌兹别克共和国科学院东方抄本汇编》），т. III, с. 298－315.

[2]据其他资料（《真理探寻者之追求》，乌兹别克共和国科学院东方学研究所藏抄本，编号 80，第 29a 张），他去世的时间稍晚一些，是 951/1544 年。

[3]《阿卜杜拉汗传》，第 1 卷，塔什干，1966 年，第 264 页。

张)和三章组成。第 1 章(第 3a－116 张)介绍了霍加艾哈迈德家族的世系,如所有使徒传记一样,世系上溯到了先知穆罕默德,还介绍了这位依禅最杰出的先人的情况。第 2 章和第 3 章(第 116－2476 张)都是记述马哈杜姆·阿扎姆"有灵"的活动,以及他与他大批学生和追随者的会见和谈话。结尾部分写了这位依禅的病和伊斯兰教历 949 年 1 月 21 日星期六中午在撒马尔罕附近达赫别德村的去世。

虽然《完美精神集》中的一些资料有虚构的成分,但还是有许多有关 16 世纪上半叶中亚政治史,以及社会经济、传记性和地理方面的珍贵和有意义的资料。这些分散在全书,似乎消失在关于马哈杜姆·阿扎姆·卡萨尼神奇事迹和活动传奇性记述中的资料,给我们新的、在其他纪实性史籍中看不到的事例,反映了在昔班尼汗去世后中亚愈演愈

179 烈的内讧斗争,穆斯林最高神职人员(这里是指霍加艾哈迈德·卡萨尼及其追随者)在国家社会政治生活中的作用和地位,中亚与伊朗、中亚与蒙兀儿斯坦的政治关系,费尔干纳东北部吉尔吉斯各部的混乱情况。书中还有一些资料反映了河中地由于最残酷的封建压迫、连年的战争、王朝的内讧和游牧的乌兹别克封建贵族的胡作非为而造成的劳动群众极其困难的处境。

总之,霍加艾布·巴卡的这一著作为研究者提供了各种极其丰富的资料,有些地方能够对有关 16 世纪上半叶中亚史的记述性史籍中的史料起确切和补充的作用。

下面简要谈谈这些主要资料。

16 世纪上半叶,昔班尼王朝国家内部政治斗争加剧,不时爆发纠纷和内战,例如,《完美精神集》中记载有忽春汗、贾尼别克速檀、多斯特穆罕默德速檀和克佩克速檀对费尔干纳的征讨,他们围困和夺取卡桑,以及昔班尼王朝军队对这里普通百姓的烧杀抢劫(第 55a－566 张);塔什干城居民在谢赫哈万德·塔胡尔[1]的后代霍加塔希尔带领

---

〔1〕14 世纪塔什干的著名谢赫,约于 761/1350 年去世,请详见 Кашифи《Рашахат》,Ташкент, 1329/1911 年,c. 209－211;Семенов А А.《Ташкентский шейх Хавенд Тахур》(《塔什干谢赫哈万德·塔胡尔》),《Протоколы заседаний и сообщения членов Туркестанского кружка любителей археологии》(《突厥斯坦考古爱好者小组会议记录和通报》),год XX, c. 25－30.

下英勇保卫该城;昔班尼王朝军队在苏云奇霍加汗率领下夺取该城(第57a-576张);苏云奇霍加汗与察合台王朝速檀·赛义德汗争夺塔什干的斗争,以及由此给人民造成的沉重负担(第466张);速檀·赛义德汗从喀什噶尔进军阿赫西和安集延,然后进军塔什干,联合苏云奇霍加、忽春汗和兀拜杜拉汗最终夺取该城,后来又败走喀什噶尔(906-91a张);947/1540年纳乌鲁孜·艾哈迈德汗(巴拉克汗)联合撒马尔罕的阿卜杜勒·拉吉夫汗争夺布哈拉汗国最高权力的斗争(第1366-139a张)。霍加艾布·巴卡详细叙述了马哈杜姆·阿扎姆·卡萨尼为消除双方的敌对情绪对这一斗争的干预(第1376-138a张)。

16世纪40年代初,国内的封建割据达到了这种程度,即不仅像巴里黑和撒马尔罕这样一些大的领地脱离了布哈拉,而且一些小城市也脱离了布哈拉。这方面该书作者对其舅父巴卡·米拉克为首的在卡尔希的卡桑大暴动的记述很有代表性。暴动的声势非常之大,这首先是表现在迫使昔班尼王朝所有汗和速檀都来参加镇压,其次是经过三个月昔班尼王朝军队才将暴动平息。昔班尼王朝最终平息卡桑人的反抗之后,他们进入该城烧杀抢劫,暴动为首者被抓后被处极刑(第2196-2206张)。

180

在《完美精神集》中有一些零散的,但是珍贵的有关捷拉夫尚河河水定期改变的资料,即河水涨落,河流改道,看来是指其北岸支流阿克河;有关于在昔班尼王朝时代存在塔尔汗封建制度,人民群众受官吏的欺压,大的商道上盗匪猖獗等方面的资料。

关于捷拉夫尚河,有一处艾布·巴卡是这样记述的:"有一次库哈克河干了,[河中]滴水无剩……至圣的(马哈杜姆·阿扎姆·卡萨尼的)一位故交阿卜杜勒·卡里姆塔尔汗说:'有一次库哈克河水全都流向索加尔吉,流到达赫别德[村]时,淹了至圣的果园和毛拉纳米尔·穆罕默德的麻札。'(第1836张)过了一些时候,[至圣这里]来了阿法林肯特的一批代表,[苦苦央求依禅]:'我们的大老爷啊!整条河都流往这一边,[河水]再不来我们省了……'"(第1836、185a张)这里说的是河水水位的变化,还是开渠引走了河水,或者是在庄稼生长期引来了其他河的水？这些都很难确定。

塔尔汗封建制度在帖木儿和帖木儿王朝时,在中亚很盛行。《完美精神集》中的资料表明这一制度在昔班尼王朝时仍存在,至少在16世纪上半叶时仍存在。根据作者的记述,当时这方面最有影响的代表人物是撒马尔罕的哈里勒塔尔汗和上面提到的阿卜杜勒·卡里姆塔尔汗(第178a、1836、2196张)。

在霍加艾布·巴卡的书中有关于大批蝗虫吞噬农民庄稼,造成颗粒无收(第159a张),洪水和干旱等自然灾害给农户带来严重损失(第183a张等),衙门官吏为非作歹,"欺压穆斯林"(第120a张)的记载。

书中传记和地理方面的资料很重要。传记方面的资料中,我们认为马哈杜姆·阿扎姆本人和他妻子比比恰·喀什噶里——霍加伊斯哈克(卒于1008/1599年)之母的生平资料很有意义。他及其后代在16世纪至18世纪上半叶在新疆的政治生活中起过重要作用(第2236 - 248a张)。书中记述了这位依禅生命的最后日子和去世的时间:949年1月21日(星期六中午)/1542年5月7日(第251a张)。记述了霍加穆罕默德·阿里、霍加胡尔德、霍加伊萨和霍加塔希尔,他们是上面提到过的谢赫哈万德·塔胡尔的后代(第57a、153a - 1536、2336张),记述了16世纪的大诗人和文艺学家帕德沙霍加(第746 - 75a、1966 - 197a张)和毛拉纳米尔·穆罕默德,他是16世纪著名史家、《沙荣耀录》作者哈菲兹·塔内什·布哈里的父亲(第116a张)。

在地理方面的资料中,值得注意的有霍加艾布·巴卡关于帕尔卡特郊区温泉的介绍,关于加尔玛库兹村(在米扬卡勒)、克孜勒库尔干村(在塔什干和阿赫西之间)、胡什克扬村和安祖勒村(在克尔米涅省)、拉巴特亚加奇里克村(在撒马尔罕和塔什干之间的草原路上)、桑格村(离阿赫西三沙里)、贾姆拉巴特村(在布哈拉和克尔米涅之间)、巴尔加瓦克村(在费尔干纳的卡桑和阿赫西之间)的介绍,关于有三天路程那样宽广的吉扎克草原的介绍等(第59a、1536、1596、180a、1806、1816、186a、193a、2136、2456 - 246a张)。

在《完美精神集》中,有关16世纪初塔什干速檀·马哈茂德汗军

181

队在艾哈迈德蒙兀儿的带领下袭击帕尔卡特,对该城及其附近村庄进行抢劫(第 61a - 616 张);935/1528 ~ 1529 年昔班尼王朝军队进入呼罗珊和锡斯坦及其造成的后果(第 90a - 926 张);费尔干纳东北部吉尔吉斯人的内讧;吉尔吉斯一些部落侵入萨菲德布兰(位于丘斯特上游),达尔维什汗(昔班尼王朝地方长官)与米尔·哈克别尔迪(巴拉克汗的异密之一)从那里逃往阿赫西肯特(第 131a - 1316 张)的资料有很大意义。

霍加艾布·巴卡的这一著作后来被霍加赛尔德朱伊巴里的一个学生多斯特穆罕默德·伊本·纳乌鲁孜·艾哈迈德·克什修订,书名改为《遵守教规者世系与钟情者之友》(《Силсилат ас-салатин ва анис ал -ашикин》)。[1] 在修订时,修订者把艾布·巴卡的原作明确地分为 7 章,内容有了增加,主要是插入了一些故事、诗句、《古兰经》和传说中的名言。《完美精神集》没有刊本,乌兹别克共和国科学院东方学研究所藏有它的 6 种抄本。[2]

---

〔1〕这一著作的完好抄本,现保存在乌兹别克共和国科学院东方学研究所,编号为 2471,请参见《Собрание восточных рукописей АН УзССР》(《乌兹别克共和国科学院东方抄本汇编》),т. III, с. 316.

〔2〕请参见《Собрание восточных рукописей АН УзССР》(《乌兹别克共和国科学院东方抄本汇编》),т. III, с. 315 - 316.

44 天堂花园和侍从之林

（Раузат ар-ризван ва хадикат ал-гилман）

这是朱伊巴尔霍加们的传记,有霍加穆罕默德·伊斯拉姆(约898/1493—971年2月25日/1563年10月15日)、霍加赛尔德(938/1531~1532—997年12月13日/1589年10月23日),以及部分霍加塔吉·丁·哈桑(982/1574—1056年9月21日/1646年11月2日)的传记。它不同于其他使徒传记,书中有大量历史和社会经济方面的资料。成书不晚于998/1589~1590年。

该书作者是巴德尔·丁·伊本·阿卜杜·萨拉姆·伊本·赛义德易卜拉欣·胡赛尼·克什米里。据该书前言中的资料看(第16-21a张),961/1554年作者到了布哈拉,在上面提及的霍加穆罕默德·伊斯拉姆那里供职,可见是他的私人书记,在他去世后,留在他的继承人霍加赛尔德和霍加塔吉·丁·哈桑那里工作。有关作者后来命运的资料我们就不掌握了。巴德尔·丁·克什米里在当时是一个很有学问的人,是史学家、文艺学家和有才能的诗人。如前言所述,叙事长诗《武功记》(《Зафар-наме》)[1]就出自他之手(写于1001/1593年),记述了阿卜杜拉汗二世的生平(至1593年)。除《天堂花园和侍从之林》外,他还写了梅斯涅维体诗《鼓舞人心的明灯》(《Шам'и дилафруз》),完成于976/1568~1569年;非韵语著作《完美之人的出现》(《Ме'радж ал-камилин》),完成于981/1573~1574年;融书法、嘎泽拉诗、喀西达诗、四行诗为一体的《迷人的花园》(《Раузат ал-джамал》),完成于983/1575~1576年;《诗格》(《Бахр ал-аузан》);由七部分组成的梅斯

182

---

〔1〕这是他的长诗《使者》(《Расул-наме》)的第4章,又名《速檀之园》(《Раузат ас-салатин》)。它的一抄本保存在杜尚别,编号为779,第597张,请参见《Каталог восточных рукописей АН Таджикской ССР》(《塔吉克共和国科学院东方抄本目录》),т. I, с. 73.

涅维体诗（开始于 991/1583 年）：①《诗源》，②《泪泉》，③《祖赫拉与胡尔希德》，④《鼓舞人心的明灯》，⑤《朝霞升起的地方》，⑥《莱伊里与麦吉侬》，⑦《优素福与祖莱哈》；记述了至穆罕默德·昔班尼汗全部历史的长诗《使者》（《Pacyл-наме》）。[1]

《武功纪》和《天堂花园和侍从之林》流传至今。后者唯一的一个抄本保存在乌兹别克共和国科学院东方学研究所（编号为 2094）。[2]《天堂花园和侍从之林》篇幅很长（552 张），由前言（第 16 - 21a 张）、结尾（第 519a - 552a 张）和 7 章组成，各章又分节。

前言记述了霍加穆罕默德·伊斯拉姆的世系，[3]提到了这个强有力的依禅的习性和成就，谈了作者从克什米尔到布哈拉的原因。这里还谈到作者写这一著作用了四年时间，得到了依禅（霍加塔吉·丁·哈桑）"阿卜杜拉汗时铸造的 2500 坦伽纯银币"的奖赏和礼品（第 17a 张）。

第 1 章（第 21b - 96a 张）记述了霍加穆罕默德·伊斯拉姆 16 世上半叶的生平活动。作者列举了一些值得注意的事实，是有关昔班尼王朝阿卜杜拉汗夺取布哈拉前河中地的政治事件，霍加穆罕默德·伊斯拉姆在这些事件中的作用和地位。书中记述的中亚政治生活中的这些事实有一定意义，使我们能够比较准确地把握和深入了解从其他记述性史料中获得的事例。

第 2 章（第 96a - 128b 张）里有昔班尼王朝穆罕默德·阿明速檀、胡达拜尔迪速檀、朱万马尔德·阿里汗、克佩克速檀、丁穆罕默德速檀、霍斯罗速檀、阿卜杜勒·库杜斯速檀等人给霍加穆罕默德·伊斯拉姆及其继承人的信（一些信的内容见后），对研究 16 世纪中亚的社会经济生活有一定价值；有布哈拉、撒马尔罕、梅尔夫和巴达赫尚诗人（穆什菲基、马赫拉米、舒里、瓦西菲、萨布里等人）献给霍加穆罕默德·伊

〔1〕请详见 Стори Ч А.《Персидская литература》（《波斯文文献》），ч. 2，c. 1133 - 1134.

〔2〕请参见《Собрание восточных рукописей АН УзССР》（《乌兹别克共和国科学院东方抄本汇编》），т. I，c. 67.

〔3〕根据他是伊玛目艾布巴克尔·艾哈迈德的第八代孙。艾布巴克尔·艾哈迈德从麦加迁居到你沙不儿，又从那里迁到布哈拉（请详见《阿卜杜拉汗传》，第 1 卷，第 135 - 136 页）。

183 斯拉姆和霍加赛尔德的诗(喀西达诗、嘎泽拉诗)。

第 3 章和第 4 章(第 128б - 306б 张)记述了霍加穆罕默德·伊斯拉姆 16 世纪 60 年代的活动,伴有各种各样的故事,还有国家社会经济生活方面的一些独特资料。例如,有朱伊巴尔霍加封建家产的资料,在一定程度上是对学术界有名的《朱伊巴尔谢赫文献资料》[1]中资料的补充。

《天堂花园和侍从之林》第 5 章是信件。这里有阿卜杜拉汗、昔班尼王朝各地领主、重要的异密和达官,以及印度、伊朗、喀什噶尔当权者(如阿卜杜·拉希德汗、穆罕默德·库莱什速檀),巴达赫尚当权者(如苏莱曼沙)等写给霍加穆罕默德·伊斯拉姆、其子及继承人霍加赛尔德的大约 100 封信;有阿卜杜拉汗赏赐霍加赛尔德土地,强迫臣民在这些依禅的土地上修建水利设施,免除依禅赋税和使农民更加依附于土地的诏书等。

第 6 章(第 367a - 429a 张)列举了当时中亚几十位文学家的姓名(米赫里·布哈里、沙希迪、纳吉姆·克什、哈里克·巴达赫什、法拉比·希萨里、拉希米·撒马尔坎迪、马西哈、法尼、哈菲兹·胡赛因、哈济里、麦赫里、哈菲兹·易卜拉欣等),他们的诗作(喀西达、梅斯涅维、嘎泽拉、基塔、鲁巴伊)片断。这一章里还有霍加穆罕默德·伊斯拉姆及其后代生日,朱伊巴尔谢赫、阿卜杜拉汗二世和其他达官修建的许多建筑物完工时间的表年诗。这些都为研究者提供了珍贵的参考资料。

最后一章(第 429a - 519a 张)记述了霍加赛尔德和阿卜杜拉汗在世的最后几年,即 993/1585—999/1591 年间,河中地发生的事件。从中能够得到有关布哈拉汗国与伊朗萨非王朝关系的珍贵资料。这里引用的阿卜杜拉汗二世 998 年 3 月/1590 年 1 月将去世后的霍加赛尔德的动产和不动产分给其 3 个继承人,即霍加塔吉·丁·哈桑、霍加阿卜

---

〔1〕《Из архива шейхов Джуйбари. Материалы по земельным и торговым отношениям Средней Азии ⅩⅥ в.》(《16 世纪中亚土地和贸易关系资料——根据朱伊巴尔谢赫文献资料》), Е Э. Бельгецлиси 主编,莫斯科 - 列宁格勒,1938 年。Иванов П П.《Хозяйство Джуйбарских шейхов . К истории землевладения в Средней Азии в ⅩⅥ – ⅩⅦ вв.》(《从朱伊巴尔谢赫财产论 16—17 世纪中亚土地所有制沿革》),М. - Л.,1954.

杜·拉希姆和阿卜迪霍加,免除他们赋税的诏书也有重要意义(第478a-4786张)。

《天堂花园和侍从之林》中引述的信和昔班尼王朝执政者的诏书,不仅有16世纪该国政治状况的珍贵资料,而且为研究者提供了丰富的社会经济方面的实际资料。

现在简要地谈谈由于《天堂花园和侍从之林》而得以流传至今的一些信和诏书的内容。第一,必须指出的是,许多资料(信和阿卜杜拉汗的诏书)都没有日期,但是通过书中所叙述的事件与其他历史著作的资料,如哈菲兹·塔内什·布哈里的《阿卜杜拉汗传》的资料对比,就不难确定。第二,其内容主要涉及以下三个问题:①河中地内部的政治状况,更确切地说是阿卜杜拉汗宫廷与各领主之间的关系;②社会经济关系;③布哈拉与半独立的巴里黑,以及北印度、伊朗、希瓦汗国和喀什噶尔的关系。

内容涉及第一个问题的信,值得指出的是霍斯罗速檀给霍加穆罕默德·伊斯拉姆的信,信中请求干预他与阿卜杜拉汗在其父克尔米涅领地问题上的争讼(第1126-113a张);帕扬达·穆罕默德兄弟艾布·穆罕默德给霍加赛尔德的信,请求帮助将阿卜杜拉汗夺走的查尔朱还给他(第116a-117a张);安集延省领主伊斯芬迪亚尔速檀和阿明速檀请求制止阿卜杜拉汗征伐的呈文。阿明速檀给霍加赛尔德的信(不早于1582年)引人注目,信中除了请求外,还警告说阿卜杜拉汗的这种行为必定会遭到相应的回击,给整个河中地造成灾难性后果。信中说:"……[至圣的]善良的心一定会明白,由于亲兄弟和同一祖先后代之间的仇恨和内讧,河中地很早就引起了觊觎,如果我们不共同去阻止,它就会衰落……"(第3446张)

以下的信和诏书对研究16世纪中亚社会经济生活有重要意义:

(1)速檀·赛义德汗兄弟胡达拜尔迪速檀给霍加穆罕默德·伊斯拉姆的信(没有日期,约写于16世纪60—70年代)。信中说:"由于两权相争,沙伊欣和阿法林肯特土绵的大部分农民都逃散了;[他们]逃往布哈拉和米扬卡勒。"信中还说,在马哈杜姆·阿扎姆·卡萨尼在世

184

时出现这种情况的时候,他们都被送回原籍。最后速檀请求霍加穆罕默德·伊斯拉姆协助将逃难的农民送回他们原来居住的地方,即沙伊欣和阿法林肯特土绵(第108a张)。

(2)苏莱曼速檀之子马哈茂德速檀的信(没有日期,看来与上面那封信的时间相同)。信中说:"……第二,叩求的是微不足道之人之母在努尔[这个地方]作为穆尔克有两条坎儿井,以前的汗和速檀一直都免除她达胡杜税。现在得知汗王陛下[阿卜杜拉汗]驾临努尔时,取消了免除[她]缴纳达胡杜税的[原有圣旨],因为在我们一同去巴里黑时,撒马尔罕和塔什干的速檀免除了[这个穆尔克]的达胡杜税。现在这个卑微之人不揣冒昧,请[至圣]宽宏大量,请求陛下降旨免除这个卑微之人的达胡杜[税]……"(第1146-115a张)

185
(3)阿卜杜拉汗给霍加赛尔德的信(没有日期,看来写于983/1575~1576年前)。信中说,土尔克奇部(16—18世纪及以后居住在属昔班尼王朝和阿斯特拉罕王朝巴里黑封地的卡赫梅尔德地区)在皮尔穆罕默德汗时,除了给他缴粮食税外,还要缴1.2万只羊作为穆卡拉里。从那以后,三年来他们没有给国库上缴过一只羊,这样汗就得对他们采取较强硬的措施(第3086-309a张)。

(4)苏莱曼速檀给霍加穆罕默德·伊斯拉姆的信(无日期)。信中说:"……告知光芒四射之人,赛义德的庇护人毛拉纳穆罕默德[现在]客住在我们这里,其前辈也曾常来做客……他在库芬的哈扎拉有一座不大的果园,我们的请求是,望[至圣]给予厚爱,写几个字……使别人无论怎样都不敢欺压他……"(第120a张)

(5)苏莱曼速檀之子马哈茂德速檀给霍加赛尔德的信(无日期),控告汗派到他那里的阿塔雷克胡什比,说他把一切据为己有,四年里每年总数3万哈尼的税款他一点都没有上缴(第3256-326a张)。

(6)987/1579年艾布·哈兹·阿卜杜拉·巴哈杜尔汗的诏书,要求希萨尔、德瑙、库巴迪安和沙赫尔萨法的领主派出1000名民工,从瓦赫什河修一条大渠,灌溉霍加赛尔德以上地区的土地,以便种植树木和修花圃(第104a张)。

（7）这位汗关于将塔什干附近的扎赫渠交给霍加赛尔德使用的诏书（991/1583年）（第3046张）。

（8）艾布·法特赫·阿卜杜勒·库都斯速檀的诏书（无日期），将塔什干省扎赫渠沿岸的土地作为达鲁巴斯特赏赐给霍加赛尔德，免除他马尔吉哈特、阿瓦里扎特税和其他赋税，派人去给他帮工（3046－305a张）。

（9）艾布·哈兹·阿卜杜拉汗的诏书（980年3月/1572年8月），确认霍加赛尔德对梅尔夫沙杰罕省的财产（土地、水等）的继承权，免除他马尔吉哈特、穆卡拉里、伊赫拉贾特、米拉巴纳、卡赫、扎希拉、塔尔赫萨班等赋税（第114a－115a张）。

（10）艾布·哈兹·阿卜杜拉·巴哈杜尔汗的诏书（993年4月/1585年4月），是给毛拉穆罕默德比的，要求他从希萨尔省派一万人，修一条从瓦赫什引水的渠，灌溉霍加赛尔德的土地。诏书还要求这个异密不折不扣地完成依禅手下人的一切要求（第3166张）。

（11）艾布·哈兹·阿卜杜拉·巴哈杜尔汗的诏书（993/1585年），是给希萨尔、德瑙、库巴迪安和沙赫尔萨法领主的，要求他们动员一万民工修建瓦赫什河上的水利设施，以便灌溉霍加赛尔德的土地（第317a张）。

186

（12）这位汗将关于在埃兹德和伊斯法罕省的土地作为达鲁巴斯特赏赐给霍加卡兰（霍加赛尔德）的诏书（996年12月/1588年10—11月）（第317a张）。

（13）艾布·哈兹·阿卜杜拉·巴哈杜尔汗的诏书（998年3月/1590年1—2月），将赏赐给霍加赛尔德的土地分给其子霍加塔吉·丁·哈桑和霍加阿卜杜·拉希姆，免除他们的马尔、穆卡拉里、伊赫拉贾特、阿马拉特、阿瓦里扎特等赋税（第477a－479a张）。

（14）艾布·哈兹·努尔穆罕默德汗的诏书（998年4月/1590年2—3月），免除霍加塔吉·丁·哈桑在梅尔夫沙杰罕土地的所有赋税（第479a－481a张）。

在社会经济方面的资料中，《天堂花园和侍从之林》中有关朱伊巴尔霍加田地的资料值得注意。这些田地不仅在河中地有,而且在突厥斯坦、希萨尔、巴里黑、巴达赫尚、梅尔夫、赫拉特和呼罗珊的其他地区也有。《天堂花园和侍从之林》的作者说:"从突厥斯坦到呼罗珊,没有一个村庄、一座山和一片草原没有依禅的土地。"(第447a张)作者详细列举了这些地产(第156a-1566、197a、290a-306a张等)。

许多合乎神意的建筑(清真寺、经文学校、德尔维什修道院)和社会性建筑(澡堂、有顶的巴扎、作坊、水塘、水渠等)都与霍加穆罕默德·伊斯拉姆和霍加赛尔德的名字联系在一起。这些在16世纪70—80年代修建的设施在昔班尼王朝全国各大城市、村庄和省都有。其中有在布哈拉的经文学校和清真寺(建于987/1579年),在布哈拉著名的拉布豪兹坊区岸边的作坊(997/1569~1570年),布哈拉赞达纳村的大清真寺(986/1578年)和哈特尔奇与撒马尔罕之间的塔特肯特村的大清真寺(998/1580年),萨曼丘克村的石砌清真寺(989/1581年),有11座澡堂,[1]在布哈拉的两个石砌的商队货栈(一个在恰尔苏,一个在萨拉凡坊区),在河中地不同地区修建的10个水塘,许多林园(在朱伊巴尔、涅谢夫、巴里黑、梅尔夫等地),水渠:在草原地带的萨曼丘克(964/1566~1557年修)、在阿夫沙纳(967/1559~1560年修)、拉米坦土绵的苏云吉村(985/1577年修)和查尔朱(970/1562~1563年修)、梅尔夫(976/1568~1569年修)、希萨尔(987/1579年修)等城(第290a-3056)。

对于研究布哈拉汗国与北印度、伊朗、喀什噶尔、花剌子模以及与哈萨克人和吉尔吉斯人的政治关系,书中引述的这些地区的统治者给朱伊巴尔谢赫的信有重要意义(第115a-116a,321a-3216、3226-323a、3246-325a、331a-3326、333a-3336、3646、348a-3486张等)。但是书中16世纪中亚政治史、经济和文化生活方面的大量资料不仅限于这些。该书值得特别的重视。我们认为,如果该书得以出版的话,对历史、经济、文学、民族等学科的研究者来说都是一件有意义的事。

187

---

[1]在塔特肯特、吉日杜万、查尔朱、卡拉库尔、阿胡吉尔、苏米坦和布哈拉等地。

45 真理探寻者之追求
（Матлаб ат-талибин）

这是一部 16—17 世纪上半叶著名的朱伊巴尔谢赫的传记,有霍加穆罕默德·伊斯拉姆(约 898/1492～1493—971 年 2 月 25 日/1563 年 10 月 15 日)、霍加赛尔德、霍加塔吉·丁·哈桑、霍加阿卜杜·拉希姆(983/1575—1038/1628～1629)、阿卜迪霍加(985/1577—1016/1607)和穆罕默德·优素福霍加(1003/1595—1062/1652)的传记,为上述霍加塔吉·丁之子艾布·阿巴斯·穆罕默德·塔里卜·西迪克所著(成书于 1074/1663～1664 年)。

书中详细介绍了上述谢赫的生平活动,他们在国内占有很高的社会地位,在 16 世纪至 17 世纪上半叶中亚政治生活中起过重要作用。但是,正如 П. П. 伊万诺夫所正确指出的,穆罕默德·塔里卜的这一著作"在很多方面都超出了狭隘家庭记事的范围"[1],各种各样极其有意义、非常珍贵的实际材料很多。书中有关于国家政治和社会经济生活、中亚与印度政治关系的珍贵资料。《真理探寻者之追求》还澄清和补充了这一时期记述性史籍中的许多事件,这一点也很重要。但是该书中的实际资料并没有被研究者们充分利用。只有 В.Л. 维亚特金和 П. П. 伊万诺夫把这一著作作为研究这一时期,包括研究朱伊巴尔谢赫封建财产的基本史料。[2] 一些研究者认为该书是根据"几十种德尔维什

---

〔1〕Иванов П П.《Хозяйство Джуйбарских шейхов . К истории землевладения в Средней Азии в XVI - XVII вв.》(《从朱伊巴尔谢赫财产论 16—17 世纪中亚土地所有制沿革》),М. - Л. ,1954, с.19.

〔2〕Вяткин В Л.《Шейхи Джуйбари》(《朱伊巴尔谢赫》),В《сб.: В. В. Бартольду》,Ташкент, 1927, с.3 - 19;Иванов П П.《Хозяйство Джуйбарских шейхов ...》(《从朱伊巴尔谢赫财产论 16—17 世纪中亚土地所有制沿革》),с. 17 - 20.

史籍"编写的,是"歌功颂德的传记"。[1]毫无疑问,《真理探寻者之追求》和以往任何著作一样,无论是叙述性的、天文地理的还是文学的,都不能避免这些,它在某种程度上是编写性的。例如,该书介绍霍加穆罕默德·伊斯拉姆和霍加赛尔德世系的第 1 章和第 2 章是编写的,[2]其余6章中则含有其他史籍和著作中所没有的珍贵和有用的资料。

关于《真理探寻者之追求》作者的情况,我们仅知道以下这些。如该书所述,在穆罕默德·塔里卜父亲去世那年(1056/1646 年),他 39 岁(乌兹别克共和国科学院东方学研究所抄本,编号 80,第 196a 张)。这样他出生的时间是 1017/1608 年。他是霍加塔吉·丁的次子(长子是霍加优素福),一直与其父在一起,除1032/1623年他有一次随父去过巴里黑以外(第 138a – 1396 张),他从未离开过布哈拉。穆罕默德·塔里卜拥有大量家产,除他自己的那份外,1042/1632 ~ 1633 年他又继承了没有子嗣的姑母的财产。在他父亲在世时,他购买的土地和水源就花费了 40 万坦伽(第 1446 张)。

《真理探寻者之追求》由前言(第 16 – 3a 张)和 8 章组成。前言中在传统的颂词之后,作者介绍了该书的目的和任务,列出了目录,各章又分了节。对我们来说重要的是该书的第 4—8 章。

《真理探寻者之追求》第 4 章(第 70a – 108a 张)记述了最大封建主,在布哈拉、米扬卡勒、撒马尔罕、绍兰、突厥斯坦、阿赫西肯特、涅谢夫、希萨尔、捷尔梅兹、库巴迪安、巴里黑、巴达赫尚、赫拉特、梅尔夫沙杰罕、穆尔加布、梅赫涅、麦什德、查尔朱和安德胡德拥有大量耕地和其他财产的霍加穆罕默德·伊斯拉姆之子和继承人霍加赛尔德的"业绩"。这一章中的重要资料有:①994 年 9 月初/1586 年 8 月 16 日阿卜杜拉汗之弟、撒马尔罕领主伊卜杜拉汗被杀的原因;②有关霍加赛尔德

〔1〕Молчанов А А. 《Собрание восточных рукописей В. Л. Вяткина и марксистское изучение дервишской литературы》(《В. Л. 维亚特金的东方抄本汇编和对德尔维什文献马克思主义的研究》),В сб:《Труды государственной публичной библиотеки УзССР》,т. I,Ташкент,1935,с.59.

〔2〕这些章的材料来源于多斯特穆罕默德·布哈里的《Джуйбар ал-аcрар》和胡赛因·谢拉赫西的《Ca'дийа》(关于对它们的介绍,请参见《乌兹别克共和国科学院东方抄本汇编》,第 3 卷,第 323 – 324 页)。

财产的资料。

据哈菲兹·塔内什·布哈里说,伊卜杜拉的死似乎是因为他违犯伊斯兰教法典,即不遵守斋戒的规矩,在莱麦丹月的第一天喝了酒。[1]如果仔细研究1586年夏布哈拉和撒马尔罕发生的事件,就可以肯定这种说法只不过是借口,真正的原因并不在此。994年7月/1586年6月18—7月18日,阿卜杜拉汗不在布哈拉——因巴达赫尚局势不稳所以他在巴里黑。就在这时,与汗关系密切的库勒巴巴·库克尔塔什的商队大货栈被烧成灰烬,随后火药库又发生爆炸。[2]纵火者是谁,其目的何在,哈菲兹·塔内什却没有说。《真理探寻者之追求》多多少少谈到了这些事件和伊卜杜拉速檀被杀的情况。据该书提供的资料,阿卜杜拉汗和伊卜杜拉速檀兄弟的关系紧张,而到16世纪80年代初迅速恶化了。其关系到了这种程度:1583年阿卜杜拉汗去安集延平息伊斯芬迪亚尔速檀暴乱时,伊卜杜拉速檀都拒绝参加(第856张)。994年8月15日/1586年8月3日多斯图姆速檀(塔什干领主)、伊斯芬迪亚尔速檀(安集延领主)和乌兹别克汗(希萨尔领主)的代表在撒马尔罕订立反对阿卜杜拉汗的盟约(第94a-946张)。就在那时伊卜杜拉速檀袭击了布哈拉郊区(第946张)。穆罕默德·塔里卜最后写道:“因为他(伊卜杜拉速檀——艾哈迈多夫注)在莱麦丹月之初喝得酩酊大醉,米尔扎阿卜杜·拉希姆悄悄走进他的卧室,用匕首猛刺,把他送到了另一个世界。[当时]至圣的依禅在希萨尔沙德曼。午夜……虔诚的大异密库勒巴巴·库克尔塔什来到他那里,向他禀报伊卜杜拉速檀被杀。”(第946张)而在此前不久,依禅对其近臣说,梦中母亲说“伊卜杜拉很快就会离开人世”(第94a张)。

《真理探寻者之追求》中的资料表明,霍加赛尔德是当时最大的封建主,拥有巨大的家产,这个无冕皇帝控制着国家的整个政治生活。在上述那些省他有2000朱夫特高[3]耕地,2500只羊,1500匹马,12座澡

189

　　〔1〕《沙荣耀录》,苏联科学院东方学研究所列宁格勒分所藏抄本,编号Д—88,第4536张。

　　〔2〕《沙荣耀录》,苏联科学院东方学研究所列宁格勒分所藏抄本,编号Д—88,第4496-451a张。

　　〔3〕1朱夫特高相当于50塔纳普,即8—9公顷。

堂,10个水塘,许多店铺和作坊,1000卡尔梅克人、俄罗斯人和印度人
奴隶。他贮藏室的箱子里装满了金银财宝和名贵衣料。他在各省都修
了几个粮仓,仅在布哈拉就有4个:一个在朱伊巴尔、一个在萨拉凡坊
区、一个在米纳尔卡兰附近、一个在苏米坦。每一个粮仓都有10万
曼[1]粮食。霍加赛尔德的年收入有6万坦伽,相当于撒马尔罕全省的
年收入(第77a-79a张)。依禅有一大批人帮他管理自己的巨大家产。
关于这一点,《真理探寻者之追求》是这样写的:"愿真主保佑他,在至
圣的依禅的管事中,有毛拉巴巴库里,掌管120朱夫特高耕地和120名
奴隶,代理[他的]全部家产的是毛拉速檀·穆罕默德……至圣的依禅
的官产由四位帐房登记。毛拉速檀·穆罕默德卡提卜是穆什里夫和蒙
什,登记布尤塔特[2]也归他管。毛拉苏菲达夫塔尔达尔登记他的所有
财产;毛拉阿拉布登记收入和支出,毛拉优素福·阿里登记依禅家的日
常开支。[同时]他们每人[手下]都有几名录事。在依禅的帐房共有
40名录事,在税务房经常有70名官吏。毛拉库尔班·穆尔加克是鲁
德沙哈尔[区]的总管,霍加穆罕默德·胡赛因·吉提是[布哈拉]所有
土绵的总管,毛拉穆罕默德·沙里夫掌管全部开销,毛拉阿米拉克·哈
桑是基拉克亚拉克奇[3],毛拉米拉姆蒙兀儿是大马夫长,其弟阿卜杜
勒是小马夫长,别克穆罕默德·哈菲兹是大厨师长,其子米尔扎·恰央
是小厨师长,毛拉贾恩·穆罕默德塔尔汗掌管游牧部族的事务,卡迪米
尔·阿里是巴里黑省的毛拉和穆夫提,是巴里黑省的总管,毛拉阿什拉
夫是卡尔希省大法官,是涅谢夫省的总管,毛拉阿拉布迪万是卡尔希城
190 的总管,毛拉穆基姆是撒马尔罕省的总管,阿訇毛拉巴里穆夫提是捷尔
梅兹省的总管,卡迪塔里卜瓦基勒是希萨尔省的总管……毛拉穆罕默
德·哈斯木瓦基勒是巴达赫尚省的总管,霍加米尔坚·赫拉维是整个
呼罗珊的总管,图尔松·穆罕默德速檀的先生巴巴卡兰是梅尔夫沙杰
罕的总管,毛拉艾哈迈德·朱伊巴里之子霍加坚是科什别克,哈桑米尔

---

[1]在中世纪晚期的布哈拉,1曼相当于25.6公斤,请参见 Давидович Е. А.《Материалы по метрологии средневековой Средней Азии》(《中世纪中亚度量衡学资料》), М.,1970, с.87.

[2]布尤塔特是购买的房屋、殿堂和其他建筑物。

[3]基拉克亚拉克奇是负责为依禅及其家庭购买必需品的官吏。

什卡尔是大鹰监,巴基米尔什卡尔是围猎长。至圣的依禅每天都在卡拉库尔省打猎……霍加扎希尔·塔拉比是饲鹰长。至圣的依禅有很多猎鹰,每次[打猎]他都要带上 40 只。穆勒基米什苏菲是猎羚羊组的头领,而穆罕默德·阿里米尔什卡尔是所有这些猎手的头领……依禅有很多猎狗。在至圣的依禅的总管处共有 700 米尔什卡尔……"(第80a - 81a 张)

在这一章中还有有关阿卜杜拉汗征伐安集延(第 856 - 86a 张)、阿卜杜拉汗与乌兹别克汗的怨仇(第 866 - 886 张)、昔班尼王朝军队进攻伊塞克湖地区(第 896 张)、阿卜杜拉汗进攻花剌子模和遭受失败(第 93a - 936 张)的有价值的参考资料。

第 5 章:《记述至圣的依禅[霍加塔吉·丁],愿真主保佑他,出生、业绩、无与伦比的品质和去世》(第 108a - 198a 张)。这一章的资料中,值得注意的有以下这些。

在历史书籍和年代学、宗谱学专门的参考书籍中(C. 林普勒、B. B. 巴托尔德、E. 灿包尔等人),都是说布哈拉汗国昔班尼王朝灭亡和阿斯特拉罕王朝建立的时间是 1006/1598 年。根据许多史籍中的资料(《阿拔斯盛世史》、《贤者高风奥秘》、《列王世系》等),这一事件的时间稍晚一点,发生在 1009/1601 年,这也为《真理探寻者之追求》中的资料所证实。书中说巴基·穆罕默德汗(阿斯特拉罕王朝)在布哈拉汗国执政 7 年,卒于 1013 年,其继承人瓦里·穆罕默德汗在位 6 年,于1021 年被伊玛姆库里汗所杀(第 126a - 127a 张)。由此不难算出,巴基·穆罕默德即位的时间是 1009/1601 年,而他和瓦里·穆罕默德去世的时间书中说得很确切,是 1015/1606 年和 1020/1611 年。因此,中亚这两个王朝更迭的时间不是 1006/1598 年,而是 1009/1601 年。

穆罕默德·塔里卜关于阿卜杜拉汗与阿卜杜勒·穆敏汗争夺王位的斗争和前者死因的报导很有意义。书中说:"……这位汗执政了 44 年。在他执政时,[疆域]从安集延到库夫里克桥,从呼罗珊到锡斯坦,从花剌子模到梅尔夫。其父伊斯坎达尔在世时,在发表呼图白时都要提及他的名字,这位汗有 28 年的[时间]处在他的指挥之下。其父去世后,他单独执政了 18 年。据说阿卜杜勒·穆敏汗与穆罕默德·巴基比串通,在他的食物中下毒,于 1006 年毒死了他。"(第 124a 张)

191 　穆罕默德·塔里卜记述了以下材料说明其父的财产:在布哈拉、撒马尔罕、塔什干、安集延、希萨尔、胡扎尔、沙赫里萨布兹、卡尔希、米扬卡勒、卡拉库尔、查尔朱和巴里黑有 1000 块肥沃土地、50 座花园和别墅、石砌的宫殿、水塘和巴扎。在布哈拉和各土绵(阿胡吉尔、吉日杜万和赞达纳)、卡拉库尔、塔特肯特、库芬、巴里黑也有他的巴扎。他的马匹和羊只共有 2 万多头,有 20 卡塔尔的骆驼,有酒店、饭馆和茶馆等。他的藏书室里有《古兰经》释义、历史、地理方面的珍贵书籍以及诗集 1000 多册。其中有毛拉米尔·阿里·卡提布抄写和用金箔装帧的萨迪的《绿洲》(《Бустан》)。

作者接着写道:"至圣的依禅建立了哈桑纳巴德庄园,庄园里有很多村子、别墅和葡萄园,有商队货栈和水塘……哈桑纳巴德的甜瓜很甜……哈桑纳巴德的收成有 2 万曼粮食。把库哈克河河水拦截后,好不容易才把水引到庄园。大坝稍有损坏,就要 1 万哈尔瓦尔树条和 1 万民工汗流浃背地干,才能把它加固。因为靠这个庄园 9 个村的居民修复不了大坝,至圣的依禅只好让很多土绵的居民往这里送树条。只要[渠里]没有水,大坝上连续好几天都有许多人在那里干活。"(第 111a－112a 张)

霍加塔吉·丁·哈桑一年的收入有现金 5 万坦伽和粮食 15 万曼。他有 2.5 万牧工,几个牧场和禁猎区,许多坎儿井和 12 个澡堂(第 1126 张)。

在穆罕默德·塔里卜的书中有简短的,但是很有意义的有关汗及其属臣们对劳动群众胡作非为的资料。《真理探寻者之追求》作者以下的记述很有代表性。有一次伊玛姆库里汗在卡克雷克行猎,但是没有打到什么东西。"这时汗大怒,下令袭击住在当地的乌兹别克牧民。于是兵士们洗劫了乌兹别克人的家园,抢走了他们的牲畜。"(第 1226 张)书中还记述了这样一件事:"阿卜杜勒·阿齐兹汗为了军队之需,要求布哈拉省凡有 5—10 塔纳普地的居民每人交纳一支枪,指派巴巴

亚萨乌勒办理这件事。"(第123a张)

第6章记述的是霍加阿卜杜·拉希姆(第198a－2156张),他是有800块土地和其他财产的大宗教封建主。在这一章中谈到了封建主们家里使用奴隶劳动(第201a－2016张)、基拉克亚拉克奇的职责(第200a－2006张)、"坦哈赫"和"苏尤尔加勒"封建制度(第201a、223a、224a张)、17世纪布哈拉汗国与印度的关系(第208a－214a张)等情况。如关于基拉克亚拉克奇作者这样写道:"毛拉米尔·穆罕默德是霍加(阿卜杜·拉希姆——艾哈迈多夫注)的管事,尽基拉克亚拉克奇之责,他为霍加家添置他们所需的锦缎和其他东西。有一次账房先生帮霍加查账时,发现除霍加的总管开给他的现金票据外,他还有从商人和其他人那里借的9万哈尼的借据,而1千哈尼的担保书上没有霍加的印章。账房先生把这些情况禀报给了霍加。霍加把毛拉米尔·穆罕默德叫来[后]问道:'为什么这笔债款你不向我禀报,这些借据[当时]不拿给我签字?'毛拉米尔·穆罕默德回答说:'霍加呀!我是指望您宽宏大量的接济啊。'基拉克亚拉克奇说完以后,依禅吩咐账房先生把所有债主找来……而叫大管家毛拉霍加别克把毛拉米尔·穆罕默德的所有借据烧掉。"(第200a－2006张)

《真理探寻者之追求》第7章记述的是阿卜迪霍加的生平活动,这一章中有一些珍贵的实际资料。[1]下面简要谈一谈。

上面提及的朝代变更时间,即对布哈拉汗国政权由昔班尼王朝转到阿斯特拉罕王朝手中的时间的看法,又被穆罕默德·塔里卜的以下记述所证实,他说:"阿卜杜勒·穆敏汗被杀后,[2]阿卜杜拉汗的异密推举皮尔穆罕默德为帕迪沙,[但是]没有谁尊重他,国家和百姓乱起来了。[当时]巴基·穆罕默德汗在撒马尔罕。阿卜迪霍加没有给兄弟们打招呼,就跑到撒马尔罕巴基·穆罕默德汗那里去,参加了他的军队。巴基·穆罕默德觉得霍加来是为了求真主宽恕,就说:'霍加呀!

192

---

[1]指阿卜杜拉汗二世死后布哈拉汗国的政治状况、仪式、穆斯林高级神职人员在国内社会政治生活中的作用等。

[2]发生在1006年12月/1598年7月(《阿拔斯盛世史》,第2卷,第382页;《贤者高风奥秘》,乌兹别克共和国科学院东方学研究所藏抄本,编号7418,第4136－414a张)。

261

·欧·亚·历·史·文·化·文·库·

您的到来是吉兆,托您先辈们的福,我们会拿下布哈拉。要是我们真的能拿到布哈拉和巴里黑,我们就把国家一分为三,我、您和瓦里·穆罕默德汗各拿一份。'那天夜里霍加做了一个梦,梦见伟大的[霍加的先人]把[巴基·穆罕默德]汗扶上了王位。早晨霍加对巴基·穆罕默德说:'恭喜您,我们伟大的先人把京城布哈拉赏赐给了您!'巴基·穆罕默德汗很高兴,感到有希望了,把自己的妹妹许配给了他。[阿卜迪霍加]在撒马尔罕住了一年左右。"(第217a张)

《真理探寻者之追求》的作者记述的这样的事实也有意义:"霍加的权力和影响越来越大,要是某个犯有过错,应该受到指责和惩罚的人到霍加手下人那里寻求庇护,就能摆脱[汗手下人]的追究。霍加手下的人在各省的影响都很大,谁都不敢对他们说三道四。那时霍加的情绪不好,他与巴基·穆罕默德面和心不和。对任何一个不受汗赏识和撵出去的人,霍加都把他们召到自己身边。他常常在别人面前指责汗……所有的人和兵士有事[都是]找他……大小官吏和兵士每天都成群结队到他那里去,一些兵士甚至对他说:'您是我们的主宰,我们推举您为[我们的]帕迪沙。'"(第219a张)

《真理探寻者之追求》中有关于官品和称号的资料(迪万别克、米拉胡尔、阿塔雷克、亚萨乌勒、纳吉布、卡迪、巴卡乌勒、库尔奇巴什、达德哈、帕尔瓦纳奇、谢赫伊斯兰、库克尔塔什、克德胡达伊迪哈、奇拉格奇、蒙什等),还有关于乌兹别克部族的资料(萨赖、孔格勒、乃蛮、卡塔甘、尤孜、阿儿浑、克涅格斯等)。

穆罕默德·塔里卜的这一著作没有出版过,流传至今的抄本不多。乌兹别克共和国科学院东方学研究所保存有它的3种抄本(编号为1461/Ⅰ、3757、80)。[1]

---

〔1〕请参见《Собрание восточных рукописей АН УзССР》(《乌兹别克共和国科学院东方抄本汇编》),т. Ⅰ,c. 132;т. Ⅲ,c. 325.

46 ［安东尼·詹金森］中亚旅行记

这是英国商务代理和外交官安东尼·詹金森（1610 或是 1611 年去世）关于他 1558—1559 年访问中亚，主要是花剌子模和布哈拉的旅行笔记。

众所周知，15 世纪的地理大发现加速了西欧国家，如西班牙、葡萄牙、法国，特别是英国封建主义的解体，促进了资本主义生产关系的形成。那时开始建立各种各样的商人公司（如英国的"冒险商人公司"），力图为自己寻找新的国家和市场。1548 年在伦敦成立了名为"商人企业家开拓未知晓未通航地区、陆地、岛屿、国家和领地协会"的商业协会，该协会给自己提出的任务是开拓通往中国和东印度的道路。为此 1553 年 5 月，由休·威洛比爵士和著名航海家理查德·钱塞勒船长（卒于 1556 年）率领，"好望号"、"企望号"和"爱德华企望号"等三艘船组成的海上探险队开始向俄罗斯海岸进发（经过北海）。但是只有钱塞勒的"爱德华企望号"船到达了俄罗斯海岸（北德维纳河河口），其余的两艘在途中被风暴打沉了。1553 年 12 月，钱塞勒及其随行者到了莫斯科，13 天后晋见了沙皇伊凡四世（1547—1584）。1554 年 3 月，钱塞勒带着伊凡四世同意英国商人与莫斯科国家进行自由贸易的证书离开莫斯科。[1] 钱塞勒的成功大大鼓舞了英国人，由女王马利 1555 年 2 月 6 日签署特许状，在伦敦成立了"莫斯科贸易公司"，该公司后来在英俄关系中起了重要作用。1555 年 11 月，钱塞勒受该公司的委派又到了莫斯科，他与俄罗斯政府和莫斯科商人的谈判很成功。英国

---

〔1〕《Английские путешественники в Московском государстве в XVI веке》（《16 世纪在莫斯科国家的英国旅行者》），с.11 - 14；Соловьев С М.《История России》（《俄国史》），т. III，с. 520 - 521；《Советская историческая энциклопедия》（《苏联历史百科全书》），т.15，с.837.

商人在俄罗斯得到了很多优惠。[1]

1556 年到达伦敦的俄罗斯使臣奥西普·格里戈里耶维奇·涅佩伊受到了应有的接待,英国也向俄罗斯商人提供了差不多相同的优惠,[2]但是英国人的成绩远远超过涅佩伊在英国所取得的。英国人在"莫斯科贸易公司"的协助下,经俄罗斯成功地开辟了通往东方——中亚和伊朗的道路。1558—1581 年间,有 7 位旅行者到过那里,其中就有安东尼·詹金森,他 1558—1560 年在中亚旅行,收集了有关这一地区以及通往中国道路的珍贵资料。

我们在谈詹金森使团 1558—1559 年出使中亚所取得的成果之前,要指出他还在 1567 年、1569 年、1571 年三次访问过俄罗斯,在最后一次访问时,为英国商人取得了新的特别优待,即在阿斯特拉罕设办事处与波斯作生意和在霍尔莫戈雷开设豪华旅馆的权利。[3]

詹金森及其同行者(理查德·约翰逊、罗伯特·约翰逊和鞑靼翻译)充满生命危险和艰难困苦的旅行共持续了 21 个月(从 1558 年 4 月至 1559 年 9 月 2 日),然而其寻找经中亚通往中国道路的主要目的没有达到。但是他收集到的有关阿姆河、曼格特兀鲁思、16 世纪中叶花刺子模和布哈拉汗国政治经济状况,以及中亚各民族生活和风俗的资料是很珍贵的。

大家知道,阿姆河,特别是它曾流入里海的问题,不仅引起过东方学者的关注(马哈茂德·伊本·瓦里、艾布·哈兹、穆尼斯),而且引起过许多欧洲和俄罗斯学者的关注,如 Э. 艾希瓦尔德、A. 洪堡、P. X. 伦

〔1〕Соловьев С М.《История России》(《俄国史》),т. III, с.521–522.

〔2〕Соловьев С М.《История России》(《俄国史》),т. III, с.522;《Советская историческая энциклопедия》(《苏联历史百科全书》),т. 10, с.131.

〔3〕Карамзин Н М.《История государства Российского》(《俄罗斯国家史》),т. IX, Спб., 1892,с.124.

茨、П. И. 列尔赫、Н. И. 韦谢洛夫斯基、В. 阿列尼岑、В. В. 巴托尔德
等[1]。据詹金森所提供的资料(《旅行记》第 176、177、178 - 179 页),
阿姆河改道流向咸海是有一个过程的。其原来流经乌尔根奇和瓦济尔
(詹金森称作谢里久尔)的左岸支流在他访问花剌子模时,已经不流入
里海了。至于他从花剌子模去布哈拉途中渡过的一条右岸支流(詹金
森称之为阿尔多克),当时很宽,水量充沛(第 178 页)。

詹金森关于在 15 世纪金帐汗国命运中起过重要作用的曼格特兀
鲁思 16 世纪中叶的状况,曼格特人生活和风俗习惯的资料很有价值。
例如他这样写道:"……而从卡马到阿斯特拉罕的伏尔加河左岸地区,
再由里海北岸和东北岸到被土库曼人称为鞑靼人的地方,叫做曼格特
人或者诺盖人的土地。这里的居民遵守穆罕默德的法律。1558 年我
在阿斯特拉罕时,由于内讧和随之而来的饥馑、鼠疫和其他瘟疫,这里
的人遭了浩劫,这一年因各种原因死去的诺盖人有 10 万多。这样的瘟
疫在这地方从来没有过。诺盖人的土地过去到处是牧场,现在空无人
烟了……"(第 169 页)

詹金森记述的有关昔班尼王朝伊利班(或伊勒帕内克)和阿尔普
霍加官邸之一的萨赖奇克,花剌子模城市瓦济尔和乌尔根齐的资料很
有意义。

从古钱币学资料(参见 Х. Д. 弗伦和 П. С. 萨苇利耶夫的著作)和

195

〔1〕Eihwald《Reise auf dem Caspischen Meere und in den Kaukasus unternommen in den Jähren
1825—1826》(《1825—1826 年里海和高加索旅行》),Bd. I, Abt. 1, Stuttgart und Tubingen,1824,
Abt. 2,Stuttgat,1837, Bd. II,Berlin,1838; Humbold A.《Asie Centrale. Recherches sur les chaines de
montanges et la climatologie comporee》(《中亚山脉和气候研究》), vol. 1 - 3. Paris,1843; Lenz R.
《Unsere Kentnisse über den früheren Lauf des Amu-Darie 》(《我们对阿姆河故道的认识》),MAS, VII
ser. ,Bd. XVI, 1870, N 3; Lerch P.《Khiva oder Kharezm. Seine historischen und geographischen
Verh? ltnisse》(《希瓦和花剌子模及其史地情况》),St. Pbg. , 1879; Веселовский Н И.《Очерк
историко-географических сведений о Хивинском ханстве от древнейших времен до настоящего》
(《从古至今希瓦汗国史地资料概述》),Спб. , 1877; Аленицин В.《Об источниках пресной
воды на берегах Аральского моря》(《咸海沿岸的淡水水源》) - В сб.《Труды Арало-Каспийской
экспедиции》,вып. V, Спб. ,1977, с.1 - 31; Бартольд В В.《К истории орошения Туркестана》
(《突厥斯坦灌溉史》),Соч. , т. III. М. , 1965, С. 157 - 184; Бартольд В В.《К вопросу о
впадении Аму-дарьи в Каспийское море》(《关于阿姆河流入里海问题》),Там же , с. 248 -
251.

·欧·亚·历·史·文·化·文·库·

史籍资料(穆罕默德·伊本·瓦里和艾布·哈兹的著作)判断,萨赖奇克建于13世纪下半叶或14世纪初,是白帐汗国(俄罗斯史籍称为外亚伊克汗国)的中心之一。[1]詹金森写道:"沿着这条河(亚伊克河——艾哈迈多夫注)往上走一天,有一座城,名为萨赖奇克,属上面提及的名叫米尔扎·伊斯玛仪的大公所管辖,他与俄国沙皇很亲善。这里没有人做生意,因为这里的人不使用钱,他们都是兵勇和牧民……"(第173页)

关于15世纪中叶由昔班尼王朝穆斯塔法汗建立,离库尼亚乌尔根奇60公里的瓦济尔,詹金森作为第一个访问过这一大城市的欧洲旅行者,这样写道:"……[1558年10月]7日,我到了名叫谢里久尔的城堡,这里住着名叫阿齐姆汗的国王[2]和他的三个兄弟。[1558年10月]9日,我遵命去晋见他,向他递交了俄国沙皇的证书。我把所带货物的九分之一作为礼物敬献给了他。他对我很好,邀我与他一起进餐。他的兄弟对我也是这样,用野马肉、马奶款待我,但没有面包。第二天他又派人让我到他那里去,问了我很多问题,如俄国沙皇的情况,我们国家的情况和法律……在我临行时,他给了我他签名的护照。

"谢里久尔城堡坐落在一个高高的山冈上,称作汗的国王住在这里。他的宫殿由又矮又长不太坚固的建筑物组成。居民贫穷,几乎没人经商。城堡南部是一片低地,但很肥沃。这里种植着许多优质的瓜果,有一种叫甜瓜,个大汁多,居民们饭后把它们当做饮料。这里还有一种称为西瓜的瓜果……色黄,像糖一样甜。还有一种粮食作物,叫叶吉尔[3],秆像甘蔗,也和甘蔗一样高,其子粒像稻谷,长在秆的顶端,似一串葡萄。"(第176–177页)

詹金森于1558年10月16日到达乌尔根奇,关于该城他是这样写的:

〔1〕Ахмедов Б А.《Государство кочевых узбеков》(《游牧的乌兹别克人的国家》),с. 34 – 35.萨赖奇克遗址位于亚伊克河(乌拉尔河)岸边,距奥伦堡685公里,距今古里耶夫市68公里。Рычков П И.《Топография Оренбургская, т. е. обстоятельное описание Оренбургской губернии》《奥伦堡地形,即奥伦堡省详介》,ч. 1, Спб. , 1762, с. 260 – 261; ч. II, с. 84.

〔2〕指哈吉·穆罕默德汗(哈吉姆汗),即艾布·哈兹的祖父。他1558年即位,初期其权力仅限于瓦济尔城。

〔3〕即中亚高粱。

"乌尔根奇城建在平原上,四周用土墙围着,大约有 4 米利亚长[1]。房屋也是泥土的,破旧不堪,布局凌乱。一条长街上面有顶,这里就是市场。由于内讧,该城七年里四易其主,因而城里商人很少,而且很穷。我在全城只卖出了四块卡拉捷亚[2]。这里出售的主要货物都是从布哈拉或波斯运来的,但是数量极少,不值一提。从里海到这座乌尔根奇城的所有地方都是土库曼人的,由上面提到的阿齐姆汗和他的兄弟管辖,他们一共五人。其中一人是主要的王,或称为汗,但在其领地和居住地以外,就不太听他的,因为每一个人都想做自己领地的独立的王,兄弟之间都想一个害死另一个……"(第 177 页)

从詹金森对瓦济尔和乌尔根奇的记述中可以看出,当时花剌子模的中心是瓦济尔,而乌尔根奇已经衰落了。

这位旅行者对乌斯秋尔特居民的记述很有意义。詹金森写道:"从里海到上面提及的谢里久尔城堡和里海沿岸的所有地方,人们都住在荒原上,没有城市和固定住所,赶着自己的全部牲畜随游牧群从一个地方游牧到另一个地方。他们的牲畜很多,有骆驼、马、羊,有驯服了的,也有野的。他们的羊很大,有 60—80 磅,尾巴肥大。那里野马很多,有时被鞑靼人捕杀……

"……这个民族既不用金币,也不用银币和其他硬币。当他们需要衣服或其他必需品时,他们就用牲畜来换。"(第 178 页)

詹金森和其同行者在布哈拉总共只住了约三个月——从 1558 年 12 月 12 日到 1559 年 3 月 2 日(第 182 – 186 页)。关于布哈拉城及其社会经济生活,汗和汗的权力,詹金森留下了很有意义的资料。

他写道:"布哈拉处在该国最低的地方,它四周有很高的土围墙,围墙上有不同的大门。它分为三部分,其中两部分属于国王,第三部分属商人和市场。每一种手工行业都有自己专门的地方和市场。该城很大,大部房屋都是泥土的,但也有不少石头房屋、教堂和装饰豪华金碧

---

[1]1 米利亚相当于 4000 肘到中指尖的长度,1/3 法尔萨赫或 2 公里多(Хинц В. 《Мусульманские меры и веса с переводом в метрическую систему》《伊斯兰度量衡与公制的换算》,М. ,1970,c. 71)。

[2]一种呢子。

辉煌的建筑物。特别是澡堂修得很巧,这样的澡堂天下独一无二。要说它们是怎样修的,那话就太长了。城中有一条小河,河水很不干净,因此饮用此河水的人,特别是非本地人,会生蠕虫。它们大约有一肘长,通常寄生在脚上的趾甲和肉之间。[1] 有经验的医生能从踝骨旁很熟练地把它们拨出来……同时,这里除了水和马奶外,禁止喝别的东西。要是发现谁违犯了这条法律,就要把他拉到各市场上狠狠鞭笞。为此任命了专门的官吏,他们有权到各家去搜查,看是否有白酒、甜酒或用蜂蜜加麦曲做的饮料。如果发现有这些东西,就会把坛坛罐罐打碎,把这些东西毁掉,最严厉地惩罚这家主人……

"在布哈拉由一位宗教首领来监督严格执行这条法律。大家听他的话胜过国王。他可以按自己的意愿撤换国王,他对我们在时的国王和前任国王就是这样做的[2]……

"布哈拉国王既没有多大权威,也没有多少财富。他收入不多,主要来自该城。他从手艺人和商人出售的货物中征收十分之一的坚伽(坦伽——艾哈迈多夫注),使他所统治的所有的人都变穷了。他要是缺钱用,就派自己的官吏到各家店铺去拿东西来还自己的欠款,或是强迫他们借给他钱。为了付给我 19 块卡拉捷亚的钱,他就是这样做的。[3]

"他们的钱是银币和铜币,没有金币。他们只有一种银币,值 12 英国便士。铜币称作普里,120 个这样的铜币相当于上面所说的 12 便士。付款时铜币比银币用得多。国王每月都要变动银价,以便自己获利,有时一月甚至变动二次,他对欺压百姓毫不手软……这一切使得国

---

〔1〕指麦地那线虫病。人喝水时喝进这种蠕虫后而发病。十月革命前在中亚一些地区曾广泛流行。

〔2〕指很有权势的朱伊巴尔霍加穆罕默德·伊斯拉姆和布哈拉统治者昔班尼王朝的布尔罕速檀。布尔罕速檀 964/1557 年在霍加穆罕默德·伊斯拉姆的怂恿下,被米尔扎·阿卡比科什奇所杀(请详见《阿卜杜拉汗传》,第 1 卷,第 258 – 268 页)。

〔3〕在阿卜杜拉汗二世当政的开头几年,国家无疑存在一些经济困难,但是说他没有能力支付英国人的货款,只能说明他的贪得无厌,或者是詹金森的杜撰。

家和商人都变得非常贫困。"[1]（第 182－183 页）

从詹金森的记述中可以看出，阿卜杜拉汗不仅对贸易感兴趣，而且对纯政治问题也很感兴趣，如不仅是俄罗斯的情况，而且土耳其、英国的情况以及欧洲军队的装备，他都感兴趣。詹金森写道："［1558 年］12 月 24 日，我遵命去见国王，向他递交了俄国沙皇的证书。他对我很客气，邀我与他一同进餐。他几次让我到他那里去，在他的密室里很随和地同我交谈，谈到了沙皇的强大、土耳其速檀，也谈到了我们的国家、法律和信仰。他让我用我们的枪射击，他自己也试了这些枪。"（第 183 页）

在詹金森的旅行报告中，布哈拉在世界贸易中的作用和地位占了很大篇幅。

詹金森写道："每年都有大批商队从印度、波斯、巴里黑、俄罗斯和其他邻国到布哈拉来，而以前这里可以自由通行的时候，也有中国的商人到这里来……"（第 184 页）

詹金森在中亚的时候，布哈拉和中亚其他城市正面临着严重的政治和经济危机：国家四分五裂，仍在继续的封建主之间的战争像沉重的包袱压在老百姓肩上；农业、手工业和贸易处于衰落的景况。据詹金森证实，老百姓非常穷，外国商人运来的货物"二三年都放在那里，没有卖出一个好价钱的希望……"（第 184 页）但是尽管规模不大，这里贸易仍在进行。例如，从印度运来了"鞑靼人缠头用的细白布和其他白布"，从波斯运来了各种棉布、夏布、各色绸缎、骏马，从俄罗斯运来了灰色皮革、熟羊皮、毛织物、木制器皿、马勒、马鞍等，和平时期从中国运来的商品有麝香、大黄、缎子、锦花绸等（第 184 页）。从布哈拉运往这些国家的商品有丝绸、生皮张、马（往印度），俄罗斯的各种制品、不同民族的奴隶（往伊朗），棉布、各种丝织品（往俄罗斯等国）。

詹金森和理查德·约翰逊一起在布哈拉千方百计打听去中国的

---

〔1〕看来在阿卜杜拉汗二世当政之初是这样，而从哈菲兹·塔内什·布哈里的记述中（《阿卜杜拉汗传》，乌兹别克共和国科学院东方学研究所藏抄本，编号 2207，第 279a 张）我们知道，后来进行了货币改革，提高了金币币值。

路,确定从阿斯特拉罕到中国的距离(第 189 – 192 页)。关于 1555—1558 年中亚与中国贸易的情况,詹金森这样写道:"在我在布哈拉的日子里,从上述国家都有商队到这里来,只是没有从中国来的。没有从中国来的商队的原因,是在我来这里前的三年里,正好在布哈拉与中国之间的两个大的鞑靼人地区和城市,与城市相邻的作为异教徒和穆斯林的一些未开化的草原民族之间,一直在打仗,我来这里时仍在打。这两座城市是塔什干和喀什噶尔。与塔什干打仗的民族称作哈萨克人,信仰伊斯兰教,而与喀什噶尔打仗的称为金人(Qings)[1],他们是异教徒和多神教徒。这两个未开化民族都很强大,他们生活在草原上,既没有城市,也没有房屋,几乎征服了上面说的两座城市,牢牢控制了道路,任何一个商队不留下买路钱就休想通过。因此,在我们来这里前的三年中,没有一个商队来过,中国和布哈拉汗国中断了贸易关系。在道路畅通时,一趟要花九个月时间。"(第 184 – 185 页)

199

虽然詹金森及其同行者没有达到主要目的,但是他们的成果无论对俄罗斯还是对中亚都有重要意义——奠定了俄罗斯与中亚汗国活跃外交和贸易关系的基础。

詹金森的报告全文由摩根和古特用英文出版,Ю. В. 戈季耶据此译成了俄文。[2]

---

〔1〕看来是指卡尔梅克人。

〔2〕Morgan E D, Goote C H.《Early voyages and travels to Russia and Persia by A. Jenkinson and other Englishmen》(《詹金森和其他英国人早期航海去俄国和波斯的旅行》), vol. 1 – 2, London, 1886;《Английские путешественники в Московском государстве в XVI веке》(《16 世纪莫斯科国家的英国旅行者》),перевод Ю. В. Готье, Л. ,1937.

47 И.Д. 霍赫洛夫资料

这是俄国沙皇米哈伊尔·费奥多罗维奇·罗曼诺夫(1613—
1645)的使臣伊万·丹尼洛维奇·霍赫洛夫1620—1622年出使布哈拉
的报告,不仅有俄罗斯与中亚诸汗国关系的珍贵资料,而且有17世纪
头25年诸汗国内部及它们之间关系状况的各种珍贵资料。

有关17世纪俄罗斯天才外交家伊万·丹尼洛维奇·霍赫洛夫的
生平资料,保存下来的很少。他在波斯、布哈拉和希瓦的活动,我们所
知道的仅是 Н.И.韦谢洛夫斯基(1848—1918)从当时保存在莫斯科外
交部总档案馆的大量外交文件中收集到的。[1] 据这些资料所说,И.
Д.霍赫洛夫出生在喀山一个中等贵族家庭。他的名字最初出现在
1600年俄罗斯与波斯关系的文件中,确切地说是波斯使节皮尔库里别
克(1599—1601)经喀山回国的文件中。[2] 从喀山军政长官写给沙皇
鲍里斯·费奥多罗维奇·戈杜诺夫(1598—1605)的报告中我们知道,
И.Д.霍赫洛夫与 В.诺尔马茨基一起被派去做皮尔库里别克的保
镖,[3] 看来是护送他到当时很年轻的城市萨拉托夫(建于1590年)去。
Н.И.韦谢洛夫斯基说,当时 И.Д.霍赫洛夫和他的哥哥瓦西里"在自 　200

---

[1]Веселовский Н И.《Иван Данилович Хохлов》(《伊万·丹尼洛维奇·霍赫洛夫》), c.48
- 72.

[2]关于皮尔库里别克使团的情况,请详见 Бушев П П.《История посольств и
дипломатических отношений русского и иранского государств в 1586—1612 гг.》(《1586—1612
年俄国与伊朗使团和外交关系的进程》), M., 1976, c. 336 - 357.

[3]据 Н.И.韦谢洛夫斯基说(《Иван Данилович Хохлов》[《伊万·丹尼洛维奇·霍赫洛
夫》], c.72),保镖的职责是:"他要注意使节的安全,用各种方式保护他不受任何人的侮辱,但是
另一方面不能让外国使节的侍从在我国乡村和城市胡作非为,而最主要的是不能让使节和他的
人与俄国人和外国人直接接触。保镖还要负责他的日常生活。"

己家乡喀山国家军队中服役,当火枪兵。"[1]

1606年霍赫洛夫与上面提到的他的哥哥瓦西里和军政长官戈洛温一起派往捷列克,以便带领其居民向新沙皇瓦西里·伊万诺维奇·舒伊斯基(1606—1610)宣誓。但是如霍赫洛夫的禀帖所说,捷列克的居民"……贼心不改,没有向沙皇瓦西里宣誓效忠。他和他的哥哥瓦西里被打得半死,抢去了身上所有的东西,投进了大牢。在受了一年半的折磨之后,又把他们分开:他,伊万,由警长带到了阿斯特拉罕。"[2]他在阿斯特拉罕监狱里被关到1613年,后被夺取了那里权力的政治冒险分子——哥萨克首领 И.B.扎鲁茨基和他的妻子马琳娜·姆妮舍克(他们于1614年被处死)释放。[3]

1613年霍赫洛夫与雅科夫·格拉德科夫和书吏波格达什金一起,被扎鲁茨基派往伊朗,请求沙阿拔斯一世(995/1587—1038/1629~1630)支援他金钱、粮食和军队,而作为交换,答应在解放莫斯科和马琳娜·姆妮舍克与伪德米特里一世婚后于1611年所生之子伊万登上俄国王位后,立即将阿斯特拉罕割让给波斯人。[4] 沙阿拔斯开始同意扎鲁茨基的条件,并准备给他1.2万图曼现金和大批粮食,但当他从与霍赫洛夫一起由俄罗斯返回,而且到过阿斯特拉罕的本国商人霍加穆尔塔吉那里得知"莫斯科国家还是统一在一起"后,改变了原来的主意,决定等完全搞清楚俄国国内的政治形势再说。同时,以贵族 М.Н.季哈诺夫和书吏阿列克谢·布哈罗夫为首的莫斯科的一个新的外交使团也到了伊朗。他们带来了米哈伊尔·费奥多罗维奇即位的证明文件,并要求引渡 И.Д.霍赫洛夫及其随行人员。[5] 但是沙不但没有按

---

〔1〕Веселовский Н И.《Иван Данилович Хохлов》(《伊万·丹尼洛维奇·霍赫洛夫》),c.50.

〔2〕Веселовский Н И.《Иван Данилович Хохлов》(《伊万·丹尼洛维奇·霍赫洛夫》),c.51.

〔3〕请详见 Соловьев С. М.《История России》(《俄国史》),т.IV, c.483–689;т.V, c.19–27,36,67,70 и др.

〔4〕Веселовский Н И.《Иван Данилович Хохлов》(《伊万·丹尼洛维奇·霍赫洛夫》), c.51–52.

〔5〕关于 М.Н.季哈诺夫使团,请参见 Корженевский Н Л.《Посольство Михаила Тиханова в Персию》(《出使波斯的米哈伊尔·季哈诺夫使团》),c.69–72.

沙皇的这一要求办,而且还将这一外交使团扣留至 1615 年夏。看来他不大相信新沙皇能稳定国内局势和维持王位。至于对霍赫洛夫及其一行人,在这期间他们得到很好的照顾,当做俄国沙皇的正式使节一样款待。只是在得知扎鲁茨基的下场和米哈伊尔·费奥多罗维奇巩固了其地位后,沙才放走了 M.H. 季哈诺夫和 A. 布哈罗夫,与他们一起放走的还有霍赫洛夫,赏赐给了他"和季哈诺夫、布哈罗夫一样的两件绣有银线的锦花绸长衣;而沙给俄国使节的 156 卢布中,伊万·霍赫洛夫只得了 5 图曼,也就是 30 卢布"[1]。在俄国使团临行前,沙阿拔斯接见他们时,他又为 И.Д.霍赫洛夫说情,对 M.H.季哈诺夫说:"如要处罚他,你告诉我兄弟米哈伊尔·费奥多罗维奇,看在我的面子上像以前一样对待伊万·霍赫洛夫和他的同事,为了我们兄弟之间的情谊原谅他们的过错⋯⋯"

总之,И.Д.霍赫洛夫和他的同事同季哈诺夫和布哈罗夫一起被放回俄国。但按照沙皇的命令,在弗拉基米尔霍赫洛夫被拘留了起来。从莫斯科前来接季哈诺夫使团回首都的外交衙门的官员库尔曼纳列伊·库特利亚罗夫和谢苗·安德烈耶夫曾接到命令:"⋯⋯将他,霍赫洛夫,押解到莫斯科,他所有的东西一律收归国有",押解时"要特别注意,不能让他们在路上逃跑。"[2]抵达莫斯科后,霍赫洛夫及其同事被关了起来。这些事发生在 1615 年 6 月。但是在仔细了解他在伊朗的活动及考虑到其兄瓦西里·霍赫洛夫在将阿斯特拉罕从扎鲁茨基和马琳娜·姆妮舍克手中夺回这件事上的功劳后,И.Д.霍赫洛夫被捕一个月后,于 1615 年 7 月被宽恕释放回喀山。

在 1620 年的外交文件中也提到了 И.Д.霍赫洛夫,他作为使节被派往布哈拉汗国汗伊玛姆库里那里,回应他派来的当时仍在莫斯科的以阿达姆比为首的使团。但是在这以前的五年中(1615—1620)霍赫洛夫在喀山干什么,一点资料也找不到。只能推测他可能在喀山的军

〔1〕Веселовский Н.И.《Иван Данилович Хохлов》(《伊万·丹尼洛维奇·霍赫洛夫》),с.55.

〔2〕Веселовский Н И.《Иван Данилович Хохлов》(《伊万·丹尼洛维奇·霍赫洛夫》),с.55.

·欧·亚·历·史·文·化·文·库·

政长官处供职。[1]

从中亚回来后(1622年12月12日),И.Д.霍赫洛夫在莫斯科住了一段时间(整理他出使中亚的材料),随后,大概是1623年初,回到了喀山,在喀山军政长官伊万·奥多耶夫斯基处做事。1624年12月8日,沙皇因处理与希瓦和布哈拉汗国有关的事务,下专令将他召回莫斯科。[2]

有关И.Д.霍赫洛夫的最后情况记载在1629年的文件中,当时他作为保镖随同波斯使节穆罕默德·西里别克和伊朗商队从喀山去莫斯科,然后返回喀山。

现在简要地谈一谈И.Д.霍赫洛夫率领的出使布哈拉的使团的情况及其取得的成果。霍赫洛夫使团的使命是什么呢?从外交衙门为其确定、1620年6月22日沙皇批准的指令中可以看出,他首先必须说服布哈拉汗国汗加强同俄国的贸易和友好关系,使汗信服与土耳其、伊朗、克里木汗国、意大利、法国、英国、丹麦等国有外交关系的俄国的强大,最后是使在那里的俄国俘虏获得自由(第426-427、433、436、437页)。还要求霍赫洛夫"千方百计尽力了解现今布哈拉与土耳其速檀、波斯沙、格鲁吉亚、乌尔根奇国王的关系,与谁友好和关系密切,与谁为敌,布哈拉国王军队和国库的实力。他会和哪个国家打仗,想从哪个国家得到什么,是否想与哪个国家友好相处,这些都要秘密打听。打听到的东西自己把它记下来。"布哈拉对与诺盖兀鲁思、捷列克公国、阿斯特拉罕关系的想法,莫斯科政府也很关心(第437-438页)。

沙皇1620年6月23日签署、7月13日送达喀山的专门命令,规定霍赫洛夫使团成员还有文字翻译伊万·特尔科夫和口头翻译谢梅科·格拉西莫夫。如此遥远和艰苦征途的准备工作实际上只进行了一周,是最匆忙的,而喀山军政长官受命让霍赫洛夫启程,"一个小时也不能耽误"(第60页)。

---

[1]Веселовский Н И.《Иван Данилович Хохлов》(《伊万·丹尼洛维奇·霍赫洛夫》),с.58.

[2]Веселовский Н И.《Иван Данилович Хохлов》(《伊万·丹尼洛维奇·霍赫洛夫》),с.71.

И.Д.霍赫洛夫使团在布哈拉和希瓦使节阿达姆比和拉希姆库里的陪同下,于1620年7月21日从喀山起程,取道阿斯特拉罕—里海—托普卡拉干码头—乌尔根奇—希瓦—汉卡—克孜勒库姆—海拉巴德—布哈拉(第389-397页)。其返回的路线是卡拉库尔—希瓦—巴加特—乌尔根奇—科尔潘地区—沙姆斯基科帕尼地区—卡巴克雷—里海—阿斯特拉罕。И.Д.霍赫洛夫使团在中亚的时间包括旅途在内,一共有近30个月,即从1620年7月21日至1622年12月12日。

我们将不赘述使团在中亚,特别是在花剌子模所遭受的困难和艰苦,仅提一提И.Д.霍赫洛夫报告中对我们有用的中亚史料。

首先我们要说清楚这样一个问题:莫斯科的使团达到了沙皇谕旨中所要求的目的了吗?从霍赫洛夫的报告中可以看出,使团在一定程度上达到了其目的,因为他(И.Д.霍赫洛夫——艾哈迈多夫注)在回国路过希瓦时被阻留,并被带到已篡夺最高权力的伊利巴斯那里(这件事下面还将述及),对他提出的"布哈拉之行还好吗"的问题,И.Д.霍赫洛夫回答说:"……到布哈拉和从布哈拉到这里,感谢上帝保佑,都很好。布哈拉的伊玛姆库里国王接见了我,对我们国王陛下米哈伊尔·费奥多罗维奇大公很尊敬,仔细听了使团的陈述,将派遣使节到我们国王陛下那里去,很快就会赶上我们。"(第408页)过了几天以后,伊玛姆库里的使节阿达姆比真的赶上了霍赫洛夫,他为莫斯科的沙皇带了丰厚的礼物(二匹骏马、一顶帐篷,"三面钢鼓,其中一面镶金,两面为普通的,刀和镶嵌宝石的金刀鞘,九块丝绒,九块锦缎,五峰骆驼")。而且他不是一个人,随他一同前来的有一个叫阿拜兹(哈菲兹)的,该人是朱伊巴尔谢赫哈桑霍加家族有影响的宗教首领选派的。此外,在莫斯科使团离开布哈拉时,伊玛姆库里汗还提供了他们路上所需的费用,给了霍赫洛夫4000坦伽现金作为汉雷格(一种路费),赠送了厚礼:备了鞍和笼头的良马驹、金丝绣的缠头、丝绒长衫、镶金丝织宽腰带(第402页)。至于赎买俄国俘虏的问题,这一使命也部分地完成了——伊玛姆库里汗放了他宫廷中23名俄国俘虏。其他归别的人所有的俘虏,汗说:"寻找其他的俘虏现在还不是时候,因为他们和农奴

203

275

在一起使用;一旦有时间处理农奴的事务,他的国家一定履行诺言,把俘虏送回去……"(第 402、404、412 页)训令中要求的另一点——搞清楚布哈拉汗国国内状况和与其他国家的关系,И. Д. 霍赫洛夫也完成了本国政府交给的这一任务。

下面简要地谈一谈 И. Д. 霍赫洛夫报告对中亚史研究的意义。这一文件以及 И. Д. 霍赫洛夫使团的其他材料,有关于 17 世纪头 25 年中亚两个汗国——希瓦汗国和布哈拉汗国国内状况和国际地位的最珍贵的资料。

从 И. Д. 霍赫洛夫的报告中可以看出,17 世纪 20 年代初这两个中亚汗国国内政治形势很不稳定。如布哈拉汗的权力十分薄弱,许多领主认为自己是独立的,其中一些人公开与伊玛姆库里汗为敌,这从巴里黑、塔什干和撒马尔罕这样的大领主那里就看得很清楚。

在 И. Д. 霍赫洛夫前往布哈拉时,以及他在此停留的几乎所有时间(从 1620 年底至 1622 年 9 月 13 日),伊玛姆库里汗及其宫廷都不在京城,他一直在撒马尔罕,因为布哈拉与塔什干领主之间战事不断。霍赫洛夫在报告中这样写道:"……伊万他在布哈拉时,布哈拉国王在与塔什干打仗;布哈拉国王的大臣、他叔父纳德尔迪万别克带领 4 万人迎战图尔松速檀;[1]塔什干的军队打死了他的 1 万人。后来伊玛姆库里国王的人打死图尔松速檀的人有这两倍之多,而他们之间的战争并没有停止……"(第 421 页)

И. Д. 霍赫洛夫在布哈拉期间,曾两次访问过撒马尔罕:第一次是在他来布哈拉 10 天之后,第二次是在他离开布哈拉之前。按霍赫洛夫自己的话说,他到撒马尔罕是"在彼得纪念日后的第二个星期"。大家知道,彼得纪念日是 6 月 24 日和 29 日,因此他到撒马尔罕应该是 1622 年 6 月 30 日,或者是 7 月 5 日。我们确切知道他离开撒马尔罕的时间是 1622 年 8 月 3 日(第 389－405 页)。由此可知,И. Д. 霍赫洛夫第二次去撒马尔罕在那里停留了约一个月。因此他有时间收集到许多极其

---

〔1〕哈萨克速檀,于 1036/1627 年被另一哈萨克速檀伊什姆汗所杀(《贤者高风奥秘》,大英帝国印度事务部图书馆藏抄本,第 111a 张)。

珍贵的资料,不仅有撒马尔罕的,而且有阿斯特拉罕王朝总的状况的资料。霍赫洛夫在撒马尔罕了解的情况中,值得注意的是以霍赫洛夫称为米尔扎别克的领主为首的一伙身居要职的异密反汗的阴谋。霍赫洛夫写道:"而国王当时不在撒马尔罕,他离开反叛者到巴里黑他兄弟那里去了。"(第 402 页)在霍赫洛夫来后一星期以后,伊玛姆库里回到了 204 撒马尔罕,随后就病倒了,这期间的所有会谈都是霍赫洛夫同纳德尔迪万别克进行的。他们会谈的主要议题是卡尔梅克人和诺盖人问题,以及俄国俘虏的命运问题。关于诺盖人,布哈拉感兴趣的是:"现在诺盖人是为沙皇和俄罗斯大公米哈伊尔·费奥多罗维奇效力还是自己游牧?""诺盖人为什么要攻打国王的城市?"(第 403 – 404 页)。关于俄国俘虏问题,纳德尔迪万别克对霍赫洛夫说:"……伊玛姆库里国王令我告诉你:在他的国家当俘虏的你们国王的俄国人,他下令全部释放;那些在他国家里需要寻找的俘虏,在真主保佑他处理完叛乱者图尔松速檀的事情后,找到他们即送交你们国王。"他请霍赫洛夫考虑,"伊玛姆库里国王如何把你们国王的人送回你们国土,对其他的人找到后送回他们国家的问题,你们国王随后也能做出安排。"(第 404 – 405 页)

在对外关系方面,霍赫洛夫有关巴里黑、布哈拉与伊朗、印度相互关系的资料值得注意。他这样写道:"而纳德尔国王(纳德尔·穆罕默德——艾哈迈多夫注)现在与克孜尔巴什沙阿拔斯不和,不久前打过仗,现在处于不战不和的状态,之所以没有打仗,是因为现在沙在与印度人打仗(争夺坎达哈——艾哈迈多夫注)。巴里黑王,即布哈拉国王最小的弟弟,在与印度国王争吵,因为布哈拉国王伊玛姆库里送给印度沙的矛隼被巴里黑王抢去了,因此印度国王中断了与他的贸易,不允许本国商人到布哈拉去,也禁止布哈拉商人把自己的货物运回布哈拉。据说他们现在想与印度媾和。"(第 420 – 421 页)

И. Д. 霍赫洛夫关于 17 世纪 20 年代初希瓦汗国因阿拉布·穆罕默德汗父子间的纷争而产生的严重的政治危机,关于卡尔梅克人和亚伊克哥萨克入侵花剌子模的资料有一定价值。1622 年 9 月 13 日,霍赫洛夫及其一行人离开布哈拉,"他们在从布哈拉去乌尔根奇的半路上,有许多人从乌尔根奇朝他们跑来,说乌尔根奇那个地方发生了骚乱:国王阿拉布汗被他的儿子阿别什(阿瓦内什——艾哈迈多夫注)和伊利巴斯抓住,挖出了眼睛,而他们的兄弟、阿拉布汗的其他儿子艾布·哈兹、什兹里夫(沙里夫——艾哈迈多夫注)和耶法尔·霍加逃到布哈拉国王那里去了……"(第 406 页)关于亚伊克哥萨克和卡尔梅克人袭击希瓦汗领地的情况,霍赫洛夫报告中这样写道:"在伊万他滞留在博瓦特(巴加特——艾哈迈多夫注)时,哥萨克贼人和罗斯的特伦卡·乌斯以及土库曼人等来乌尔根奇游牧人这里抢劫,杀死了很多人,抓走了很多人。"霍赫洛夫还写道:"卡尔梅克人常来乌尔根奇打仗:在 128 年(1620 年)和 129 年(1621 年)卡尔梅克人来乌尔根奇抢劫,杀死了很多人;卡尔梅克人还常到当地的其他地方去打仗。"(第 415 - 423 页)

到别人的土地上去抢劫,希瓦的执政者并不比哥萨克和卡尔梅克人逊色。И. Д. 霍赫洛夫证实道:"乌尔根奇人与沙阿拔斯不和:当他伊万在那里时,伊利巴斯王子袭击了克孜尔巴什的博瓦尔特(阿比韦尔德——艾哈迈多夫注)城郊,抢了马和骆驼,还带回了 100 名俘虏。他们夸口说攻下了该城,但他伊万确切地知道没有拿下该城,只是抢劫了村庄。"(第 423 页)

И. Д. 霍赫洛夫报告中有一些社会经济方面的重要资料:如里海沿岸土库曼人的状况,中亚一些城市和村庄总的情况,关税及其数额,俄国和布哈拉作为礼品互送的货物,中亚一些经济和行政术语的意义。

例如,关于里海沿岸的土库曼人,更确切地说是关于当时在托普卡拉干码头地区游牧的土库曼人,霍赫洛夫这样写道:"……那个地方称作托普卡拉干,那里的人是游牧的土库曼人,他们由他们的巴克什和翁别克管理,而不听从任何一位国王,他们与乌尔根奇的国王阿拉布为邻,除了将绵羊作为毛皮贡税交给他外,则什么也不听他的。"(第 390 页)

关于征税。很有代表性的是,货物不仅从一个国家运到另一个国家要征税,而且在同一个国家内,由一个领地运往另一领地也要征税。

同时,税款收现金,也收实物,例如,过一次货要扣其三分之一为税(第390、397、411、412页等)。

关于城市和农村的状况。霍赫洛夫证实,无论是布哈拉汗国还是希瓦,城市和农村都是一片衰败景象,其直接原因是封建统治者的内讧和战争(第397－398、423页)。

在霍赫洛夫的报告中,作为礼品赠送的货物有:英国和其他地方产的呢绒、红色皮革、乌戈尔刀、精制盘子、貂皮和灰鼠皮大衣、葡萄酒、俄国等国制造的土耳其式火绳枪(俄国沙皇的礼品),丝绒长衫、种马和骆驼、绣金丝绸制品、印花布、弓箭、细平布、细纱、车帐篷、钢鼓、金锭和银锭、上等马刀等(布哈拉汗礼物)。

在 И. Д. 霍赫洛夫的报告中,除以下最高职位的称谓,如迪万别克、科什别克、什加乌勒、亚萨乌勒以外,还提到了达德哈亚萨乌勒这一官职,从该报告中可以推断,其职责包括接收来宫廷的人递交的呈文,再转呈汗。霍赫洛夫写道:"当他伊万来递交沙皇的信件时,达德哈亚萨乌勒希望在国王接见前由他转呈……"(第400页)　　206

48 〔帕祖欣兄弟使团〕资料

与 И. Д. 霍赫洛夫、М. Ю. 卡西莫夫、弗洛里奥·别涅维尼（关于他详见后）等人的报告相比,该报告关于经阿斯特拉罕去中亚、伊朗和印度的路线,关于希瓦、布哈拉和巴里黑这些中亚汗国的内外状况及其居民情况等方面的资料是最为全面的。

帕祖欣兄弟——鲍里斯·安德烈耶维奇和谢苗·伊万诺维奇的生平资料,保存下来的很少。关于他们的情况,我们仅知道以下这些:据辛比尔斯克省和科斯特罗马省保存的家谱,其祖父伊万·杰米多维奇·帕祖欣是贵族,在 1613—1618 年反对波兰小贵族武装干涉时表现突出;由于他对罗曼诺夫家族的奉献和忠诚,得到了世袭领地的奖赏。[1]鲍里斯·安德烈耶维奇·帕祖欣 1669—1673 年在国家机构中供职（任御前大臣）;与其弟谢苗·伊万诺维奇领导了出使布哈拉、巴里黑和乌尔根奇的使团;随后于 1679 年被任命为驻克里木大使;途中遭叛乱的哥萨克的袭击和抢劫,被杀害。[2]

在谈帕祖欣兄弟使团报告及其所含的中亚历史方面的重要资料以前,简要地谈一下使团的组成人员和出使路线。

使团的人员很有代表性。除帕祖欣兄弟外,还有 8 个人:三名火枪兵:马克西姆卡·雅科夫列夫和费季卡·乔尔内（第三人的姓名不

---

〔1〕《Энциклопедический словарь Ф. А. Брокгауза и И. А. Ефрона》(《布罗克豪斯－艾弗隆百科词典》),т. XXII, с.592.

〔2〕В. В. Бартольду《Изучение Востока в Европе и России》(《欧洲和俄罗斯东方研究史》),Соч., в 9-ти, т.9, с.372.

详),翻译米基塔·梅德韦杰夫和谢苗·伊斯梅洛夫,地方官[1]西蒙·伊万诺夫,书吏阿法纳西·普罗什列措夫和商人伊万·萨韦尔耶夫。如报告中所说(第34-35页),使团前往布哈拉没有取海路,而是走陆路,经亚伊克、卡尔梅克人兀鲁思和希瓦,因为"鲍里斯他们携国王陛下的钱物去卡拉干港很危险,因时已至秋,海上天气难测;此外由卡拉干港经土库曼人兀鲁思去希瓦,路途不熟,也有危险。"(第34页)他们是经波斯、舍马哈、巴库返回的,其原因是帕祖欣兄弟临行前已得知,"……希瓦汗想把鲍里斯及其一行人留在希瓦,因为他们的使节在阿斯特拉罕被哥萨克抢劫和扣留。"(第67页)

使团在希瓦和布哈拉一共停留了30个月左右,因此收集到了有关这两个汗国内外状况的最丰富的资料。

我们简要地谈谈莫斯科政府交给帕祖欣兄弟使团的任务。首先他们要加强俄国与中亚汗国之间原有的友好关系,促进贸易的发展。在阿列克谢·米哈伊洛维奇给布哈拉汗阿卜杜勒·阿齐兹的信函中说: 207 "念及我们俄国沙皇、大公先辈与你们先辈布哈拉和乌尔根奇国王的友爱之情和密切关系,希望超越过去,允许你国商人到我们沙皇陛下的国家来,我国的商人到你们国家去,相互来往。"(信函第25页)这是其一。其二,他们要促进"在布哈拉、巴里黑和乌尔根奇"的俄国俘虏的释放(训令,第6、8页等)。同时,还要求帕祖欣兄弟特别注意寻找和收买"伟大国王的人,大小贵族的子弟"和收买"对增加国家财富有用的"人(训令,第6、12页)。

在谈论俄国政府对加强同中亚汗国贸易关系的愿望时,不能不指出俄国商界对中亚蚕丝的巨大兴趣。训令中说,"布哈拉和其他城市,是生丝的故乡,它们经克孜尔巴什和土耳其运往德意志人那里,而却不经阿斯特拉罕运往莫斯科……"因此,帕祖欣兄弟奉命"在布哈拉和其他城市要以极大耐心说服从事蚕丝业的居民,因势利导,使商人们从布

---

〔1〕15世纪末至18世纪俄国选举的职务,为地方和邑的行政长官以及海关和负责酒馆事务长官的助理,从城外工区农民、国有农民和耕种宫廷土地的农民中选举产生,任期一年,负责各项货币收入的准确征收,参与对居民的司法和政治监督。

·欧·亚·历·史·文·库·

哈拉和其他地方将他们的蚕丝运往阿斯特拉罕和莫斯科……"(训令,第 17 页)

莫斯科政府对东方贸易的兴趣不仅限于中亚。它还努力发展与印度的贸易,因此,帕祖欣兄弟使团奉命要千方百计了解阿斯特拉罕去印度的商路(训令,第 13 页)。

莫斯科政府对中亚各汗国的内外状况也感兴趣。例如,帕祖欣兄弟奉命在当地与那些"强大得体并前来迎接使团的汗接触,而沙皇陛下送的礼物要尽可能恰当地分成二份或三份;对势力较强,或者对陛下的事业有用处的汗,礼物要送好一些多一些,具体怎样做根据当地的情况处理。"(训令,第 15 页)训令中以下的话也值得注意:"鲍里斯一行在布哈拉、巴里黑和乌尔根奇要想方设法搞清楚:现在布哈拉、乌尔根奇和巴里黑国王与土耳其速檀、波斯沙、印度国王和格鲁吉亚的关系如何,与谁友好和关系密切,与谁不和,现在谁掌握乌尔根奇的权力,布哈拉、乌尔根奇和巴里黑有多强大,有多少军队,国库是否充实?"(训令,第 13 页)。

帕祖欣兄弟尽了一切努力来完成其政府训令的要求,因此其报告对我们价值很大,其中有关于17世纪下半叶中亚各种各样有用的资料。下面我们简要谈谈其中最重要的一些资料。

208

帕祖欣兄弟有关游牧生活(第 38 页)、中亚各汗国经济状况(第 61 页)、税率(第 18、59、69 – 70 页)、朱伊巴尔谢赫在国家社会政治生活中的地位和作用(第 51 – 52 页)、奴隶贸易和富人家庭使用奴隶劳动的资料,对研究 17 世纪中亚的社会经济状况有重要意义。例如,在帕祖欣兄弟的报告中,关于中亚各汗国总的经济状况是这样写的:"在布哈拉、巴里黑和希瓦粮食种得不多,过年后一些人家里粮食就所剩无几了。耕地得用渠水灌溉,因此,田间劳动常使用俘虏;要是抓去当兵,地里浇不上水的话,就收不到粮食,人就要饿死。"(第 61 页)报告接着写道:"这些国家国王国库里的钱很少,因为各村都安排来供养军队和官吏,而供应国王所需开支的国库靠铸币厂和税收维持;到年终国库的钱就花光了。"(第 61 页)

莫斯科政府对中亚出产的生丝很感兴趣。帕祖欣兄弟收集了不少有关生丝产量和价格的资料(第69页)。

在俄罗斯各城市里,各种外国商品一般都要征收"百分之十"的税(训令,第18页)。有意思的是,在布哈拉汗国,哪怕是在当地销售俄国沙皇的货物,也不征税,但是汗给使节的"赏钱"却严格地征了税。关于这一点在报告中是这样说的:"10月7日(1671年10月7日),侍卫到鲍里斯及其随行人员住处通知说,阿卜杜勒·阿齐兹国王赏赐他鲍里斯及其一行的膳食和车马费,为300卢布的布哈拉坚伽。从这些钱中要扣除:上缴阿卜杜勒·阿齐兹国王国库十分之一,每卢布10戈比,给侍卫伊里提扎尔二十分之一,每卢布10坚伽。因为在布哈拉很早就有这样的规矩:给任何使节赏赐的膳食钱都要这样扣除,在希瓦和巴里黑也是这样……"(资料,第57页)

帕祖欣兄弟有关17世纪60年代至70年代初中亚诸汗国军事政治情况的资料非常珍贵。从这些资料可以看出,在莫斯科使团停留期间(1669—1672年),中亚的军事政治形势不是很平静的。当时以苏布罕库里汗为首的半独立的巴里黑汗国在1669年宣布独立,而且在阿姆河左岸集结了大量军队。阿卜杜勒·阿齐兹汗也集结了大量军队。他当时把自己的大本营从布哈拉移到了卡尔希,并与希瓦汗国签订了盟约。帕祖欣写道:"希瓦汗与巴里黑国王不和,去年,178年(1670年)希瓦汗打到巴里黑城下,毁坏了许多村庄和兀鲁思,从而按布哈拉国王阿卜杜勒·阿齐兹的请求帮助了他。因为布哈拉国王与巴里黑国王不和,在一年半的时间里阿姆河两岸都集结了军队,180年(1672年)9月他们才和解……"(资料,第60页)

帕祖欣兄弟记述的以下情况也很重要:"布哈拉的军队包括突厥斯坦人、卡拉卡尔帕克人和哥萨克在内,有15万人,甚至更多,而巴里黑国王的军队不及布哈拉的一半。布哈拉和巴里黑的骑兵很少作战,技术也不好。在布哈拉打仗的主要力量是突厥斯坦的哥萨克和受布哈拉国王支配的卡拉卡尔帕克王子。这些卡拉卡尔帕克人和哥萨克有5万。他们只有一半的人前来支援布哈拉国王。因为担心自己的兀鲁思受中国城市附近的黑卡尔梅克人[1]袭击。巴里黑国王指靠的军队是各兀鲁思游牧的卡塔甘人、卡尔梅克人和土库曼人,他们有2万多人。布哈拉和巴里黑都没有步兵和学问人(军事专家——艾哈迈多夫注),也没有架设在支架上和轮子上的炮,只有架在骆驼上的小炮。"(资料第61页)关于希瓦汗国的军事政治状况是这样写的:"希瓦汗军队的人数有3万人,或者还少一些。为得到战利品,做官的人、农奴和商人也要参加到各地打仗。希瓦人经常与卡尔梅克人打仗,白白浪费了大量钱财。"(资料,第62页)

帕祖欣兄弟有关中亚存在奴隶制度和奴隶来源的资料有重要意义。正如上面已指出的,帕祖欣兄弟使团的主要任务之一就是解救俄国俘虏。据帕祖欣兄弟的资料,给布哈拉、巴里黑和希瓦汗干家务的俄国俘虏就有300多人,而帕祖欣兄弟只赎买到22人,共付了"685卢布21阿尔滕4坚伽"(资料,第59、79页)。在其他人家里当奴隶的俄国俘虏究竟有多少,帕祖欣兄弟连大概人数也无法搞清楚。帕祖欣兄弟写道:"在布哈拉城市和兀鲁思各种官吏和普通人家里的无法统计。据从农村来的俘虏自己说'当然很多'。"(资料,第59-60、84页)帕祖欣兄弟弄清楚了他们都是喀山县、乌法县和辛比尔斯克县以及伏尔加河沿岸边境村庄的人,是被巴什基尔和卡尔梅克骑兵抓住卖到这里来的。帕祖欣兄弟证实说:"希瓦人从希瓦带着大批货物来,怂恿巴什基尔人和卡尔梅克人去抓俄国俘虏。他们从巴什基尔人和卡尔梅克人那里把俘虏买来后,再卖给别人。一些希瓦人带着大量俄国货从阿斯特拉罕来,在卡尔梅克人和巴什基尔人的兀鲁思到处跑,住上很长时间,等买上俄国俘虏后,再把他们赶回家,卖到其他地方。"(资料,第60页)当帕祖欣兄弟使团经卡尔梅克人的地方去希瓦时,亲眼看到过驱赶俘虏的情景。资料中这样写道:"鲍里斯及其一行人去希瓦时,在卡尔梅克人的兀鲁思看到希瓦人往希瓦驱赶200或者更多的俄国俘虏……买一个俘虏只要花40卢布或稍多一点……许多人被卖到印度或

210

---

〔1〕指准噶尔的居民,即卫拉特汗国的居民。卫拉特汗国建立于17世纪30年代,延续至1757年。

其他更远的城市,或克孜尔巴什……"(资料第58-59页)汗都是千方百计阻挠他们去解救俘虏,哪怕是赎买,说什么他们中很多人皈依了伊斯兰教(显然是强迫的),或者说他们"管不了自己的人,他们那里很早就是这样,谁想卖俘虏谁就可以卖"(资料,第59页)。

在这一资料中,有一些极其重要的有关中亚诸汗国行政制度的资料:官品、称号及其职责,当时中亚诸汗的宫廷仪式,接待使节及其随行人员的制度。例如,资料中列举了以下官品:阿塔雷克、迪万别克、麦赫塔尔、帕尔瓦纳奇、达德哈、亚萨乌勒、巴卡乌勒、托普奇巴什、达鲁花等,谈到了其中一些官职的职责(达鲁花、麦赫塔尔、迪万别克、托普奇巴什)。根据帕祖欣兄弟提供的资料,达鲁花"征收商人的税和其他赋税"(第45页);麦赫塔尔的职责包括保障使节及其随行人员的粮草(第46页);迪万别克"是国王手下仅次于阿塔雷克的人",遵照汗的旨意,"在七重处(议事厅——艾哈迈多夫注)接受所有使节递交的国书,由他呈献国王……"(第49页);至于托普奇巴什,他是"炮兵和所有布哈拉步兵中的长官,一直站在王宫大门负责守卫"(第67页)。

帕祖欣兄弟比较详细地记述了乌兹别克统治者的宫廷仪式。关于阿卜杜勒·阿齐兹汗接见他们(1670年12月29日)的情况是这样记述的:"……头领(托普奇巴什——艾哈迈多夫注)马莱别克和亚萨乌勒在大门口迎接鲍里斯他们,马莱别克是弓弩手和站在大炮旁的步兵的头领。他们请鲍里斯及其随员在门前下马,不要骑马进入宫中,因为任何使节都不能骑马进去。鲍里斯一行在大门前下了马,进了宫,到了接见厅前的平台上[1],这一平台是为代替接见厅修的,这里也常接见其他地方来的大使和使节[2]。当时在平台上坐在鲍里斯右面的有布哈拉的头面人物,国王同辈的霍加和近臣,左面有其他大臣和旧臣,约一百人,甚至更多……"(第48页)在另一处(1671年2月2日的接见)比较详细地记述了仪式结束部分的情况:"平台右面坐着霍加和年长的文质彬彬的教职人员,开宴前很多教职人员一个接一个当着国王阿

---

〔1〕在资料的另一处(第65页)为"库尔内什"(即接见厅)。
〔2〕使节由两人领进接见厅,右边是迪万别克,左边是达德哈(第50页)。

卜杜勒·阿齐兹的面评述了一个多小时他们古老的法理。国王前面摆
211 放着他的马刀、弓箭和钢盾,身后有 12 个内侍,手执权杖和军刀,不时
相互交换位置。同时在国王前面站着 200 多手持权杖的亚萨乌勒,他
们后面平台两旁各有 200 名手持官制火绳枪的人。桌布捧来放在国王
前面小桌上的钵子里,在铺桌布前走上来宫中的麦赫塔尔买提布。他
走到国王面前,将桌布递给一个内侍,这个内侍把桌布铺在国王前面,
尝了一点食物。桌布是用金线织的。内侍在国王前铺好桌布后,笔挺
地跪着接呈上来的食物,在把食物放在国王面前之前,要尝一尝这些食
物[1]……在宴会进行时,小丑们表演各种穆斯林节目,有九个人照着
歌谱大声唱着……"(资料,第 52 - 53 页)

在帕祖欣兄弟的资料中,有有关汗在放他们走前后向他们提供生
活费用的独特的材料(资料,第 38、46 页)。

我们认为,以上这些是帕祖欣兄弟使团报告中有关俄国与中亚关
系的珍贵资料。报告中的资料也是研究中亚历史的重要史料。

---

[1]这里说的是掌管御厨的巴卡乌勒。

49 ［弗洛里奥·别涅维尼］
来自布哈拉的报告

弗洛里奥·别涅维尼使团是在彼得一世（1682—1725）1717 年 10 月从亚伊克哥萨克鞑靼人艾哈迈托夫那里得知在希瓦的俄国考察队的悲剧之后派出的。艾哈迈托夫也是 A. 别科维奇 – 切尔卡斯基（1717 年被杀）率领的考察队的成员，但幸免于难。派遣这一使团的一个原因是艾布·法伊兹汗力求与俄国建立友好和贸易关系，这一愿望是由 1717 年 7 月 26 日到达圣彼得堡的布哈拉使节转达的。由布哈拉使节 1717 年 10 月 20 日转交的布哈拉汗给彼得一世的信中，有汗的这样一个请求："请派一个能干的人为使节前来布哈拉。"[1]

这一使团的派遣由一等文官戈洛温伯爵和二等文官彼得·沙里福夫负责，外交部东方委员会秘书，经验丰富的弗洛里奥·别涅维尼[2] 被任命为使团负责人。此外使团还有工程师、翻译、书吏和医生。

1718 年 7 月 13 日彼得一世在喀琅施塔得签发的专门指令中，规定使节：①作为沙皇陛下的使者前往布哈拉汗处，为沙皇陛下办理将递交汗的国书中所写明的事务，到莫斯科后要迅速准备前往阿斯特拉罕，在途中，最晚也要在阿斯特拉罕赶上前不久从莫斯科启程的布哈拉使节，他将在阿斯特拉罕等别涅维尼[3]，然后与其一起同行；②与布哈拉使节同行时，看情况要用化名和其他身份，如需要不要暴露真实身份，或者视需要由自己掌握。沿途，特别是到由布哈拉汗控制的地方以后，

212

---

〔1〕Попов А Н.《Сношения России с Хивою и Бухарою》（《俄国与希瓦和布哈拉的关系》），с. 270.

〔2〕有关他生平的其他资料不详。

〔3〕他于 1718 年 3 月 18 日允许离开圣彼得堡，但在弗洛里奥·别涅维尼到达以前，一直滞留在阿斯特拉罕，Попов А Н.《Сношения России с Хивою и Бухарою》（《俄国与希瓦和布哈拉的关系》）с. 270.

287

不管是走水路还是陆路,所有地方,码头、城市、村庄,这些地方的情况哪些大小河流在什么地方流入里海,河里有什么船只,沿岸有什么城市和城堡,是否有防御工事,都要仔细观察和巧妙打听,并且不让布哈拉人发觉;③[要使汗像接见波斯使节一样隆重接见,使他相信]这是沙皇陛下派来的使者,是为了加强和发展友好和亲善,为了感谢汗所派的使节、带去的礼物和汗的友好情意而来;④到了那里后,要采取一切可行办法观察和打听,汗国有多少什么样的堡垒,什么地方有大量军队、骑兵、步兵、大炮和其他武器,状况如何,堡垒的防备,军队和炮兵等的素质等;⑤努力探明布哈拉汗与波斯、希瓦、其他邻国以及与土耳其有何往来,是否有来自何方的危险……他在其臣民中是否有威望,权力是否牢固,臣民会不会作乱,以何方式治国,其国土与谁接壤,有来自哪方面的大的危险,与谁友好,是否需要沙皇陛下的帮助(随后建议与俄国签订反对希瓦的《防御同盟》);⑥……布哈拉人自己有什么货物,从什么地方购买所需要的其他货物,俄国商人是否可以大批到那里去,通过什么途径,他们需要什么样的货物,商人能否走海路到那里去,如果不行的话是因为什么,走陆路要经过哪些地方,路上会不会遭到袭击,要经过哪些有人居住的地区或草原、沼泽,都要报告;⑦[了解阿姆河是否有金子]……布哈拉汗是否需要几百或更多俄国人参加保护他的卫队……"(第338-340页)

别涅维尼使团于1718年9月从莫斯科出发,1718年11月13日抵达阿斯特拉罕。别涅维尼于当天就会见了布哈拉使节,与他详细商谈了今后旅途中的各种问题。由于希瓦汗对布哈拉汗国和俄国的敌视态度,所以决定经舍马哈、加兹温和德黑兰去布哈拉。但是看来因为冬天将至,他们不得不将行程延至1719年夏天以前。在1719年6月的最后几天,两使团离开阿斯特拉罕,经过28个月,于1721年11月才到达布哈拉。(他们在舍马哈,后来又在德黑兰耽误了很长时间。)

从别涅维尼自己的记述中可以看到,"……托普奇巴什带着50名宫中人员离开布哈拉10俄里"去迎接他(第291页)。

弗洛里奥·别涅维尼使团在布哈拉一共住了三年半(从1721年

11月6日至1725年4月8日），搜集了有关该国以及希瓦汗国政治状况的大量实际资料。这些资料有的通过一般信件（报告），有的用密码（经济和军事性质的资料）发往圣彼得堡。我们列举其中最重要的一些。

关于布哈拉城。"四周围有快要坍塌的城墙；城里有一万五千座土坯房，城中央有一座砖围墙的宗教学校，以及带塔的汗宫，还有几座清真寺。"

"只有很少的乌兹别克人用枪，其他的人都用弓箭和长矛。城内有十三门不带炮架的炮，但是只有其中一门在过节时发射过。"（第303–304页）

关于俄国俘虏。"在布哈拉汗和乌兹别克人所有的俄国俘虏有250人，而全城共计有上千人。传说在全布哈拉汗国有约2000俄国俘虏，而在希瓦和阿拉尔有1500人……"（第303页）

经济贸易方面的资料。这方面的所有资料，除一份别涅维尼陈述俄布贸易的好处外（1722年3月10日报告）[1]，其他的或者是用密码送交，或者是信使口头禀报。别涅维尼关于中亚矿产的资料很是珍贵。例如，在与1722年3月10日的报告一同发的密码报告中，他这样写道："……阿姆河不是从有金子的山中发源的，但戈耶奇卡（科克恰）河流入该河，河中的金沙也带了进来。戈耶奇卡河是从巴达赫尚附近有丰富矿藏的山中流出的。在它上游当地居民在山中能找到大金粒，特别是在夏季。"[2]别涅维尼关于巴达赫尚红宝石和青金石矿场情况的资料很珍贵。据他所提供的资料，这些矿场掌握在当地别克的手中（第378页）。除巴达赫尚外，"在撒马尔罕和布哈拉"也有金、银、矾、铅和铁矿场，而且"非常好"，而在沙贾里勒（谢赫贾里勒）山有银矿（第378–379页）。别涅维尼通过自己的近侍尼古拉·米涅尔在1723年4

---

〔1〕Попов А Н.《Сношения России с Хивою и Бухарою》（《俄国与希瓦和布哈拉的关系》）第376页："至于这里的货物情况，有些货物很多，有些运往俄罗斯，有些运往更远的地方，而俄罗斯的货物这里非常需要。"

〔2〕Попов А Н.《Сношения России с Хивою и Бухарою》（《俄国与希瓦和布哈拉的关系》），с.300.

月 10 日带回了重要资料。他在 1723 年 3 月 4 日的报告中这样写道："……为此我特派我的近侍作为信使呈送报告,他可以口头报告所看到和听到的一切,我曾派他带着货物以商人身份到巴里黑和更远的巴达赫尚去过。我还曾下令他到拉合尔去,但由于乌兹别克人对商队的袭击没有去成,从巴里黑返了回来。在上述锡尔河能找到金子,在英集延(安集延)和马尔吉连(马尔吉兰)还很多。关于其他地方的情况该信使将如实报告。[交该近侍带回一块在锡尔河岸沙子中找到的金子。]"(第 386 – 387 页)

214

    H. 米涅尔回到圣彼得堡以后,于 1724 年 4 月 15 日在外交部报告说:"巴里黑和巴达赫尚这些城市都是自由市,由专门的汗管治,但这些汗换得很频繁……"(第 388 – 389 页)他还说:"在那条河里(锡尔河——艾哈迈多夫注)有金子。其他城市也有[金子],如喀斯卡尔(喀什噶尔)、马尔吉连、伊季赞(安集延)和塔什干……还听说……离布哈拉约 20 天的路程有自由市喀斯卡尔、马尔吉连、吉扎克、塔什干……往西伯利亚和托博尔斯克,离黑卡尔梅克人不远,那里出产金、银、麝香、大黄……而布哈拉除有各种蔬菜和牲畜外,用荒野的一种不高的树和蠕虫造一种称为克勒梅兹(克尔米兹),而德语称为库舍尼纳的染料,在俄国一俄磅要卖 8 卢布,而这种染料那里很多。"(第 389 – 390 页)

    政治方面的资料。弗洛里奥·别涅维尼的报告中有关于 18 世纪头 25 年中亚政治状况的最珍贵的资料,其中包括封建割据的加强以及因此而导致中央国家机构的削弱,布哈拉汗国与希瓦和伊朗萨非王朝的关系,卡尔梅克人对谢米列奇耶和锡尔河中游地区的入侵,最为重要的是关于撒马尔罕省脱离布哈拉,成立以上面提及的拉贾布汗(1722—1728)为首的独立汗国的资料。别涅维尼于 1725 年 3 月 16 日从布哈拉发的最后一份报告中写道:"布哈拉的领地遭到了很大破坏;周围所有的道路都卡断了,通行非常危险和困难;到处都是抢劫,到处都是叛乱。"(第 393 页)H. 米涅尔向外交部也是这样报告的。他说:"整个国家由于乌兹别克人(游牧的乌兹别克封建主——艾哈迈多夫注)的专横,都处在混乱和叛乱之中。"(第 390 页)京城的状况最为困难。别涅维尼到布哈拉后在他的第一份报告中（1722 年 3 月 10 日）就讲述了阿塔雷克易卜拉欣比与艾布·法伊兹汗的怨毒，前者从布哈拉出走后与其子一起"在［布哈拉］城郊到处抢劫"，他接着写道："他的大批人马一来，没有一个村庄不变得满目疮痍；他们把所有的东西洗劫一空。此外，城中食品和其他物品奇缺，普通百姓只有靠卖儿卖女维持生活，一些人活活饿死了。汗自己的大部分骆驼、马和许多牛羊也都损失了，粮草也没有了，只得花钱去买，因为剩下来的骆驼都不敢赶到自己的村子去，害怕……落到他的手里。"（第 371 页）

从别涅维尼所提供的资料看，巴里黑和希瓦汗国的情况也是这样（第 370、371、381、382、393 页等）。

我们上面已谈到过，别涅维尼使团的使命之一，是搞清当时布哈拉汗国和希瓦汗国的关系，在可能的情况下，使前者倒向俄国。1721 年 5 月 25 日别涅维尼从德黑兰这样报告说："希瓦汗确实想与布哈拉人兵戎相见，并已进行准备。但是听说大多数别克极力反对他的这种想法，在寻找机会换掉他。听说其子穆萨汗在布哈拉汗那里默默无闻地过了 15 年，想立他为汗的希瓦别克已暗中给他捎去了东西。他立即派了自己的两个近臣去见布哈拉汗，首先请汗原谅，然后表示继续原来的情谊并希望结盟，保证今后做忠实可靠的朋友。"（第 369 页）谈到希瓦的国内情况，特别是什尔哈兹汗与帖木儿速檀争夺王位的斗争时（咸海地区的封建主支持后者），别涅维尼认为应该帮助帖木儿速檀。他写道："要是希瓦没有什尔哈兹汗的话，这里会平静一些，所有的道路将可自由通行。因为帖木儿速檀与布哈拉的乌兹别克人经常联系，并希望通过他们与布哈拉汗搞好关系……"（第 371 页）

215

别涅维尼有关建立独立的撒马尔罕汗国的资料非常珍贵。他在 1723 年 3 月 4 日给彼得堡的密码报告中这样写道："……［布哈拉］原来的阿塔雷克布拉伊姆比（易卜拉欣比）到撒马尔罕后控制了该城。随后他与另一些乌兹别克人一起把汗家族中的一个人，即什尔哈兹汗的堂兄弟扶上了汗位，称他为布哈拉的拉贾布汗，并把自己的女儿许配给了他，他自己仍为阿塔雷克。许多乌兹别克人被封为宫中大臣，得到

了赏赐,而且经常得到赏赐,以便使他们衷心拥护这位新汗,早日活捉布哈拉汗或见到他的死尸。"(第383页)

别涅维尼关于撒马尔罕与布哈拉之间在上面说到的拉贾布汗在撒马尔罕登上王位后不久,便开始打仗的资料也很有价值。他关于拉贾布汗与他秘密联系(通过信使)的资料是很重要的。拉贾布汗对俄国人是否真的打算进攻希瓦为 A. 别科维奇 - 切尔卡斯基报仇很关心(第384页)。因为希瓦城里也在议论这件事。什尔哈兹汗在1723年5月也得知(据卡尔梅克汗阿尤克说),俄国人正在萨拉托夫集结军队,他们可能在1724年春进攻希瓦。从别涅维尼后面的报告可以看出,1722—1723年希瓦内讧加剧。什尔哈兹担心咸海人把俄国人领到希瓦来,其他封建主会把他罢黜,用帖木儿速檀取而代之(第381 - 382页)。

别涅维尼关于卡尔梅克人不断侵犯吉尔吉斯和锡尔河中游地区的资料也有重要意义。从这些资料中可以看出,18世纪20年代初,卡尔梅克人把吉尔吉斯人、卡拉卡尔帕克人和塔什干人挤走了,使他们遭受了很大损失(第379 - 380页)。

总之,别涅维尼是一个善于观察的人。他没有放过初看起来的每一个微小事实。在这方面他对艾布·法伊兹汗特征的记述很有意思。他写道:"汗脸上流露出有支配一切的雄心壮志,却没有力量,乌兹别克人一次次把紧巴巴的国库花个精光,但又无望去充实。"(第373页)在另一处,我们看到他这样写道:"……轻信任何一件事但又经常改变主意,看起来老谋深算却保守不了一丁点秘密。"(第384页)

216

50 新帕特拉都主教赫里桑夫 关于中亚诸国

这是新帕特拉都主教赫里桑夫关于他 1790 年访问中亚诸国的旅行笔记。这些笔记写成的时间不早于 1796 年 6 月。

对都主教赫里桑夫及其流传至今的旅行笔记的介绍,这要归功于 B. B. 格里戈里耶夫(1816—1881)——19 世纪俄国杰出的东方学家,是他发现并刊布了赫里桑夫的旅行笔记,撰写了详细的前言,加了全面的注释。[1] 他在奥伦堡总督府担任国家公职时(1851—1862),很重视中亚历史的研究。就在那个时候他得到了赫里桑夫的旅行笔记,原来是由乌拉尔哥萨克军的一位团长 E. M. 马特维耶夫保存的。赫里桑夫手稿的标题为《1795 年希腊新帕特拉都主教赫里桑夫交祖博夫公爵[2]供瓦列里安·祖博夫伯爵远征波斯时参考的笔记》。

B. B. 格里戈里耶夫经过长时间的查找,并请求 П. И. 萨瓦伊托夫帮助查阅了正教院档案室的文件,在他的帮助下,才得以确定都主教赫里桑夫的身份。П. И. 萨瓦伊托夫交给的文件,是赫里桑夫本人在阿斯特拉罕宗教事务所(由高级僧侣领导,享有教会管理和司法豁免权的委员制机构)对询问的回答,时间为 1795 年 5 月 13 日。它包括以下内容:其为希腊族,出身于威尼斯贵族;曾任离雅典不远的新帕特拉的都主教;姓孔塔里尼。1774 年被至圣的大牧首萨穆埃尔指派为距君士坦丁堡不远的希罗塔尼桑的都主教。在 1784 年前的 10 年时间里住在教区。由于受帕沙的压制,1784 年他到了君士坦丁堡。不久至圣的大牧首加夫里尔解除了他的教职,随后他就动身前往叙利亚,以便考察利沃尼亚的寺院。赫里桑夫从那里又到了阿勒颇,与一批英国商人一起

---

〔1〕请参见本书《参考书目索引》。

〔2〕著名军官 П. А. 祖博夫公爵。

乘船从幼发拉底河经波斯湾到了马斯喀特,从那里又乘船到了印度的港口城市苏拉特。后来他经印度、克什米尔、喀布尔、巴里黑到了中亚。他去过撒马尔罕、布哈拉,从那里到了希瓦,在希瓦受阻,住了一年。希瓦汗降旨准许离境后,他乘商船于1792年到了阿斯特拉罕。

都主教赫里桑夫后来的生活与俄罗斯连在一起。至圣的主教公会从阿斯特拉罕主教普拉东那里得知赫里桑夫的详细情况后,邀请他到莫斯科,确信这位希腊人的广博知识后,派他去高加索总督管辖区了解这一边区的各种详细情况。后来梁赞、坦波夫和高加索总督古德维奇伯爵奉旨,于1793年派骑兵少尉坦季索夫将赫里桑夫护送到圣彼得堡由都主教加夫里尔主持的涅瓦修道院。B.B.格里戈里耶夫这样解释将赫里桑夫紧急召往圣彼得堡的原因:"根据当时的情况,应当想到我们的旅行家1796年初召回圣彼得堡,是为了利用他有关亚洲的资料,因为那时由瓦列里安·祖博夫统帅的军队即将远征波斯,这就需要他的这份报告……"(第Ⅳ页)1797年1月19日,赫里桑夫奉至圣的主教公会之命被派往叶卡捷琳诺斯拉夫教区,年津贴为500卢布。一年后,即1798年1月20日,他动身前往费奥多西亚。赫里桑夫以后的情况不详(第Ⅱ–Ⅳ页)。

赫里桑夫关于中亚的资料引人入胜,也有一定的意义,尽管有些地方不准确,如一些城市和地区之间的距离、居民人数等。他简要可信地记述了这一地区的经济和政治状况,城市居民的生活和习俗,俄国和波斯俘虏的情况。为了证实我所说的,现将有关资料引述如下。

关于撒马尔罕。"现在撒马尔罕几乎成了一座空城。征服该地区的阴险的巨人,布哈拉的纳伊普(布哈拉总督——艾哈迈多夫注)千方百计地努力,但是他使这里的居民恢复到原来水平的努力看来会枉费心机。我听说那里的山里有矿藏;那里自然条件得天独厚……城郊居住着乌兹别克人。"(第13页)

关于布哈拉。布哈拉是个富饶的地方,这里"有很多商人和其他职业的人,他们有无可计量的财富,主要是金银珠宝。汗经常组织对巴里黑和麦什德的侵袭。布哈拉人作战非常勇敢……"(第8页)

关于巴里黑。"假若我不写巴里黑这个地方,那就是我的过错。要是这一地区不遭受阴险狡猾的布哈拉纳伊普不断侵袭破坏的话,这是一座美丽的花园,是最富裕的粮仓……从纳迪尔沙去世至今,这一地区一直处在阿富汗国王的统治之下。这座名为巴里黑的大城堡建在四面环水的小丘上,至今仍保留其特殊地位,因为除纳迪尔的继承人艾哈迈德沙外,谁也没能占领该城,尽管只有砖砌的城墙,没有任何外部工事和炮。"(第9页)

关于布哈拉汗国的矿藏。"在巴里黑与布哈拉之间有一座高山,山里有盐,其色如红色大理石[1];还有蕴藏各种金属矿藏的山脉,山上居住着乌兹别克孔格勒人;这些山脉北面延伸到撒马尔罕,东面与巴达赫尚接壤。"(第9页)

关于俘虏。"在布哈拉有很多俄国俘虏,而波斯俘虏达6万人"(第9页);"……在希瓦有4千多俄国俘虏,波斯俘虏有6千,他们在等待着反对其主人的时机。"(第5页)

218

关于希瓦。"从出自基迪特人(塔吉克人)[2]的维齐尔死后,当地居民因内部纷争而分裂和相互仇视。现在基迪特人不过5千户,他们很爱记仇。其他居民是孔格勒人,他们不是当地人,是从其他地方迁来的。这里没有训练有素的军队,一些军人每月只发三五个卢布,而另一些人则只有一个卢布。听说这里的军队有2万人,但这种说法不可靠:去年我在那里时,其王伊纳克艾瓦兹别克[3]下令进行人口统计,结果一共不过3千户,但为了迎合其首领,宣布说有2万户。孔格勒人本性凶狠,他们的很多头领很有钱,而老百姓很穷……许多希瓦人也和阿斯特拉罕、布哈拉做生意。基迪特人很想与俄罗斯结盟,以便把他们不喜欢的外地人赶走,但又担心消息传开后会很危险。曼格什拉克的土库曼人也愿意与俄罗斯结盟,把吉尔吉斯—哈萨克人赶走。"(第5-6页)

---

〔1〕在希拉巴德区、塔什库尔干和库里亚布有开采(B.B.格里戈里耶夫注)。

〔2〕B.B.格里戈里耶夫注,第5页。但是基迪特人应是基亚季德人,即基亚特城人,泛指花剌子模南部人,当地的本地居民,而不是塔吉克人。

〔3〕1790年为孔格勒王朝花剌子模王(不清楚他执政了多少年)。

　　我们只从赫里桑夫笔记中摘录了一部分,他的笔记中有许多关于土库曼人、移居呼罗珊和阿斯特拉巴德的花剌子模人和胡齐斯坦人等的珍贵资料。

　　对赫里桑夫笔记的研究还很不够,只有在个别研究中亚史的著述中有部分摘录。

人名和王朝名索引

（索引中的页码为俄文本原页码、该中译本边码——译者）

欧·亚·历·史·文·化·文·库

欧·亚·历·史·文·化·文·库·

305

Бенакети 贝纳克吉,史学家 37,67

Беневини Флорио 别涅维尼·弗洛里奥,俄国使节 6,11,115,207,
212,213,214,215,216

Бердибек 毕而谛伯克,术赤系(1357—1361) 121

Березин И.И.别勒津 10,129

Бертельс Е.Э.别尔捷利斯 156,184

Бехбуд-хан 别赫布德汗 113,116

Биби-падша 比比帕迪沙 90

Биби Сара 比比·萨拉 130

Бибича Кашгари 比比恰·喀什噶里,马哈杜姆·阿扎姆·卡萨尼之
妻 181

Бильбарс 比利巴斯,昔班系,花剌子模汗(921/1515—931/1525)
123

Бинаи 比纳伊,见卡迈勒·丁·比纳伊

Бихишти Машкуки 比希什吉·马什库克 42

Благова Г.Ф.布拉戈娃 155

Блоше Ф.伯劳舍 97,98

Блошман Н.布洛奇曼 56

Бовейхиды 布韦希王朝(320/932—454/1062) 126

Болдырев А.Н.博尔德列夫 11,20,155,156,157,158,161

Борак-хан 八剌合汗,察合台系(664/1266—约670/1271) 69

Босворт К.Э.博斯沃特 104

Браун Э.Г.布朗 20,132

Брегель Ю.Э.布列格利 54

Брокгауз Ф.А.布罗克豪斯 207

Бузург ибн Шахрийар 布祖尔格·伊本·沙里亚尔 68

Бурка-султан 博勒克速檀,昔班系 75,121

Буртаджан 不儿塔章 121

Бурундук-хан 巴兰杜克汗,哈萨克汗(1480—1511) 8,26,28

313

·欧·亚·历·史·文·化·文·库·

本·穆罕默德·沙里夫·撒马尔坎迪

·欧·亚·历·史·文·化·文·库·

325

·欧·亚·历·史·文·化·文·库·

327

Мухаммад Шариф 穆罕默德·沙里夫,毛拉 173,190

Мухаммад-шах 穆罕默德沙,巴布尔系 104

Мухаммад Шайбан 穆罕默德·昔班,伊玛目 133

Мухаммад Шейбани 穆罕默德·昔班尼,见昔班尼汗

Мухаммад Якуб Вахиди 穆罕默德·亚库布·瓦希迪 139

Мухи ад-Дин Аурангзеб Аламгир 穆希·丁·奥朗则布·阿拉姆吉尔,见奥朗则布

Мухи 穆希,阿塔尔 136

Мухибб Микал 穆希卜·米卡勒,赫拉特海兰达尔 44

Мухтаров А. М. 穆赫塔罗夫 127,128

Мушфики 穆什菲基,诗人 50,53,136,170,183

Мухибби 穆希比,见库勒巴巴库克尔塔什

Набиев Р. Н. 纳比耶夫 5,128

Наджм ад-Дин Абу Хафс Самарканди 纳吉姆·丁·艾布·哈夫斯·撒马尔坎迪 50

Наджм ад-Дин Кубра 纳吉姆·丁·库布拉,谢赫(618/1221 年被杀) 146,148

Наджм-и Кеши 纳吉姆·克什,文学家 184

Наджм-и Сани 纳吉姆·萨尼,萨菲王朝官吏 19,34,43,160

Надир-шах 纳迪尔沙,阿夫沙尔部(1148/1736—1160/1747) 110, 111,112,113,115,125,218

Надр-бий 纳德尔比 109

Надр диванбеги тагаи 纳德尔迪万别克塔加伊 107,110,171,172, 204,205

Надр Мухаммад-хан 纳德尔·穆罕默德汗,阿斯特拉罕王朝,布哈拉汗(1051/1642—1055/1645) 67,69,70,80,85,96,102,105,106, 108,109,125,135,136,140,141,142,144,205

Назар-бий Бурут 纳扎尔比·布鲁特 107

Назар-бий 纳扎尔比,谢赫 45

333

337

欧·亚·历·史·文·化·文·库·

339

341

Султан Али-мирза　速檀·阿里米尔扎,帖木儿系　21,152

Султан Ахмад Ⅱ　速檀·艾哈迈德二世,土耳其速檀（1102/1691—1106/1694～1695）　85

Султан Ахмад Ⅲ　速檀·艾哈迈德三世,土耳其速檀（1115/1703—1143/1730）　103

Султан Ахмад-мирза　速檀·艾哈迈德米尔扎,帖木儿系（873/1469—899/1494）　39,50,152,162

Султан Ахмад Танбал　速檀·艾哈迈德·坦巴尔,篡位者　150,152,154

Султан Ахмад Хазравийа　速檀·艾哈迈德·哈孜拉维亚,谢赫　144

Султан Валад　速檀·瓦拉德,学者,贾拉尔·丁·鲁米之子（卒于712/1312 年）　12

Султан-гази　速檀哈兹　45

Султан Ибрахим　速檀·易卜拉欣,维齐尔 144,157,159,160,161Султан Йакуб, Ак-Койунлу　速檀·雅库布,白羊王朝　18,19

Султан Йакуб Байандури　速檀·雅库布·巴扬杜里　26

Султан Кулинджак　速檀·库林贾克,帖木儿王朝巴里黑王（16 世纪初）　30

Султан кушбегн　速檀库什别克　135

Султан Махмуд　速檀·马哈茂德,成吉思汗系　31

Султан Махмуд-мирза　速檀·马哈茂德米尔扎,帖木儿系　33

Султан Махмуд-хан　速檀·马哈茂德汗,蒙兀儿塔什干领主（892/1487—909/1503）　16,40,50,182

Султан Махаммад　速檀·穆罕默德,见克利迪·穆罕默德汗

Султан Махаммад　速檀·穆罕默德,巴里黑学者（卒于 981/1573 年）　56,131,137,138,139,142,144

Султан Махаммад　速檀·穆罕默德,毛拉　199

Султан Махаммад ибн Дарвиш Мухаммад ал-Балхи　速檀·穆罕默德·伊本·达尔维什·穆罕默德·巴里黑,见速檀·穆罕默德

345

欧·亚·历·史·文·化·文·库·

·欧·亚·历·史·文·化·文·库·

353

欧·亚·历·史·文·化·文·库·

·欧·亚·历·史·文·化·文·库·

地名索引

·欧·亚·历·史·文·化·文·库·

Бакырган　巴克尔干　75,147

Бала-Мургаб　巴拉穆尔加布　80,81

Баласагун　巴剌沙衮　41

Балх　巴里黑　6,17,30,31,32,34,44,45,50,52,53,54,57,59,60,61,
62,64,65,67,69,70,71,76,79,80,81,82,83,84,85,86,87,89,90,
95,96,97,99,100,101,104,105,106,107,111,112,112,136,137,
139,140,142,143,162,163,166,168,170,171,179,180,185,187,
189,190,192,199,204,205,207,208,209,210,214,217,218

Балхаб　巴尔哈布,河　143

Балхан　巴尔罕,见艾布汗山

Балханские горы　巴尔罕山,见艾布汗山

Балхаш　巴尔喀什　28

Балхский удел　巴里黑封地　35,85,96,107,186,218

Балхское ханство　巴里黑汗国　82,108,109,111,207,208,209,215

Бамиан　巴米扬　96

Бам-и Беурма　巴姆别乌尔马　73

Банд-и Абдаллах-хан　班德·阿卜杜拉汗,大坝　53

Банкаш　班卡什　151

Банкипур　班基普尔　70

Баргавак　巴尔加瓦克　182

Барсхан　巴尔斯罕　41

Баха ад-Дин　巴哈丁,村　94

Баш Узгенд　巴什乌兹根德,城　136

Бенгалия　孟加拉　97

Беш-кала　别什卡拉　123

Бистам　比斯塔姆　44,45

Бихар　比哈尔　67

Ближний Восток　近东　35,51

Бомбей　孟买　37

363

欧·亚·历·史·文·化·文·库·

Иссык-куль 伊塞克湖 160,191

Истамбул 伊斯坦布尔 23

Исфара́ин 伊斯法拉英 44,64,106,133

Исфахан 伊斯法罕,城和省 26,65,72,103,122,174,187

Исфахан 伊斯法罕,村 139

Италия 意大利 202

Итиль(Волга) 伊季尔(伏尔加) 28

Ихтийар ад-Дин 伊赫齐亚尔丁 22

Йангидарья 扬吉河 76

Йанги-су 扬吉苏,河 123,124

Йанги шахар 扬吉沙哈尔 75,123

Йаркент 叶尔羌 40

Йармыш 亚尔梅什,渠 124

Йасси 亚瑟 16,29,100

Йемен 也门 97,172

Кааба 卡巴 142

Кабаклы 卡巴克雷 203

Кабул 喀布尔 40,105,117,150,151,166,170,172,217

Кабульская область 喀布尔省 57,140,153

Кавказское наместничество 高加索总督辖区 217

Кадан 卡丹,河 76

Казань 喀山 54,73,120,129,200,202,203,210

Казахстан 哈萨克斯坦 5,8,15,17,20,26,27,39,41,47,49,70,74,
97,100,128,129,179

Казвин 加兹温 213

Казгурд 卡兹古尔德 160

Каин 卡因,省 46,110

Какайи 卡凯伊 85

Каклык 卡克雷克 107

欧·亚·历·史·文·化·文·库

377

152,153,186,187,189,191

Хисар-и шадман　希萨尔沙德曼,堡垒　28,41,60

Хисарские горы　希萨尔山　150

Хийабан　希亚班　52

Хиндустан　痕都斯坦,见印度

Хиротанисан　希罗塔尼桑　217

Ходжа дукка　霍加杜卡,村　92

Ходжа кардзан　霍加卡尔德赞　16

Ходжа Кашфир　霍加卡什菲尔,坊区　178

Ходжа Хайран　霍加海兰,村　17,87,140,142,143

Ходжа эли　霍加艾里　148

Ходжент　苦盏,城　13,24,25,41,107,113,117,136,140

Ходжент　苦盏,河　76

Холмогоры　霍尔莫戈雷　134,195

Хорасан　呼罗珊　17,19,22,23,24,31,32,35,36,37,38,43,44,45,
60,69,99,104,110,112,113,124,131,142,155,156,159,161,182,
187,191,219

Хорасанское море　呼罗珊海,见里海

Хорезм　花剌子模　13,15,19,20,21,22,23,24,25,28,37,45,46,47,
53,60,65,72,73,74,76,77,78,80,85,99,100,105,112,113,120,
121,122,123,124,125,147,148,149,191,194,195,197,203,205,
219

Хузар　胡扎尔　25,36,43,61,111,112,119,192

Хульм　胡利姆,村　87

Хунджи　洪吉,村　26

Хутталан　胡塔兰　33,56,60

Хушикйан　胡什克扬　181

Центральная Азия　中央亚细亚　38,49,50

Чагатай　察合台,兀鲁思　31

部族名索引

·欧·亚·历·史·文·化·文·库·

·欧·亚·历·史·文·化·文·库·

参考书目索引

前　言

Маркс К. К критике политической экономии. – Маркс К. и Энгельс Ф. Соч. 2-е изд. , т. 13.

Маркс К. и Энгельс Ф. Немецкая идеология. – Маркс К. и Энгельс Ф. Соч. 2-е изд. , т. 3.

Энгельс Ф. Диалектика природы. – Маркс К. и Энгельс Ф. Соч. 2-е изд. , т. 20.

Энгельс Ф. Из рукописного наследия Ф. Энгельса. – Маркс К. и Энгельс Ф. Соч. 2-е изд. , т. 19.

Ленин В. И. Развитие капитализма в России. Полн. собр. соч. , т. 3.

Ленин В. И. Статистика и социология. Полн. собр. соч. , т. 30.

Поль Лафарг. Воспоминания о Марксе. М. , 1958.

Фазлаллах ибн Рузбехан Исфахани. Михман-наме-йи Бухара. Перевод, предисловие и примечания Р. П. Джалиловой. Под ред. А. К. Арендса. М. , 1976.

Тихомиров М. Н. Источниковедение истории СССР. Вып. первый. С древнейшего времени до конца XVIII века. М. , 1940; То же, второе изд. М. , 1962.

Источниковедение истории СССР. Под ред. И. Д. Ковальченко. М. , 1973.

Очерки истории исторической науки. Вып. первый. Под ред. М.

Н. Тихомирова, М. А. Алпатова, А. Л. Сидорова. М. , 1955.

上编　历史和地理著作

史选, 胜利记

Таварих - х гузиде, нусрат - наме. Исследование, критический текст, аннотированное оглавление и таблица сводных оглавлений А. М. Акрамова. Ташкент, 1967; Таварих - и гузида - йи нусрат - наме. (Перевод фрагмента с примечаниями В. П. Юдина). – В сб. : Материалы по истории казахских ханств. Алма-Ата, 1969, с. 9 – 43, 493 – 504.

Абдураимов М. А. Очерки аграрных отношений в Бухарском ханстве Ⅹ Ⅵ – первой половины Ⅹ Ⅸ века, т. Ⅰ. Ташкент, 1966.

Азимджанова С. А. К истории Ферганы второй половины Ⅹ Ⅴ в. Ташкент, 1957, с. 12 – 14.

Акрамов А. М. 《Таварих - и гузиде, нусрат - наме》, как источник по истории Узбекистана Ⅹ Ⅴ – начала Ⅹ Ⅵ в. – ОУН, 1964, №5, с. 48 – 51.

Ахмедов Б. А. Государство кочевых узбеков. М. , 1965.

Ибрагимов С. К. Некоторые источники по истории Казахстана Ⅹ Ⅴ – Ⅹ Ⅵ веков. – Вестник АН КазССР. Алма-Ата, 1956, вып. 3, с. 107 – 111.

Лерх П. Археологическая поездка в Туркестанский край в 1867 г. Спб. , 1870.

Мукминова Р. Г. К истории аграрных отношений в Узбекистане в Ⅹ Ⅵ в. По материалам《Вакф - наме》. Ташкент, 1966.

Мукминова Р. Г. О некоторых источниках по истории Узбекистана начала Ⅹ Ⅵ в. – ТИВ АН УзССР, вып. Ⅲ. Ташкент, 1954, с. 119 – 137.

Петров К. И. Очерки феодальных отношений у киргизов в Ⅹ Ⅴ

– X Ⅷ вв. Фрунзе, 1961.

Семенов А. А. Первые шейбаниды и борьба за Мавераннахр. –
МИТУ, ТИИАЭТ, т. X Ⅱ. Сталинабад, 1954, с. 109 – 150.

胜利颂

Фатх - наме. (Перевод фрагмента с примечаниями В. П.
Юдина). – В сб. : Материалы по истории казахских ханств, с. 44 –
90, 504 – 507.

Ахмедов Б. А. Государство качевых узбеков. М. , 1965.

Бартольд В. В. Отчет о командировке в Туркестан (летом
1902). – Соч. , т. Ⅷ. М. , 1979, с. 121 – 130.

Мукминова Р. Г. Народные движения в Узбекистане в 1499 –
1500 гг. – Известия АН УзССР, 1950, №1, с. 10 – 14.

Мукиминова Р. Г. О некоторых источниках по истории
Узбекистана начала X Ⅵ в. , с. 126 – 127.

Пугаченкова Г. А. Миниатюры 《Фатх - наме》 – хроники побед
Шейбани - хана из собрания Института по изучению восточных
рукописей . – ТТГУ. Новая серия, вып. Ⅱ. Гуманитарные науки, кн.
3. Ташкент, 1950, с. 121 – 133.

Тизенгаузен В. Г. Сборник материалов , относящихся к истории
Золотой Орды, т. Ⅱ, М. – Л. , 1941.

Стори Ч. А. Персидская литература, ч. Ⅱ, с. 1110 – 1121.

昔班尼传

《Шейбани - наме》 Бинаи. (Перевод фрагмента с примечаниями
С. К. Ибрагимова, К. А. Пищулиной). – В сб. : Материалы по
истории казахских ханств, с. 91 – 127, 507 – 511.

Die Schaibaniade. Ein Ozbegisches Heldengedicht in 76 Gesangen, von
Prinz Mohammad Salih aus Charezm. Texte, Ubersetzung und Noten von H.
Vambery, wien - Budapest, 1885.

Мухаммад Салих. Шейбани - наме. Джагатайский текст.

Посмертное издание П. М. Мелиоранского. Спб. ,1908.

Мухаммад Солих. Шайбонинома. Нашрга тайёрловчи Насрулло Даврон, Тошкент, 1961.

Навои А. Маджалис ан -нафа'ис. Соч. , т. 12, с. 74 (на узб. яз.).

Афшар. Каталог персидских рукописей, т. VI. – Афшар нусхаха -йи хатти фарси дар китабхана -и данишгахе Харвард. Т. 2. Техран, 1344г. х.

Захир ад -Дин Мухаммад Бабур. Бабур -наме. Изд -е М. А. Салье. Ташкент, 1958, с. 103 – 212.

Махмуд ибн Вали. Море тайн. Перевод, введение, примечания и указатели Б. А. Ахмедова. Ташкент, 1977, с. 79.

Хондемир. Хабиб ас -сияр. Бомбей, 1273/1857, т. III, ч. 3, с. 343.

Акрамов А. Мухаммад Солих. Тошкент, 1966.

Ахмедов Б. А. Из истории взаимоотношений кочевых узбеков с Тимуридами. – Ученые записки ЛГУ, №304, вып. II. Л. , 1962, с. 88 – 92.

Ахмедов Б. А. Неизвестная версие 《 Шейбани -наме 》 Бинаи, – ОНУ, 1965, №2, с. 51 – 55.

Бартольд В. В. Мир Али -Шир и политическая жизнь. – Соч. , т. II, ч. 2. М. , 1964.

Бартольд В. В. Улугбек и его время. – Соч. , т. II, ч. 2. М. , 1964.

Ибрагимов С. К. 《 Шейбани -наме 》 Бинаи как источник по истории Казахстана X V в. – Труды сектора востоковедения АН КазССР, т. I. Алма -Ата, 1959, с. 141 – 157.

Ибрагимов С. К. 《 Футухат -и хани 》 Бинаи как источник по истории Казахстана второй половины X V в. М. , 1960 (X X V Международный конгресс востоковедов. Доклады делегации СССР).

Мирзоев А. Бинаи. Сталинабад, 1957, с. 152 – 156, 357 – 375.

Мукминова Р. Г. О некоторых источниках по истории

Узбекистана начала ⅩⅥ в. , с. 121 – 123.

Стори Ч. А. Персидская литература, ч. Ⅱ, с. 1116 – 1119.

布哈拉宾客纪事

Михман - наме - йи Бухара, та'лиф фазлаллах Рузбехан ···, ба - ихтимам доктор Минучехр Сутудэ. Техран, 1341/1962.

Фазлаллах ибн Рузбехан Исфахани. Михман - наме - йи Бухара (《Записки бухарского гостя》). Перевод, предисловие и примечания Р. П. Джалиловой. Под ред. А. К. Арендса. М. , 1976.

Ахмедов Б. А. Государство кочевых узбеков, с. 24 – 26.

Ибрагимов С. К. 《Мехман - наме - йи Бухара》 Рузбехана как источник по истории Казахстана Ⅹ Ⅴ – Ⅹ Ⅵ вв. – В сб. : Труды института истории, археологии и этнографии АН КазССР, т. 8. Алма - Ата, 1960, с. 141 – 157.

Ризакули - хан Хидаят. Тазкира - йи рийаз ал - арифии. Техран, 1316/1898.

Салье М. А. Малоизвестный источник по истории Узбекистана 《Мехман - наме - йи Бухара》. – ТИВ АН УзССР, вып. Ⅲ. Ташкент, 1954, с. 107 – 118.

Фазлаллах ибн Рузбехан. Фарханг - и Иранзамин, Ⅳ /3, 1335 г. х. , с. 173 – 184.

历史精粹

Абдаллах ибн Али Насраллахи. Зубдат ал - асар. (Перевод фрагмента с примечаниями Н. Н. Мингулова). – В сб. : Материалы по истории казахских ханств, с. 127 – 134, 512.

Хабиб ас-сияр, т. Ⅲ, ч. 3, с. 359.

Ахмедов Б. А. Исторический труд Улугбека《Тарих-и арба улус》. – В сб. : Из истории науки эпохи Улугбека. Ташкент. 1979, с. 29 – 36.

Бартольд В. В. Отчет о командировке в Туркестан (летом 1902 г.), с. 130 – 145.

Ибрагимов С. К. Некоторые данные к истории казахов Ⅹ Ⅴ – Ⅹ Ⅵ вв. – Известия АН КазССР, вып. 3. Алма-Ата, 1957, с. 107 – 108, 111 – 112.

Мукминова Р. Г. О некоторых источниках по истории Узбекистана начала Ⅹ Ⅵ в. , с. 121 – 132.

Петрушевский И. П. Рашид ад-Дин и его исторический труд. – В кн. : Рашид ад-Дин. Сборник летописей, т. Ⅰ, кн. 1. М. – Л. , 1952, с. 25 – 6.

Якубовский А. Ю. Тимур (Опыт краткой политической характеристики). – ВИ, 1946, №8 – 9.

传记之友

Хабиб ас-сияр фи ахбар афрад ал-башар, та'лиф Гийас ад-Дин ибн Хумам ад-Дин ал-Хусайни···, ж. 1 – 2. Бомбай, 1273/1857.

Навои. Маджалис ан-нафаис. – Соч. , т. 12, с. 125 – 127.

Ахмедов Б. А. Хондамир. Тошкент, 1965.

Миклухо-Маклай Н. Д. Хондамир и 《 Записки Бабура 》. – Тюркологические исследования. М. – Л. , 1963, с. 237 – 249.

Пигулевская Н. В. , Якубовский А. Ю. , Петрушевский И. П. , Строева Л. В. , Беленицкий А. М. История Ирана с древнейших времен до конца 18 века. Л. , 1958, с. 214.

Стори Ч. А. Персидская литература, ч. Ⅰ, с. 379 – 393.

Togan z. V. Hand Amir, IA, v. Ⅴ, p. 210 – 211.

艾布·海尔汗史

Масуд ибн Усман Кухистани. Тарих-х Абу-л-Хайр-хани. (Перевод фрагментов с примечаниями С. К. Ибрагимова и В. П. Юдина). – В сб. : Материалы по истории казахских ханств, с. 135 – 140, 140 – 171, 512 – 516.

Ахмедов Б. А. Государство кочевых узбеков, с. 27 – 29, 161 – 162.

Ахмедов Б. А. Из истории взаимоотношений узбеков с

Тимуридами, с. 79 – 93.

Ахмедов Б. А. 《Тарих - и Абу - л - Хайр - хани》как источник по истории кочевых узбеков. – Вестник ЛГУ, вып. 3, 1960, с. 143 – 149.

Ибрагимов С. К. Сочинение Масуда ибн Усмана Кухистани 《Тарих-и Абу -л -Хайр -хани》(перев. фрагментов). – Известия АН КазССР. Алма-Ата, 1958, вып. 3, с. 85 – 102.

Стори Ч. А. Персидская литература, ч. I, с. 397 – 399.

拉失德史

The Tarikh-i-Rashidi of Mirza Muhammad Haidar, Doughlat. A history of the Moghuls of Central Asia. An English version ed. , with commentaries, notes and map by N. Ellias. The translation by E. Denison Ross, London, 1895 (рец. на эту публикацию см. : Бартольд В. В. Соч. , т. VIII, М. , 1973, с. 63 – 73).

Вельяминов-Зернов В. В. Исследования о касимовских царях и царевичах, ч. II. Спб. , 1864, с. 140 – 145, 156 – 157, 162 – 163, 168 – 191, 198, 203 – 208.

Мирза Мухаммад Хайдар. Тарих-и Рашиди (перевод извлечений и примечания К. А. Пищулиной). В сб. : Материалы по истории казахских ханств, с. 185 – 231, 520 – 533.

Азимджанова С. А. К истории Ферганы второй половины X V в. , с. 7 – 10.

Бартольд В. В. Дуглат. – Соч. , т. V. М. , 1968, с. 529 – 532.

Бартольд В. В. Хайдар -мирза. – Соч. , т. VIII. М. , 1973, с. 598 – 599.

Великие ученые Средней Азии и Казахстана (VIII – X IX вв.). Алма-Ата, 1965, с. 190 – 203.

Мукминова Р. Г. О некоторых источниках по истории Узбекистана начала X VI в. , с. 136 – 137.

Хасанов Х. , Урнибоев А. Хофизи Абру, Хайдар Мирза, Филипп

Афремов, Тошкент, 1964, с. 41 – 54.

Elliot and Dawson. The History of India, as told by its own historians. The Muhammadan period, vol. V , London, 1873, pp. 130 – 135.

Mirza Muhammad Haydar Doughlat the Harat school of painters—an English translation by T. W. Arnold, BSO (A) S, V／4, London, 1930, p. 671 – 674.

Quatremere E. , Notice de L'ouvrage Persan qui a pour titre: Matla_as-sadein. Notices et extraits t. X Ⅳ , Paris, 1843, p. 474 – 488.

Saleman C. Neue Erwerbungen des Asiatischen Museums, Mel. As. , t. Ⅸ , 1888, s. 321 – 385.

史记精选

A chronicle of the early Safawi's being (vol. Ⅶ of) the Ahsanu't-tawarikh of Hasan-i-Rumlu, vol. Ⅰ (Persian text) , ed. by C. N. Seddon, Baroda, 1931.

Dorn B. Muhammedanische Quellen zur Geschichte der südlichen Küstenländer des Kaspischen Meers, Teil, Ⅳ , St. Petersburg, 1852, s. 375 – 431.

Роль туркмен в ирано - туркменских отношениях в X Ⅵ в. Восстание Аба (русский сокращенный перевод А. К. Арендса). – МИТТ, т. Ⅱ , с. 52 – 64.

Сведения Хасана Румлу о Грузии. Персидский текст с грузинским переводом и введением В. С. Путуридзе, примечания Р. К. Кикнадзе. Тбилиси, 1966.

Петрушевский И. П. Очерки по истории феодальных отношений в Азербайджане и Армении в X Ⅵ – начале X Ⅸ в. Л. , 1949, с. 27 – 30.

Пигулевская Н. В. , Якубовский А. Ю. , Петрушевский И. П. и др. История Ирана, с. 249.

Стори Ч. А. Персидская литература, ч. Ⅱ , с. 860 – 861.

Savory R. M. Hasan-i-Rumlu, EI, 2nd ed., vol. Ⅲ, p. 253.

沙荣耀录

Хофиз Таниш ибн Мир Мухаммад Бухорий. Абдулланома (Шарафномайи шохий). Форсчадан Содик Мирзаев таржимаси. Нашрга тайёрловчи, сузбоши ва изохлар муаллифи Б. А. Ахмедов, т. Ⅰ. тошкент, 1966; т. Ⅱ, 1969.

Хафиз - и Таныш Бухари. Шараф - наме - йи шахи (《Книга шахской славы 》). Факсимиле рукописи. Д. 88. Перевод с персидского, введение, примечания и указатели М. А. Салахетдиновой, ч. Ⅰ. М., 1983.

Вельяминов - Зернов В. В. Монеты бухарские и хивинские. – ТВОРАО, т. Ⅳ. Спб., 1859, с. 348-349, 353 – 354, 359 – 362, 375, 383 – 384, 387 – 388 и др.

Вельяминов - Зернов В. В. Исследование о касимовских царях и царевичах, ч. 2, с. 278 – 322.

Шараф - наме - йи шахи (извлечения и перевод на русский язык М. А. Салахетдиновой). – В сб.: Материалы по истории казахских ханств, с. 237 – 312, 536 – 545.

Ахмедов Б. А. Икта в Средней Азии в Х Ⅵ – нач. Х Ⅷ в. – В сб.: Формы феодальной земельной собственности и владения на Ближнем и Среднем Востоке. М., 1979, с. 15 – 24.

Ахмедов Б. А., Муниров К. М. Хофизи Таниш Бухорий. Тошкент, 1963.

Зимин Л. А. Отчет о двух поездках по Бухаре с археолегической целью. – ПТКЛА, т. Х Х, с. 2, 125.

Сайфиев Н. Хофизи Таниш ва 《 Шарафномаи шохи - и 》 - у. Душанбе, 1973.

Салахетдинова М. А. К датировке《Шараф - наме - йи шахи》Хафиз - и Таныша. – Письменные памятники и проблемы истории культуры народов Востока. Ⅷ годичная научная сессия ЛО ИВ АН СССР (аннотации и краткие сообщения). М. ,1972,с. 49 – 50.

Салахетдинова М. А. Сведения о киргизах в 《 Абдулла - наме 》 Хафиз-и Таныша. – ИАНК,т. Ⅱ ,вып. 3. Фрунзе,1960,с. 173 – 181.

Умняков И. И. 《 Абдулла - намэ 》 Хафиз - и Таныша и ее исследователи. – ЗКВ,т. Ⅴ. Ленинград,1930,с. 307 – 328.

Умняков И. И. Некоторые сведения из 《 Абдулла -намэ 》 Хафиз -и Таныша. – ТСПИ,т. Ⅱ ,вып. 2,с. 1 – 12.

阿克巴纪事

Абу-л -Фазл Аллами. Акбар -наме, ж. Ⅰ – Ⅱ. Калькутта, 1872, 1877.

Абу-л-Фазл Аллами. Аини-и Акбари ,ж. Ⅰ – Ⅱ. Калькутта,1873, 1877.

Abu-l-Fazl ibn Mubarak. The Akbar-nama. Transl. from the Persian A. Beveridge,vols. 1 – 3,Calcutta,1897—1910. 2nd ed. ,1903—1921.

《Ayeen-i Akbary, or the Institutes of the Emperor Akbar》. Transl. from the Original Persian by F. Gladwin,vols. 1 – 3. Calcutta,1783—1786, 2nd ed. London,1800(vols. 1 – 2) ; H. Blochman and Jarret,vols, Ⅱ – Ⅲ. Calcutta,1873—1894 ;2nd ed. Calcutta,1939—1949.

Малеха Самарканди. Музаккир ал -асхаб, рук. ИВ АН УзССР, инв. №58 ,л. 306а – 3066.

Антонова К. А. Очерки общественных отношений и политический строй

Могольской Индии времен Акбара. М. ,1952,с. 4 – 9.

Elliotand Dowson. History of India, vol. Ⅵ ,London,1872.

Moreland W. H. and Ali A. Jusuf, Akbar's Land-revenue system as described in the Ain-i Akbari, JRAS ,1918.

Smith V. A. Akbar the Mogul (1542—1605) ;2nd ed. Oxford,1919.

番国征服者

Абдусеитова М. Х. 《 Мусаххир ал -билад 》 Мухаммад - йар ибн

欧·亚·历·史·文·化·文·库·

Араб Катагана как источник по истории Казахстана ⅩⅥ в. – ППВ. М. ,1979, с. 3 – 12.

Салахетдинова М. А. 《Мусаххир ал-билад》Мухаммад Яр ибн Катагана(предварительное сообщение). – Письменные памятники и проблемы истории культуры народов Востока. ⅩⅠ годичная научная сессия ЛО ИВ АН СССР (автоаннотации и краткие сообщения). М. ,1973, с. 77 – 79.

Умняков И. И. 《Абдулла - наме》Хафиз - и Таныша и ее исследователи, с. 322.

阿拔斯盛世史

Тарих - и аламара - и Аббаси, та'лиф Искандар - бек Туркман. Техран,1314/1896. (Тоже. Изд -еИрадж Афшара набором, Техран, 1334/1956).

Dorn B. Muhamedanische Güellen, s. 238 – 241 ,510 – 514.

Вельяминов-Зернов В. В. Исследования о касимовских царях и царевичах, ч. 2, с. 341 – 362.

Акимушкин О. Ф. Искандер мунши о каллиграфах времени шаха Тахмаспа Ⅰ. – КСИНА ,39, Иранский сборник. М. ,1963, с. 20 – 32.

Миклухо - Маклай Н. Д. Описание таджикских и персидских рукописей Института востоковедения АН СССР, вып. Ⅲ, М. ,1975, с. 168 – 176.

Петрушевский И. П. Очерки по истории феодальных отношений в Азербайджане и Армении в ⅩⅥ – нач. ⅩⅨ в. Л. ,1949, с. 32 – 36.

Пигулевская Н. В. , Якубовский А. Ю. , Петрушевский И. П. и др. История Ирана, с. 266 – 267.

Рахмани А. 《Тарих - и аламара - йи Аббаси》как источник по истории Азербайджана. Баку,1960.

Erdmann F. Iskander munschi und sein Werk, ZDMG, Bd. ⅩⅤ,

Leipzing, 1861, s. 457 – 501.

Brown E. G. A Literary History of Persia, vol. Ⅳ, Cambridge, 1930, p. 107 – 110.

Belan L. L. Shah ' Abbas Ⅰ, sa vie, son histoire, Paris, 1932, (Рецензию В. Ф. Минорского на эту книгу см. : BSO (A) S, Ⅶ/2. London, 1934, p. 455 – 457.)

贤者高风奥秘

Бартольд В. В. Церемониал при дворе узбекских ханов в Ⅹ Ⅶ в. – Соч. , т. Ⅱ , ч. 2. М. , 1964, с. 388 – 399.

Бахр ал - асрар фи манакиб ал - ахйар. (Перевод фрагмента и примечания К. А. Пищулиной). – В сб. : Материалы по истории казахских ханств, с. 320 – 368, 547 – 553.

Ахмедов Б. А. Исторический труд Улугбека《Тарих-и арба улус》, с. 29 – 36.

Ахмедов Б. А. Махмуд ибн Вали. Тошкент, 1966.

Ахмедов Б. А. Махмуд ибн Вали и его энциклопедический труд. – ОНУ , 1969, №11, с. 62 – 65.

Бартольд В. В. Отчет о командировке в Туркестан (летом 1902 г.), с. 170 – 196.

Валидов З. А. О собраниях рукописей в Бухарском ханстве, с. 255 – 257.

Крачковский И. Ю. Арабская географическая литература. – Соч. , т. Ⅳ , М. – Л. , 1957, с. 534.

突厥人世系

Абу -л -Гази Бахадур -хан. Родословное древо тюрков. Перевод и примечания Г. С. Саблукова. Казань, 1906.

Абу - л - Гази Бахадур - хан. Родословная туркмен. Перевод А. Туманского. Асхабад, 1897.

Histoire des Mogols et des Tatares par Aboul -Ghazi Béhâdour -khan, publiée, traduite et annotée par le Baron Desmaisons, t. Ⅰ, Texte; t. Ⅱ, traduction, St. – Ptb. , 1871—1874.

Кононов А. Н. Родословная туркмен. Сочинение Абу-л-Гази, хана хивинского. М. – Л. , 1958.

Шах Махмуд Мирза Фазыл Чурас. Хроника. Критический текст, перевод, коментарии, предисловие и указатели О. Ф. Акимушкина. М. , 1976.

Отрывки из сочинения Абу-л-Гази《Шаджара-йи тюрк》. Перепечатано из издания барона Демезона под наблюдением П. М. Мелиоранского. Казань, 1898.

Абражеев А. 《Родословное древо тюрков》и его автор. – Звезда Востока, 1946, №12, с. 68 – 76.

Ахмедов б. А. Государство кочевых узбеков, с. 35, 41, 59, 61 и др.

Бартольд В. В. История изучения Востока в Европе и России. – Соч. , т. Ⅸ. М. , 1977, с. 369 – 370.

Бартольд В. В. Сведения об Аральском море и низовьях Аму-Дарьи с древнейших времен до ⅩⅦ в. – Соч. , т. Ⅲ, с. 15 – 94.

Иванов П. П. и Боровков А. К. Несколько общих замечаний об источниках по истории туркмен в ⅩⅥ – ⅩⅨ вв. – МИТТ, т. Ⅱ. с. 30 – 35.

Иванов П. П. Очерки по истории Средней Азии. М. , 1958, с. 229 – 230.

История Узбекской ССР, т. Ⅰ. С древнейших времен до середины ⅩⅨ в. Ташкент, 1967, с. 590 – 604 и др.

Каррыев А. К. , Мошкова В. Г. , Насонов А. Н. , Якубовский А. Ю. Очерки из истории туркменского народа и Туркменистана в Ⅷ – ⅩⅨ вв. Под ред. А. Ю. Якубовского. Ашхабад, 1954.

王 诚

Ходжа Самандар Термези. Дастур ал-мулук (《Назидание

государям》). Факсимиле старейшей рукописи. Перевод с персидского, предисловие, примечания и указатели М. А. Салахетдиновой. М., 1971.

Ахмедов Б. А. История Балха. Ташкент, 1982, с. 119, 204 – 205.

Каримова М. Г. 《Мазхар ал - ахвал》Мухаммад Амина как источник по истории Бухары середины X Ⅷ в. Автореф. канд. дисс., Ташкент, 1979.

Миклухо - Маклай Н. Д., Акимушкин О. Ф., Кушев В. В., Салахетдинова М. А., Некоторые редкие и уникальные персидские и таджикские рукописи в собрании ЛО ИВ АН СССР. X X Ⅴ Международный конгресс востоковедов. (Доклады делегации СССР). М., 1960., с. 17.

Салахетдинова М. А. Новый источник по истории Средней Азии X Ⅶ в. – В сб.: Иранская филология. Материалы Ⅳ Всесоюзной межвузовской научной конференции по иранской филологии, состоявшейся в Ташкенте 23 -26 сентября 1964 г. Ташкент, 1966, с. 294 – 302.

Салахетдинова М. А. Походы Ануша -хана на земли Бухарского ханства. – В сб.: Ближний и Средний Восток. История, культура, источниковедение. В честь 70-летия И. П. Петрушевского. М, 1968, с. 123 – 133.

Семенов А. А. Бухарский трактат о чинах и званиях и об обязанностях носителей их в средневековой Бухаре. – СВ, т. Ⅴ. М. – Л., 1948, с. 140, прим. 2.

穆克木汗史

Мухаммад Юсуф - мунши. Муким - ханская история. Перевод с перс. -тадж., предисловие, примечания и указатели А. А. Семенова, Ташкент, 1956.

Senkowski J. Supplément a L'histoire générale des Huns, des Turks et

欧·亚·历·史·文·化·文·库·

des Mogols, contenant un abrégé de l'histoire de la domination des Uzbéks dans la Grande Bukharie, depuis leur establissment dans ce pays. . . , St. - Ptb. ,1824,132 + 24 ss.

Teufel F. Quellenstudien zur neueren Geschichte der Chânate, ZDMG, Bd. X X X Ⅷ ,1884,s. 235 – 381.

Наказ Борису и Семену Пазухиным, посланным в Бухару, Балх и Юргенч в 1669 г. – РИБ, т. 15. Спб. ,1894,с. 1 – 91.

Бартольд В. В. История изучения Востока в Европе и России, с. 439.

Историография общественных наук в Узбекистане. Био - библиографические очерки. Составитель Б. В. Лунин. Ташкент, 1974, с. 63 – 65.

Маллицкий Н. Г. Разгром Ташкента Имамкули-ханом бухарским в 1613 г. – ПТКЛА, год Ⅴ. Ташкент, 1900, с. 140 – 145.

Семенов А. А. Происхождение Чингиз-хана и его завоевания. – Туркестанские ведомости, 1907, №15.

兀拜杜拉汗传

Мир Мухаммад Амин - и Бухари. Убайдулла - наме. Перевод с перс. -тадж. с примечаниями А. А. Семенова. Ташкент, 1957.

Teufel F. Quellenstudien zur neueren Geschichte der Chânate, s. 239 – 376.

Чехович О. Д. Бухарская летопись Ⅹ Ⅷ века《Убайдулло-нома》. – ПИ, т. Ⅷ, М. , 1959, с. 191 – 227.

艾布·法伊兹汗史

Мухаммад Юсуф - мунши. Муким - ханская история. Перевод с перс. -тадж. , предисловие, примечания и указатели А. А. Семенова. Ташкент, 1959.

Абдураимов М. А. 《 Тарих -и Абу -л -Файз -хани》 Абдуррахмана Даулата как источник о политическом и экономическом упадке

Бухарского ханства в первой половине ⅩⅧ в. – ИАН УзССР, 1957,
№3, с. 27 – 32.

Абдураимов М. А. 《Тарих-и Абу-л-Файз-хани》Абдуррахмана
Даулата и реляция Флорио Беневини как источники по истории
Бухарского ханства в первой половине ⅩⅧ в. – ИАН УзССР, 1958,
№6, с. 57 – 62.

克普恰克汗史

Тарих-и Кипчаки. (Перевод с примечаниями В. П. Юдина). – В
сб.: Материалы по истории казахских ханств, с. 386 – 397, 555 – 557.

Бартольд В. В. О некоторых восточных рукописях (Азиатского
музея). – Соч., т. Ⅷ. М., 1973, с. 340.

Хуршут Э. У. 《Тарих-и Кипчак-хани》 – важный источник по
истории Средней Азии и Северного Афганистана ⅩⅥ – ⅩⅦ вв.
Автореф. канд. дисс. Ташкент, 1982.

列王世系

Валидов А. З. Некоторые данные по истории Ферганы ⅩⅧ в.
(Извлечения из текста и сокращенный перевод). – ПТКЛА, год
двадцатый, вып. 2, Ташкент, 1916, с. 68 – 118.

Riyazul-Islam S. Indian – Persian relations, Tehran, 1970.

纳迪尔济世史

Мухаммад Казим. Наме - йи аламара - йи Надири
(《Мироукрашающая Надирова книга》), т. Ⅰ. издание текста и
предисловие Н. Д. Миклухо-Маклая. М., 1960; т. Ⅱ, М., 1965; т. Ⅲ,
М., 1966.

Петров П. И. Мухаммад Казим. Поход Надир-шаха в Индию.
М., 1961.

Некоторые дополнительные данные о роли туркмен и Мерва в
Туркестанском походе Надир-шаха. (Перевод и примечания П. П.
Иванова). – МИТТ, т. Ⅱ, с. 150 – 167.

Петров П. И. Фрагмент второго тома 《Наме-йи аламара-йи Надири》. – КСИВ, т. X X X Ⅷ. М. ,1960, с. 48 – 58.

Иванов П. П. Продолжение перевода из Мухаммада Казима. – МИТТ, т. Ⅱ, с. 167 – 192.

Бартольд В. В. Новые данные о самаркандских памятниках. – ЗВОРАО. – Соч. , т. Ⅳ. М. ,1966, с. 238 – 242.

Бартольд В. В. О некоторых восточных рукописях. – Соч. , т. Ⅷ, с. 340 – 349.

Миклухо-Маклай Н. Д. О первом томе труда Мухаммад Казима. – СВ, т. Ⅴ. М. – Л. ,1946, с. 128 – 136.

Петров П. И. Поправки и дополнения к биографии Мухаммда Казима. – СВ. 1958, №5, с. 109 – 114.

Предисловие Н. Д. Миклухо-Маклая в Ⅰ – Ⅲ тт. факсимильного издания 《Наме-йи аламара-йи Надири》, с. 14 – 21.

Предисловие П. И. Петрова к 《Поход Надир-шаха в Индию》. М. ,1961, с. 5 – 35.

Амантыев О. Труд Мухаммад Казима 《Наме-йи аламара-йи Надири》как источник по истории Туркменистана первой половины X Ⅷ в. Автореф. канд. дисс. Ашхабад, 1968.

Lockhart L. Nadir Shah. A critical Study based mainly on contemporary sources. London, 1938, p. 296 – 299.

汗的礼品

Валидов А. З. Некоторые данные по истории Ферганы X Ⅷ в. , с. 68 – 118.

天堂幸福园

Иванов П. П. Материалы по истории туркмен X Ⅵ – X Ⅶ вв. (перевод извлечения из 《Фирдавс ал-икбал》). – МИТТ, т. Ⅱ , с. 323 – 354.

Фирдавс ал-икбал. (Перевод извлечения и примечания Н. Н.

Мингулова). – В сб. : Материалы по истории казахских ханств, с. 451 – 457, 560 – 567.

Абдуллаев В. А. Узбек адабиёти тарихи, иккинчи китоб (XVII асрдан XIX асрнинг иккинчи ярмигача). Тошкент, 1967, 236 – 265 -б.

Узбек адабиёти тарихи, IV том. Тошкент, 1978, 384 – 413 -б.

史记选

Маджму‘ ат -таварих. (Перевод извлечения В. А. Ромодина). – Материалы по истории киргизов и Киргизии, вып. I . М. , 1973, с. 200 – 210.

Иванов П. П. Восстание китай -кипчаков в Бухарском ханстве 1821—1825 гг. – Источники и опыты их исследования. М. – Л. ,1937 (ТИВ АН СССР) , с. 46 – 47.

Ромодин В. А. Некоторые источники по истории Ферганы и Кокандского ханства (XVI – XIX вв.) в рукописных собраниях Ленинграда. – Труды двадцать пятого Международного конгресса востоковедов. Москва, 9 -16 августа 1960 г. , т. III . М. , 1963, с. 59 – 60.

Semenov A. A. Kurzer Abriss der neueren mittel -asiatisch -Persischen (tadschikischen) Literatur (1500—1900), Otto Harrassowitz orientales, Heft 46 , April, 1931, p. 9.

沙哈鲁编年史

《 Таарих Шахрохи 》. История владетелей Ферганы. Сочинение Моллы Ниязи Мухаммед бен Ашур Мухаммед Хокандца, изданное Н. Н. Пантусовым. Казань, 1885.

Бартольд В. В. Извлечение из 《 Тарих -и Шахрухи 》. – Соч. , т. II , ч. 2, М. , 1964, с. 350 – 358.

Маллицкий Н. Г. Несколько страниц из истории Ташкента за последнее столетие. – ПТКЛА , год третий, 1898, с. 160 – 164.

Ромодин В. А. Перевод извлечений из 《 Тарих -и Шахрухи 》 муллы

Нийаз Мухаммада Хоканди. – МИКК, вып. 1, с. 233 – 237.

Бартольд В. В. Туземец о русском завоевании. – Соч. , т. II , ч. 2. М. , 1964, с. 333 – 349.

Бейсембиев Т. К. 《 Байан - и таварих - и хаванин - и шахр - и Хуканд 》. Исторический очерк. – Вестник Каракалпакского филиала АН УзССР, 1977, №4, с. 61 – 72.

Бейсембиев Т. К. История изучения 《 Тарих - и Шахрухи 》. – В сб. : Сборник по вопросам истории, археологии и этнографии. Алма-Ата, 1978, с. 25 – 54.

Бекмаханов Е. Присоединение Казахстана к России. М. , 1957.

Иванов П. П. Казахи и Кокандское ханство. (К истории их взаимоотношения в начале XIX в.). – ЗИВ АН СССР. т. VII. М. – Л. , 1939.

Мухтаров А. М. Очерк истории Ура-тюбинского владения в XIX в. Душанбе. 1961, с. 43 – 44.

Набиев Р. Н. Народные восстания в Коканде в 1840—1842 гг. – ОНУ, 1961, №7, с. 39 – 40.

Набиев Р. Н. Ташкентское восстание 1847 г. и его социально-экономичесние предпосылки. Ташкент, 1966, с. 14, 19, 29, 31 и др.

Плоских В. М. Киргизы и Кокандское ханство. Фрунзе, 1977, с. 59.

Каюмов А. Кукон адабий мухити (XVIII – XIX асрлар). Тошкент, 1961, 312 – 313-б.

赛义德·拉克木表年诗

Семенов А. А. К вопросу, кто был автором 《 Тарих - и Саид Раким 》, 《 Икд ал -джуман 》. – В сб. : В. В. Бартольду. Туркестанские друзья, ученики и почитатели. Ташкент, 1927, с. 48 – 56.

奇迹集锦

Ахмедов Б. А. Среднеазиатские последователи Беруни (конец X

VI – первая половина X VII в.). – В сб. : Беруни. К 1000-летию со дня рождения. Ташкент, 1973, с. 142 – 154.

Миклухо-Маклай Н. Д. Некоторые персидские и таджикские рукописи ИВ АН СССР. – УЗИВАН, т. X VI. М. – Л. , 1958, с. 272 – 273.

Мухаммад Якуб Ва' хиди. Текстологическое исследование 《Маджма' ал-гара'иб》Султана Мухаммада ал-Балхи. Автореф. канд. дисс. Ташкент, 1974.

Тагирджанов А. Т. О двух редакциях《Маджма' ал-гара'иб》и о дате смерти его автора. – Известия отделения общественных наук АН ТаджССР, вып. 1. Душанбе, 1958, с. 21 – 25.

Абдулхай Хабиби. Маджма' ал-гара'иб ва матлаб хаванди-йи ан. – Йагма, №8, 1335, с. 363 – 368.

Абдулхай Хабиби. Маджма' ал-гара'иб муфти –йи Балхи. – Арйана, №10, сали нўздахум, с. 38 – 39.

七气候带

Dorn B. Muchammedanische Quellen, B. IV, s. 88 – 100. E. Denison Ross and Sahib Abdul Muqtadir. Haft Iqlim, or Geographical and Bibliographical encyclopaedia of Amin Ahmad Razi, Fash. I. Calcutta, 1918.

地　理

Махмуд ибн Валл. Море тайн (география). Перевод с персидского, введение, комментарии и указатели Б. А. Ахмедова. Ташкент, 1977.

Ахмедов Б. А. Махмуд ибн Вали и его энциклопедический труд. – ОНУ, 1969, №11, с. 62 – 65.

Крачковский И. Ю. Арабская географическая литература, с. 534.

珍奇之地

Ахмедов Б. А. Новые сведения о Хиве. – ОНУ, 1982, №9, с. 31 – 35.

下编　回忆录、自传和旅行记

巴布尔回忆录

Бабур-наме или Записки султана Бабура. Издано в подлинном тексте Н. И. Ильминским. Казань, 1857.

Записки Бабура. Перевод М. А. Салье. Ташкент, 1958.

Вяткин В. Л. Самарканд и его окрестности в прошлом по описанию Султана Бабура Мирзы. – СКСО. вып. IV. Самарканд, 1896, с. 30 – 37.

Записки Бабура. Перевод с джагатайского С. И. Полякова. – Ежегодник Ферганской области, вып. III. Новый Маргелан, 1914, с. 113 – 176.

Захириддин Мухаммад Бобир. Бобирнома. (Нашрга тайёрловчилар: П. Шамсиев, С. Мирзаев), т. I – II. Ташкент, 1948—1949 (второе переработанное издание. Ташкент, 1960).

The Babar-nama, being the autobiography of the Emperor Babar... written in Chagatay Turkish; now reproduced in facsimile from a manuscript belonging to the late Sir Salar Jang of Haydarabad, and ed with a preface and indices by A. S. Beveridge, Leyden – London, 1905 (GMS I).

The Babar-nama in English (Memoirs of Babur). Translated from the original Turki text of Zahiru'd-din Muhammad Babur Padschah Ghazi by Beveridge, vol. I – II, London 1921.

Memoires de Baber (Zahired-din Mohammed) traduites... sur le text djagatai par Pavet de Courteille, Paris, 1871.

Zehir - Eddin Muhammed Baber, Kaisers von Hindustan. Denkwürdigkeiten von ihm selbst im Dschagatai – Türkischen verfasst und nach der Englischen Uebersetzung des Leyden J. und Erskine W. deutsch bearbeiten von Kaiser A., Leipzig, 1828.

Gazi Zahir-üddin Muhammad Babur, Vekayi. Babur'un Hâtirati. Dogu

Türkcesinden ceviren Resit Rahmeti Arat . Önsözü ve tarihi özeti yazan Y.
Hikmet Bayir , c. 1 – 11 , Ankara ,1943—1946.

Азимджанова С. А. Государство Бабура в Кабуле и в Индии. М. ,
1977 , с. 5 – 12.

Благова Г. Ф. К вопросу о подлинности текста《Бабур -наме》по
Кёровскому списку. – КСИНА АН СССР , М. ,1961 , с. 100 – 105.

Благова Г. Ф. К истории изучения《Бабур -наме》в России. –
Тюркологический сборник, посвященный 60-летию А. Н. Кононова.
М. ,1966 , с. 168 – 176.

Захидов В. Ю. О творчестве и литературно -научном наследии
Бабура. – В кн. : Захириддин Бабур. Бабур -наме , Ташкент, 1960 , с. 5
– 52.

Лунин Б. В. Историография общественных наук в Узбекистане,
Ташкент ,1974 , с. 50 – 55.

Миклухо -Маклай Н. Д. Хондамир и《Записки Бабура》. – В кн. :
Тюркологические исследования. М. – Л. ,1963 , с. 237 – 249.

Стори Ч. А. Персидская литература. ч. II , с. 830 – 838.

Хасанов Х. Захириддин Мухаммад Бабур. Ташкент ,1966 (на узб.
яз.).

奇事录

Зайн ад - Дин Васифи. Бадаи ал - вакаи. Критический текст,
введение и указатели А. Н. Болдырева , т. I – II . М. ,1961.

Восифий. Бадоъ ал - вакоеъ, форсийчадан Наим Норкулов
таржимаси. Тошкент ,1979.

Айни С. Восифи ва хулосаи《Бадоеъ -ул -вакоеъ》, Сталинобод,
1956.

Болдырев А. Н. Зайн ад -Дин Васифи – таджикский писатель X
VI в. Сталинабад ,1957.

Болдырев А. Н. Мемуары Зайн ад -Дина Васифи как источник

для изучения культурной жизни Средней Азии и Хорасана на рубеже ⅩⅤ – ⅩⅥ вв. – ТОВЭ, т. Ⅱ. 1939, с. 203 – 214.

Болдырев А. Н. Очерки из жизни гератского общества ⅩⅤ – ⅩⅥ вв. – ТОВЭ, т. Ⅳ. Ленинград, 1947, с. 213 – 222.

友人纪要

Айни К. С. Тазкираи Нисори ва нусхахои он. – Ахбороти шуъбаи фанхои АФ РСС Точикистон, барориши 9, с. 37 – 42.

Болдырев А. Н. Тазкирэ Хасана Нисари как новый источник для изучения культурной жизни Средней Азии ⅩⅥ века. – ТОВЭ, т. Ⅲ. Л. , 1940, с. 291 – 300.

Иброхимов А. Нисорий ижодида Навоий анъаалари. – Узбек тили ва адабиёти, №4, 1970, с. 28 – 35.

Мирзаахмедова М. Хасан Нисорий ва унинг《Музакир ул-ахбоб》тазкираси. – Узбек тили ва адабиёти, №4, 1965, с. 70 – 73.

Тохиржонов А. Т. Хожанинг янги топилган асари. – Узбек тили ва адабиёти, №3, 1975, с. 70 – 73.

Усмон Носиров. Хасани Нисори ва ахамияти тазкираи у дар омухтани адабиёти асри ⅩⅥ . – Чанд мулохизаи адаби, мачмуаи илми, чилди 82. Душанбе, 1973, с. 149 – 161.

诗人传记

Нур ад-Дин Джахангир ибн Джалал ад-Дин Акбар-падишах. Тазкират аш-шуара (иктибас аз тазкират аш-шуара-и мавлана Мутриби ал-асам Самарканди мусамми ба 《 Нусха-и Зиба-и Джахангир》). Тасхих ва мукаддима профессор Абдулъани Мирзоев. Карачи, 1976.

Мутриби Самарканди. Хатират-и Мутриби (мусахаба ба-Джахангир-падшах), ба-ихтимам ва мукаддима профессор Абдулъани Мирзоев. Карачи, 1977.

Абдуллаев В. Узбек адабиёти тарихи(ⅩⅦ асрдан ⅩⅨ асрнинг

иккинчи ярмигача). Тошкент, 1967, 17 – 19 -б.

Абдуллаев В. А. , Валихужаев Б. 《Мажолисун --нафоис》типидаги бир тазкира хакида. (Мутриби ва унинг 《Тазкират уш -шуароси》). – Узбек тили ва адабиёти, №5, 1965, 18 – 23 -б.

Валиходжаев Б. Мутриби и его 《Тазкират уш - шуаро》. – Материалы третьей объединенной научной конференции ученых города Самарканда. Самарканд, 1961, с. 182 – 185.

Валихучаев Б. , Мукимов Р. Оид ба як тазкираи аввали асри XVII ва муаллифи он. – СамДУ асарлари. Янги серия, №114, Самарканд, 1961, 5 – 18 -б.

Валихужаев Б. XV – XIX асрлар адабий -танкидий карашлари тарихидан. – СамДУ асарлари. Янги серия, №138, Самарканд, 1964, 123 – 142б.

Мирзоев А. Оид ба баъзе масъалахои мероси адаби ва омухта шудани он. – Шарки сурх, 1959, №4.

Узбек адабиёти тарихи, III том (XVI асрдан XVIII асрнинг70 – йилларигача). Тошкент, 1978, 143 – 144 -б.

Rupka J. Dejini perske u tadziki Literatury, Praha, 1963, p. 428.

友人备忘录

Abdulgani Mirzojev. Muhimtarin sarcasmaji taŕih -i adabijati asri XVII. – Sarqi surx, n 1, 1940, с. 21.

Его же. Тазкира -и Малехо ва баъзи масъалахои таърих. – Шарки сурх, №1, 1946, с. 30 – 32.

Его же. Новый источник по литературе Ирана сефевидского периода. – Труды двадцать пятого Международного конгресса востоковедов, т. II. М. , 1963, с. 269 – 275.

Его же. Малехо -хамчун шеърфахм ва сухансани асри XVII. – Шарки сурх, №7, 1948, с. 36 – 40.

Шахиншаев А. Антология Малеха. – Труды Таджикской базы

АН СССР, т. Ⅸ. Сталинабад, 1938, с. 33 – 40.

Узбек адабиёти тарихи, Ⅲ том, 144 – 147-б.

完美精神集

〔Вяткин В. Л.〕 Перечень восточных рукописей В. Л. Вяткина в Государственной публичной библиотеке УзССР, т. Ⅰ. Ташкент, 1935, с. 60 – 90.

Его же. Шейхи Джуйбари. – В сб.: В. В. Бартольду. Туркестанские друзья, ученики и почитатели, с. 3 – 8.

天堂花园和侍从之林

Абдураимов М. А. О малоизвестном источнике по истории аграрных отношений в Средней Азии ⅩⅥ века. – Народы Азии и Африки, 1968, №3, с. 121 – 128.

Саидахмедов И. Ценный источник по аграрным отношениям в Бухаре ⅩⅥ века. – ОНУ, №6, 1984, с. 60 – 62.

真理探寻者之追求

Вяткин В. Л. Шейхи Джуйбари. – В сб.: В. В. Бартольду. Туркестанские друзья, ученики и почитатели, с. 3 – 19.

Иванов П. П. Хозяйство Джуйбарских шейхов. К истории феодального землевладения в Средней Азии в ⅩⅥ – ⅩⅦ вв. М. – Л., 1954, с. 17 – 20 и др.

Молчанов А. А. Собрание восточных рукописей В. Л. Вяткина и марксистское изучение дервишской литературы. – Труды Государственной публичной библиотеки УзССР, т. Ⅰ. Ташкент, 1935.

〔安东尼·詹金森〕中亚旅行记

Путешествие Дженкинсона в Хиву и Бухару. Путешествие в Среднюю Азию 1558—1560гг. – В кн.: Английские путешественники в Московском государстве в Ⅹ Ⅵ в. Перевод с английского Ю. В. Готье. Л., 1937, с. 167 – 192.

Бартольд В. В. История изучения Востока в Европе и России, с. 306, 317, 368, 369.

Его же. Сведения об Аральском море. – Соч., т. Ⅲ. М., 1965, с. 80 – 90.

Карамзин Н. М. История государства Российского, т. Ⅸ. Спб., 1892, с. 85 – 87, 124, 136 – 137, 198 – 199, прим. 262, 282.

Соловьев С. М. История России, т. Ⅲ. М., 1960, с. 520 – 522.

Советская историческая энциклопедия. В 16-ти т. Т. 5. М., 1964, с. 163; т. 15, М., 1974, с. 838.

Толстой Ю. Первые сорок лет сношений между Россией и Англией, 1553 – 1595. Спб., 1875.

Энциклопедический словарь Ф. А. Брокгауза и И. А. Ефрона, т. 20, Спб., 1893, с. 535.

И. Д. 霍赫洛夫资料

Статейный список посольства в Бухарию дворянина Ивана Хохлова. – Сб. князя Хилкова. Спб., №107, 1879, с. 388 – 424, 444 – 484, 485 – 579.

Веселовский Н. И. Иван Данилович Хохлов (русский посланник в Персию и в Бухару в ⅩⅦ веке). – ЖМНП, ч. 273, М., 1891, с. 48 – 72.

Корженевский Н. Л. Посольство Михаила Тихонова в Персию и путь его через Хиву и Кара-Кумы в Хорасан (1613—1615). – Известия АН УзССР, №6, 1951, с. 69 – 72.

Соловьев С. М. История России с древнейших времен, т. Ⅴ. М., 1961, с. 19 – 27.

[帕祖欣兄弟使团] 资料

Наказ Борису и Семену Пазухиным, посланным в Бухару, Балх и Юргенчъ, 1669. Издан под редакцией А. Н. Труворова. – РИБ, т. 15, Спб., 1894, с. 1 – 91.

Бартольд В. В. История изучения Востока в Европе и России, с. 371 – 372.

Веселовский Н. И. Неудавшееся посольство в Крым стольника Б. А. Пазухина в 1679 г. – Записки Императорского Одесского общества истории и древности, т. X X X , 1912, с. 179 – 216.

Кобеко Д. Наказ Борису и Семену Пазухиным, посланным в Бухару, Балх и Юргенчъ, 1669. – ЗВОРАО, т. IX. Спб. , 1869, с. 291 (рецензия).

Энциклопедический словарь Ф. А. Брокгауза и И. А. Ефрона, т. X X II , Спб. , 1897, с. 592.

Большая советская энциклопедия, т. 31 , М. , 1955, с. 546.

[弗洛里奥·别涅维尼]来自布哈拉的报告

Флорио Беневини. Реляции из Бухары. – В кн. : Попов А. Сношения России с Хивою, Бухарою при Петре Великом. – ЗИРГО, т. IX , 1853, с. 270 – 424.

Абдураимов М. А. 《Тарих -и Абу -л -Файз -хани》Абд ар -Рахмана Даулата и реляции Флорио Беневини как источники, с. 57 – 62.

Гулямов Г. О посольстве Флорио Беневини в Бухару. – ОНУ, 1978 , №2 , с. 28 – 31.

新帕特拉都主教赫里桑夫关于中亚诸国

Хрисанф, митрополит Новопатрасский. О странах Средней Азии, посещенных им в 1790 г. , издан с введением и объяснениями В. В. Григорьев. – ЧОИДР, кн. 1 , М. , 1861, с. 1 – 14.